SEXTIPPS VON ROCKSTARS

SEXTIPPS

VON
ROCKSTARS

IN IHREN EIGENEN WORTEN

von
Paul Miles

Schwarzkopf & Schwarzkopf

INHALT

INTRO: WARUM SCHLEPPEN ROCKSTARS IMMER DIE HEIßESTEN FRAUEN AB?

Überall auf der Welt spielen Millionen Menschen in Bands oder treten als Solokünstler auf. Die meisten von ihnen machen nur nebenbei Musik, aber einige geben alles, um »den Durchbruch« zu schaffen. Die Chancen auf Erfolg sind allerdings unglaublich gering – wie AC/DC uns in *It's A Long Way To The Top* gelehrt haben.

Die Musikbranche ist ein hartes Pflaster und anscheinend wird es immer schwerer, als Rock'n'Roll-Musiker seine Brötchen zu verdienen. Diejenigen, die scheitern, suchen sich einen sicheren Arbeitsplatz und gehen dann vielleicht hin und wieder mal in den Proberaum – wobei viele von ihnen bestimmt hoffen, doch noch irgendwann eine zweite Chance zu bekommen. Aber auf die, die es schaffen und die mit einer Band auf Welttournee gehen, wartet der große Ruhm.

Wenn man berühmt ist, hat man Macht, und Macht ist *das* Aphrodisiakum! Sobald ein Rockstar auf die Bühne kommt, einen Akkord auf der Gitarre anschlägt, den alle gleich wiedererkennen, und ins Mikro schreit: »Hallo [Name einer Stadt]«, dreht die ganze Halle total durch. Ein Rockstar kann jeden Menschen in seinem Publikum zum Lächeln bringen und glücklich machen. Er kann dafür sorgen, dass sich seine Fans vollkommen fallen lassen und regelrecht euphorisch sind. Und genau das wirkt unheimlich anziehend auf Frauen. Viele bekommen weiche Knie und brechen zusammen, wenn sie ihren Star im Rampenlicht sehen. Diese Macht kann einen schon ganz schön anmachen, egal ob das nun unterbewusst passiert oder nicht.

Wenn man also das große Glück hat, einen heißen Rockstar persönlich kennenzulernen, ist es nur logisch, dass man schnell mit ihm in der Kiste landet und danach vielleicht sogar versucht, ihn langfristig an sich zu binden. Zwar erhöht es auch den Konkurrenzdruck, wenn man weiß, dass zahllose andere Menschen genau dasselbe von dem Rockstar wollen, aber das macht ja auch den Reiz an der ganzen Sache aus. Der Zauber des Ruhms kann aus vernünftigen, ausgeglichenen Menschen durchgeknallte, willige Psychos machen, die sich ihren Stars mir nichts, dir nichts an den Hals werfen.

Doch darunter sind natürlich auch immer jede Menge Fans, die nicht den Attraktivitätsstandards ihrer Stars entsprechen. Kein Wunder also, dass die meisten Rockstars für so was »Leute« haben, deren einzige Aufgabe es ist, die Groupies zu filtern und nur die schönsten zu ihnen durchzulassen. Allerdings stachelt das den Ehrgeiz mancher Fans erst richtig an. (Du wirst in diesem Buch übrigens noch jede Menge Tipps bekommen, wie du am ehesten zu den Glücklichen gehörst, die den Attraktivitäts-Check bestehen.)

Wenn man sich also vor Augen hält, dass Rockstars nur die Besten der Besten der Besten in ihre Welt lassen – also Leute, die das Potenzial haben, ihnen alle noch so abgefahrenen sexuellen Wünsche zu erfüllen – und dass sie von ihren Fans absolut leidenschaftlich verehrt werden, bedeutet das natürlich auch, dass sie immer wieder fantastischen Sex haben, von dem alle anderen nur träumen können.

Aber sieht ihre Welt *wirklich* so aus? Genau diese Frage wird in diesem Buch beantwortet: Es ist dein Backstagepass in das wahre Leben der Rockstars und zeigt, was sie wirklich sehen, was sie ausprobieren, erleben und vor allem was sie empfehlen, wenn es um großartigen Sex geht. Wenn man so will, ist *Sextipps von Rockstars* eine exquisite Mischung aus erotischer Literatur, Rockstarbiografie, Komödie und Selbsthilfebuch. Aber Vorsicht: Wahrscheinlich wirst du dich selbst sehr bald in einer Situation wiederfinden, in der dir mindestens einer der Tipps aus diesem Buch einfällt! (Und dann ist es hoffentlich ein guter.)

Also schnapp dir deinen Backstagepass und folge mir zu einer unterhaltsamen Fragerunde mit 23 internationalen Rockstars, die nur darauf warten, ihre Gedanken über Lust, sexuelle Bedürfnisse und Erfahrungen im Bett mit dir zu teilen.

DIE
ROCKSTARS

Acey Slade (Murderdolls/Dope) | Adde (Hardcore Superstar) | Allison Robertson
(The Donnas) | Andrew W.K. | Blasko (Ozzy Osbourne/Rob Zombie) | Brent Muscat
(Faster Pussycat) | Bruce Kulick (Kiss/Grand Funk Railroad) | Chip Z'Nuff (Enuff
Z'Nuff) | Courtney Taylor-Taylor (The Dandy Warhols) | Danko Jones | Doug Robb
(Hoobastank) | Evan Seinfeld (Biohazard) | Ginger (The Wildhearts) | Handsome
Dick Manitoba (The Dictators/MC5) | James Kottak (Scorpions/Kingdom Come)
Jesse Hughes (Eagles of Death Metal) | Jimmy Ashhurst (Buckcherry) | Joel
O'Keeffe (Airbourne) | Lemmy (Motörhead) | Nicke Borg (Backyard Babies) | Rob
Patterson (Korn/Otep) | Toby Rand (Juke Kartel) | Vazquez (Damone)

ACEY SLADE

Acey Slade kommt aus Pennsylvania und ist ein wahres Multitalent. Nachdem er Frontmann bei den Vampire Love Dolls war, schloss er sich 1999 Dope als deren Bassist an und tourte mit der Band mehrmals mit ihrem Debüt *Felons & Revolutionaries* (Epic Records) durch Amerika. Auf dem nächsten Album der Band, *Life*, das den Einstieg in die *Billboard*-Charts schaffte, spielte Acey Gitarre. Mitte 2002 verließ er dann Dope, um Gitarrist bei den Murderdolls zu werden. Die Band veröffentlichte das Album *Beyond The Valley Of The Murderdolls* und ging mit ihrer einzigartigen Mischung aus Horrorpunk und Glam Metal in den USA, Japan, Europa und Australien auf Tour. Während Acey mit Joey Jordison, seinem Bandkollegen von den Murderdolls (besser bekannt als Drummer von Slipknot), einen Track zu Ehren des 25. Geburtstages von Roadrunner Records aufnahm, war er auch noch Frontmann seiner eigenen Band Trashlight Vision. Auf zwei EPs und dem Album *Alibis And Ammunition* sang er und spielte Gitarre. Acey ging mit Trashlight Vision in den USA, Europa und Japan auf Tour, bevor er die Band 2007 auflöste. Danach produzierte er die akustische Punkband Billy Liar aus Schottland und arbeitete an neuen Stücken für seine nächste Band Acey Slade & The Dark Party, die – nach der Veröffentlichung von zwei EPs – Anfang 2010 ihr gleichnamiges Debütalbum herausbrachten.

ADDE

Magnus »Adde« Andreasson ist Drummer von Hardcore Superstar, einer Hardrockband aus Göteborg in Schweden. Die 1997 gegründete Band hatte mehrere Nummer-eins-Hits in ihrem Heimatland und wurde dort auch mehrmals für einen Grammy nominiert. Hardcore Superstar waren in allen schwedischen Musiksendungen im Fernsehen und im Radio zu Gast und tourten erfolgreich durch Europa, Nordamerika, Japan und Australien. Adde hat am Musicians Institute in Los Angeles studiert. Die Band gewann für ihr Album *Dreamin' In A Casket* mit seiner besonderen Mischung aus Sleaze Rock und Thrash Metal im Jahr 2007 den schwedischen Metal Award für das beste Hardrockalbum des Jahres. Ihr nächstes Album, *Beg For It,* wurde Mitte 2009 veröffentlicht, nachdem die erste Singleauskopplung in Schweden Goldstatus erreichte und bis auf Platz fünf der nationalen Charts ge-

klettert war. Adde tourt bis heute mit Hardcore Superstar und genießt die Wiederauf-
erstehung der Band.

ALLISON ROBERTSON

Allison Robertson ist Gitarristin in der kalifornischen Frauen-Hardrockband The Donnas. Mit zwölf fing sie an, Gitarre zu spielen, und bald darauf gründete sie mit ihren besten Freundinnen eine Band. Während ihres Abschlussjahres auf der Highschool tourten sie bereits das erste Mal durch Japan. Nach mehreren Singles veröffentlichten The Donnas zwischen 1997 und 2001 vier Alben auf dem Label Lookout Records, bevor sie von dem Majorlabel Atlantic Records unter Vertrag genommen wurden. Ihr Folgealbum, *Spend The Night*, schaffte es bis auf Platz 62 der *Billboard*-Charts. Darauf befand sich auch ihre bisher erfolgreichste Single, *Take It Off*, die Platz 19 der Modern-Rock-Charts erreichte. Nachdem The Donnas 2003 mit dem Lollapalooza Festival auf Tour waren, wurde ein Jahr später *Gold Medal* ver-öffentlicht – ihr sechstes Album. Die Single *Fall Behind Me* wurde für einen Wer-bespot verwendet und die Band performte sie live in der Fernsehserie *Charmed*. Ihre Songs sind auf vielen Filmsoundtracks und in einigen Videospielen zu hören, zum Beispiel in *Guitar Hero* und *Rock Band*. Ihr nächstes Album, *Bitchin'*, veröffentlichten The Donnas 2007 auf ihrem eigenen Label, Purple Feather Records. Das Album hielt sich einen Monat in den *Billboard*-Charts und die Band tourte damit sogar durch Australien. Als The Donnas ihre nächste Veröffentlichung – *Greatest Hits, Volume 16* – vorbereiteten, schloss sich Allison mit ehemaligen Mitgliedern der Bands Hole und Nashville Pussy zu einer Coverband mit dem Namen Chelsea Girls zusammen. Die Band erregte großes Medieninteresse und gab drei ausverkaufte Konzerte im The Roxy in Los Angeles. Daraufhin bot man ihnen an, einmal im Monat in dem le-gendären Nachtclub zu spielen. 2009 gingen The Donnas dann mit Blondie und Pat Benetar auf US-Tour.

ANDREW W. K.

Der vielseitige amerikanische Rockmusiker Andrew Wilkes Krier wurde einem größeren Publikum bekannt, als er 2001 sein in Eigenregie produziertes Debütalbum *I Get Wet* auf einem Majorlabel veröffentlichte. Das Album erreichte Nummer eins der *Billboard*-Heatseekers-Charts. Auf dem umstrittenen Albumcover sieht man Andrew, wie ihm Blut von der Nase über das Kinn und den Hals läuft. Da der Song *Party Hard* so häufig im Radio gespielt wurde, ging Andrew bald mit dem Ozzfest auf Tour. Einige Titel von seinem Album wurden für Videospiele, Film- und TV-Soundtracks genutzt. Das Folgealbum, *The Wolf*, auf dem Andrew alle Instrumente selbst spielt, stieg in die *Billboard*-Charts ein, der Song *Long Live The Party* war ein kleiner Hit in Japan. Universal Music veröffentlichte daraufhin Andrews J-Pop-Album *The Japan Covers*, da sich seine Klingeltöne in Japan über 20.000 Mal verkauft hatten. 2009 veröffentlichte der Musiker dann ein Solo-Piano-Album mit dem Titel *55 Cadillac* auf seinem eigenen Label Slyscraper Music Maker. Neben seiner Karriere als Solokünstler trat Andrew auch als so eine Art Selbsthilfe-New-Age-Motivationstrainer auf. Darüber hinaus produziert er Musik für andere Künstler (alles von Reggae bis zum Avantgarde-Ensemble) und hat selbst verschiedene Instrumente auf den Veröffentlichungen anderer Musiker gespielt. Zusammen mit drei Partnern eröffnete Andrew 2008 Santos Party House in Manhattan, das Nachtclub und Konzerthalle in einem ist. Er hatte auch eigene Shows auf MTV – *Crashing with Andrew W.K.* und *Your Friend, Andrew W.K.*. Seit 2009 arbeitet er mit dem Sender Cartoon Network zusammen, für den er eine neue Live-Action-Show (*Destroy Build Destroy*) moderiert und auch die Musik komponierte.

BLASKO

Rob »Blasko« Nicholson ist ein amerikanischer Hardrock-Bassist, der vor allem für seine Zusammenarbeit mit Rob Zombie und Ozzy Osbourne bekannt ist. Am Anfang seiner Karriere spielte Blasko Bass in der Speed/Thrash-Metal-Band Cryptic Slaughter, bevor er Mitglied bei Prong und Danzig wurde. Dann verließ er Danzig, um mit Rob Zombie auf Tour zu gehen. Blasko hat auf allen Platin-Soloalben von Rob Zombie gespielt, die sich weltweit über 15 Millionen Mal verkauft haben. 2003 ersetzte er Robert Trujillo als Bassisten von Ozzy Osbourne und wurde offizielles Mitglied der Band, als er auf Ozzys neuntem Studioalbum, *Black Rain*, spielte – das Album stieg auf Platz drei der *Billboard*-Charts ein (bisher Ozzys höchster Charteinstieg). Die erste Singleauskopplung, *I Don't Wanna Stop*, erreichte 2007 Platz eins der Hot-Mainstream-Rockcharts und wurde 2008 für einen Grammy in der Kategorie »Best Hard Rock Performance« nominiert. Blasko tourt heute immer noch mit Ozzy um die Welt und leitet eine Musikmanagement- und Beratungsfirma, Mercenary Management, die sich unter anderem um die Band In This Moment kümmert.

BRENT MUSCAT

Brent ist Gründungsmitglied der Hardrockband Faster Pussycat aus Hollywood. Elektra Records nahm die Band unter Vertrag und veröffentlichte 1987 ihr selbstbetiteltes Debütalbum, als der androgyne Gitarrist gerade mal zwanzig Jahre alt war. Die Band hatte einen Liveauftritt in dem Dokumentarfilm *The Decline of Western Civilization Part 2 – The Metal Years* und tourte dann mit Alice Cooper, David Lee Roth und Motörhead. Das zweite Album wurde zu ihrem bisher erfolgreichsten und verkaufte sich in den USA über eine halbe Million Mal, womit es Goldstatus erreichte. Als die Hitsingle *House Of Pain* von vielen Radiosendern gespielt wurde, gingen Faster Pussycat mit Kiss und Mötley Crüe auf Tour, bevor sie ein Cover von *You're So Vain* aufnahmen, um den 40. Geburtstag von Elektra zu feiern. Brent spielte bis 2005 bei Faster Pussycat, als bei ihm Mundhöhlenkrebs diagnostiziert wurde und er die Band verlassen musste. Jetzt geht es ihm langsam besser und er genießt es, in den Casinos von Las Vegas mit seiner neuen Band Sin City Sinners aufzutreten.

BRUCE KULICK

Bruce ist ein amerikanischer Gitarrist, der seine internationale Karriere in den Jahren 1977/78 auf Meat Loafs *Bat Out Of Hell*-Tour begann. Anfang der Achtziger spielte er dann auf Alben von Billy Squire und Michael Bolton. Besonders bekannt ist Bruce dafür, dass er zwischen 1984 und 1996 Leadgitarrist bei der Hardrockband Kiss war. Er stieß auf der *Animalize*-Tour zu der Band, deren nächste drei Alben – *Asylum*, *Crazy Nights* und *Smashes, Thrashes & Hits* – Platinstatus erreichten. Kiss gingen regelmäßig auf Welttour und als die Neunziger um die Ecke kamen, erreichten die Kiss-Alben *Hot In The Shade*, *Revenge* und *Kiss Unplugged* Goldstatus. 1996 taten sich Kiss wieder in Urbesetzung zusammen und Bruce verließ die Band, um mit dem ehemaligen Frontmann von Mötley Crüe, John Corabi, die Band Union zu gründen. Union veröffentlichten drei Alben und eine Live-DVD und gingen in den USA, in Europa, Australien und Mittelamerika auf Tour. Seit 2001 ist Bruce nun Leadgitarrist bei Grand Funk Railroad, einer Rockband, die in den Siebzigern sehr beliebt war und mit *We're An American Band* einen Hit landete. Außerdem hat Bruce drei Soloalben veröffentlicht: *Audio Dog* (2001), *Transformer* (2003) und *BK3* (2010).

CHIP Z'NUFF

Chip Z'Nuff ist der Bassist und die treibende Kraft der großartigen Powerpopband Enuff Z'Nuff, die 1984 in Chicago gegründet wurde und fünf Jahre später ihr gleichnamiges Debütalbum auf einem Ableger von Atlantic Records veröffentlichte. Die beiden psychedelisch angehauchten Singleauskopplungen des Albums – *New Thing* und *Fly High Michelle* – wurden viel im Radio gespielt und auf MTV gezeigt. Chips kurze Affäre mit Madonna lieferte dem beliebten Skandal-Radiomoderator Howard Stern, selbst langjähriger Fan der Band, jede Menge Futter für seine Show. Nachdem die Band ihr schillerndes Image etwas abgemildert hatte, brachte sie 1991 das bei den Fans äußerst beliebte Album *Strength* heraus, das gute Kritiken erhielt. Daraufhin trat die Band live in der *Late Show with David Letterman* auf. Als sich die Musikindustrie langsam veränderte und die Verkaufszahlen zurückgingen, überwarfen sich Enuff Z'Nuff mit ihrem Label, erhielten aber schnell einen neuen Vertrag bei Arista Records. Auf diesem Label brachten sie 1993 nur ein Album heraus, da die Band von Personalproblemen geplagt war. Trotz vieler Rückschläge – ein Mitglied erlag dem Krebs, ein anderes starb an einer Überdosis Drogen – konnten Enuff Z'Nuff eine internationale Fangemeinde aufbauen, besonders in Japan, da die Band ständig auf Tour ging und mehrere Alben auf Independentlabels veröffentlichte. Enuff Z'Nuff haben insgesamt zwölf Studioalben herausgebracht. Darüber hinaus saß Chip in der Jury, die beim Cannabis Cup der Zeitschrift *High Times* über das weltbeste Marihuana abstimmte. Außerdem hat er sein eigenes Label Stoney Records gegründet und tritt gerade mit der Band Adler's Appetite auf, in der der ehemalige Guns N'Roses-Drummer Steve Adler spielt.

COURTNEY TAYLOR-TAYLOR

Courtney Taylor-Taylor ist Frontmann, Gitarrist und Hauptsongwriter der amerikanischen Alternative-Rock-Band The Dandy Warhols. Ihr erstes Album, *Dandys Rule, OK?*, wurde 1995 veröffentlicht und erregte die Aufmerksamkeit des Majorlabels Capitol Records, das die Band daraufhin unter Vertrag nahm.

Zwei Jahre später brachten sie ihr zweites Album heraus und gaben ausverkaufte Konzerte in Europa und Australien. Auch im neuen Jahrtausend gab es ein neues Album: *Thirteen Tales From Urban Bohemia* erreichte in Australien, Großbritannien und anderen europäischen Ländern Platinstatus. Der Song *Bohemian Like You* wurde von dem Telekommunikationsunternehmen Vodafone in einem TV-Spot benutzt, der dafür sorgte, dass die Single bis auf Platz fünf in den britischen Charts kletterte. Seither wird die Musik der Band in vielen Werbespots, Fernsehserien und Filmen benutzt. Einen weiteren großen Hit hatten The Dandy Warhols mit *We Used To Be Friends* (featuring Nick Rhodes von Duran Duran am Synthesizer) von ihrem Album *Welcome To The Monkey House* aus dem Jahr 2003. Die Band nimmt weiterhin Alben im »The Odditorium« auf – ihrem großen Mehrzweckstudio in ihrer Heimatstadt Portland im Bundesstaat Oregon.

DANKO JONES

Danko Jones ist der charismatische Sänger und Gitarrist seiner gleichnamigen Band. Das Trio wurde 1996 in Toronto gegründet und gab ununterbrochen Konzerte, während Danko nebenbei in einem Sexshop arbeitete. Ihre selbstproduzierte zweite EP, *My Love Is Bold*, erhielt 2000 eine Nominierung als bestes Alternative-Album bei den Juno Awards. Im darauffolgenden Jahr unterschrieb die Band einen Vertrag bei Bad Taste Records in Schweden und ging drei Mal auf Tour in Europa, bevor 2002 ihr erstes Album mit dem Titel *Born A Lion* veröffentlicht wurde. Danach ging die Band wieder auf mehrere Europatouren, tourte auch zweimal durch Kanada und war auch mal Vorband der Rolling Stones in ihrer Heimatstadt.

We Sweat Blood, das nächste Danko-Jones-Album, wurde 2003 für einen Juno Award als bestes Rockalbum nominiert. Damit tourte die Band drei Jahre lang durch Europa, Japan, Australien, Nordamerika und Südafrika, während sie bereits an ihrem nächsten Album arbeitete – *Sleep Is The Enemy*. Zu jener Zeit veröffentlichte Danko auch sein erstes Spoken-Word-Album *The Magical World Of Rock* und ging damit zweimal auf Tour. Die fleißigen drei gingen dann 2006 mit Nickelback in Kanada auf Tour, bevor sie in Amerika und Europa auf Festivals auftraten und die DVD *Live in Stockholm* veröffentlichten. Auch mit dem Album *Never Too Loud* (2008) und der Compilation *B-Sides* (2009) ging es wieder auf Tour. Danko schreibt außerdem vier verschiedene, zweimonatliche Kolumnen für europäische Rockmagazine und moderiert in Schweden die Radiosendung *The Magical World Of Rock,* die sowohl in Europa als auch in Kanada ausgestrahlt wird.

DOUG ROBB

Douglas Robb hat eine japanische Mutter und einen schottischen Vater und ist der Leadsänger der südkalifornischen Alternative-Rock-Band Hoobastank, die 1994 gegründet wurde und bis heute weltweit fünf Millionen Alben verkauft hat. Nachdem die Band ein paar CDs selbst produziert hatte, wurde sie 2000 von Island Records unter Vertrag genommen und veröffentlichte bald ihr selbstbetiteltes Debütalbum, auf dem sich auch ihr Hit *Crawling In The Dark* befand. Das Album erreichte Platinstatus und die Band tourte durch Amerika, Europa und Asien und erhielt die Einladung, in der Rock'n'Roll Hall of Fame zu spielen.

Der Titeltrack ihres nächsten Albums, *The Reason*, wurde 2004 ein weltweiter Hit, erreichte Platz zwei der *Billboard*-Charts und verbrachte 21 Wochen an der Spitze der kanadischen Single-Charts – ein neuer Rekord: So viele Wochen war dort noch nie zuvor ein Song die Nummer eins. Der Song war in der letzten Episode der Fernsehserie *Friends* zu hören und das Album erreichte Platz drei der *Billboard*-Charts sowie mehrfachen Platinstatus und erhielt drei Grammy-Nominierungen. Die Band ging weiterhin auf Tour und veröffentlichte weitere Studioalben: *Every Man For Himself* (2006), das Goldstatus erreichte, und *For(N)ever* (2009) – beide stiegen in die *Billboard*-Charts ein.

EVAN SEINFELD

Der Bassist und Gitarrist Evan Seinfeld gründete 1987 in Brooklyn die Band Biohazard, die dafür bekannt ist, als eine der ersten Bands Hardcore-Punk und Heavy Metal mit Elementen aus dem Hip-Hop gemischt zu haben. Das Album *Urban Discipline* von 1992 verkaufte sich weltweit über eine Million Mal, womit sicher auch das Video zu dem Song *Punishment* etwas zu tun hatte, das zum meistgespielten Video in der Geschichte der MTV-Sendung *Headbanger's Ball* wurde. Auch von ihrem nächsten Album wurden mehr als eine Million Exemplare verkauft und die Band ging auf Welttournee. 1998 begann Evan eine Schauspielkarriere und übernahm in der preisgekrönten HBO-Serie *Oz* die Rolle des Jaz Hoyt. Der Pornostar Tera Patrick sah eine seiner Nacktszenen im Fernsehen und die beiden gingen eine Beziehung ein. 2004 heirateten sie. Fünf Jahre später ließ sich das Paar scheiden. 2006 nahm Evan an der Reality-show *Supergroup* des Senders VH1 teil, in der auch Ted Nugent, Scott Ian, Sebastian Bach und Jason Bonham auftraten, die zusammen die Band Damnocracy gründeten. Evan gibt immer noch Konzerte mit Biohazard, aber auch mit seiner neuen Band The Spyderz. Unter dem Pseudonym Spyder Jones hat Evan in vielen Pornos mitgespielt und auch Regie geführt. Seine Webseite *www.rockstarpimp.com* ist die weltweit einzige Pornoseite eines Rockstars.

GINGER

Nachdem Ginger bei den Quireboys rausgeflogen war, gründete er Ende 1989 in Newcastle upon Tyne in England die Band The Wildhearts. Während ihrer gesamten turbulenten und unvorhersehbaren Bandgeschichte blieben The Wildhearts an der Spitze der britischen Rockszene. Das einzige konstante Mitglied ist Bandgründer Ginger, der Sänger, Gitarrist und tonangebender Songwriter der Gruppe ist. Trotz mehrerer Top-20-Singles und einem Top-10-Album in England blieb der ganz große kommerzielle Erfolg aus. Das lag zum Teil an den Schwierigkeiten, die es mit diversen Plattenfirmen gab, zum anderen an internen Problemen, die mit Drogen und Depressionen zu tun hatten. Über die Jahre hat Ginger auch einige Solo- und Nebenprojekte in Angriff genommen. Durch die energetischen Liveauftritte in jüngster Zeit (unter anderem der Auftritt beim Download Festival 2008) hat die Beliebtheit der Band einen neuen Höhepunkt erreicht. The Wildhearts touren um die Welt und werden ihrem Ruf gerecht, eine der besten Rockbands zu sein, die es je in Großbritannien gab. 2009 erschien das neunte Studioalbum, *Chutzpah!*.

HANDSOME DICK MANITOBA

Richard »Handsome Dick« Manitoba (auch bekannt als The Handsomest Man in Rock'n'Roll) wurde 1975 Sänger von The Dictators, der legendären Protopunk-band aus New York City. Die Band kombinierte ihren lauten, harten, schnellen Sound mit Junk-Culture-Ly-rics und erschuf damit eine Urform des Rock'n'Roll, die unzählige andere Bands inspirierte und beeinflusste, unter anderem die Ramones. The Dictators waren die erste Punkband aus der New Yorker Szene, die ein Album auf einem Majorlabel veröffentlichte. Handsome Dick Manitoba eröffnete Anfang 1999 seine weltberühmte Rockbar Manitoba's in New York – bis heute eine echte Institution im East Village. Seit Anfang 2005 ist Manitoba Frontmann von MC5, der legendären Detroiter Prä-Punk-Rock'n'Roll-Band, die besonders für ihren Song *Kick Out The Jams* bekannt ist. 2006 traten The Dictators im legendären CBGB's auf – am letzten Freitag und Samstag, an denen der Club geöffnet hatte. Dick arbeitet außer-dem beim Radio und moderiert die Sendung *The Handsome Dick Manitoba Radio Program* auf Little Steven Van Zandts Underground Garage Channel auf SiriusXM.

JAMES KOTTAK

James Kottak ist ein amerikanischer Drummer, der mit der Hardrockband Kingdom Come Bekanntheit erlangte. Das selbstbetitelte Debütalbum der Band von 1988 klang wie die frühen Led Zeppelin und dank des Erfolgs der ersten Single *Get It On* erreichte das Album in vielen Ländern Platinstatus, unter anderem in Deutschland, Kanada und den USA. Die Band trat beim Festival Monsters of Rock auf und war bei zwei Tourneen Vorband der Scorpions. Kurz nach Veröffentlichung des zweiten Albums verließ James Kingdom Come und spielte auf Alben von MSG und Warrant. Außerdem gründete er mit seiner Frau Athena (die Schwester von Möt-ley Crües Tommy Lee) seine eigene Punkband, bei der er singt und Gitarre spielt. Die Band erhielt 1997 einen Preis als beste Punkband in Los Angeles und tritt noch heute unter dem Namen Kottak auf. Seit 1996 ist James Drummer der deutschen Hardrockband Scorpions, die weltweit über 75 Millionen Alben verkauft haben. Einige Highlights der Jahre, in denen James bei den Scorpions spielte, waren unter anderem ein Album in Zusammenarbeit mit den Berliner Philharmonikern mit dem Titel *Moment Of Glory*, ein Live-Akustikalbum mit dem Titel *Acoustica* und eine Live-DVD mit dem Namen *1 Night In Vienna*. Ihr letztes Album, *Humanity: Hour 1*, wurde 2007 veröffentlicht und erreichte Platz 63 der *Billboard*-Charts. Die zweieinhalb Jahre andauernde Welttournee führte die Band sogar nach Indien und Südkorea. 2010 kam das letzte Studioalbum der Band, *Sting In The Tail*, heraus.

JESSE HUGHES

Jesse ist der enthusiastische Frontmann der kalifornischen Garage-Rock-Band Eagles of Death Metal, die er 1998 mit seinem Schulfreund Josh Homme von Kyuss und den Queens of the Stone Age gründete. Nachdem die Band 2004 endlich ihr Debütalbum *Peace, Love, Death Metal* veröffentlicht hatte, wurden mehrere Songs daraus in Werbespots und Videospielen verwendet, unter anderem auch die erste Single *I Only Want You*. Jesse hatte bald darauf mit einer schweren Drogenabhängigkeit zu kämpfen und sagte später, dass Homme ihm das Leben gerettet hätte. Auf dem zweiten Album der Band, *Death By Sexy*, sang Jack Black im Background. Dieser hatte genauso wie Dave Grohl einen Cameoauftritt im Video zur ersten Single – *I Want You So Hard*. Das Album stieg in die *Billboard*-Charts ein und erreichte Platz elf der Charts der Independentalben. Die Eagles of Death Metal waren Vorband der Strokes und Headliner einer eigenen Tour durch die USA. Auf dem ersten Konzert als Vorband von Guns N'Roses 2006 kam die Band beim Publikum nicht gut an, was Axl Rose dazu veranlasste, sie auf der Bühne »Pigeons of Shit Metal« zu nennen – diese Formulierung hat Jesse sich dann auf den Unterarm tätowieren lassen. Das nächste Album der Band, *Heart On* (2008), erreichte Platz 57 in den Charts, was sicher auch am Erfolg der Single *Wannabe In L.A.* lag. Die Eagles of Death Metal gehen nach wie vor inner- und außerhalb der USA auf Tour.

JIMMY ASHHURST

Der in Italien geborene Jimmy Ashhurst sah zum ersten Mal ein Aufnahmestudio von innen, als Rat Scabies von der bahnbrechenden britischen Punkband The Damned ihn unter seine Fittiche nahm. Ein Jahrzehnt später, als Izzy Stradlin Guns N'Roses verlassen hatte, bat er Jimmy, Bass in seiner neuen Band Ju Ju Hounds zu spielen und mit ihm auf Tour zu gehen. Nachdem Jimmy wegen Drogendelikten ein paar Jahre im Gefängnis verbracht hatte, erweckte er seine Musikkarriere wieder zum Leben und schloss sich der Hardrockband Buckcherry aus Los Angeles an. Mit ihrer nächsten Veröffentlichung – 15 – feierte die Band ihre eigene Auferstehung. Das Album erreichte Platinstatus und die mehrfach mit Platin ausgezeichnete Single *Crazy Bitch* wurde für einen Grammy nominiert. Auf dem Album ist auch der erste Top-10-Hit der Band – *Sorry* – zu finden. Buckcherry wurde als »Next Great American Rock Band« bezeichnet und ihr Album *Black Butterfly* stieg in die Top 10 der *Billboard*-Charts ein und wurde zum iTunes-Rockalbum des Jahres 2008 erklärt. 2009 ging die Band gemeinsam mit Kiss auf Tour durch Nordamerika und veröffentlichte ihr erstes Livealbum – *Live & Loud 2009*. Jimmy lernt immer noch gern Ladys kennen, während er mit Buckcherry um die Welt tourt.

JOEL O'KEEFFE

Joel ist der junge, energetische Frontmann und Leadgitarrist von Airbourne, einer australischen Rockband, die 2003 im ländlichen Victoria gegründet wurde. Nach der Veröffentlichung einer EP 2004 überbot Capitol Records viele internationale Labels und gab der Band einen Millionenvertrag über fünf Alben – dieser galt als der größte erste Plattenvertrag, den eine australische Band je abgeschlossen hatte. Wegen ihrer krawalligen und mitreißenden Liveshow durfte Airbourne bald als Vorband von den Rolling Stones, Mötley Crüe und Motörhead auftreten – ein Gig auf der Hauptbühne beim Festival Big Day Out bestätigte ihren Ruf als eine der am schnellsten aufsteigenden Bands des Landes. Zwei Monate vor Veröffentlichung ihres Debütalbums kündigte Capitol allerdings den lukrativen, langfristigen Vertrag. Die vierköpfige Band unterzeichnete einen neuen Global Deal mit Roadrunner Records und *Runnin' Wild* wurde endlich veröffentlicht. Das Album wurde für zwei ARIA Awards nominiert und gewann einen *Metal Hammer* Golden Gods Award als bestes Debütalbum. 2008 tourte die Band um die ganze Welt, unter anderem trat sie in den USA, in Japan und Europa auf und spielte eine ausverkaufte Tour in Großbritannien. Außerdem wurden Songs der Band in vielen Videospielen und von der WWE verwendet. Im März 2010 kam Airbournes zweites Album, *No Guts, No Glory*, heraus und die Band ging wieder auf Tour. Für einen Frontmann Anfang zwanzig ist Joel ungewöhnlich selbstbewusst, charismatisch und übermütig. Er passt perfekt zu Airbournes hymnischen Tracks, die voller Zweideutigkeiten stecken und sicherstellen, dass Rock'n'Roll niemals sterben wird.

LEMMY

Der an Heiligabend als Ian Fraser Kilmister geborene Lemmy ist der Bassist und Sänger mit der Raspelstimme der englischen Rocklegende Motörhead. Nachdem er Ende der Sechziger als Roadie für die Jimi Hendrix Experience gearbeitet hatte, spielte Lemmy vier Jahre in der Spacerockband Hawkwind, bis er 1975 gefeuert wurde und fünf Tage wegen Drogendelikten im Gefängnis saß. Danach gründete er das Powertrio Motörhead, mit dem er besonders Anfang der Achtziger Erfolg und eine Reihe Top-40-Hits in Großbritannien hatte, unter anderem die Single *Ace Of Spades* und das Nummer-eins-Livealbum *No Sleep 'Til Hammersmith*. Motörhead gewannen 2005 ihren ersten Grammy in der Kategorie Best Metal Performance. In ihrer über dreißigjährigen Karriere ist die Band mit ihren Alben und Welttourneen ohne Zweifel zu einer der einflussreichsten Rock'n'Roll-Bands aller Zeiten geworden und der coole Bad Boy Lemmy wird als der Godfather of Metal verehrt. Sein Aussehen hat durch seine Leberflecken im Gesicht und seine Koteletten einen hohen Wiedererkennungswert und wurde sogar in Form einer 15 Zentimeter großen Actionfigur unsterblich gemacht. Lemmy steht einfach für den Rock'n'Roll-Lifestyle – was genau das bedeutet, ist nachzulesen in seiner Autobiografie *White Line Fever* aus dem Jahr 2002. 2006 landete er in der Top-Ten-Liste der »Living Sex Legends« von der Zeitschrift *Maxine*, in der behauptet wurde, dass er mit mindestens 1200 Frauen geschlafen hat.

NICKE BORG

Nicke ist seit 1989 Sänger und Gitarrist der schwedischen Rockband Backyard Babies. Kurz nach Veröffentlichung ihres Debütalbums *Diesel & Power* im Jahr 1994 legte die Band eine Pause ein, während der Gitarrist Dregen The Hellacopters gründete. 1997 stieß Dregen für das von den Kritikern gelobte Album *Total 13* wieder zu der Band und blieb. Es wurden fünf weitere Studioalben veröffentlicht und die Backyard Babies gingen unter anderem mit Motörhead, AC/DC, Alice Cooper und Social Distortion auf Tour. Mit dem Album *Making Enemies Is Good* feierten sie ihren größten kommerziellen Erfolg und für das Nachfolgewerk *Stockholm Syndrome* erhielten sie einen schwedischen Grammy. Ihr letztes Album, *Backyard Babies*, stieg in Schweden auf Platz eins der Charts ein. Die Band begab sich daraufhin wieder auf Welttournee und spielte ihren liebenswerten, punkigen Gossen-Rock'n'Roll, für den das Quartett heute weltweit bekannt ist. Anfang 2010 gingen die Backyard Babies auf Tour, um das zwanzigjährige Bandjubiläum zu feiern, bevor sie sich eine Auszeit nahmen, um etwas zu verschnaufen.

ROB PATTERSON

Rob ist ein amerikanischer Gitarrist, dessen erste große Band die Hardrock/Nu-Metal-Band Otep war. Otep erhielt 2001 nach nur vier Auftritten in L.A. einen Plattenvertrag, ohne ein Demo zu haben, aber dank ihrer kraftvollen und poetischen Liveauftritte und ihrer direkten politischen Ansichten. Sharon Osbourne war so begeistert von den Jungs, dass sie der damals noch ohne Vertrag dastehenden Band einen Auftritt beim Ozzfest 2001 verschaffte. Ihr Debütalbum *Sevas Tra* von 2002 erreichte Platz 145 in den *Billboard*-Charts, das Nachfolgealbum *House Of Secrets* stieg zwei Jahre später auf Platz 93 in die Charts ein. Oteps Video zu ihrem Song *Warhead* schaffte es in die Video-Top-Ten des Jahres 2004 der MTV-Sendung *Headbanger's Ball*, während die Band unermüdlich tourte. 2005 begann Rob Gitarre bei Korn zu spielen. Er ging mit der Band auf Europatournee und die Zusammenarbeit erreichte ihren Höhepunkt mit einem Auftritt bei *MTV Unplugged* und dem dazugehörigen Album, *MTV Unplugged: Korn*. Das Livealbum wurde im März 2007 weltweit veröffentlicht und stieg auf Platz neun in die Charts ein, nachdem über 50.000 Kopien in der ersten Woche in den USA verkauft worden waren. Nachdem

Rob Korn 2008 wieder verließ, hat er an einem Soloalbum gearbeitet, ist in ganz Amerika als DJ aufgetreten (zum Beispiel im Hard Rock Hotel in Florida und bei zwei VMA-Partys in L.A.) und arbeitet wieder mit Otep an ihrem nächsten Album. Seit April 2008 ist er mit Carmen Electra – Schauspielerin, Model, Tänzerin, Sexsymbol – verlobt, die in erster Linie für ihre Auftritte in der Fernsehserie *Baywatch* und ihre Fotos im *Playboy* bekannt ist.

TOBY RAND

Toby ist ein australischer Rocksänger, der mit der Realityshow *Rock Star: Supernova* bekannt wurde, die 2006 weltweit Millionen Zuschauer hatte. Ziel der Show war, Sänger einer neuen Supergroup zu werden, in der Tommy Lee, der Drummer von Mötley Crüe, der ehemalige Metallica-Bassist Jason Newsted und der ehemalige Guns N'Roses-Gitarrist Gilby Clarke spielten. Rob wurde am Ende Dritter, was seiner eigenen Band, Juke Kartel, viel Aufmerksamkeit einbrachte. Juke Kartel ging mit Rock Star Supernova in Nordamerika auf Tour und tritt auch weiterhin bei großen Events auf, zum Beispiel bei den australischen MTV Video Awards, beim Rugby League's World Cup und beim Großen Preis von Australien. Toby war schon immer ein Frauentyp und unter den Finalisten der Wahl zum Junggesellen des Jahres 2008 der australischen Zeitschrift *Cleo*. Juke Kartel tourten ausgiebig mit ihrem Debütalbum *Nowhere Left To Hide*, das Anfang 2009 veröffentlicht wurde. Unter anderem traten sie in Norwegen vor 30.000 Menschen beim Quartz Music Festival auf, bevor sie nach Los Angeles zogen.

VAZQUEZ

Vazquez ist Bassist der amerikanischen Rockband Damone aus Waltham, einer Stadt westlich von Boston im US-Bundesstaat Massachusetts. Die Band erhielt 2002 ihren ersten großen Plattenvertrag bei RCA und machte mit ihrem Debütalbum *From The Attic* von sich reden. Damone ging in Nordamerika auf Tour, schaffte es sogar, dass Butch Walker auf einem Abschnitt der Tour jeden Abend zusammen mit der Band einen Song von Lita Ford auf der Bühne coverte. Beim Warped Festival spielten sie auf der Hauptbühne und sie tourten durch Japan, bevor sie ihr zweites Album, *Out Here All Night*, veröffentlichten. Mit diesem Album gingen sie wieder in

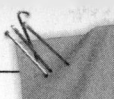

den USA und in Japan auf Tour sowie in Großbritannien. Ihre Musik ist in mehreren Videospielen zu hören, unter anderem in *Madden NFL 07*, *Project Gotham Racing 2* und *Tony Hawk's Downhill Jam*. Einige Songs der Band kennt man auch aus Filmen und TV-Serien. Der Track *Revolution* ist die offizielle Hymne der New England Revolution, eines Fußballteams der Major League Soccer. Auf dem dritten Album von Damone, *Roll The Dice*, singt Vazquez zum ersten Mal und zwar bei dem Song *Talk Of The Town*, zu dem es auch ein frivoles Promovideo gibt.

SCHÖNHEIT
UND
ATTRAKTIVITÄT

»MÄDCHEN, DIE MIT ROCKSTARS VÖGELN,
WISSEN, WIE MAN ES
MIT DEN AUGEN MACHT.«

EVAN SEINFELD

Was macht einen Menschen für dich attraktiv?

 **ACEY SLADE** Selbstbewusstsein auf jeden Fall. Aber wenn ein Mädchen *zu* aggressiv oder zu leicht zu haben ist, dann ist das ein totaler Abturner. Ich denke, es ist manchmal wichtig zu unterscheiden, ob man einfach nur Sex hat oder ob die ganze Sache vielleicht sogar irgendwo hinführen könnte. Natürlich kommt es in erster Linie immer auf die sexuelle Anziehungskraft an, denn niemand will eine feste Beziehung mit jemandem, der einen nicht anmacht – hoffe ich jedenfalls. Also generell: Das Aussehen, aber in puncto Persönlichkeit sollte sie selbstbewusst sein und ein guten Sinn für Humor haben.

 **ADDE** Das Ding ist, dass ich aus irgendeinem Grund irgendwie immer auf maskulin aussehende Mädchen abfahre, und die mögen meistens an mir, dass ich eher wie 'ne Tussi aussehe. Mir geht's persönlich nicht so um Titten und Ärsche – ich steh auf Hände. Ich sehe mir Hände an und geh voll drauf ab – wenn ich die Venen und so was sehen kann. Ich mag halt irgendwie männliche Hände. Die find ich geil … und ich bin so was von hetero!

 **ALLISON ROBERTSON** Wahrscheinlich wenn er größer ist als ich. Ich bin ziemlich zierlich und finde es nicht unbedingt heiß, wenn ein Typ noch kleiner oder dünner ist als ich – was schon mal bedeutet, dass viele Rock'n'Roller aus dem Rennen sind, weil die alle so dünn und Gottesanbeterinnen-artig sind. Ich mag es, wenn Typen große starke Männer sind. Ich weiß, Frauen sagen das immer, aber wenn man ein bisschen was im Kopf hat, will man wirklich jemanden, der echt witzig ist. Nicht nur albern. Ich brauche jemanden, der mich wirklich zum Lachen bringen kann, weil ich bei Comedy nicht gerade oft laut loslache, außer sie ist ein bisschen ausgefallen. Ich habe schon einiges an Comedy gesehen, als ich mit meiner Band unterwegs war. Es gibt kaum was in dem Bereich, was wir nicht gesehen haben. Also: Ein Typ, der ein bisschen witziger als die anderen ist, turnt mich an. Das finde ich wirklich sexy.

 **BLASKO** Ich persönlich steh definitiv auf dunkle Haare. Ich steh auf jeden Fall auf dicke Titten und ich mag auch ein schönes Lächeln und wenn jemand eine gute Lache hat – das ist für mich echt attraktiv. Ich mag's aber auch exotisch; ich fühl mich nicht so sehr von Normalos angezogen.

Ich finde ein klein wenig Exotik toll, egal ob die jetzt einen asiatischen oder Latino-Einschlag hat ... irgendwie spanisch ist gut.

 **BRUCE KULICK** Die Augen einer Frau haben auf jeden Fall etwas. Wenn ein Mädchen 'ne super Figur hat, einen imposanten Vorbau und einen geilen Arsch, dann ist das großartig, aber wenn die Augen potthässlich sind, macht das das Gesamtbild kaputt. Man baut eine Verbindung auf, wenn man einem Mädchen in die Augen schaut. Klar sag ich wie jeder andere Mann auch: »Oh, die ist aber verdammt heiß.« Aber ich möchte auch eine Verbindung spüren und die entsteht, wenn man einem Mädchen in die Augen schaut. Für mich hat es einfach immer was, wenn ich einem Mädchen in die Augen schaue – natürlich habe ich alles andere bereits in der ersten Nanosekunde abgecheckt. In meinem Leben habe ich schon oft Frauen heiß gefunden, die Probleme hatten und nicht einmal Augenkontakt herstellen konnten. Da denke ich dann: Okay, die ist heiß, aber zu ihr werde ich einfach keine Verbindung aufbauen. Ich möchte mich mit der Person wohlfühlen, darum brauche ich diese Verbindung. Ich muss ihr in die Augen schauen können und sie sollte mir zeigen, dass sie mich attraktiv findet und meine Zuneigung akzeptiert; dann kann ich den nächsten Schritt machen.

 **CHIP Z'NUFF** Das Erste, was mir bei einem Menschen auffällt, ist seine Einstellung, wie er sich benimmt. Wenn man in einer Rockband spielt, lernt man viele Leute kennen. Ist ein großartiger Beruf, um das andere Geschlecht kennenzulernen. Wenn man jemanden trifft, weiß man aber sofort, ob derjenige bei einem etwas auslöst oder nicht.

 **JIMMY ASHHURST** Ich seh mir normalerweise das ganze Paket an, aber Hygiene steht ganz oben auf der Liste. Und ich bin ein großer Beine-und-Arsch-Verfechter.

 **COURTNEY TAYLOR-TAYLOR** Ich denke, es ist bewiesen, dass alle das Gleiche attraktiv finden: ein bestimmter Abstand zwischen Augen, Wangenknochen und dem Mund. Das sind ziemlich grundlegende Dinge. Wenn mir eine Frau besonders auffällt, hat das viel damit zu tun, wie sie sich bewegt. Also bewegt sie sich selbstbewusst oder eher vorsichtig? Es geht um eine psychische Balance, die sich in der Körpersprache und den Bewegungen einer Person ausdrückt. Ich bin da ziemlich emotionslos.

Ich glaube wirklich, dass das alles Mathematik und Wissenschaft ist, was Menschen anziehend füreinander macht. Als ich jünger war, habe ich gedacht, dass es nur um Klamotten und Frisuren geht – um jede relativ gesund aussehende Frau mit den richtigen Klamotten und der richtigen Frisur also. Das haut ja auch teilweise hin, denn so zeigen wir, was uns wichtig ist und was wir im Leben wollen, rein visuell, ohne dass wir uns unterhalten oder näher als drei Meter zusammenstehen müssten. Durch seinen Kleidungsstil zeigt man, wer man ist, wer man sein möchte, wer man hofft zu sein, mit wem man zusammen sein möchte, wen man als Freund will, zu wem man passen möchte. Als ich also das erste Mal darüber nachgedacht habe, wollte ich eine Frau, die so aussieht, als würde sie die Buzzcocks hören und Ayn Rand lesen. Ich habe viel durchgemacht und hätte nie gedacht, dass ich mal eine Frau anziehend finden würde, die wirklich einfach nur total nett ist und die nicht nur nett tut, bis sie sich in deinem Leben und deinem Herzen eingenistet hat und dann zeigt, dass sie eigenentlich gemein und herablassend ist.

VAZQUEZ Ich seh mich nach üppigen Frauen um. Ich will einen großen Arsch. Ich will große Titten. Dünne Mädchen – die machen einfach keinen Spaß. Irgendwie fühlt es sich einfach nicht gut an. Ich will eine Frau, die sich auch wie eine Frau anfühlt.

DOUG ROBB Das Erste, was mir einfällt, ist ehrlich gesagt Selbstbewusstsein. Gleich danach kommt das Gesicht. Du kannst einen umwerfend schönen Körper haben und ein wunderhübsches Gesicht, aber wenn du aus irgendeinem Grund verschüchtert, scheu und unsicher bist, ist das definitiv ein Abturner. Wenn du aber ein Gesicht hast, das als durchschnittlich durchgehen würde, oder nicht gerade den geilsten Körper hast oder was auch immer und du strahlst aber trotzdem Selbstbewusstseins aus, dann ist das extrem sexy.

ROB PATTERSON Intelligenz, Sex-Appeal und der Arsch – sie muss einen geilen Arsch haben!

JESSE HUGHES Schönheit liegt ja sozusagen immer im Auge des Betrachters und so. Einige Leute stehen auf große Titten und deshalb lassen sich manche Frauen die Brüste machen, was eine verdammte Schande ist. Manche Typen finden Unbeschwertheit mehr als alles andere attraktiv. Es kommt auf meine Laune an. Wenn ich abends auf meiner Tour durch die Buchläden bin, bin ich ganz anders drauf als sonst. Ich mag Frauen, die lächeln, wenn man ihnen was Dreckiges zuflüstert, sich aber umschauen, ob es auch niemand anders gehört hat.

 **EVAN SEINFELD** Ich denke, es ist einfach dieses unfassbare, unbeschreibliche sexuelle Selbstbewusstsein. Ich mag Frauen, die wissen, was sie wollen, und einem nichts vormachen. Ich finde, so viele Frauen sind nicht wirklich an Sex interessiert, sondern nur daran, was der Sex ihnen bringt – während Männer mehr Sex um des Sex willen machen. Was die Statur anbelangt, steh ich auf sportliche Frauen. Ich liebe flache Bäuche und runde, straffe Hintern, auf denen man eine Münze springen lassen kann. Ich liebe Titten in allen Größen, aber egal ob sie groß oder klein sind, sie müssen der Schwerkraft trotzen.

 **LEMMY** Wie wir alle wissen, liegt Schönheit im Auge des Betrachters. Ist zwar ein Klischee, stimmt aber. Ich habe schon die unglaublichsten Pärchen gesehen. Man sieht diese atemberaubende Mieze mit diesem pickligen Nerd mit Brille und denkt sich: Warum? Er hat noch nicht mal Geld. Es liegt wirklich im Auge des Betrachters. Man weiß nie. Was mich angeht, ich steh auf Beine und Brüste.

 **TOBY RAND** Selbstbewusstsein. Zum Beispiel wenn eine Frau den Raum betritt und allen sofort auffällt. Alle wissen, dass sie da ist. Sie ist einfach präsent und hat eine positive Einstellung, ein schönes Lächeln … und einen Hammerarsch.

 **HANDSOME DICK MANITOBA** Titten und Ärsche. Das fällt mir als Erstes ein. Aber alles beginnt ja mit dem ersten Schritt und das ist der Blick in die Augen. Beim Blick in die Augen stellt man eine Verbindung her. Das kann passieren, wenn man zusammensitzt und sich unterhält, und plötzlich erkennt man: Heilige Scheiße – wir verstehen uns! Das ist die heißeste Sache der Welt. Man kann das Essen nicht auf den Tisch stellen, bevor man eine nette Tischdecke druntergelegt hat – *das* ist die Tischdecke!

 **DANKO JONES** Ich will ehrlich sein: Sie muss schon heiß sein! Ich muss sie sehr hübsch finden und sie muss einen tollen Körper haben. Aber das ist kein komplettes Ausschlusskriterium. Gar nicht geht, wenn sie unsicher ist und klammert. Das geht gar nicht, ganz egal wie heiß sie ist.

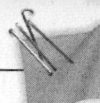

Denn dann wird sie nicht damit umgehen können, dass ich wochen-, ja sogar monatelang auf Tour bin. Das geht überhaupt nicht. Dass eine Frau das aushalten kann, ist ein Charakterzug, der über die Jahre echt wichtig für mich geworden ist.

JAMES KOTTAK Haare – die müssen blond sein. Und ich muss sagen, ich liebe große Möpse. Hinter großen Möpsen verbirgt sich eine selbstbewusste Frau und ich mag Selbstbewusstsein bei Frauen. Ich steh auf selbstbewusste Frauen mit großen Möpsen.

JOEL O'KEEFFE Ich fahr drauf ab, wenn sie ihr sexuelles Verlangen zeigt. Ich mag die Mädchen flirty und dirty, vor allem, wenn sie quatschen, als ob wir uns schon betatschen. Die bekommen meine ungeteilte Aufmerksamkeit. Denn sind wir erst allein, schieb ich ihn ihr rein.

NICKE BORG Ich finde Verständnis total anziehend bei Frauen. Aber als Allererstes eigentlich wenn sie dich wegen deines Aussehens oder weil du so bist, wie du bist, gut findet, ohne zu wissen, dass du in einer Band spielst. Oder wenn sie weiß, dass du in einer Band bist, aber versteht, dass das manchmal sehr einsam und tragisch sein kann. Es läuft nicht immer nach dem Motto »Ich will dich besinnungslos vögeln, weil ich dein Video gesehen hab«.

Wie angelt man sich am besten einen reichen Rockstar?

EVAN SEINFELD Es liegt alles in den Augen – eine ungesprochene Sprache. Mädchen, die mit Rockstars vögeln, wissen, wie man es mit den Augen macht. Manchmal schaue ich ins Publikum, wenn ich auf der Bühne stehe, und unsere Blicke treffen sich und manchmal muss ich mit ihr dann gar keinen Sex mehr haben, weil wir ihn schon hatten, verstehst du?

JIMMY ASHHURST Es kommt mir vor, als ob Los Angeles zum Mekka für einen ganz bestimmten Typ Frau geworden wäre. In den Clubs gibt es eine Menge von der Sorte. Die checken schnell noch mal die *Billboard*-Charts, bevor sie mit einem ausgehen. Sie prüfen sogar noch deine Kreditwürdigkeit. Heutzutage ist das ein gangbarer Karriereweg. Anscheinend ist es nicht mehr so rebellisch, wie es einmal war. Früher mussten die Mädchen in der Beziehung allerhand Scheiß mitmachen, wenn sie sich einen Rockstar als Mann angeln wollten. Aber jetzt sind die Typen, hinter denen sie her sind, ruhiger und vernünftiger.

ROB PATTERSON Keine Ahnung, aber nach dem, was ich so gehört habe, sollte man nicht stalken. Sei du selbst!

JOEL O'KEEFFE So wie man sich wahrscheinlich jeden Mann am besten angelt: Man muss ihn abfüllen oder high machen.

TOBY RAND Man muss selbstbewusst sein und sie so behandeln, wie man auch jeden anderen behandeln würde. Sie sind auch nichts Besseres als alle anderen.

VAZQUEZ Man muss einfach nur man selbst sein. Manchmal lernt man bei einem Gig eine kennen und die sagt »Hi« und dann ist da nichts – sie ist zu schüchtern und das funktioniert nicht. Sie muss ja nicht total dreist sein, aber ein bisschen schon.

Haben Blondinen wirklich mehr Spaß?

ALLISON ROBERTSON Also ich hatte als Kind ziemlich helle Haare. Als ich älter wurde, sind sie braun geworden und ich wurde immer schüchterner. In dem Augenblick, in dem meine Haare braun wurden, wurde ich zum Nerd … Kleiner Scherz. Aber mal im Ernst, viele Leute haben bei der Geburt helle Haare, die dann dunkler werden. Ehrlich gesagt habe ich meine Haare immer dunkler gefärbt, als sie eigentlich sind. Sie sind so 'ne Art goldblond und in den letzten zwei Jahren waren sie blond. Und ich muss sagen, ich hab mich dann doch etwas wilder benommen, als ich erwartet hatte. Ich hatte sie schon einmal in der Highschool blondiert und richtig kurz getragen. Man fühlt sich ein bisschen verruchter mit blondierten Haaren. Außerdem habe ich meinen Friseur gebeten, den Ansatz nicht mitzufärben. Ich wollte, dass es richtig unordentlich aussieht wie bei David Lee Roth. Es hat was, wenn man mit offenen Fenstern durch Hollywood fährt und die blonden Haare im Wind wehen. Da fühlt man sich schon

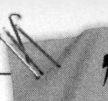

ziemlich sexy. Das macht irgendwie Spaß. Ich glaube wirklich, das zieht Leute an, die auch Spaß haben wollen. Die denken dann einfach: Hey, die sieht aus, als hätte sie Spaß.

ACEY SLADE Nee.

ADDE Wahrscheinlich, wahrscheinlich. Ich kenne viele blonde Frauen, die extrem viel Spaß haben. Vielleicht ist das aber so'n Frauending. Keine Ahnung, ob das auch für Männer gilt.

ANDREW W.K. Ich weiß nicht, ob sie mehr Spaß haben, aber Naturblondinen sind sehr hübsch. Ich war mal mit einem Mädchen zusammen, das von Natur aus blond war, und ich war deswegen superaufgeregt, weil ich vorher noch nie mit einer Blondine zusammen war; ich hatte immer brünette Freundinnen gehabt. Ich glaube, sie war das zweite oder dritte Mädchen, mit dem ich intim war. Das war noch, bevor ich auf Tour gegangen bin. Ich habe in New York gewohnt und gerade an meiner Karriere als Andrew W.K. gearbeitet und ich wurde immer selbstbewusster. Ich war so aufgeregt, weil ich mit einem blonden Mädchen zusammen sein würde, nicht nur weil sie am ganzen Körper blond sein würde, sondern weil sie blasse Haut und blaue Augen hatte – das war neu für mich. Und was ist passiert? Wir hingen ziemlich viel zusammen rum, aber an dem Tag, als wir unser erstes richtiges Date hatten, hat sie sich die Haare natürlich braun gefärbt! So'n Mist. Ich konnte nicht anders und hab dann gesagt: »Wow, du siehst toll aus, aber ich bin ein bisschen enttäuscht. Ich war so begeistert von dir und deinen blonden Haaren.« In der Highschool war ich mal in ein wunderschönes Mädchen verknallt. Ich stand ein paar Jahre auf sie, sie war älter als ich und blond. Das Gesicht einer Person sieht einfach ganz anders aus, wenn sie blonde Haare hat, besonders wenn sie von Natur aus blond ist.

BRENT MUSCAT Nein, glaub ich nicht. Ich war schon mit Blondinen zusammen, aber ich steh eigentlich mehr auf dunkelhaarige Mädchen, auf brünette und so. Ich mag Frauen, die aufgeschlossen sind. Mit denen man essen gehen kann und die dann auch mal bereit sind, alle möglichen Arten von Essen auszuprobieren. Einige meiner früheren Freundinnen galten sicherlich nicht als besonders heiß, aber das ist auch nicht das Wichtigste für mich. Abgesehen vom Aussehen brauche ich eine tiefere Verbindung.

COURTNEY TAYLOR-TAYLOR Blondinen haben bestimmt mehr Spaß als Goths, aber nicht so viel wie rothaarige Lockenköpfe.

LEMMY Keine Ahnung, ich war noch nie blond.

EVAN SEINFELD Blondinen haben auf keinen Fall mehr Spaß. Ich liebe Blondinen, aber ich stehe noch mehr auf Brünette: Am liebsten mag ich Asiatinnen, dann Latinas, dann Brünette und dann Blondinen. Ich hatte Sex mit Frauen aller Ethnien, die du dir vorstellen kannst, und aus allen möglichen Ländern. Ich finde, dass Frauen, die blond, aber nicht von Natur aus blond sind – ich nenne sie Flaschenblondinen –, am unsichersten sind und den Sex am wenigsten genießen. Sie färben sich die Haare, weil sie sich leer fühlen, weil sie einsam und verzweifelt sind. Was mich echt abturnt, sind Frauen, die ficken, weil sie sich besser fühlen wollen, anstatt einfach Spaß zu haben. Das heißt jetzt nicht, dass das immer so ist – ist halt meine persönliche Erfahrung.

DANKO JONES Ich habe eine Schwäche für diese Haarfarbe, ja.

BRUCE KULICK Es ist witzig, ich habe dunkle Haare und braune Augen und Blondinen mit blauen Augen machen mich auf jeden Fall an. Ich steh auch echt auf Latinas und Asiatinnen – auf richtige Frauen halt! Eine Weile fand ich Cindy Crawford total heiß und die ist keine typische Blondine. Heather Graham gehörte immer zu meinen Favoritinnen. Sie ist klasse und sieht fast so aus wie das Mädchen von nebenan. Pamela Anderson finde ich total heiß und es hat mich immer umgehauen, dass Tommy [Lee] und Kid Rock mit ihr ihren Spaß hatten – ich würde in ihrer Gegenwart nicht eine Minute standhalten. Ich würde kein Wort rausbringen, ich könnte mich einfach nicht entspannen. Ich brauche eher ein normales Mädchen. Wenn eine

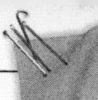

Frau unglaublich heiß ist? Super, aber das würde ich nicht überleben. Für mich geht es wieder um die Verbindung mit der Frau und diese Schönheit, die in den Augen liegt. Blondinen sind immer meine Favoritinnen, aber ich war auf jeden Fall auch schon geil auf Frauen, die nicht blond sind.

 **CHIP Z'NUFF** Das ist nur ein Gerücht. Das kursiert schon seit Jahren. Wenn man seinen Look verändert, hat man vielleicht das Gefühl, dass einem wildere Dinge passieren, weil man seine ganze Einstellung ändert – also vielleicht ist es auf gewisse Weise wahr, aber eigentlich denke ich, dass das ein Trugschluss ist.

 **DOUG ROBB** Glaub ich nicht. Ich habe mich erst vor ein paar Tagen mit meiner Frau darüber unterhalten, weil die meisten Mädchen, mit denen ich in meinem Leben was hatte, blond waren, aber ich habe Blondinen nie bevorzugt. Ich würd sagen, das Gesicht ist schon das Wichtigste und die Haarfarbe ist im Endeffekt vollkommen egal. Ich glaube nicht, dass Blondinen nun unbedingt mehr Spaß haben.

 **HANDSOME DICK MANITOBA** Ich hab keinen blassen Schimmer. In meiner Familie haben alle braune Augen und braune Haare. Ich bin in meinem Leben nur mit wenigen Blondinen ausgegangen. Wie du vielleicht weißt oder auch nicht, bin ich ein New Yorker Jude, und die unerreichbaren Göttinnen wie Claudia Schiffer, die blonden, blauäugigen arischen Schönheiten, nach denen sich irgendwie alle verzehren, sind eigentlich nicht mein Typ. Ich steh eher auf Frauen wie Adriana Lima, die so was Mediterranes haben, Olivenhaut oder dunkle Haut mit dunklen Augen und dunklen Haaren. Kann sein, dass Blondinen mehr Spaß haben, aber so heißblütige Brünette sind schon der absolute Hammer.

 **JOEL O'KEEFFE** Blondinen, natürliche oder gefärbte, sind meine Achillesferse. Ich hab ganze drei Mal mein Auto geschrottet, weil ich 'ner Blondine hinterhergeschaut habe, und ich habe Unsummen für Dates mit ihnen ausgegeben. Aber wenn man sie erst einmal an Land gezogen hat und mit ihnen allein ist, sind sie all das wirklich wert. Blondinen, und ich beton das noch mal: egal ob natürliche oder gefärbte, wissen einfach, dass sie sexy sind. Also muss ich sagen, dass Blondinen *auf jeden Fall* mehr Spaß haben. Sie schreien lauter, besorgen's dir härter, sie kommen härter, sie sind dauerfeucht und geil wie sonst was. Und gerade wenn du denkst, es ist vorbei, sind sie schon wieder bereit für die nächste Runde.

 **ROB PATTERSON** Kommt drauf an. In meinem Fall ja.

 **JAMES KOTTAK** Absolut, natürlich haben Blondinen mehr Spaß! Das stimmt, das stimmt!

 **JESSE HUGHES** Oh verdammt nein! Oh Gott nein! Blondinen sind einmalig und das macht sie zu etwas Besonderem. Sie sind einmalig und deshalb oft sehr begehrt, aber haben sie auch mehr Spaß? Zur Hölle nein, das sage ich dir! Brünette sehen aus wie heiße Sekretärinnen oder die Mutter deines guten Kumpels, den du gern im Sommer besuchst, um in seinem Pool zu baden.

 **JIMMY ASHHURST** Blondinen sind auf jeden Fall direkter und überrumpeln dich, so nach dem Motto: »Hier bin ich!« Ich bin aber für Chancengleichheit und finde, Brünette haben so was Feuriges – die mag ich schon. Oberflächlich betrachtet haben Blondinen aber ganz sicher mehr Spaß.

 **NICKE BORG** Klar, Mann. Ich bin blond. Ich bin zwar rasiert, aber ich bin verdammt noch mal blond.

 **TOBY RAND** Nein, nein haben sie nicht. Schwarzhaarige Mädchen haben mehr Spaß. Alle Mädchen haben Spaß. Die Haarfarbe ist egal. Viele Blondinen haben eigentlich eh schwarze Haare.

 **VAZQUEZ** Hm ... Ich gehe im Kopf gerade alle durch, die ich kenne – ich denke, falsche Blondinen haben mehr Spaß.

Stehen Rockstars auf Tattoos und Piercings? An welchen Körperstellen sind sie am geilsten?

ACEY SLADE Heute ist das irgendwie vorhersehbar. Wahrscheinlich gibt es kaum noch Mädchen, vor allem keine Groupies, die keine Tattoos oder Piercings haben. Ich mag Mädchen, die es im Gesicht und an den Händen eher clean halten und vielleicht 'nen Pulli tragen. Und dann ziehen sie ihren Pulli aus und haben ein Sleeve oder ein cooles Rückentattoo.

ADDE Ich schätze ... mir ist das scheißegal, echt.

ALLISON ROBERTSON Ich finde, Tattoos können wirklich richtig sexy sein, aber sie müssen schon gut gemacht sein. Schlechte Tattoos turnen mich so was von ab. Das ist natürlich Geschmackssache und Geschmäcker sind verschieden. Tribal-Tattoos sind nicht so mein Stil oder wenn jemand chinesische Schriftzeichen hat und dann noch nicht mal ... Ich habe Japanisch gelernt, ich weiß also, was einige der Kanji bedeuten. Manchmal frag ich dann so: »Weißt du eigentlich, was das bedeutet?« Und die dann so: »Ach, ich glaube, das soll heißen, dass ich entspannt bin«, aber das bedeutet es ganz und gar nicht. Es heißt dann in Wirklichkeit »Baum« oder »Ich werde auf dein Haus pinkeln« oder so was in der Art. Ich denke, Tattoos sind nur sexy, wenn sie wirklich etwas bedeuten, wenn man zum Beispiel sieht, dass jemand viel reist. Es ist cool, wenn Männer oder Frauen, die in Bands spielen, sich tätowieren lassen, wenn sie Tattoos von überall auf der Welt sammeln, wie man als Kind Sticker oder Briefmarken aus allen möglichen Ländern gesammelt hat. Ich finde, es ist sexy, wenn das Tattoo von einem bestimmten Ort stammt und man damit nicht nur cool aussehen will. Piercings? Um ehrlich zu sein, war ich noch nie mit jemandem zusammen, der gepierct war. Vielleicht hatte mal einer ein Ohrloch, das aber schon lange zugewachsen ist. Das turnt jetzt nicht unbedingt ab – mit gepiercten Typen hab ich einfach keine Erfahrung.

BLASKO Gepiercte Nippel sind richtig cool, aber da hört's für mich auch schon auf. Gepiercte Zungen sind wirklich absolut irritierend. Denn die Leute klacken mit dem Ding dann andauernd gegen ihre Zähne – für mich ist das, also ob jemand mit den Fingernägeln an einer Tafel kratzt. Also gepiercte Nippel sind super und Tattoos machen mir grundsätzlich nichts aus, es kommt halt darauf an, was genau es ist. Ich denke, es ist ein schmaler Grat zwischen einem gut gestochenen Tattoo, über das man sich Gedanken gemacht hat, und einem »Fuck you« oder so auf der Schulter – so was hab ich schon gesehen.

 **JIMMY ASHHURST** Das ist nicht so das, wonach ich Ausschau halte. Ich mag eher die Frauen, die auch … Jobs haben. Schauspielerinnen oder Models oder so, die haben selten viele Piercings.

 **ANDREW W.K.** Ich mochte so was nie, also würde ich auch ein Mädchen, das gepierct oder tätowiert ist, nicht anziehender finden als andere. Tattoos und Piercings turnen mich zwar generell nicht unbedingt ab, aber eine Zeit lang gab's da bei mir mal Mädchen, die viele Tattoos und Piercings hatten – und die hatten aber auch immer so komische Vibes (vielleicht waren es ja gerade diese Vibes, die sie dazu inspiriert haben, sich so zuzuhacken), mit denen ich früher einfach nicht konnte. Aber wahrscheinlich lag das auch gar nicht an den Tattoos und Piercings als solchen. Ich bin echt froh, dass meine Frau nur Ohrringe und keine Tattoos hat. Ich finde das fantastisch, weil es so viele tätowierte Frauen gibt. Tattoos sind cool. Ich habe selbst welche, aber das sind nur Linien. Sich den ganzen Tag Bilder anzusehen ist ziemlich anstrengend. Es ist doch so: Wenn man in seinem Haus Bilder an der Wand hängen hat und fünfzig Jahre lang jeden Tag an diesen Bildern vorbeiläuft, sollten sie einem schon echt gut gefallen. Und ich wette, dass man sie auch hin und wieder mal abnehmen oder umhängen möchte, einfach um die Atmosphäre in dem Raum zu verändern, oder um umzudekorieren. Den eigenen Körper mit Bildern zu schmücken ist also schon eine ziemlich heftige Sache, aber ich bewundere Menschen, die das tun. Das ist toll. Ich habe Ohrlöcher. Früher wollte ich mir mal die Nase piercen lassen und so'n Zeug. Aber wenn ich mir ein Foto von einer nackten Frau ansehen wollen würde, wäre es mir lieber, wenn sie keine Piercings und Tattoos hätte.

 **BRENT MUSCAT** Ich finde, gepiercte Bauchnabel sind irgendwie sexy. Aber ich steh nicht so auf Sleeves bei Mädchen oder wenn sie im Gesicht tätowiert sind. So ein Tattoo auf dem Rücken an einer schönen Stelle ist nett, aber das heißt nicht, dass ich tätowierte Mädchen bevorzuge. Solange es cool aussieht, warum nicht? Echt schlimm ist es, wenn eine Frau ein Tattoo hat, das aussieht, als hätte sie's im Knast machen lassen. Das

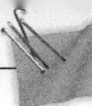

ist alles andere als attraktiv oder diese Tattoos auf den Brüsten, die sich manche Frauen jetzt machen lassen. Das finde ich nicht besonders schön. Ich mag Dinge, die man verstecken kann. Wenn die dann im Schlafzimmer zum Vorschein kommen, ist das sexy. Es ist schon lustig: Jetzt bin ich all die Jahre Rock'n'Roller und hab nicht ein einziges Tattoo!

ROB PATTERSON Ja. Ich finde, der ganze Körper muss nicht tätowiert sein, aber an bestimmten Stellen sind Tattoos heiß, zum Beispiel hinter dem Ohr, am Handgelenk … nichts zu Extremes.

NICKE BORG Das ist von Mensch zu Mensch verschieden. Nichts ist so sexy wie ein unschuldiges Mädchen, das nicht einmal weiß, was ein Tattoo oder ein Piercing eigentlich ist. Und nichts turnt mehr ab als ein kleiner Delphin auf der Schulter. Ein richtig, richtig großer Drache oder ein Totenkopf auf dem Rücken ist bei einem Mädchen cool. Denn man sieht den erst gar nicht. Und dann läuft sie in einem kurzen Rock herum und man denkt: Boah, scheiße! Es kommt also drauf an, ist von Fall zu Fall unterschiedlich. Tattoos sind schon irgendwie sexy, aber einen Delphin oder ein Häschen auf der Schulter finde ich nicht gut.

BRUCE KULICK Vielleicht findet das der durchschnittliche Rockstar, der selbst Tattoos und so was hat, fantastisch. Ich finde das jetzt nicht total daneben, aber es ist auch einfach kein Anturner. Wenn jemand ein paar an geschmackvollen Stellen hat, ist das für mich okay. Wenn eine Frau komplett tätowiert ist, wird sie mich wahrscheinlich auch nicht besonders heiß finden, weil ich ja selbst auch nicht so aussehe. Ich hab einen Ohrring, das ist alles. Ich habe Freunde, die mich für einen tollen Kerl, Gitarristen, Musiker und Freund halten, und die Sleeves haben – ich spreche von Männern und Frauen –, aber ich kann mir einfach nicht vorstellen, eine Beziehung mit einer Frau zu haben, die richtig viele Tattoos hat. Eins oder zwei wären vielleicht okay … Na ja, das ist halt Rock'n'Roll und ist gerade irgendwie hip – diesen modischen Aspekt darf man dabei nicht vergessen –, aber ich bin ein bisschen altmodisch, was das angeht. Auch wenn Angelina Jolie eine tolle Schauspielerin ist und wunderschön, kapier ich nicht, warum sie dieses ganze Zeug auf ihrem Körper hat – ich versteh's einfach nicht. Sie ist keine Musikerin oder Rockerin oder so was und ich denk mir: Hä? Also ich weiß echt nicht. Ich versteh schon, dass manche Frauen sich vielleicht die Nase piercen lassen wollen oder … Manche von denen machen sogar unten was an ihrer Vagina – ich denk dann immer: Wieso?! Ich habe ein paar Erfahrungen mit solchen Sachen gemacht und es ist jetzt nicht so, dass mich das total abgeturnt hätte, aber ich dachte mir schon irgendwie: Moment mal, das ist nicht meine Sorte Mädchen. Und auch Zungenpiercings ... Einige Mädchen, die sich so verwirklichen, haben vielleicht das Gefühl, dass es ihnen hilft, ihren Mann zu befriedigen, oder ihr Mädchen. Aber ich weiß nicht, ob das was bringt. Dafür hab ich damit nicht genug Erfahrung. Ich finde es einfach nicht besonders anziehend.

 **CHIP Z'NUFF** Na ja, anscheinend machen Tattoos und Piercings Rock'n'Roller ziemlich an, denn die meisten von ihnen haben ja selbst welche. Wenn man aber keine hat, ist man sogar ein bisschen origineller, finde ich. Ich erinnere mich daran, als ich mal 'ne Zeit lang in den A&M Studios rumhing, weil Enuff Z'Nuff da ein Album aufgenommen haben, und Ozzy Osbourne war nebenan. Er ließ niemanden rein. Ozzy hatte ein Schild an seiner Tür, auf dem stand: »Zutritt absolut verboten«. Also hängten wir ein Schild an unsere Tür, auf dem stand: »Zutritt absolut verboten, außer du hast: Kokain, Crack, Heroin, Pot, Alkohol, eine Pussy«. Als ich dann mit Ozzy draußen saß – ich hatte dann doch noch die Chance, mit ihm zusammenzusitzen und zu reden, und ich liebe ihn übrigens über alles – sagte er: »Du willst originell sein? Dann lass dir kein verficktes Tattoo stechen!« Also keine Tattoos oder Piercings für mich.

 **COURTNEY TAYLOR-TAYLOR** Piercings waren nie so mein Ding, fand ich nie gut. Ich mochte es, als Nasen- und Augenbrauenringe in Mode kamen. Die fand ich ziemlich cool, finde ich auch immer noch. Es hat mir gefallen, als das wieder out war und die Leute, die solche Ringe hatten – was, wie ich finde, echt richtig cool aussieht –, sie immer noch trugen. Zehn Jahre später waren sie damit Individualisten. Jede Art von Nippelringen und Genitalpiercings finde ich einfach nur traurig. Ich denke dann: Ach, ich fand dich immer so cool, aber jetzt bist du so chaotisch, du hast Probleme – und zwar viele – und du bist einfach eine traurige Gestalt. So sehe ich diesen Scheiß. Schon immer, seit ich zum ersten Mal einen Nippelring und ein Prinz-Albert-Piercing gesehen habe. Ich mag auch keine Arschgeweihe.

 **DANKO JONES** Ich weiß, dass Männer es entweder mögen oder nicht. Manche Typen stehen drauf, wenn Frauen viele Tattoos haben, andere finden Mädchen mit Sleeves echt heiß. Das spielt bei mir keine Rolle. Mir

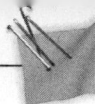

geht's mehr um die Persönlichkeit. Tattoos entscheiden nicht darüber, ob ich ein Mädchen um ein Date bitte oder nicht. Das ist ganz egal.

HANDSOME DICK MANITOBA Eigentlich bin ich kein großer Fan davon, aber ich muss mich mit der Realität auseinandersetzen. Und das tue ich. Meine Frau hat sich gerade ihren ganzen Arm tätowieren lassen und das war ein Geschenk von mir. Es gehört zu einer Beziehung dazu, Kompromisse einzugehen, den anderen zu akzeptieren. Sex ist gut und schön, aber das alltägliche, fasrige Material, aus dem Beziehungen gestrickt sind, besteht aus Akzeptanz und Kompromissen.

JAMES KOTTAK Ich steh total auf Tattoos. Aber Männertattoos an Frauen finde ich gar nicht gut. Ich mag kleine Tattoos hier und da. Sleeves müssen an Puppen nicht sein. Piercings im Gesicht – die müssen weg. Darauf fahr ich gar nicht ab. Ich finde es aber echt sexy, wenn eine Frau mädchenhafte Tattoos hat. Das liebe ich.

DOUG ROBB Mich persönlich machen Piercings nicht an. Tattoos können cool sein, zum Beispiel wenn ein Mädchen ein Viertelsleeve oder 'n Sleeve hat oder so was. Oder an den Hüften tätowiert ist, das ist cool. Die typischen Feen auf dem Rücken oder Tribal-Armbänder sind auf keinen Fall sexy. Wenn das hier wirklich Sextipps von Rockstars sein sollen, muss ich sagen, dass man mehr Rock'n'Roll ist, wenn man keine Tattoos hat. Früher waren Tattoos etwas Rebellisches, aber heute weiß ich nicht, wer außer mir und unserem Gitarristen keine Tattoos hat – jeder hat welche! Wir sind die Letzten einer aussterbenden Gattung.

TOBY RAND Ich finde Tattoos extrem sexy und ich denke, die besten Stellen bei einem Mädchen sind dafür der Nacken, das Handgelenk, die Knöchel und alles, was Richtung Becken führt.

EVAN SEINFELD Viele Frauen denken, weil Rockstars tätowiert oder gepierct sind, stehen sie auch auf tätowierte Frauen. Ich bin sehr wählerisch, was das angeht. Ich muss sagen, dass ich stark tätowierte Frauen nicht so sehr mag wie Mädchen mit nur wenigen oder gar keinen Tattoos. Wenn sich eine Frau tätowieren lässt, sollte sie sich ein hochwertiges Tattoo aussuchen. Ich mag es nicht, wenn Mädchen Tattoos haben, die ich auch haben könnte, dadurch sehen sie irgendwie männlich aus. Sie sollten keine Arschgeweihe haben. Und Ladys: Ihr braucht keine Brusttattoos zwischen den Titten. Farbige Tattoos hasse ich an jedem. Sexy finde ich, wenn eine Frau ein kleines Tattoo am Hals hat, oder am Finger, oder hinter dem Ohr. Piercings? In letzter Zeit bin ich Fan dieses kleinen Marilyn-Monroe-Punkts auf der Wange, Monroe-Piercing heißt das, glaube ich. Das gefällt mir. *Ein* Piercing reicht mir an einem Mädchen, zum Beispiel ein Labret- oder Septum-Piercing oder ein kleiner Nasenring. Wenn jemand mehrere Piercings hat, finde ich das verwirrend. Jeder verdammte Basketballer, Footballspieler, Rapper ist heute tätowiert. Tattoos gehören jetzt zum Mainstream, deshalb denken viele Frauen, das sei so eine Art Lockruf, so ein Stammesding wie: »Hey, ich bin tätowiert, du bist tätowiert, wir sind zusammen tätowiert.« Das soll nicht heißen, dass ich nicht mit tätowierten Frauen schlafe, aber sie sind definitiv nicht meine erste Wahl.

 **GINGER** Ich denke, Tattoos und Piercings machen keinen Unterschied. Abgesehen von dem anfänglichen »Sie ist süß« kommt es in einer Beziehung doch darauf an, dass man zueinander passt. Wenn erst einmal eine gegenseitige Anziehungskraft besteht, hält Beständigkeit eine erfolgreiche Beziehung am Laufen.

 **JESSE HUGHES** Tattoos und Piercings turnen jeden an, der geil ist. Ganz ehrlich, Rockstars sind, was sie sind, weil sie total scharf sind – wie man es auch dreht und wendet. Man kann so tun, als würde es um Kunst gehen, oder darum, die Wale zu retten, oder um irgend so einen Scheiß, aber es geht eigentlich immer nur darum, dass jemand wirklich geil ist. Piercings können irre sein, außer das Ding sieht aus, als könnte es deinen Schwanz in zwei Hälften teilen. Alles, was jemand an seinem Körper trägt, ist eine Botschaft – und manchmal muss man die empfangen.

 **JOEL O'KEEFFE** Tinte und Metall sind höllisch sexy! Es ist immer eine willkommene Überraschung, wenn man einander die Kleider vom Leib reißt und ein cooles Kunstwerk entdeckt oder wenn die Zunge dieses kleine Stück warmen, feuchten Metalls berührt. Es ist, als ob man einen versteckten Schatz gefunden hätte, und dann hat man ihn ganz für sich allein.

 **VAZQUEZ** Ich liebe Nippelringe. Ich bin aber nicht gerade verrückt nach Genitalpiercings und all dem Scheiß. Was ich auch nicht sonderlich mag, sind Piercings, mit denen die Ohrläppchen ausgedehnt werden – weder an Frauen noch an Männern. Ich erinnere mich daran, mal bei einer Show mit einem Mädchen gesprochen zu haben. Es war laut, also bin ich nahe

an sie herangerückt und da hat es total gestunken. Ich dachte nur: Iiii, was zur Hölle ist das? Das ist eklig! Ohren sind nun mal so, wie sie sind – man muss sie nicht verunstalten.

Stehen Rockstars eher auf »jung und unerfahren« oder wollen sie reife Partner mit viel Erfahrung?

ALLISON ROBERTSON Ich schätze, es kommt drauf an, wonach man sucht, aber ich persönlich hätte lieber jemanden, der ein bisschen erfahrener und reifer ist. Wenn man in einer Band spielt, kommt man mit Leuten aus anderen Bands und der Musikindustrie zusammen. Aber man wird nicht richtig erwachsen, wenn man andauernd auf Tour ist. Die Typen machen nicht die gleichen Dinge wie jemand, der zu Hause war, zur Schule gegangen ist und ein paar miese Jobs hatte. Jemand, der eine Menge Mädchen, aber nie eine feste Freundin hatte, weiß manchmal nicht, was er tut. Er ist einfach daran gewöhnt, befriedigt zu werden, und er weiß nichts übers Geben und Nehmen. Ich steh also eher auf Männer, die hoffentlich ein bisschen älter sind als ich. Na ja, das Alter ist eigentlich egal, aber die Reife spielt eine große Rolle.

ACEY SLADE Ich würde mich immer für die reifen und erfahrenen Frauen entscheiden. Wenn man mit Babys spielt, muss man Windeln wechseln können.

BLASKO Reif und erfahren.

HANDSOME DICK MANITOBA Ich beantworte diese einfach klingende Frage nur ungern so detailliert, aber wenn du fragst »Worauf fährst du ab?«, muss ich sagen, dass ich ein Mann bin. Ich bin ein Höhlenmensch. Höhlenmenschen ändern sich nicht, haben sich nie weiterentwickelt. Ich will mit meinen 55 Jahren nicht wie ein Perverser klingen, aber wenn ich mit meinem sechsjährigen Sohn eine Teenagersendung gucke und ein 16-jähriges Mädchen sehe, denke ich, dass es süß ist! Ich lehne mich nicht zurück und denke: Ich bin 55, ich kann sie nicht süß finden. Wenn ich einen One-Night-Stand hätte, würde ich jede nehmen, die mich anturnt. Auf der

Suche nach einer Partnerin wäre ich von jemandem, der nur ein Hingucker ist, nach drei Tagen zu Tode gelangweilt. Wenn du also fragst »Wonach suchst du?«, muss ich das vorausschicken. Wenn ich Junggeselle wäre, würde ich einfach die nehmen, die mir gerade gefällt. Wie eine Motte zum Licht – was sie letzten Endes umbringt. Aber wenn ich auf der Suche nach einer Frau wäre, mit der ich rumhängen und Zeit verbringen kann und mit der ich Schritt B, C und D einer Beziehung machen könnte, müsste sie schon ein wenig älter sein.

CHIP Z'NUFF Auf jeden Fall reif und erfahren. Jugend und Unerfahrenheit haben ihre Grenzen, aber nichts geht über Wissen. Wissen ist alles, wie mein Großvater so schön sagte. Wenn man Wissen hat, kann einen nichts aufhalten, außer man selbst.

ROB PATTERSON Reif und erfahren!

DANKO JONES Ideal wäre, wenn sie jünger ist als ich, aber viel Erfahrung hat. Das ist mein Ideal. Ich mag es nicht, den Lehrer spielen zu müssen. Als Teenager war es die größte Männerfantasie, mit einer Jungfrau zu schlafen. Als ich dann älter und sexuell aktiv wurde, habe ich schnell erkannt, dass das eigentlich ziemlich abturnend ist. Es ist echt ein Abturner, wenn man mit einer Frau zusammen ist, die keine Erfahrung hat. Die Jungfrau-Fantasie ist nichts für mich. Ich bin gern mit einer Frau im Bett, die weiß, was sie will, und Erfahrung hat, die selbstsicher und gut im Bett ist.

EVAN SEINFELD Das hängt von der Zeit und dem Ort ab. Mit anderen Worten: Wenn es Mittwochabend ist und wir in der Slowakei spielen und der Tourbus in zwei Stunden abfährt, habe ich keine Zeit, dem Mädchen etwas beizubringen. Sie muss nicht erfahren sein, aber zumindest muss sie wissen, was sie will. Es gibt so viele Mädchen, die nicht wissen, was sie wollen. Viele wollen einfach nur Aufmerksamkeit und ich möchte mal eins sagen: Verschwendet nicht unsere Zeit, Ladys. Wir wollen nicht euer Freund sein, wir wollen uns eigentlich nicht mit euch unterhalten. Die meisten von uns haben zu Hause eine Frau oder eine Freundin, mit der wir schöne Stunden verbringen wollen. Wenn ihr also Sex wollt, lasst es uns

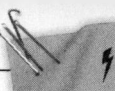

wissen. Wenn nicht, sollte es eigentlich ein Gesetz gegen Werbebetrug geben! Es sollte so was wie Schadensersatz geben.

LEMMY Man fährt auf die Frau ab, auf die man abfährt, oder? Man fragt sie doch nicht erst nach ihrer Vergangenheit. Es geht schließlich nicht um die Präsidentenwahl. Wenn man auf jemanden steht, dann schlägt man zu.

JIMMY ASHHURST Ich persönlich bevorzuge jung und unerfahren. Ich denke, Erfahrung wird überschätzt.

NICKE BORG Ich würde sagen, das ändert sich mit dem Alter. Das ganze »Oh, ah, sei vorsichtig« ist mir mittlerweile zu anstrengend. Ich denk mir dann: Pfff, egal. Aber wenn sie sagt »Fick mich mit deinem Handy in den Arsch«, ist meine Antwort »Auf keinen Fall!«. Was dazwischen wäre gut. Es turnt schon irgendwie an, wenn jemand sexuell unerfahren ist, und es kann abturnen, wenn jemand rasiert ist und sagt: »Schieb deinen Kopf in meine Pussy!« Ich sage dann: »Nein!«

TOBY RAND Zuerst fährt man auf die Jungen ab, weil die energiegeladen sind und unbedingt gefallen wollen, aber nachdem man die Jungen hatte, mag man die Reiferen.

VAZQUEZ Das hängt davon ab, was man will. Ich denke, ein bisschen von beidem ist das Beste. Sie sollte nicht so erfahren sein, dass es wie ein Geschäftsvorgang wirkt. Ich erinnere mich daran, wie ein Mädchen mit einem Dildo in der Handtasche ins Hotel kam. Und ich habe gesagt: »Komm schon, musst du dich wirklich so sehr anstrengen?« Das war ein bisschen zu viel, also habe ich ihr die besten 45 Sekunden geschenkt, die ich ihr geben konnte.

JOEL O'KEEFFE Heutzutage haben die Jungen Erfahrung und die Erfahrenen bleiben fit und jugendlich, beide sind also Gewinner.

Wie kann man einen Rockstar so beeindrucken, dass er den nächsten Schritt macht?

 ACEY SLADE Oh, das ist einfach: Schlaf nicht am ersten Abend mit ihm ... Außer du willst nur Sex – dann ran.

 ADDE Ich vergucke mich eher nicht in die Rockchicks. Sondern in die, die sagen »Nein, ich bin nur hier, weil meine Freundin euch sehen wollte. Ich bin Bibliothekarin,« oder so was. Solche Mädchen gefallen mir. Gib dich also so unrockig wie möglich und du hast meine Aufmerksamkeit.

 JOEL O'KEEFFE Rockstars sehnen sich immer nach Liebe, also biete ihnen etwas Verführerisches und du hast es geschafft.

 ROB PATTERSON Entweder man hat es oder man hat es nicht.

 TOBY RAND Mach es vor. Sag *mir*, was ich machen soll.

KLAMOTTEN
UND
DESSOUS

»ICH MAG FRAUEN MIT GROSSEN HINTERN,
BEI DENEN MAN DEN TANGA ÜBER DER JEANS
HERVORBLITZEN SIEHT. IST ZWAR EIN KLISCHEE,
ABER TROTZDEM GEIL.«

JESSE HUGHES

Was sind die heißesten Dessous?

 **ALLISON ROBERTSON** Ich mag Spitze. Ich weiß, dass viele Typen schwarze Spitze und so was mögen, aber ich nicht, ich steh eher auf Pastelltöne. Ich verrat dir mal was: Mein Sternzeichen ist Jungfrau – ich weiß nicht, ob das was mit meinem Geschmack zu tun hat, aber ich mag Sachen, die fast jungfräulich aussehen. Ich mag Dessous, die so aussehen, als würde man sie in seiner Hochzeitsnacht tragen. Ich trage so was zwar nicht jeden Tag, aber ich habe eine Schwäche für weiße Sachen und den unberührten Look – den Look des »braven Mädchens«. Er ist das Gegenteil von dem, was nahe liegt, nämlich dass ich in einer Rockband bin und die ganze Zeit Schwarz trage. Ich denke, es ist interessanter, wenn der andere nicht weiß, was man drunter trägt. Ich finde es gut, eine andere Persönlichkeit anzunehmen, wenn ich Dessous trage. Ich mag auch Sachen aus den Achtzigern, wie in dem Video *Girls, Girls, Girls* von Mötley Crüe und das Stripperzeug aus den Achtzigern. Das sind für mich heiße Dessous. So was gibt's immer noch. Wenn man in einen Stripclub geht, sieht man solche Sachen noch, aber die Dinge haben sich über die Jahre geändert. Ich mag diese alten Videos immer noch. Und ich mag die Bodys der Mädchen. Ich finde, Frauen sollten ruhig ein bisschen üppig sein. Das ist für mich der ultimative Look, wenn es um Dessous geht: der Stripperlook der Achtziger.

 **ACEY SLADE** Auf jeden Fall Strapse, zweifellos. Und teure Sachen: Ich mag Frauen, die Agent Provocateur oder so was tragen.

 **ADDE** Im Grunde der klassische Look. Ich mag es, wenn Frauen viel verdecken, sodass man mehr zu enthüllen, mehr auszuziehen hat. Wenn sie dann nackt sind, denkt man: Wow, das ist so tabu! Ich steh also auf klassische Sachen – richtig klassisch.

 **ANDREW W.K.** Ich mag Strapse. Ich mag Sachen, die die Oberschenkel und den Hintern betonen und das zarte Fleisch kneifen. Man sieht, wie die Spitze oder das Gummiband einen Abdruck hinterlässt. Ich steh drauf, wenn Dessous einen schönen Abdruck hinterlassen.

 **BLASKO** Dessous sind nicht so meins. Weißt du, ich mag Klamotten und ich mag das Ausziehen und die Nacktheit. Mir gefällt, was auch immer sich unter der ersten Lage Kleidung befindet. Aber ich finde es irgendwie

merkwürdig, etwas auszuziehen, um sich etwas anderes anzuziehen und das dann wieder auszuziehen.

 **BRENT MUSCAT** Ich steh auf Netzstrümpfe und durchsichtige Sachen. Sogar ganz normale Schlafanzüge sind süß, wenn sie eng sind. Aber auf durchsichtige, sexy Sachen fahr ich echt ab.

 **BRUCE KULICK** Ich fand schon immer, dass Netzstrümpfe absolut fantastisch sind, und wenn ich in einer Beziehung bin, sage ich das auch. Das ist das Sexieste, was eine Frau tragen kann. Ich habe keine Ahnung warum. Das sind natürlich wichtige Dessous, auf jeden Fall. Aber warum ich die am liebsten mag, weiß ich nicht. Wenn sich eine Frau als Zimmermädchen oder Schulmädchen verkleidet, gefällt mir das, weil die Unschuld sich in »Jetzt werde ich dich um den Verstand vögeln« verwandelt. Oder als Sekretärin mit hochgesteckten Haaren und Brille. Das finde ich alles toll. Wenn eine Frau zu viel Sex hat und offensichtlich eine Schlampe ist und sich auch so anzieht und verhält, laufe ich vor ihr davon. Ich mag Spiele, ein bisschen was Geheimnisvolles. Ich werde nicht das Wort »süß« benutzen, aber ich will, dass das Mädchen sich mir präsentiert und mir zeigt, dass ich eine Wirkung auf sie habe. Sie soll mich unterhalten und sich nicht wie ein Flittchen aufführen. Ich denke, in den Outfits, die ich beschrieben habe, steckt schon so ein wenig Unterwürfigkeit und Schüchternheit und das macht Spaß. Am Valentinstag sind diese Outfits ja auch beliebt … und an Halloween, für die Mädchen, die das mögen. Ich steh nicht auf das Horrorzeug, das macht mich nicht an. Freunde von mir finden das cool, Fangzähne und Blut, aber für mich funktioniert das nicht.

 **ROB PATTERSON** Ich liebe Netzstrümpfe … zerrissene natürlich.

 **HANDSOME DICK MANITOBA** Ich bin ein großer Fan der Pubertätsprägung, wie ich sie nenne. Als ich mir mit zwölf oder dreizehn den *Playboy* angesehen habe, hat mich das geprägt. Eine meiner Lieblingsseiten im Netz ist die Geschichte der *Playboy*-Centerfolds. Und das nicht nur, weil ich mir da Bebe Buell, eine Freundin von mir, und ein Mädchen namens Karen Hafter von 1976 ansehen kann. Die war in der Highschool in meiner Klasse. Das ruft Erinnerungen hervor – so wie ein Geruch, ein Song, eine Fernsehserie. Ich kann mir einen *Playboy*-Centerfold ansehen und das erinnert mich

daran, wie es war, als ich elf oder zwölf war. Das Umblättern der Seiten und die nackten Frauen haben einen bleibenden Eindruck auf mich hinterlassen. Ich mag die Styles von damals. Ich glaub, die sind richtig tief in meiner Psyche verankert. Negligés, Mädchen mit dunklen, aufgetürmten Haaren mit einem weißen Haarband und mit weißem Lippenstift – diese durchsichtigen, weißen Negligés, ganz natürlich. Im Stil der Sechziger. Am liebsten mag ich durchsichtige Sachen. Ich steh nicht so auf hauchdünne Ritzenputzer. Ich mag Dessous, die alles bedecken, aber durchsichtig sind. Etwas, das erregt und die Fantasie mehr anregt, als wenn die Brüste mir gleich entgegenspringen.

LEMMY Etwas, das »Teddy« heißt. Diese Dinger, die ein Höschen dran haben. Da mag ich die weißen. Ich bin ein sehr jungfräulicher Mensch – stimmt nicht, aber ich mag es, wenn die Frauen so aussehen.

NICKE BORG Ich habe mich heute mit meinem Techniker über den G-String unterhalten. Eigentlich haben wir über die G-Saite [Anm. d. Übers.: auf Englisch »G-String«] der Gitarre geredet. Diese Saite ist am schwierigsten zu stimmen – die bekommt man am schwersten unter Kontrolle. Und ich dachte, es muss da doch eine Verbindung geben, warum man die Unterwäsche »G-String« genannt hat. Ich würde also sagen, ein toller Arsch in einem heißen, kleinen G-String ist scharf.

CHIP Z'NUFF Ich mag dezente Sachen. Aber es gibt auch Situationen, in denen total übertriebene Dinge aufregend sein können. Doch wenn ich die Wahl hätte, wären für mich immer dezente Sachen das Richtige. Ich denke, es sind die kleinen Dinge, die Aufmerksamkeit erregen. Außerdem ist es ziemlich verführerisch, wenn noch ein bisschen was der Fantasie überlassen wird, sodass man nicht schon vorher genau weiß, was einen erwartet.

EVAN SEINFELD Meine Lieblingsdessous sind die aus der Modelinie meiner Frau – Mistress Couture. Das ist ihre eigene Dessousmarke, verdammt noch mal. Die Dessous sind wirklich sexy, viel Schwarz, tief ausgeschnitten. Ich finde, Dessous müssen jugendlich sein, entweder Vintage oder jugendlich. Ich mag Vintage-Dessous, französische Dessous mit hoher Taille und Korsetts und so was. Wenn man wissen möchte, was echt süß ist, sollte man sich ansehen, was die Mädchen im Spearmint Rhino in Vegas tragen. Frauen müssen sich für das entscheiden, was ihnen schmeichelt, und nicht, was gut an jemand anderem aussieht. Junge Frauen sehen in Baumwollsachen und einfacher Unterwäsche süß aus. Es muss nicht immer alles außergewöhnlich sein. Eine Frau sollte anziehen, was zu ihrem Körper passt. Ich mag Frauen, die eine eindrucksvolle sexuelle Ausstrahlung haben, die dominant sein können. Eine Frau, die aussieht wie meine Ehefrau, sollte ein Korsett, Netzstrümpfe und tolle Schuhe tragen. Aber wenn eine etwas dickere Frau versucht, das Gleiche zu tragen, wirkt das zu gezwungen. Aber eins muss ich sagen: Ladys, Regel Nummer eins ist, immer tolle Schuhe zu tragen, und Regel Nummer zwei ist, diese niemals auszuziehen, egal was kommt.

COURTNEY TAYLOR-TAYLOR Alles aus weißer Baumwolle. Ohne Spitze – weiße Baumwolle, locker sitzend und keine Tangas. Um ganz genau zu sein, ich mag tief sitzende Hüftslips bei Mädchen – aus weißer Baumwolle. Dazu ein Muskelshirt, ausgeleiert und abgetragen und zu groß.

DANKO JONES Ich mag keine Dessous. Ich steh auf splitternackte Frauen. Wenn überhaupt, mag ich High Heels, aber das war's auch schon. Aber High Heels im Bett sind echt lächerlich! Das funktioniert nicht. Nur im *Hustler*. Aber im wahren Leben funktioniert das nicht.

DOUG ROBB Mann, das ändert sich mit den Jahren. Ich denke, Männershorts, in denen ihr halber Hintern zu sehen ist, sind wahrscheinlich der beste Look. Vielleicht ein kurzes, enges T-Shirt dazu. Das finde ich verdammt heiß.

JAMES KOTTAK Keine! Ich würd mal sagen nichts Billiges, nur blasse, schöne, hellrosa Leopardenunterwäsche.

JESSE HUGHES Heiße Dessous, Mann? Ich habe so viele Lieblingsteile, mein Gott! Ich mag Frauen mit großen Hintern, bei denen man den Tanga über der Jeans hervorblitzen sieht. Ist zwar ein Klischee, aber trotzdem geil. Andererseits steh ich auch auf klassische Unterwäsche. Ich mag schöne, halterlose Strümpfe. Ich mag Kniestrümpfe mit Converse All Stars, das ist alles.

JIMMY ASHHURST Die Franzosen scheinen sich mit Dessous gut auszukennen. Die Franzosen haben's einfach drauf. Dieser Französisches-Zimmermädchen-Look und solche Sachen machen mich ziemlich an.

JOEL O'KEEFFE Wenn man in einem Restaurant sitzt und unter dem Tisch mit der Hand ihren Oberschenkel langfährt, gibt es nichts Besseres, als zu entdecken, dass sie nichts drunter trägt! Aber wenn ich mich entscheiden müsste, würde ich sagen, ein weißes oder schwarzes Babydoll aus Satin und Spitze ist am heißesten.

VAZQUEZ Oh Mann, ich liebe Hipster-Pantys. Die sind nicht wie Tangas, sondern sie bedecken den Arsch, aber nicht komplett. Das ist so'n Zwischending aus Tanga und Omaunterhose. Scheiße noch eins, die Dinger sehen echt heiß aus. Die Arschbacken werden so schön eingerahmt.

TOBY RAND Ein heißer roter G-String und ein Muskelshirt – das ist verdammt sexy. Ganz einfach … und vielleicht noch 'ne Wollmütze. Ich liebe Wollmützen!

Gibt es eine Methode, sich die Klamotten auszuziehen, die dich besonders anmacht?

ANDREW W.K. Kommt auf die Klamotten an. Ich finde es total sexy, wenn ein Mädchen ein wirklich enges, weißes T-Shirt trägt. Ein einfaches T-Shirt aus Baumwolle oder etwas dünnerem Stoff, ohne BH. Dieser weiche, elastische T-Shirt-Stoff. Auch Tops und Muskelshirts sind toll. Es hat einfach was, wie sich der Stoff dehnt und wie er alles formt, sodass sich die Haut darunter echt gut anfühlt. Und wenn man es auszieht, also wenn das T-Shirt hochgezogen wird, kämpft es sich über die Kurven, man zieht es über die drallen Bereiche – die dann hoffentlich hervorspringen (und nicht runterhängen). T-Shirts auszuziehen ist toll. Ansonsten geht es um Knöpfe, Kleider und Reißverschlüsse. Ich mag es, wenn eine Frau sich auszieht. Das ist wahrscheinlich am aufregendsten.

ADDE Nicht wirklich. Reiß die Klamotten einfach runter.

ALLISON ROBERTSON Nicht unbedingt. Das hängt ganz vom Augenblick ab. Ich steh nicht auf langsames Ausziehen. Ich habe noch nie Strippoker gespielt, aber das reizt mich auch nicht. Klingt ziemlich langweilig. Bei mir läuft das eher so scheiß drauf, runter damit, sieh zu, dass du fertig wirst.

BLASKO Langsam ausziehen find ich am besten.

COURTNEY TAYLOR-TAYLOR So als wär man 14 Jahre alt, eng, begrenzter Raum … einfach heiß und zerrend. Ich mag es, wenn ein Teil meines Gehirns es total lächerlich findet, es aber gleichzeitig unaufhaltsam wirkt. Das macht richtig viel Spaß und ist supersexy und superheiß.

BRENT MUSCAT Wenn man es nicht abwarten kann und ungeduldig ist, macht es immer Spaß, die Klamotten runterzureißen.

ACEY SLADE Mit meinen Augen.

BRUCE KULICK Hier kommt das Vorspiel zur Sprache und irgendwie macht das Spaß, aber manchmal ist es besser, sich die Klamotten, so schnell man kann, vom Leib zu reißen, sich sofort nackt auszuziehen, ins Bett zu gehen und sich aufeinander zu stürzen. Ich mag es, wenn man noch ein paar Klamotten anhat und intim wird und sich die Klamotten dann auszieht. Find ich besser als »Okay, ich liege nackt im Bett, jetzt nimm mich!«. Es macht mehr Spaß, denn es ist ja schon ziemlich offensichtlich, dass man Sex haben kann, wenn man ganz nackt ist, aber es ist schwieriger, wenn ich mir meine Freundin schnappe und wir ins Hotelzimmer kommen und uns ausziehen, während wir zum Bett gehen. Wir küssen und begrabschen uns. Das finde ich heiß! Wenn man dann nackt im Bett endet, kann man es kaum noch erwarten, es zu tun. Aber wenn es heißt »Okay, ich geh duschen und dann ins Bett«, ist das nichts Besonderes! Man geht wahrscheinlich sowieso nackt schlafen, was soll daran schon sexy sein? Ich sage nicht, dass eine nackte Frau nicht sexy ist, aber sie sendet dann nicht das Signal aus »Hey, willst du mich? Dann komm und hol mich.«. Darum weiß mein Mädchen, dass sie ein Nachthemd anziehen muss und dass ich darauf reagiere.

 **EVAN SEINFELD** Einer heißen Frau sehe ich gern dabei zu, wie sie sich langsam auszieht.

 **DANKO JONES** Das ganze Klamotten-auszieh-Ding find ich langweilig. Ich komme gern in ein Zimmer, wenn das schon passiert ist und wir gleich loslegen können. Ich bin echt ungeduldig, sagen wir mal so.

 **DOUG ROBB** Langsames Ausziehen ist immer am besten, oder? Wenn man sich dabei gegenseitig heiß macht. Aber es kommt auf die Stimmung an, in der man ist: Wenn man Bock hat, die Klamotten schnell auszuziehen, und man dabei vielleicht auch was kaputtreißt, dann ist das verdammt noch mal heiß.

 **GINGER** Langsam, ganz langsam. Es eilt doch nicht. Der Slip sollte als Letztes fallen, wenn wir uns noch nicht so lange kennen. Und die Schuhe kann sie als Erstes ausziehen, damit sie sich wohl und wie zu Hause fühlt.

 **HANDSOME DICK MANITOBA** Ja, zerfetzen, runterreißen.

 **NICKE BORG** Kommt drauf an, wie viel sie anhat. Wenn man in Schweden lebt, muss man das bedenken, denn die Frauen haben normalerweise viele Klamotten an, weil es verdammt kalt ist. Ich denke, man sollte das meiste so lange wie möglich anbehalten – das turnt an. Und dann lässt man sich von seinem Partner auf sexy Weise ausziehen. Ich gehe eigentlich überall in Stripclubs und ob eine Stadt wirklich cool ist, erkennt man daran, wie sich die Mädchen ausziehen.

 **JESSE HUGHES** Auf jeden Fall, zuerst muss man sie mit Alkohol abfüllen … kleiner Scherz. Der Schlüssel zum besten Entkleiden ist kompliziert. Ich habe entdeckt, dass Musik oft eine große Rolle spielt. Zum Ausziehen braucht man langsame Musik, die raffiniert ist, weil die Schlange das raffinierteste Wesen des Paradieses war. Und wenn man eine Frau

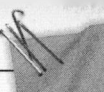

nehmen und betören will, muss man langsam vorgehen. Gedimmtes Licht ist eine große Hilfe. Ich finde es eigentlich am besten, wenn man nur so tut als ob, also wenn sie sich ein bisschen ziert, so nach dem Motto »Du kannst mich nicht ausziehen!«. Ein paar Tricks schaden nicht.

JAMES KOTTAK Nein, einfach runterreißen.

CHIP Z'NUFF Ja. Sofort runter mit den Klamotten. Sich sofort auszuziehen turnt mich an.

JIMMY ASHHURST Kommt auf die Umstände an. Manchmal sollte es so schnell wie möglich geschehen. Ein andermal will man die Spannung vielleicht so lange wie möglich aufrechterhalten. Ist durchaus auch mal eine gute Idee, alles eine Weile anzubehalten.

JOEL O'KEEFFE Geschmeidig und langsam oder rau und schnell oder beides – es kommt aufs Gleiche raus.

LEMMY Nein, alles geht, solange es überhaupt passiert.

ROB PATTERSON Die schnellste?

TOBY RAND Wenn dich das Mädchen zuerst obenrum auszieht und dann einen verdammt langsamen Striptease für dich hinlegt, sodass du nicht weißt, was sie als Nächstes tun wird.

 **VAZQUEZ** Solange das Licht an ist und ich alles sehe, was passiert, bin ich mehr als glücklich. Dann muss es nicht mal ein Striptease sein.

Wie freizügig sollte man sich anziehen?

 **ACEY SLADE** Wenn ein Mädchen zu viel zeigt und zu offensiv ist, denke ich wahrscheinlich, dass ich nur einer von vielen bin – was manchmal auch okay ist. Ich erinnere mich, dass ich mal was von einem Drummer aus den Siebzigern gelesen habe, der ein paar Lehrerinnen mit in den Bus gebracht hat – dort hat er dann eine nach der anderen durchgenommen.

 **BLASKO** Das ist bei jedem anders. Ich mag zum Beispiel diesen Baggy-Style nicht, Klamotten, in denen man fett aussieht – aber das ist ein schmaler Grat. Es ist okay, Dekolleté zu zeigen und hier und da mal ein bisschen die Arschritze aufblitzen zu lassen, wenn sie dann nicht wie 'ne Schlampe aussieht. Es gibt verschiedene Möglichkeiten, aber es ist ein schmaler Grat.

 **COURTNEY TAYLOR-TAYLOR** Zeig so viel wie möglich – zeig die Silhouette, aber versteck 69 Prozent der Haut. Ich mag es, wenn die Arme und Schultern nackt sind. Ansonsten steh ich auf enge, ausgewaschene Schlaghosen wie aus den Siebzigern und Cowboystiefel mit einem engen, abgetragenen T-Shirt. Das ist das Beste, etwas Besseres gibt es nicht.

 **NICKE BORG** Es ist wirklich sexy, wenn ein Mädchen sich richtig gut anzieht. Dann muss man sie nicht mal nackt sehen. Aber ein fast nackter Körper mit nur sehr wenig Kleidung ist auch sehr sexy.

 **TOBY RAND** Ich liebe Schnecken, die Rock-T-Shirts tragen – keine Kleider mit Glitzer und all dem Zeug. Eine verdammt heiße, enge Jeans, bei der man die Arschritze vielleicht ein klein wenig sieht, keinen BH und ein enges T-Shirt ... und eine Wollmütze.

 **VAZQUEZ** Ich denke, man sollte zeigen, was man hat. Wie David Lee Roth einmal gesagt hat: »You'd better use it up before it gets old.«

 **ROB PATTERSON** Solang man Stil hat, ist das egal.

AUFREISSEN
UND
DATING

»DAS MÄDCHEN WIRD ES DICH WISSEN LASSEN.
DIE FRAUEN SIND FÜR BEZIEHUNGEN VERANTWORTLICH.
SIE WIRD ES DIR SAGEN.«

HANDSOME DICK MANITOBA

Welcher dreckige Anmachspruch funktioniert bei dir jedes Mal?

 ALLISON ROBERTSON Ich hasse Anmachsprüche und normalerweise mag ich Typen überhaupt nicht, die mich auf diese Weise anmachen wollen, außer sie haben wirklich gute Sprüche drauf. Ich mag Kerle, die nicht gemein sind, denn irgendwie scheine ich Typen anzuziehen, die dann so was wie »Dein Solo war scheiße« zu mir sagen. Ich ziehe Männer an, die sich über mich lustig machen und meinen, dass ich dann denken müsste: Oh, mit dem will ich Sex haben. Ich interessiere mich mehr für jemanden, der einfach nett ist und mich mit Respekt behandelt. Der mir auf der Bühne zusieht, aber mich nicht so behandelt, als würde ich mich für etwas Besseres halten. Ich mag es nicht, wenn man mit mir umgeht, als wäre ich anders als andere. Nur weil man Gitarre spielt, ist man noch lange nicht männlich. Nur weil man in einer Band spielt, ist man keine Schlampe. Ich mag es, wenn jemand zu mir kommt und sagt: »Hey, das, was du machst, ist cool, und ich mache das und das.« Für mich ist es viel sexier, wenn jemand selbstbewusst ist und keine dummen Sprüche ausprobiert oder mir in den Arsch kriecht.

 JAMES KOTTAK »Hey Mann, ich bin in einer Rockband.« Das funktioniert immer.

 ACEY SLADE Ich habe keinen dreckigen, ich sage normalerweise: »Willst du mit in den Bus kommen und einen Film gucken?« Es ist schrecklich, weil ich gerade nicht auf Tour und Single bin. Ich weiß also nicht, was ich sagen soll. Ich bin verloren. Ich muss zu dieser Männerschule von Anthony Robbins gehen, um zu lernen, wie man Mädels aufreißt, weil ich echt keine Ahnung habe.

 ADDE Ich bin nicht der Typ für so was. Ich will bodenständig sein, ein Gentleman. Ich habe keinen Standardspruch.

 ANDREW W.K. Ich bin gern vollkommen direkt, also frage ich: »Würdest du gern küssen und rummachen?« Das funktioniert normalerweise, aber ich bin noch nie aus heiterem Himmel zu jemandem gegangen und habe das gefragt. Ich weiß also nicht, ob das als Anmachspruch zählt. Ich habe

viel von den älteren Typen um mich herum gelernt. Die haben immer zu den Mädchen gesagt: »Hi, ich heiße Andrew«, oder wie auch immer sie hießen. Das hat gut funktioniert, denn ich glaube, es gab kein Mädchen, das nicht wenigsten auch Hi gesagt hat. So sind sie ins Gespräch gekommen. Wenn man den Namen erst mal hatte, war das ein Anfang. So konnte man ihre Stimme hören, wenn man noch nie mit ihr gesprochen hat, hören, ob sie zum Beispiel einen Akzent hat. Daraus kann sich was ergeben. Das scheint so einfach und dumm zu sein, aber so erfährt das Mädchen deinen Namen, wie du deinen Namen sagst, wie du dich benimmst. Sich vorzustellen ist die Standardmethode, um das Eis zu brechen. Und es hat einen Grund, warum es so oft gemacht wird. Bei typischen Anmachsprüchen ist es so, dass man zu einer Frau geht und nicht zuerst seinen Namen sagt, sondern einen Spruch über ihr Aussehen oder fragt: »Kann ich dir einen Drink spendieren?« Wenn man zuerst seinen Namen sagt, macht man sich als Erster verletzlich und legt die Karten auf den Tisch. So schafft man eine bessere Dynamik.

 **BLASKO** Ich fand Anmachsprüche immer irgendwie billig. Ich weiß nicht, ob je jemand versucht hat, mit einem Spruch bei mir zu landen.

 **JOEL O'KEEFFE** Alles, was lustig ist, funktioniert.

 **BRUCE KULICK** Oje! Ich habe die Erfahrung gemacht, dass manche Frauen auf mich abfahren, weil ich Dinge aus dem Stegreif sage. Ich habe keinen Anmachspruch. Ich werde dir den Satz verraten, der mein Mädchen – meine jetzige Freundin – angeturnt hat. Und ich hatte das nicht mal geplant. Ich habe es gar nicht zu ihr gesagt, sondern nur vor ihr, aber das hat gereicht. Ich habe gerade meine Gitarren überprüft. Ich habe verschiedene Trucks für die Shows von Grand Funk und hatte meine Gitarren wahrscheinlich zwei Monate nicht gesehen. Meine Freundin steht auf Musik und sie sollte mich vor der Show ansagen, weil sie am Wochenende für den lokalen Radiosender gearbeitet hat. Also ist sie auf die Bühne gekommen und hat gesagt: »Hi, ich bin dein Drummer.« Sie hat mich veräppelt und ich hab gesagt: »Ach wirklich? Ich bin Bruce.« Dann hab ich meine Gitarren überprüft und so was gesagt wie: »Ich hoffe, sie benehmen sich

heute Abend.« Dass ich meine Gitarren wie eine Frau, wie meine Babys behandelt habe, hat sie unheimlich angemacht und natürlich habe ich mit ihr geflirtet. Bei unserem ersten Date hat sie gesagt: »Als du gesagt hast, du willst, dass sich deine Gitarren benehmen, hat mich das angeturnt.« So was könnte ich nie planen. Ich habe es spontan gesagt und nicht, um sie anzumachen. Ich erinnere mich, was ich einmal ein Mädchen gefragt habe. Es war nach einem Konzert. Und dieses Mädchen war ziemlich heiß und war allein da, also habe ich sie gefragt: »Zu wem gehörst du?« Eigentlich habe ich damit gesagt: »Ich habe keine Chance. Du siehst zu gut aus, um allein zu sein.« Also kam mir das einfach so über die Lippen. Letzten Endes hatte sie keinen Freund, aber sie fand meine Frage großartig, weil sie sich dadurch von mir angezogen fühlte. Wir waren dann eine Weile zusammen. Ich weiß, dass es Typen gibt, die immer Sprüche von sich geben. Einer meiner Bandkollegen von Union hat immer so was gesagt wie: »Ich werde dich lecken wie eine Briefmarke.« Ich finde, das ist nicht der beste Weg, um das Eis zu brechen. Bei jedem Mädchen, das ich je kennengelernt habe, fiel mir irgendetwas Natürliches ein, was ich sagen konnte, das einzigartig war und zu der Situation gepasst hat. Wenn man ehrlich ist, kann man ihr damit zeigen, dass man ihr soziales Umfeld wahrnimmt, ob nun auf der Bühne oder in einem Club. Ich nehme an allen möglichen Veranstaltungen teil und die Fans wissen, wer ich bin. Was für einen Anmachspruch könnte man da nehmen? Wenn sie dich wissen lassen, dass sie zur Verfügung stehen, kann man nur fragen: »Hey, was machst du später?« Aber das ist kein Anmachspruch. Du weißt, dass sie gekommen sind, um dich zu sehen, und wenn du etwas Zeit mit ihnen verbringst, werden sie begeistert sein – das gehört zu den Freuden des Rockstar-Daseins. Der Durchschnittstyp kommt damit natürlich nicht durch, aber erfolgreiche Leute schon. Ärzte und Anwälte sind auch sehr beliebt bei Frauen, weil sie Macht und Erfolg haben. Vieles davon turnt Frauen wirklich an.

 CHIP Z'NUFF Man sollte meinen, ich hätte welche drauf, aber ich kenne keine Sprüche. Sei einfach ehrlich, freundlich und nett und nicht respektlos. Wenn man anfängt, sich zu unterhalten, hat man auch eine Chance. Meine Philosophie bei Frauen ist, dass sie wie kleine Kätzchen sind. Man hält ein Kätzchen im Arm, streichelt es, küsst es, drückt es und liebt es, aber wenn man es zu doll drückt, kratzt es, beißt dich und rennt schließlich weg. Wenn man sich daran hält, hat man die Chance, ein paar nette Menschen kennenzulernen. Niemand möchte erdrückt werden, außer die Zeit ist reif. Ich empfehle, nett zu sein, obwohl es

ein paar Rockmusiker gibt – ich möchte keine Namen nennen –, die da anderer Ansicht sind. Meine Herangehensweise hat für mich immer ziemlich gut funktioniert.

 **COURTNEY TAYLOR-TAYLOR** Dreckig reden liegt mir nicht. Das kann ich nicht. Ich habe immer einfach Small Talk gemacht und entweder nimmt mich dann eine oder ich werde halt nicht flachgelegt. Ich war irgendwie schon immer eher so der Typ »Bücherwurm«. Und ich habe mich schon immer von Musik ablenken lassen. Sie ist überall. Wir brauchen Wasser zum Leben, aber das bekommt man nicht in seinem Auto – aber Musik kann man dort hören. Im Einkaufszentrum oder im Supermarkt kann es zehn Minuten dauern, bis man Wasser findet, aber Musik ist die ganze Zeit um einen herum. Meine sozialen Kompetenzen waren schon immer schlecht, weil ich mich immer von schlechter oder guter Musik ablenken lasse. Bei guter Musik bin ich völlig abwesend. Dann kann man nicht mehr von mir erwarten, dass ich irgendwas höre, das man zu mir sagt. Bei schlechter Musik ist das nicht ganz so, weil ich dann nur frage, warum zur Hölle das läuft. So ist das, seit ich sechs war. Ich habe alles verpasst, was man als junger Mensch durch verbale Manipulation erleben kann. Ich hab's nicht kapiert, sondern alles verpasst. Dazu zählt auch die Sache mit dem Sex.

 **TOBY RAND** »Hast du schon Spaß?« Das ist mein Spruch: »Hast du schon Spaß?« Je nachdem wie die Antwort lautet, macht man dann weiter.

 **DANKO JONES** Darin bin ich scheiße. Ich habe keine Anmachsprüche. Das funktioniert bei mir nicht und ich bin einfach übelst schlecht darin. Ich habe keinen Satz, der bei jeder Frau jedes Mal wie eine Bombe einschlägt. Nichts dergleichen.

 **DOUG ROBB** Ich bin wahrscheinlich nicht gerade bekannt für meine Anmachsprüche. Am besten ist man einfach so charmant, wie man eben sein kann. Einmal hat mich ein Mädchen angesprochen und gefragt, ob sie mir auf dem Klo einen blasen kann. Ihr Freund stand direkt neben ihr. Ich hab nur gefragt: »Ist das dein Ernst? Willst du mich verarschen?« Und sie meinte: »Oh, das ist okay. Er hat nichts dagegen.« Das ist ein interessanter Anmachspruch!

 **EVAN SEINFELD** In einer Welt, in der die Leute Sprüche erwarten – und sie erwarten Mist –, habe ich immer die direkte Methode bevorzugt. Das ist anders als in Reality Shows mit Drehbuch. Ich gehe auf eine Frau zu und sage: »Du bist echt heiß. Ich möchte gern Sex mit dir haben.« Das ist mein »Spruch«. Die Typen, die den Mädchen Mist erzählen, sind die schwächsten Kerle der Welt. Ich kenne einen Rockstar, der in L.A. wohnt und all diesen Mädchen ewig viele SMS schreibt, dass er an sie denkt. Das ist doch total schwul. Meine Regel lautet, nie so zu tun, als sei es mehr, als es ist. Ich tue nie so, als sei ich mehr an einer Frau interessiert, als ich es bin. Ich meine, ich bin verheiratet. Was Anmachsprüche angeht, bin ich ein Typ, der direkt auf die Frau zugeht und sagt »Ich will jetzt sofort in dir sein« oder »Ich will dir wirklich wehtun«. Wenn sie wissen, was ich meine, haben wir normalerweise innerhalb von Minuten Sex. Wenn sie es nicht verstehen oder kapieren, hat es sowieso nicht gepasst. Meistens – und ich bin kein Lügner – gibt es eine bestimmte Energie und ein unausgesprochenes »Komm, lass uns gehen«. Mein Spruch ist normalerweise: »Komm mit.«

 **BRENT MUSCAT** Ich hab eigentlich nie irgendwelche Anmachsprüche benutzt. Wenn doch, ist es ganz von allein passiert. Man sagt dumme Sachen und macht Scherze. Das Wichtigste ist, zuerst befreundet zu sein und ganz normal über irgendwelche Gemeinsamkeiten zu sprechen. Ich bin kein Fan von Anmachsprüchen. Am besten ist man einfach man selbst und ganz natürlich.

 **LEMMY** Das weiß ich nie, bis es so weit ist. »Wohnst du hier in der Nähe?« ist ziemlich gut. »Hi. Willst du nun ficken oder was?«

 **JIMMY ASHHURST** Wir haben in letzter Zeit viel vor jungen Leuten gespielt und das alte »Wir haben Bier im Bus« funktioniert wunderbar, so lächerlich das auch ist. Es erstaunt mich immer wieder, wie erfolgreich dieser Satz ist. Mir ist außerdem aufgefallen, dass manche Hotels jetzt diese Sleep-Number-Betten haben. In den USA gibt es einen Werbespot, in dem man gefragt wird, was seine Sleep Number ist. Ich habe herausgefunden, dass meine 35 ist. Es macht mir Spaß, zu den Ladys zu sagen: »Ich kenne meine Sleep Number. Willst du deine herausfinden?« Das ist im Moment ein guter Spruch für Amerikaner.

HANDSOME DICK MANITOBA Ich habe keine Anmachsprüche. So raffiniert bin ich nicht. Ich finde, wenn man eine Frau mag, sollte man ihr in die Augen sehen und mit ihr reden. So sexy ist nichts anderes auf der Welt. In einer Bar macht man das sowieso. Man braucht keinen Autopiloten. Man kann sich einfach fallen lassen und etwas sagen, das man auch so meint, sich unterhalten. Wir stellen Frauen schon auf ein Podest: Der sexuelle Erfolg eines Mannes wird daran gemessen, welche Frauen er haben kann und wie er sie erobert. Es hat keine Eile. Man muss es nicht mit einem Spruch überhasten. Es gibt so viele Frauen auf der Welt, drei Milliarden oder so. Ein paar schlechte Sprüche funktionieren vielleicht, aber ich bin nicht der Typ dafür. Ich mag es lieber, eine Verbindung zu jemandem aufzubauen, und das reicht. Ich brauche keinen Spruch.

JESSE HUGHES »Warst du schon mal im Himmel?« Nee, is nur 'n Witz. Der funktioniert eigentlich nie – das will ich mal klarstellen. Versuch mal, jemanden anzusehen, der schlechte Laune hat, und sag »Ist echt scheiße hier« und dann dreh dich um. Das hat schon funktioniert. Der erste Satz sollte ein Köder sein. Das ist eigentlich alles. Er ist eine Einladung, die es einem einfach machen sollte zu reagieren. Es erhöht überhaupt nicht die Chancen, wenn man einen Standardspruch benutzt, dadurch wirkt man selbst nur durchschnittlich. Wenn man wirklich versucht, jemanden abzuschleppen, macht man denjenigen auf sich aufmerksam, aber wenn man sich von jemandem flachlegen lassen will, ist das was anderes.

ROB PATTERSON Ich hasse Anmachsprüche.

VAZQUEZ Ich erinnere mich daran, als ich das erste Mal in L.A. war, und ich war wirklich richtig aufgeregt, denn man liest ja all diese Bücher und sieht all diese Filme, und na ja, ich war halt zum ersten Mal dort. Ich bin in den Viper Room gegangen und Metal Skool haben gerade dort gespielt. Ich war wie im Rausch, weil ich noch nie vorher in Kalifornien war. Ich schaue mir also Metal Skool an, die verdammt großartig waren, und sehe dieses umwerfende Mädchen – zum Niederknien, sie war einfach wunderschön! Sie kommt von der Toilette und ich sehe sie einfach nur an und sage nichts. Ich strecke ihr einfach die Arme entgegen, um sie zu umarmen. Und bevor ich mich versah, waren wir im Holiday Inn im Badezimmer meines Managers und haben's krachen lassen.

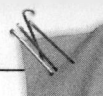
Welchen Anmachspruch sollte man unbedingt vermeiden?

 ACEY SLADE »Schöne Schuhe.«

 BLASKO Ich denke, *alle* Anmachsprüche sollten unter allen Umständen vermieden werden.

 CHIP Z'NUFF »Ich bin neu in der Stadt. Kannst du mir deine Adresse geben?« Das ist ein alter Spruch von einem berühmten Rocksänger. Bei ihm hat der allerdings ein paar Mal funktioniert. Ich würde einfach nicht zu respektlos sein.

 JAMES KOTTAK »Was geht ab?« Langweiliger kann man nicht sein.

 JIMMY ASHHURST »Deine Freundin ist heiß!«

 JOEL O'KEEFFE »Ich würde gut in dir aussehen!«

 LEMMY »Willst du nun ficken oder was?« Nicht dass man das unbedingt vermeiden sollte.

VAZQUEZ Ehrlich gesagt bin ich mir da nicht sicher. Ich seh einfach so geil aus und wirke so harmlos auf Frauen, dass sie über so ziemlich alles lachen, was ich sage, egal wie widerlich es ist. Ich kann mir einfach alles erlauben, ich weiß nicht warum.

NICKE BORG »Darf ich mir deine Tattoos ansehen?«

ROB PATTERSON »Welches Sternzeichen bist du?« Das ist der schlimmste!

TOBY RAND »Wie magst du deine Frühstückseier?«

Wie bekommt man garantiert keinen Korb?

ACEY SLADE Wenn ein Mädchen einen Typen abschleppen will, funktioniert immer der Spruch: »Wo steht dein Bus?« Auf keinen Fall sollte man sagen: »Hey, ich kenne deinen Tourmanager.« Wenn sie deinen Tourmanager oder die Crew kennt, heißt das, dass sie kein unbeschriebenes Blatt ist. Sobald ich sehe, dass sie mit dem Tourmanager oder einem von der Crew befreundet ist, weiß ich, dass sie viel Zeit mit anderen Bands verbracht hat.

JOEL O'KEEFFE »Ich bezahle. Was hast du also zu verlieren?«

DANKO JONES Darin bin ich echt schlecht. Das Mädchen muss mir erst ein Telegramm schicken, dass sie an mir interessiert ist. Sonst laufe ich völlig ahnungslos herum. Ich weiß es nicht. Ich habe ganz ehrlich keinen blassen Schimmer. Ich gehe immer davon aus, dass sie nicht an mir interessiert ist, also muss sie mir erst ein Telegramm schicken. Das ist schon ein Nachteil für mich. Über die Jahre habe ich erkannt: »Oh Mann, ich hätte sie haben können. Ich hätte mit ihr zusammen sein können. Ich wusste nicht, dass sie interessiert war.« Das kommt erst später ans Licht, also habe ich keine Ahnung. Ich laufe herum und nehme an, dass die Frauen, an denen ich interessiert bin, nicht an mir interessiert sind.

ROB PATTERSON Da gibt's nichts. Jeder ist anders.

TOBY RAND Man bekommt garantiert ein Ja, wenn man dem Mädchen sagt »Wir werden ohne Ende Spaß haben« und weiter nichts.

Was ist der ideale Ort für das erste Date?

ACEY SLADE New York, ganz generell. Ich bin ein guter Stadtführer in New York. Das ist mein Wohnzimmer und ich kenne massenhaft Orte, die ich ihr zeigen könnte. Es ist schön, einen Heimvorteil zu haben.

ADDE Ein King-Diamond-Konzert – das ist meine Lieblingsband. Wenn sie mich danach noch leiden kann, sind wir wie füreinander geschaffen.

ALLISON ROBERTSON Ich steh auf essen, also wenn er mich in eines meiner liebsten mexikanischen Restaurants ausführt ... Ich liebe es, wenn ein Mann meine Gedanken lesen kann und wenn ich ihn auch nicht fragen muss, was er will, und er die gleichen Dinge mag wie ich. Ein perfektes erstes Date wäre, wenn er sich meinen Lieblingsfilm mit mir ansehen will, ohne zu wissen, dass es mein Lieblingsfilm ist. Und danach gibt es Pizza oder mexikanisches Essen. Ich bin echt anspruchslos. Ich bin so anspruchslos, dass es schon traurig ist. Ich mag Typen, mit denen man ganz normale Dinge *und* verrückte Sachen machen kann. So oder so ist es das Gleiche und das ist immer sexy und man fühlt sich wohl dabei. Dieses Gleichgewicht zwischen beidem ist nur schwer zu finden.

 **BRENT MUSCAT** Als ich in L.A. gewohnt habe, gab es downtown ein Hotel, das ein Restaurant im obersten Stockwerk hatte. Das hat sich um 360 Grad gedreht. Man konnte dort sitzen und innerhalb einer Stunde konnte man sich einmal komplett Downtown-L.A. ansehen. An klaren Abenden konnte man sogar den Ozean und die Berge sehen. Das war einer meiner Lieblingsorte in L.A., einer meiner Geheimtipps. Es war toll, weil man dort einfach nur was trinken konnte. Man musste nichts essen, man konnte einfach für einen Drink dahin gehen. Es heißt Bona Vista Lounge.

 **ROB PATTERSON** Starbucks?

 **BRUCE KULICK** Kino ist schrecklich. Ich finde, ganz entspannt essen gehen macht Spaß oder etwas zusammen zu machen, wofür entweder sie sich interessiert oder du dich. Ich würde mit dem Mädchen sehr gern zu einer Gitarrenausstellung oder sogar in einen Musikladen gehen und ihr zeigen: »Das ist mein Hobby. Das ist mein Leben. Das macht mir Spaß.« Ich behaupte nicht, dass das Mädchen davon unbedingt begeistert sein wird, aber ich habe auch nichts dagegen zu sagen: »Lass uns einen Happen essen oder einen Kaffee trinken und ein bisschen spazieren gehen.« Man kann immer einen Schaufensterbummel machen und herumlaufen und dann weiß man es. Ich hatte einmal ein katastrophales Date mit einem Pornostar. Sie hatte auf einer Kiss-Expo Interesse an mir gezeigt. Es war schon mal total schockierend, dass sie sich überhaupt für mich interessiert hat. Wenn ich Freunden davon erzählt habe, haben die natürlich gesagt: »Oh mein Gott! Du wirst mit ihr ausgehen?« Ich hatte keine Ahnung, ob ich mit ihr ausgehen wollte, und ich wusste nicht, ob ich sie vögeln wollte, denn ich war von ihr eingeschüchtert. Ich möchte meinen eigenen Porno mit dem Mädchen von nebenan erleben und nicht mit einem Profi. Stripperinnen machen mich nicht an, weil ich weiß, dass es ein Spiel ist. Sie machen nur weiter, weil sie Geld wollen. Wie auch immer, was konnten wir also tun? »Treffen wir uns auf der Third Street Promenade in Santa Monica!« Essen, Shopping, spazieren gehen. Ich habe sogar meinen Hund mitgenommen, um das Eis zu brechen. Sie war so verrückt, wie ich sie mir vorgestellt hatte, aber ich bin froh, dass ich nicht weitergegangen bin, denn ich fühlte mich nicht mal fünf Minuten wohl in ihrer Gegenwart. Es ist eine Sache, dass sie heiß ist, aber eine andere zu wissen, dass sie weiß, wie sie jeden Typen um den Verstand vögeln kann.

Das ist wirklich nichts für mich. Ich muss mit einer Frau eine Verbindung als Mensch fühlen. Ich sage nicht, dass sie ein schlechter Mensch war. Aber ich habe einfach gemerkt, dass wir uns nicht verstehen würden – und damit war das beendet. Sie hat wahrscheinlich auch gespürt, dass ich nichts für sie war, aber auch wenn sie hätte weitergehen wollen, hätte ich es, glaube ich, nicht gemacht. Man könnte vielleicht fragen: »Was, du lässt dir diese heiße Braut entgehen?« Aber hey, wenn ich mich dabei nicht wohlfühle, möchte ich es nicht. Es gibt immer Dinge, über die man sich später ärgert.

CHIP Z'NUFF Ich will ehrlich sein: Ich denke, mit einem tollen Restaurant kann man den Ball wunderbar ins Rollen bringen. Viele der Mädchen, die ich kennenlerne, lieben Filme, also vielleicht sollte man mit ihr ins Kino gehen. Geht in ein schönes IMAX-Kino, seht euch einen Film an, das ist gut. Erinnerst du dich an die alten Autokinos, in denen man die Karten bezahlt, hineinfährt, das Fenster runterkurbelt und dann die Lautsprecher raushängt? Wenn man mit ihr in ein Autokino fahren kann, bringt man den Ball auf jeden Fall ins Rollen. Wenn sie mit einem ins Autokino fährt, gefällt man ihr ganz offensichtlich – das ist also wahrscheinlich die beste Chance, die man hat.

LEMMY Der perfekte Ort für das erste Date war mal das Kino. Wir sind immer ins Kino gegangen, aber die Filme sind heute so schlecht, dass sich das nicht lohnt. Ein Restaurant ist nett. Ein schönes Essen.

BLASKO Ich schätze mal, die üblichen Orte. Scheiße, Mann, ich bin schon lange verheiratet, also bin ich da vollkommen raus. Ich würde mal sagen, ein Restaurant ist gut – essen gehen ist üblich und funktioniert irgendwie immer.

DANKO JONES Ich mache immer etwas ziemlich Normales. Beim Essen kann man jemanden ganz gut kennenlernen. Ich spreche von jemandem, an dem man als Mensch interessiert ist, ich rede nicht von One-Night-Stands. Bei einer Frau, an der man ehrlich interessiert ist und bei der man die Möglichkeit sieht, dass mehr daraus wird, ist es ganz einfach: ein Abendessen. Oder Kaffee trinken gehen. Ich mache da eigentlich keine ausgeklügelten Pläne. Ich weiß, dass andere das machen. Ich kann das nicht. Ich gehe mit der Frau zum Essen und versuche, sie kennenzulernen.

Wenn es scheiße läuft, sagt man einfach: »Ich muss weg. Danke für das Essen. Tschüß.«

DOUG ROBB Ein Stripclub? Ich weiß nicht, wer bei einem ersten Date in einen Stripclub gehen würde, aber das würde wahrscheinlich die Richtung des Dates vorgeben.

JIMMY ASHHURST Überall außerhalb der Rock'n'Roll-Welt. Irgendwo, wo man verstehen kann, was der andere sagt. Ich habe zwanzig Jahre lang immer wieder »Was?« gefragt, was toll ist, aber man erkennt dann oft zu spät, dass man eigentlich kein Wort von dem verstanden hat, was sie die ganze Zeit über, in der man zusammen war, gesagt hat. Manchmal ist auch das großartig. Wenn ich zu Hause bin, ist ein schönes Restaurant die beste Wahl.

EVAN SEINFELD Als ich Single und auf der Suche nach einer Freundin war, bin ich mit den Mädchen immer in das gleiche Restaurant oder in den gleichen Club gegangen. Ich gehe beim ersten Date gern in einen Stripclub, um sicherzugehen, dass die Frau nicht verklemmt ist, sich nicht zickig anderen Frauen gegenüber verhält und nicht unsicher ist, denn unsichere Mädchen reden Scheiße über andere Mädchen. Zum Beispiel sagen sie: »Oh, die ist aber fett und die ist hässlich« oder »Was für eine Schlampe.« Das turnt mich sofort total ab. Aber wenn sie mit den anderen Mädchen flirtet und sich einfach amüsiert, macht mich das super an. Das benutze ich als eine Art Barometer, um ihre Temperatur zu messen.

GINGER Ein Park. Wenn euch in der Natur der Gesprächsstoff ausgeht, könnt ihr Schluss machen und euch verabschieden. Vermeidet es, vor dem zweiten Date vor den Augen des anderen zu essen. Das kann unangenehm werden, denn man will ja nicht mit jemandem bei einem Essen festsitzen, mit dem man sich nicht unterhalten kann. Man sollte daran denken, dass es okay ist, sich mit jemandem beim ersten Date nicht zu verstehen. Es zahlt sich immer aus, ehrlich zu sein, was die eigenen Gefühle angeht.

HANDSOME DICK MANITOBA Mein perfektes erstes Date ist nicht gerade ein übliches erstes Date. Es ist keine gute Idee, ins Kino zu gehen, weil man da einfach nebeneinandersitzt und sich etwas anderes ansieht. Es ist auch keine gute Idee, sofort gemeinsam essen zu gehen, weil essen eine ziemlich persönliche Sache ist. Man macht Geräusche und kaut, es ist irgendwie animalisch. So was will man vielleicht nicht unbedingt mit dem anderen teilen. Meiner Erfahrung nach ist es das perfekte erste Date, wenn man sagt: »Hey, lass uns einen Spaziergang machen.« Verbringt 15 Minuten miteinander, unterhaltet euch, geht spazieren. Wenn ihr euch gut versteht, sagst du: »Lass uns da und da hingehen.« Man arbeitet sich vor zum Essengehen, zum Kino oder zu einem Parkbesuch.

JAMES KOTTAK Ein guter Ort? Natürlich ein Rockkonzert, weil man da nicht miteinander reden muss.

COURTNEY TAYLOR-TAYLOR Der perfekte Ort für das erste Date ist ein Coffeeshop im Stadtzentrum – im schwulen Teil des Stadtzentrums! –, wo ausgefallene und trendige Leute und coole Kids herumlaufen. Einfach eine gute Mischung aus allem. Da kann man dann sehen, wie sie sich andere Leute ansieht und wie man sie in dieser Situation findet. Fühlt sie sich unwohl oder fühlt sie sich wohl? Ist sie begeistert oder allzu aufgeregt? Ist sie eingeschüchtert? Und vor allem, isst sie auch ein Stück Käsekuchen und trinkt sie einen Kaffee um zehn Uhr abends? Oder hat sie Probleme mit dem Essen? Denn man geht ja oft zusammen essen. Wie geht sie mit dem Kellner um? Wie verhält sie sich, wenn etwas bei ihrer Bestellung falsch läuft? Oder wenn sie eine neue Gabel braucht? All diese Dinge. Ich denke, das ist der perfekte Ort. Ich habe das hingebungsvoll in der Highschool gemacht. Das hat mich nie enttäuscht. Dann habe ich angefangen, außerhalb meiner Stadt zu daten, und habe einigen Scheiß und wirklich peinliche Situationen erlebt, in denen ich mich gefragt habe: Wie bin ich nur hier reingeraten? Oder ich habe gedacht: Die ist 'n Stalker! Die ist doch verrückt. Zu Hause hatte ich nie dieses Problem, denn als ich 14, 15 Jahre alt war und Musik gemacht habe, bin ich immer mit Mädchen zusammengekommen, die ich mochte und die mich mochten. Also war's für mich nie schwierig, mit Mädchen auszugehen, bis sie sich schließlich an mich rangemacht haben oder auch nicht.

JESSE HUGHES Das kommt auf das Mädchen an. Man muss an die Person denken. Ein perfekter Ort für das erste Date könnte ein Ort sein, an den ihr Daddy nie mit ihr gegangen ist.

 JOEL O'KEEFFE Eine Bar. a) Könnt ihr euch da beide betrinken, was sie lockerer macht, und b) wenn sie »keinen Bock hat«, kannst du dich immer noch besaufen und da sind viele Frauen, die du dann plötzlich ganz wunderbar findest. Alle gewinnen dabei!

 NICKE BORG Da ich eine Schwäche für guten Wein und gutes Essen habe, empfehle ich, in ein tolles Restaurant zu gehen, in dem es verdammt guten Wein und gutes Essen gibt. Das Essen sollte man genau so genießen, wie man später wahrscheinlich das genießen würde, was auch immer man genau geplant hat ... Ich finde es wirklich richtig sexy, wenn jemand mit mir zusammen guten Wein und ein gutes Essen genießt.

 TOBY RAND Das erste Date sollte etwas Ungezwungenes sein: Ein Konzert oder man geht in einen Biergarten. Man trinkt ein paar Bier und geht dann an den Strand, trinkt noch was und küsst sich. Oder wenn Schnee liegt, fickt man einfach, oder? Man fährt Snowboard und setzt sich dann ans Feuer.

 VAZQUEZ Perfekt wäre es in meinem Haus ... Aber ich date eigentlich nicht, so ticke ich nicht. Ich lerne ein Mädchen kennen und dann hängen wir rum, fahren vielleicht mit meinem Motorrad rum oder so was.

 ANDREW W.K. Ich war immer der Meinung, dass das erste Date mit Fummeln und Sex enden sollte. Ich weiß nicht, wie ich auf diese Idee gekommen bin, aber ich finde es nicht verrückt, beim ersten Date zu dem Mädchen nach Hause zu gehen oder sie mit zu mir zu nehmen. Ich schätze, man geht vielleicht zuerst in ein Restaurant, aber am Ende möchte man zu Hause landen. Daran denken wahrscheinlich eh beide, ob sie nun wollen oder nicht. Für mich ist es kein richtiges Date, wenn man essen geht oder ins Kino oder sich mit Freunden trifft, denn das ist nur das Vorspiel, um zu jemandem nach Hause zu gehen. Beim ersten Date geht es also eigentlich darum, dorthin zu kommen. Dort lernt man den anderen am besten kennen. Ich finde, es ist nur fair und vertretbar, dass man das Zuhause von dem anderen sehen will, wie er lebt, wo er lebt, wie sein Zimmer aussieht. Das ist für mich wichtiger als alles, was ich bei einem Essen lernen könnte, wenn ich mit jemandem ins Bett will.

Was ist wichtiger: Persönlichkeit oder Aussehen?

 **ACEY SLADE** Kommt drauf an, wonach man sucht. Ich bin in einem Alter, in dem die Persönlichkeit alles ist. Natürlich muss sie in gewissem Maße auch attraktiv sein. Ich war mit ein paar extrem hübschen Frauen zusammen, die sehr oberflächlich waren. Wenn man nur Sex haben will, ist das großartig, aber wenn man mit jemandem ausgehen und Zeit verbringen möchte, ist die Persönlichkeit sehr wichtig.

 **ADDE** Oh, die Persönlichkeit ist alles. Ich richte mich nicht nach dem Gesicht oder so was. Die Persönlichkeit ist viel wichtiger!

 **ROB PATTERSON** Persönlichkeit ist das Wichtigste. Man hat ja eh kaum Zeit, sich jemanden richtig anzusehen, bevor er anfängt zu reden.

 **TOBY RAND** In letzter Zeit habe ich festgestellt, dass Persönlichkeit äußerst wichtig ist. Obwohl ich Mädchen auch echt gern ansehe.

 **BLASKO** Zuerst zählt das Aussehen und später die Persönlichkeit. Man muss es so sehen: Ich habe mich noch nie auf eine hässliche Braut eingelassen und dann erst festgestellt – also nachdem ich mit ihr geredet hab –, dass sie echt cool ist. Das ist noch nie passiert. Aber ich habe mich schon an viele heiße Schnecken rangemacht und später herausgefunden, dass sie totale Schlampen waren und ich nichts mit ihnen zu tun haben wollte.

 **DOUG ROBB** Die Persönlichkeit ist ziemlich wichtig. Man kann echt umwerfend sein, aber wenn man den Mund aufmacht und es kommt nur heiße Luft raus, dann ist der erste gute Eindruck schnell verpufft. Bei reinen Affären spielt die Persönlichkeit keine Rolle, da geht es nur ums Aussehen. Aber wenn man mit jemandem wirklich Zeit verbringen will, spielt die Persönlichkeit eine viel größere Rolle, wenn nicht gar die gleiche wie das Aussehen.

 **JOEL O'KEEFFE** Das ist beides wirklich wichtig. Allerdings macht man ja auch keinen Small Talk oder sieht sich den Kamin an, wenn man das Feuer schürt, oder?

Woher weiß man, ob man jetzt »zusammen« ist?

 **ANDREW W.K.** Ich denke, es ist ernst, wenn die Vorstellung, mit jemand anderem zusammen zu sein, nicht mehr verlockend erscheint. Man kann immer noch mit anderen Mädchen Dates haben, aber wenn man nicht will, dass das Date mit diesem einen bestimmten Mädchen zu Ende geht oder man sie am nächsten Tag unbedingt wiedersehen will und man nicht mit anderen Mädchen rumhängen will, dann ist es ernst.

 **ACEY SLADE** Wahrscheinlich daran, dass sie einen bittet, sich einen Job zu suchen.

 **CHIP Z'NUFF** Das klärt sich normalerweise von selbst. Das Verhalten der Frau wird es dir zeigen. Wenn sie sagt: »Ich hatte viel Spaß. Ich kann es nicht erwarten, dich wiederzusehen«, hast du gewonnen. »Ich rufe dich dann an« ist ein weiteres Zeichen. Ich denke, die alte Faustregel »ein Mädchen nach einem Date ein paar Tage nicht anrufen« ist Mist. Man will respektiert werden. Es ist nett, anzurufen und zu sagen: »Hi, wie geht's dir?« Ohne sie einzuengen natürlich. Mann kann einfach anrufen, um zu sehen, ob alles okay ist. Das finde ich nett. Es ist echt wichtig, aufmerksam zu sein. Auch kleine Geschenke sind keine schlechte Idee. Aber nicht nur Blumen, das ist langweilig. Ein Päckchen schicken mit etwas Schönem, etwas Besonderem darin – das hat bei den meisten meiner Freunde funktioniert.

 **COURTNEY TAYLOR-TAYLOR** Natürlich gibt es viele Hinweise, zum Beispiel wenn sie das erste Mal »Hey« sagt, weil du zu lange mit einem anderen Mädchen geredet hast. Oder weil du noch Kontakt zu einer alten Freundin hast, in die du vielleicht mal verknallt warst, mit der du aber nie zusammen warst, oder mit der du tatsächlich zusammen warst, aber trotzdem noch Kontakt hast, weil es sonst ihre Gefühle verletzen würde. Halt bei irgendwas, was du mit einer Freundin machst, wenn du sie zum Beispiel ihren Arm um dich legen lässt, wenn sie mit jemand anderem

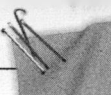
redet, so als ob ihr Kumpel wärt. Sie ist ein Mädchen und du bist ein Kerl – ihr seid Kumpel. So was in der Art – es gibt für vieles ein erstes Mal. Wenn sie also zum Beispiel sagt »Oh, toll. Ich werde dann und dann in Europa sein« und wenn du dann nach Hause kommst, war sie tatsächlich schon zwei Monate lang in Europa und hat dort in deinem Apartment gewohnt und ist von da an immer bei dir zu Hause. Dann weiß man, dass man ein Paar ist.

BLASKO Ich glaube, man weiß es einfach.

BRENT MUSCAT Wenn man anfängt, eifersüchtig zu sein. Wenn man Eifersucht spürt, weiß man, dass da etwas ist. Oder wenn man anfängt, sich Sorgen zu machen und sich zu fragen, mit wem sie aus ist, wo sie steckt und was sie macht. Wenn man diese Gefühle hat, hat man echte Zuneigung entwickelt.

BRUCE KULICK Wenn man jeden Tag miteinander spricht und wenn man an diesen Menschen denkt, wenn man seine Gesellschaft möchte, dann ist man kein Single mehr. Dann ist es an der Zeit, seine ganze Aufmerksamkeit auf diesen einen Menschen zu richten und herauszufinden, ob diese Person all die Energie wert ist, anstatt eine Affäre nach der anderen zu haben.

HANDSOME DICK MANITOBA Ich weiß nicht. Das Mädchen wird es dich wissen lassen. Die Frauen sind für Beziehungen verantwortlich. Sie wird es dir sagen.

DANKO JONES Das ist schwer zu sagen. Ich weiß es selbst nicht. Ich war schon mit Mädchen aus, so vier oder fünf Mal, und habe nicht gedacht, dass wir fest zusammen sind, aber sie haben das dann schon gedacht. Ich schätze, wir haben das unterschiedlich gedeutet. Ich finde nicht, dass man nach vier oder fünf Dates schon sagen kann: »Okay, wir sind jetzt ein Paar.« Ich denke, das ist eher ein Gefühl. Beide Seiten spüren es.

JESSE HUGHES Du weißt es, wenn du anfängst, SMS auf deinem Handy zu löschen, kurz bevor du nach Hause kommst.

 **DOUG ROBB** Wenn du dir das Mädchen, das du datest, mit jemand anderem vorstellen kannst und denkst: Egal. Ich kann auch weggehen und andere Mädchen abschleppen – dann ist es nichts Ernstes. Aber wenn du dich dabei unwohl fühlst, dir vorzustellen, dass das Mädchen mit jemand anderem zusammen ist, und es dich ärgert, dann ist es wahrscheinlich ernst.

 **EVAN SEINFELD** Es ist ernst, wenn sie wichtiger ist als irgendeine neue Muschi. Wenn man sich zwischen einer fremden Muschi und der Frau, die man datet, entscheiden kann, und man die Frau sehen will, dann weiß man es.

 **JAMES KOTTAK** Wenn sie das Essen bezahlt.

 **JIMMY ASHHURST** Wenn sie sich plötzlich über deine MySpace-Kommentare aufregt.

 **JOEL O'KEEFFE** Wenn du zwischen zwei Konzerten irgendwohin fliegst, sie zu treffen, und sie dasselbe für dich macht, dann seid ihr heillos ineinander verliebt. Ein billigerer, aber aggressiverer Hinweis ist, wenn sie einen Zickenkrieg mit deiner richtigen Freundin anfängt – dann bist du am Arsch! In solchen Zeiten ist man dankbar, dass der Tourbus eine mobile Sicherheitszone ist, die einen weit weg in ein neues Paradies bringt, in dem man noch einmal von vorn anfangen kann.

 **LEMMY** Wenn ihr Vater mit der Schrotflinte vor der Tür steht. Keine Ahnung. Ist bei jedem anders – das weißt du ja. Normalerweise spürt es sowieso nur einer. Es ist immer so, dass einer den anderen jagt, mehr oder weniger. Das ändert sich während der Beziehung. Man dreht sich um und plötzlich ist der Gejagte der Jäger. Es ist seltsam. Sicher wisst ihr alle, wovon ich rede. Man sagt doch »The chase is better than the catch« und das stimmt.

 **ROB PATTERSON** Das weiß man einfach. Wenn ich zum Beispiel auf Tour gehe und das Herz tut mir weh, weil meine Verlobte nicht bei mir ist.

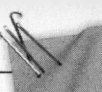

 **ALLISON ROBERTSON** Ja, das ist schwer zu sagen. Als Mädchen möchte man den anderen nicht nerven müssen, um das herauszufinden. Ich weiß es eigentlich erst dann, wenn er mich wirklich fragt: »Möchtest du meine Freundin sein?« Ich denke, man ist ein Paar, wenn man die ganze Zeit zusammen ist und keiner von beiden mit anderen ausgeht. Aber manche Leute fühlen sich damit nicht wohl. Ich gehe nicht davon aus, mit jemandem fest zusammen zu sein, bis es wirklich ausgesprochen wurde ... und es einen unterschriebenen Vertrag gibt.

 **TOBY RAND** Wenn man ohne seine Partnerin in eine Kneipe oder einen Club geht und dann allein nach Hause kommst – dann weiß man es.

 **VAZQUEZ** Oh Mann, das ist ganz einfach. Sobald sie anfängt, dich ohne Grund anzuschreien, weißt du, dass du in einer Beziehung steckst.

KNUTSCHEN
UND
STREICHELN

⚡

»SPRITZ CHAMPAGNER AUF IHRE BRÜSTE
UND LECKE UND SAUGE DANN ALLES
BIS ZUM LETZTEN TROPFEN AB.
DAS ERREGT SIE UND DU KANNST WAS TRINKEN.«

JOEL O'KEEFFE

Wie fängt man am besten an zu knutschen?

 **ANDREW W.K.** Ich finde, es ist nicht verkehrt, den anderen zu fragen oder zu sagen, dass man ihn küssen möchte. Vielleicht kommt es dann zu einer peinlichen Situation, das muss man halt abwägen. Das Wort »Kiss« ist ein wirklich schönes Wort. Gene Simmons und Paul Stanley und ihre Berater haben das verstanden. Es geht einem leicht von der Zunge. Es ist einprägsam, respektvoll und sanft. Ansonsten sollte man sich nach vorn lehnen und es einfach so machen wie im Film. Aber so habe ich es noch nie erlebt. Es ist immer ein bisschen seltsam und das macht es aufregend.

 **ACEY SLADE** Ich denke, man sollte dem Mädchen sanft in die Haare fassen, nicht grob, aber so, dass sie weiß, sie wird gleich geküsst.

 **ADDE** Mach ihr so viele Komplimente wie möglich. Blickkontakt ist wichtig.

 **ALLISON ROBERTSON** Wenn ich diejenige bin, die mit dem Küssen anfängt, küsse ich normalerweise seine Wange und drehe dann seinen Kopf. Das kann ein bisschen aggressiv sein, aber so mache ich das. Man lernt jemanden kennen, redet, flirtet und wenn man dann das Gefühl hat, dass es an der Zeit für den nächsten Schritt ist, er ihn aber nicht tut, nähere ich mich ihm und gebe ihm einen Kuss auf die Wange.

 **BRENT MUSCAT** Wenn man ein Date hat und in einer dunklen Ecke steht, sie guckt dich an, du schaust ihr in die Augen, dann sollte man es einfach machen. Mach's einfach, übertreib nicht, gib ihr für den Anfang vielleicht nur einen kleinen Kuss. Vielleicht auch nur auf die Wange und warte dann ihre Reaktion ab. Das ist ein Anfang.

 **CHIP Z'NUFF** Man sollte etwas Nettes für den anderen machen. Ich würde auch nicht sofort rummachen. Eine nette Unterhaltung führen und etwas Witziges oder Charmantes sagen. Das ist ehrlich gesagt eine schwierige Frage. Das weiß man einfach instinktiv! Wenn man sich als Mann nicht sicher ist und sie einem einen Gutenachtkuss oder aus irgendeinem Grund

einen Kuss auf die Wange geben will, sollte man sich schnell drehen und sie auf den Mund küssen. Das scheint ziemlich gut zu funktionieren, ohne peinlich zu sein. Dann lacht ihr beide darüber und das führt vielleicht zu einem zweiten Kuss.

JOEL O'KEEFFE Lass etwas neben ihr fallen. Wenn du dich zu ihr rüberlehnst, um es aufzuheben, kommen deine Lippen so nahe an sie, dass du ihr auf deinem Weg nach unten auch gleich einen Kuss geben kannst.

COURTNEY TAYLOR-TAYLOR Frag sie.

DANKO JONES Ich schätze, man sollte sich einfach nach vorn lehnen. Man erkennt den richtigen Moment instinktiv.

DOUG ROBB Das hat man im Gefühl. Wenn du glaubst, dass sie dich vielleicht küssen möchte, solltest du es einfach tun.

EVAN SEINFELD Wenn man ein Mädchen dazu bringen will, einen zu küssen, sollte man ihr Gesicht berühren und ihr in die Augen schauen. Dann gibt sie einem entweder grünes Licht oder nicht. Die Entscheidung liegt ganz bei der Lady.

HANDSOME DICK MANITOBA Du fragst da gerade nach etwas, das einfach so passiert. Da muss ich mal nachdenken. Ich glaube, die Körpersprache und der Blick sind wichtig. Ich finde, man sollte den Moment genießen, anstatt sich auf das eigene Verhalten, die eigene Nervosität und Befangenheit zu konzentrieren. Denk nicht an dich, lies ihre Körpersprache, lies in ihren Augen. Schau sie an. Sie wird dich durch ihre Körpersprache und ihre Augen wissen lassen, ob es okay ist, dass du näher kommst. Ich denke, man spricht als Erstes mit den Augen und dann erst mit den Lippen. Dann muss man ihr einen kleinen Kuss aufdrücken, ohne zu aggressiv zu sein, und ihr damit zu verstehen geben: Ich bin ein Mann und ich nehme die Sache jetzt in die Hand. Man muss sich irgendwann einfach trauen und es machen. Das Schlimmste, was passieren kann, ist, dass man ein Nein bekommt – oder ein Ja. Das ist vielleicht der aufregendste Moment beim Kennenlernen, wenn man sich traut, diesen Schritt zu gehen.

ROB PATTERSON Pack sie an ihrem verdammten Hinterkopf an den Haaren.

JAMES KOTTAK Sag: »Küss mich.«

JESSE HUGHES Press deine Lippen auf ihre oder frag einfach: »Darf ich dich küssen?« Oder komm einfach nackt und mit einer Erektion aus dem Bad. So arrangiert man am besten einen Kuss!

LEMMY Normalerweise kann es nicht schaden, die Lippen aufeinanderzupressen, ihre und deine. Ich weiß echt nicht, wie man es anders machen könnte.

NICKE BORG Man rückt immer näher aneinander, ohne darüber nachzudenken, und plötzlich ist es so weit – Lippen auf Lippen. Man unterhält sich und kommt sich ganz langsam immer näher und dann – Bam! – sind die Lippen plötzlich versiegelt! Wenn der Kuss dann großartig ist, hat es dich erwischt.

TOBY RAND Ich küsse gern zuerst ihren Hals, bevor ich ihre Lippen berühre. Auf diese Weise bekommt man ein Gefühl dafür. Ich finde, die Vorfreude auf einen Kuss ist total schön. Wenn du mich und meine Freunde fragst, ist die Spannung vor dem ersten Kuss das beste Gefühl, das man haben kann. Ich küsse auch gern zuerst um die Lippen herum, bevor ich mich ihnen widme.

VAZQUEZ Ich bin total eingebildet und verdammt selbstbewusst, also mache ich es einfach. Ich ziehe sie einfach zu mir und das war's. Und weißt du was? Es funktioniert jedes Mal.

 **JIMMY ASHHURST** Timing ist alles, Alter. Mitten in einer Unterhaltung oder wenn man etwas trinkt, ist normalerweise nicht der beste Augenblick. Wenn man den Mund voller Essen hat, ist es wahrscheinlich auch keine gute Idee. Timing ist also alles. Wenn man den richtigen Moment abpasst, wird man zurückgeküsst.

Wie macht man einen Kuss unvergesslich?

 **ALLISON ROBERTSON** Ich hab mal was gelesen und weißt du was? Es funktioniert. Auch wenn der Kuss dadurch nicht unbedingt unvergesslich wird. Anstatt zu versuchen, seine Spuren zu hinterlassen und irgendwas Seltsames zu machen, wie den anderen zu beißen und zu verletzen oder etwas zu tun, was dem anderen nicht gefällt, sollte man sich ansehen, wie der andere küsst, und dann versuchen, es nachzumachen. Man sollte nicht versuchen, genau das zu machen, was der andere will, sondern man muss das, was beide wollen, einbauen. Wenn man versucht, sich ein wenig nach dem zu richten, was der andere macht, wird der sich daran erinnern.

 **ADDE** Gib ihrer Zunge einen Blowjob. Das würde ich machen.

 **DANKO JONES** Ich schätze, man sollte gut küssen können.

 **DOUG ROBB** Keine Ahnung, Mann. Ich denke, ein Kuss ist entweder unvergesslich oder eben nicht. Man kann nicht hingehen und sagen: Pass auf! Der da werde ich einen unvergesslichen Kuss geben. Und der anderen werde ich einen Kuss geben, den sie vergessen wird.

 **ANDREW W.K.** Der Ort, an dem es passiert, ist wichtig. Ist man in der Öffentlichkeit, zu Hause oder in einer Ecke versteckt? In einer Bar geht man zum Beispiel am besten nach hinten, wo das Telefon ist oder so. Ich glaube, wenn man sich an seinen ersten Kuss erinnert, denkt man daran, wo es passiert ist.

 **GINGER** Küssen ist etwas so Persönliches, dass es unmöglich ist, diese Frage objektiv zu beantworten. Ich finde, es ist echt wichtig, dass die Chemie beim Küssen stimmt. Und man sollte sich etwas Zeit nehmen, um herauszufinden, wie die neue Partnerin gern küsst. Wenn das Küssen zu einem Machtkampf wird, wird die Beziehung dasselbe Schicksal erleiden.

 **COURTNEY TAYLOR-TAYLOR** Trocken, sanft und zuckersüß. So würde ich es jedenfalls machen.

 **BRENT MUSCAT** Wenn man ein Date an einem coolen Ort hat, in einem schönen Hotel oder am Strand, dann wird der Kuss auch unvergesslich.

 **EVAN SEINFELD** Um einen Kuss unvergesslich zu machen, muss man ihren Arsch richtig fest zusammendrücken.

 **HANDSOME DICK MANITOBA** Dafür gibt es keine Faustregel. Das ist wie das Wunder des Lebens, das Wunder des Zueinanderfindens, es passiert einfach.

 **JAMES KOTTAK** Sag: »Vergiss diesen Kuss nicht!«

 **JESSE HUGHES** Wenn du den größten Ständer der Welt hast, während du sie küsst.

 **JIMMY ASHHURST** Man muss zusammenarbeiten. Der erste Kuss ist oft wie eine Art Entdeckungsreise und kann schon ein bisschen eigenartig sein, aber wenn man den anderen erst mal besser kennengelernt hat ...

Wenn man jemanden kennenlernt, macht es Spaß herauszufinden, wie man am besten harmoniert.

JOEL O'KEEFFE Leg einfach all deine Emotionen und alles in es hinein ... und in sie!

LEMMY Lass einen Böller hochgehen, während du sie küsst. Wenn dein Kopf explodiert, ist das immer gut.

ROB PATTERSON Küss sie, wenn sie es nicht erwartet!

TOBY RAND Indem man alles in den ersten Kuss legt und ihr dabei in die Augen schaut, wird der Kuss unvergesslich.

VAZQUEZ Wenn ich sie küsse, sollte das unvergesslich sein.

Wie turnt man den anderen beim Knutschen total an?

ALLISON ROBERTSON Kommt drauf an, wo man ist, aber ich nehme gern den Kopf des anderen in die Hände. Manche Typen mögen es nicht, wenn man ihre Haare anfasst, aber ich berühre nun mal gern ihre Köpfe. Ich ziehe nicht unbedingt an ihren Haaren, sondern reibe ihren Kopf oder ihren Nacken. Außerdem mag ich es, vom Mann gehalten zu werden. Es ist irgendwie seltsam, wenn sie Angst haben, einen zu berühren. Man will doch relaxen und das Gefühl haben, dass er ein bisschen zupackt. Das mag ich.

JAMES KOTTAK Man kann ihr den Nacken reiben, das funktioniert.

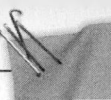

 **JIMMY ASHHURST** Die Hand in den Nacken legen funktioniert normalerweise gut bei mir. Vielleicht führt das zurück zur Bondage-Frage, keine Ahnung.

 **JOEL O'KEEFFE** Geh ihr mit einer Hand an den Arsch und mach mit der anderen ihren BH auf. Oder geh gleich richtig zur Sache und fang an, sie zu fingern!

 **ROB PATTERSON** Das ist ein Geheimnis.

 **TOBY RAND** Es ist total anturnend, wenn man richtig doll an der Unterlippe saugt und sich dabei in die Augen schaut. Wenn ein Mädchen das bei mir macht, denke ich: Heilige Scheiße! Du bist der Hammer.

 **ACEY SLADE** Ich ziehe sie gern an den Haaren. Was soll ich sagen ...

 **VAZQUEZ** Vielleicht findest du mich jetzt gruselig, aber ich glaube wirklich, das turnt sie an: Wenn ich mit einem Mädchen rummache, lasse ich meine Finger gern ihr Kreuz hinuntergleiten, sodass sie dann in ihrer Pospalte enden. Ich bin absolut kein Gentleman. Und ich zeige meine Zuneigung gern in der Öffentlichkeit.

Wie sollte man einer Frau an den Brüsten rumspielen, um sie geil zu machen?

ACEY SLADE Unterm BH streicheln hilft. Davon abgesehen turnt nichts mehr ab als gepolsterte BHs. Ich mag Mädchen, die sich in ihrem Körper wohlfühlen. Die meisten Mädchen, die einen kleinen Busen haben, sind wahrscheinlich sowieso ziemlich dünn. Es gibt nichts Schlimmeres, als seine Hand auf einen gepolsterten BH zu legen.

ADDE Das ist ganz unterschiedlich. Manche mögen es hart und andere sagen »autsch«, weil sie empfindliche Nippel haben. Man muss sich da hineinversetzen, wie sie sich fühlt.

ALLISON ROBERTSON Alle Mädchen sind verschieden. Manche mögen es sehr sanft, andere stehen drauf, wenn ihre Brüste richtig doll zusammengedrückt werden. Ich denke, es gibt keine Methode, die richtig ist. Ich glaube auch, dass ein und dasselbe Mädchen bei verschiedenen Typen unterschiedlich reagieren würde. Kommt halt auch drauf an, was für Hände er hat.

JOEL O'KEEFFE Spritz Champagner auf ihre Brüste und lecke und sauge dann alles bis zum letzten Tropfen ab. Das erregt sie und du kannst was trinken.

JAMES KOTTAK So eine Methode gibt es sicher, aber frag mich nicht.

BLASKO So was muss man ruhig angehen lassen. Man kann nicht mit der Tür ins Haus fallen, seine Finger in sie reinstecken oder ihr den Arsch versohlen und sie kneifen. Darauf muss man erst hinarbeiten. Langsam beginnen und darauf hinarbeiten.

BRENT MUSCAT Ich würde sagen, man sollte nicht zu grob sein. Umschließe die Brust mit der Hand und drück sie ein bisschen, reibe sie sanft. Hängt ganz vom Mädchen ab. Manchmal sind die Brüste eines Mädchens wund, wenn sie ihre Tage hat, dann sollte man es vielleicht nicht machen. Timing ist also wichtig. Je nachdem, welche Zeit im Monat ist, könnten

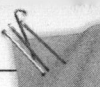

die Brüste empfindlich sein, also geh es langsam an und warte die Reaktion ab. Es kommt aufs Feedback an. Du machst etwas und wartest die Reaktion ab, es geht um Aktion und Reaktion. Es ist immer am besten, langsam anzufangen und sich vorzuarbeiten. Wenn sie es mag, kannst du weitergehen. Wenn sie lustvoll stöhnt, kannst du ein bisschen aufdrehen. Mann kann sie fragen: »Hey, wie findest du das? Was gefällt dir?« Wenn man mit jemandem rummacht und sich wohlfühlt, kann man immer um Feedback bitten.

 **DANKO JONES** Mir ist aufgefallen, dass es gut ist, mit den Nippeln zu spielen. Kontrolliertes Nippelspiel. Nicht zu fest und nicht zu sanft – das funktioniert meistens.

 **VAZQUEZ** Kommt auf die Frau an. Manche Frauen haben echt empfindliche Nippel. Ich habe Mädchen kennengelernt, die vom Spielen mit den Nippeln einen Orgasmus bekommen können. Andere Mädchen sagen so was wie: »Fass meine Nippel nicht an oder ich hau dir aufs Maul, denn das tut weh.« Manchen Frauen bringt es überhaupt nichts. Es ist also wieder das Beste, sie zu fragen.

 **JIMMY ASHHURST** Echte oder falsche Titten? Ich habe gehört, mit gemachten Titten spürt man nicht so viel. Man muss das Mädchen lesen können und auf ihre Geräusche hören – das ist normalerweise ein guter Hinweis darauf, was funktioniert und was nicht.

 **NICKE BORG** Lass sie in Ruhe, bis die Frau wirklich will, dass du ihre Brüste berührst. Lass sie einfach in Ruhe. Tu so, als würdest du sie nicht beachten – egal ob sie groß, klein, großartig oder was auch immer sind. Dann wird sie sich fragen: »Was zur Hölle? Er will meine Titten nicht anfassen.« Und *dann* tust du es.

 **LEMMY** Man sollte sie um die Nippel herum streicheln, sie nicht kneifen oder beißen oder so was. Man kann das verdammte Ding eine Dreiviertelstunde lang beißen, aber wenn man mit den Fingern so ungefähr viermal drum herum streicht, ist die Braut viel erregter.

 **ROB PATTERSON** Pack nicht so fest zu. Frauen mögen alles bis zu einem bestimmten Punkt sanft.

 **TOBY RAND** Nimm die Brust ganz in die Hand und massiere sie, so wie du andere Stellen massieren würdest, und dann spiel mit den Nippeln wie mit einem Kreisel. Aber nicht zu fest zupacken. Es geht nie schief, wenn man seine Finger anleckt und es dann tut – wenn man Lust darauf hat.

 **CHIP Z'NUFF** Kommt auf die Situation an und darauf, wie weit das Vorspiel fortgeschritten ist. Sei sanft zu den Nippeln. Küsse sie behutsam, reibe sie ein bisschen, aber nicht zu doll. Sei kein Drecksack und sei nicht egoistisch und tu ihr nicht weh. Sei ganz sanft – wenn der Ball dann ins Rollen kommt, kannst du ein bisschen gröber werden, aber am Anfang ist es wichtig, dass du sanft und nett bist.

Welche Körperstellen muss man streicheln, wenn man den anderen extrem anturnen will?

 **BLASKO** Alle Stellen eigentlich. Da gibt es keine Grenzen, außer sie ist kitzlig, das ist dann ein Problem. Ansonsten ist alles möglich.

 **DANKO JONES** Ich nenne es »das Brett« – die Rundung eines Frauenrückens vom unteren Rücken bis zum Arsch. Ich mag Frauen, bei denen der Rücken fast die Form eines ein Ls oder eines Cs hat. Normalerweise haben sie das, wenn sie als kleine Mädchen getanzt haben, zum Beispiel Ballett. Diesen Bereich sollte man streicheln, außerdem den Nacken und manchmal sollte man die Arme lecken.

 **JOEL O'KEEFFE** Das hängt wirklich von der Frau ab. Wie ich bereits gesagt habe: Ihr Körper ist ein Tempel und ihre Muschi ist die Tür. Also achte darauf, dass du einen großartigen Auftritt hinlegst, sodass sie will, dass du wieder mal vorbeikommst.

 **ROB PATTERSON** Hm ... überall, wenn man es richtig macht.

 **TOBY RAND** Ich packe das Mädchen gern unter ihrem Arsch, genau genommen zwischen ihrem Oberschenkel und ihrem Arsch, und hebe sie dann ein Stückchen hoch. Danach scheint es immer noch ein bisschen aufregender zu sein als vorher.

JUNGFRÄULICHKEIT

⚡

»GERADE WENN ES UM DAS ERSTES MAL GEHT,
WIRD DER ANDERE VERSUCHEN,
SEXUELLE WUNDER ZU VOLLBRINGEN.«

GINGER

Wie bringt man eine Jungfrau dazu, sich beim ersten Mal zu entspannen?

ANDREW W.K. Das einzige Mal, dass ich Sex mit einer Jungfrau hatte, war, als ich zum ersten Mal Sex hatte. Zum Glück konnten wir uns das gegenseitig schenken. Man kann einen Menschen am besten beruhigen, wenn es für einen selbst auch das erste Mal ist. Wenn man das aber behauptet, obwohl es nicht stimmt, dann treibt man ein gefährliches Spiel – das ist schlecht fürs Karma. Aber ich kann mir auch vorstellen, dass das die beste Masche ist: Wenn sie ihre Jungfräulichkeit verliert, verlierst du auch deine. Man könnte auch sagen: »Das ist das erste Mal, seit ich meine Jungfräulichkeit verloren habe.« Das ist fast überzeugend und etwas Neues. Man könnte sogar noch sagen, dass es das zweite Mal ist, aber danach greift man wirklich nach Strohhalmen. Ansonsten sollte man dafür sorgen, dass sie sich geliebt fühlt – und auch dabei spielt man mit dem Feuer, wenn man nicht die Wahrheit sagt.

ACEY SLADE Erfahrung ist mir lieber als Jungfräulichkeit.

BRUCE KULICK Solche Sachen passieren einem eigentlich eher, wenn man jünger ist. Vielleicht hatte ich Sex mit einer Jungfrau und erinnere mich nicht daran. Ist schon so lange her. Ich schätze, das ist mir sicher ein- oder zweimal passiert. Man befürchtet ja immer, dass eine Jungfrau stark bluten könnte, aber wer weiß heutzutage schon, ob das stimmt. Sie sagt vielleicht: »Oh, du zerreißt mein Jungfernhäutchen.« Aber viele Mädchen benutzen Tampons, also vielleicht erledigen die das schon vorher. Ich weiß es nicht mehr. Wenn jemand geschlechtsreif wird, ist das immer ein großer Schritt, also ist es am besten, liebenswert und sanft zu sein. Ich erinnere mich, dass ich, als ich jung war, mit Mädchen zusammen war, die jünger als ich waren und vielleicht nicht ganz so sexuell aktiv. Normalerweise passiert es einfach und wenn man liebevoll ist, ist alles gut.

BRENT MUSCAT Ich glaube, eine meiner ersten Freundinnen war noch Jungfrau, als wir es getan haben. Sie war so nervös, dass sie sich total verkrampft und nur noch gezuckt hat. Ihre Muskeln haben sich angespannt und ihre Hände wurden zu Klauen. Ich hab mich so mies gefühlt. Ich musste ihre Hände massieren, damit sie sich wieder gelockert haben. Sie war total verängstigt und nervös. Wenn man als Mann mit seiner Freundin schläft und es für sie das erste Mal ist, sollte man die Sache einfach langsam angehen. Ein langes Vorspiel und sich Zeit nehmen. Einen Schritt nach dem anderen machen. Ich denke, das ist der beste Weg. Wenn man sie liebt, möchte man doch, dass sie sich wohlfühlt.

ADDE Sei nett. Mach langsam und sei nett. Sei ein Gentleman.

ALLISON ROBERTSON Ich würde sagen, man sollte sichergehen, dass der andere wirklich bereit ist, und Zärtlichkeit macht sich immer gut. Außerdem sollte man darauf vorbereitet sein, dass der andere es sich anders überlegt, denn ich weiß, dass Mädchen gern ihre Meinung ändern: »Ich bin bereit! Nein, bin ich nicht! Ich bin bereit! Nimm deine Pfoten weg!« Egal wie alt man ist, der Kerl sollte sich darauf einstellen zu sagen: »Ist okay. Es hat keine Eile.« Das ist schwer für Männer, aber diese Tipps würde ich geben.

JAMES KOTTAK Ich bin in der Band Scorpions und wir haben ein Album mit dem Titel *Virgin Killer*, also weiß ich es nicht.

BLASKO Oh Mann, man sagt: »Das wird dir mehr wehtun als mir.« Hahaha! Keine Ahnung. Aber so ist es doch, oder? Man muss ehrlich sein. Ich würde einfach ehrlich sein. Sag: »Das wird nicht gerade eine Party.« Ich weiß nicht, ob sie sich überhaupt beim ersten Mal wohlfühlen können.

JESSE HUGHES Ich empfehle Rohypnol oder Xanax. Haha.

DANKO JONES Ehrlich gesagt, wenn ich herausfinde, dass ein Mädchen noch Jungfrau ist, sage ich: »Das Date ist vorbei. Komm in ein paar Jahren wieder. Bis dann!« Ich habe keine Zeit, den Lehrer zu spielen. Das ist nervig und macht keinen Spaß. Finde jemanden, der auch Jungfrau ist, verliert eure Unschuld gemeinsam und habt Spaß beim Herumexperimentieren. Lerne deinen Körper kennen und fühl dich wohl in deiner Haut, dann kannst du vielleicht wiederkommen und wir reden noch mal drüber. Ich habe verdammt noch mal keine Zeit für diesen Mist! Tut mir leid. Ich will echt nicht derjenige sein, der sie entjungfert. Ich gehöre nicht zu den Typen, die Jungfrauen sammeln wie andere Baseballkarten. Dafür habe ich keine Zeit.

CHIP Z'NUFF Ich empfehle, sie nicht zu drängen. Wenn du erfährst, dass sie noch Jungfrau ist, lass sie in Ruhe, denn sie würde sonst denken, dass Sex immer so ist, wie sie ihn von dir kennt. Sie würd nie darüber hinwegkommen, dass du so egoistisch warst. Ich denke, sie würde für den Rest ihres Lebens nach einem Kerl wie dir suchen. Ich bin nicht der Typ, der jemanden entjungfert. Ich würde es ihr ausreden. Ob du's nun glaubst oder nicht, das würde ich wirklich, denn ich will nicht derjenige sein, der sie fürs Leben zeichnet.

COURTNEY TAYLOR-TAYLOR Sei selbst 'ne Jungfrau.

DOUG ROBB Setz sie nicht unter Druck. Wenn man jemanden entjungfert, egal ob man selbst auch Jungfrau ist oder nicht, muss man den anderen das Tempo vorgeben lassen. Wenn sie bereit ist, wird sie es tun, und wenn nicht, solltest du nicht versuchen, sie zu überreden. Sie wird spüren, wenn sie bereit ist.

HANDSOME DICK MANITOBA Ich hab noch nie mit einer Jungfrau geschlafen, also keine Ahnung.

JIMMY ASHHURST Versuch sie davon zu überzeugen, dass du auch Jungfrau bist. Ha!

NICKE BORG Ich hatte Sex mit ein paar Jungfrauen und die sind Jahre später zu mir gekommen und haben gesagt: »Hey, wie geht's dir, Mann? Ich bin echt froh, dass es mit dir passiert ist.« Und ich hab gefragt: »Ehrlich? Bist du dir sicher?« – »Ja und jetzt habe ich total oft Sex.« Das Beste ist also der alte Trick: sie zu verscheißern. Tu so, als ob sie dir nicht egal ist, und sie ist so jung, dass sie darauf reinfällt. Das ist echt schrecklich und ich hasse mich, weil ich das sage. Ich werde in der Hölle schmoren.

 **LEMMY** Fick sie. Ist die gleiche Antwort wie auf die Frage: Wie schwängert man eine Nonne? Fick sie, was sonst?

 **ROB PATTERSON** Ich habe noch nie mit einer Jungfrau geschlafen.

 **TOBY RAND** Das Beste ist, einfach mit ihr zu reden. Ich glaube, dass Wichtigste, das ich von meinen Sexualpartnerinnen gelernt habe, ist, ihnen das Gefühl von Gleichberechtigung zu geben, das Gefühl, dass es Spaß macht und kein Druck da ist. Das führt zu Unbeschwertheit.

 **VAZQUEZ** Viel reden, Mann. Beschissene Versprechen geben! Es ist lange her, dass ich mit einer Jungfrau geschlafen habe, und wir sind heute immer noch befreundet. Wenn es bei Frauen um die anale Jungfräulichkeit geht, ist es am wichtigsten, dass sie sich wohlfühlen. Sie müssen sich bei dir sicher fühlen. Darum geht es eigentlich nur.

Sollte man vor oder nach dem Sex beichten, dass man noch Jungfrau ist beziehungsweise war?

 **HANDSOME DICK MANITOBA** Ich schätze, das kann einen schon irgendwie ziemlich anmachen. Es ist was Einzigartiges und Besonderes. Ich denke mal zurück: Als ich 21 war und mir ein Mädchen gesagt hat, dass es noch Jungfrau war … Heute könnte ich als Erwachsener wahrscheinlich besser damit umgehen. Ich würde sagen: »Entspann dich, bleib locker.« Wenn ich es heute machen müsste, würde ich versuchen, sie so gut wie möglich zu beruhigen, aber ich denke, ich würde mich auch ziemlich seltsam und unwohl fühlen, denn wenn sie 28 oder so ist, würde ich mich fragen: Was stimmt mit dieser Frau nicht? Das kann ich mir einfach nicht vorstellen!

 **ACEY SLADE** Auf jeden Fall davor.

 **ADDE** Bitte sag's mir vorher. Das wäre besser.

 **ALLISON ROBERTSON** Ich denke vorher.

 **BLASKO** Ich würde wahrscheinlich sagen: vorher. Kommt auf den Einzelnen an. Manche Leute stehen drauf, andere nicht, kommt also auf die Situation an.

 **BRENT MUSCAT** Ich schätze, sie hat das Recht zu tun, was sie will. Ich glaube, als ich noch Jungfrau war, habe ich es dem Mädchen nicht gesagt. Als Mann konnte ich es nicht abwarten, meine Unschuld zu verlieren. Ich glaube, ich war 15, als es passiert ist, und ich habe es ihr nicht gesagt. Das ist was Persönliches und sie kann sagen, was sie will.

 **CHIP Z'NUFF** Wahrscheinlich ist es besser, das vorher zu sagen, denn danach weiß man es eh, wenn sie Schmerzen hat. Ich habe nicht viel Erfahrung mit Jungfrauen, aber es gab welche, die es mit mir tun wollten, und ich habe es nicht gemacht, weil ich sie respektiert habe. Ich wollte nicht der Erste sein.

 **VAZQUEZ** Ich würde die Katze vorher aus dem Sack lassen. Sagen wir es mal so: Beichte es, wenn du zwanzig bist, aber wenn du 35 bist, bin ich weg, weil das dann heißt, dass das Mädchen ein religiöser Freak ist, und ich werde mir das noch in alle Ewigkeit anhören können.

 **GINGER** Vorher – auf jeden Fall. Gerade wenn es um das erstes Mal geht, wird der andere versuchen, sexuelle Wunder zu vollbringen.

 **JAMES KOTTAK** Kann ich nicht sagen. Ich habe eine 19-jährige Tochter, also kann ich das nicht beantworten.

JESSE HUGHES Sie sollte es danach sagen, wenn sie unter 18 ist, und davor, wenn sie über 18 ist.

JIMMY ASHHURST Bitte unbedingt vorher. Danke.

LEMMY Ich finde, sie sollte es dir sagen, denn je nachdem, wie tief deine Gefühle für das Mädchen sind … Ich denke nicht, dass man jemanden deflorieren sollte, für den man keine tiefen Gefühle hat.

TOBY RAND Sie sollte es danach sagen, schätze ich, weil man sich dann nicht ganz so schlecht fühlt.

Was ist das ideale Alter, um zum ersten Mal Sex zu haben?

ACEY SLADE Das ist schwer zu sagen, weil die Kids heutzutage so viel schneller erwachsen werden. Und nicht nur das: Je älter ich werde, desto häufiger ändere ich meine Meinung darüber. Ich erinnere mich, mit 27 Sex mit einem Mädchen gehabt zu haben, das vielleicht 18 war, und jetzt mit 34 sehe ich mir 18-Jährige an und denke: Gott, das sind doch noch Babys!

BRUCE KULICK Ich bin schon etwas älter und ich finde, die Leute werden immer jünger. Heutzutage ist es keine große Sache, die Unschuld mit 15 oder 16 zu verlieren, aber als ich jung war, passierte das eher mit 18. Ich wette, es gibt auch Leute, die sagen würden: »Nein, heute passiert es mit 13!« Wer weiß das schon? Ich habe kein Kind im Teenageralter und wenn ich es hätte, hätte ich panische Angst deswegen. Meine Freundin ist jünger als ich und wenn wir über solche Dinge reden, merke ich, dass wir aus unterschiedlichen Generationen stammen. Aber ich sehe das auch selbst, denn 16-Jährige können heute ziemlich promiskuitiv sein. Das ist faszinierend, aber illegal! Man will das gar nicht erwägen, weil man weiß, dass man dafür ins Gefängnis wandern oder als Sexualstraftäter aktenkundig werden kann, weil man dachte, dass sie 18 ist. Mit anderen Worten: Es ist da draußen für uns alle ein Minenfeld. Wir alle sind sexuelle Wesen mit sexuellen Sehnsüchten, Bedürfnissen und Wünschen und darum ist eine gute Beziehung eine gute Möglichkeit, auf dem richtigen Weg zu bleiben.

JAMES KOTTAK Da meine Tochter 19 ist, würde ich sagen 25.

ADDE Schwierige Frage. Ich habe meine Unschuld verloren, als ich 14 war, und ich war noch nicht reif dafür. Ich denke, ich war nicht alt genug, also 15, vielleicht 16.

ALLISON ROBERTSON Ich würde sagen, es ist besser, bis zum Ende der Highschool oder bis nach der Highschool zu warten. Ich bin ein Fan des Wartens.

ANDREW W.K. Es scheint, als ob es im Alter zwischen 15 und 16 normal ist. So war es auch bei mir. Man sagt, dass die Kids früher erwachsen werden, also vielleicht sinkt diese Altersgrenze. Aber ich finde, das ist ein Alter, in dem man seine Sexualität schon entwickelt hat und zumindest eine leise Ahnung davon hat, was man da überhaupt macht und wie man es macht. Kommt drauf an, wie lange man schon sexuell aktiv ist. Ist bei jedem anders.

DANKO JONES Nach dem, was ich so in den Nachrichten gehört habe, sind die Kids ziemlich jung, Mann. Sie schicken sich Nacktfotos zu und sind noch nicht mal volljährig. Es gibt einen Fall in Amerika, von dem ich gehört habe, bei dem ein Mädchen Nacktfotos von sich verschickt hat und wegen Kinderpornografie angeklagt wurde. Ich denke, die Klage wird abgewiesen werden, aber das ist doch ein Wahnsinn! Ich weiß nicht, welches Alter das beste ist. Ich denke, bei den Kids ist 16 oder 17 normal.

BRENT MUSCAT Ich denke, jeder ist anders. Jeder Mensch ist in einem anderen Alter reif genug dafür. Heutzutage verlieren viele Mädchen ihre Unschuld mit 13 und ich denke, das ist einfach zu jung. Das ist doch verrückt. Ich bin mir sicher, dass es auch Mädchen gibt, die sie noch früher verlieren, aber ich finde, es wäre ideal, wenn man warten kann, bis man erwachsen ist – 18 wäre schön. Zumindest sollte man erwachsen genug sein, um damit umgehen zu können. Man sollte reif genug sein, um die

Pille zu nehmen und Kondome dabeizuhaben, und man sollte über Sex Bescheid wissen. Wenn man unter 18 ist, sollte man es möglichst mit einem Typen im gleichen Alter machen und nicht mit einem alten Sack.

 **HANDSOME DICK MANITOBA** Oh, 17, 18. Ich habe das Gefühl, bei 'ner Quizshow zu sein – keine Ahnung! Ist nur geraten, weil das das Alter ist, in dem man alles legal tun darf.

 **BLASKO** Boah, keine Ahnung, Mann. Ich bin mir sicher, dass viele meiner Freunde, die Töchter haben, anderer Meinung sind als ich. Ich will einfach realistisch sein und denke, dass wir, als ich jung war, alle unsere Unschuld als Teenager verloren haben. Wahrscheinlich hat sich das nicht verändert.

 **CHIP Z'NUFF** Ich würde sagen 17. Diese Generation ist anders. Es gibt Mädchen, die viel jünger sind als 17 und schon blasen und ficken. Es ist furchtbar. Diese neue Generation ist ziemlich offen und will experimentieren. Ein Mann meiner Generation denkt, dass Kerle mit 17 langsam anfangen, ein bisschen etwas über Frauen zu lernen, aber man braucht Jahre, um wirklich was von ihnen zu verstehen.

 **COURTNEY TAYLOR-TAYLOR** Ich glaube, die Kids haben immer früher Sex. Das sagen alle. Ich denke, 17 oder 18 ist ein gutes, respektables Alter, um seine Unschuld zu verlieren.

 **DOUG ROBB** Oh Mann, das ist schwer zu sagen. Hätte jemand Sex mit mir haben wollen, als ich 14 war, hätte ich es wahrscheinlich getan, aber ich hab's nicht gemacht, bis ich fast 18 war. Keine Ahnung, schwer zu sagen. Es ist für Jungs anders als für Mädchen. Ich weiß, dass es für Mädchen eine ziemlich emotionale Sache ist, Sex zu haben, besonders in so jungem Alter. Ich weiß nicht. Ich denke nicht, dass es ein ideales Alter gibt, aber es schadet nie, noch zu warten.

 **JESSE HUGHES** Das beste Alter, um die Unschuld zu verlieren, ist das Alter, in dem man das Haus verlassen kann, um gezielt allein zu sein.

 **ROB PATTERSON** 19 würde ich sagen.

 **LEMMY** Zehn. Ich hatte mal eine Neunjährige, die aber den Körper einer Achtjährigen hatte. Nun ja, das ideale Alter ist leider, wenn man mündig ist.

 **JIMMY ASHHURST** Das Internet kann in dieser Hinsicht ein nützliches Hilfsmittel sein. Es gibt eine Website mit dem Namen *ageofconsent.com*, die jeder anständige Rockstar kennen sollte. Ist ziemlich interessant. In manchen Ländern denkt man: Verdammte Scheiße! Aber es ist nun mal überall auf der Welt verschieden. Man sollte die nationalen Gesetze kennen, um nicht in Schwierigkeiten zu geraten.

 **TOBY RAND** Wahrscheinlich 16 oder 15. Leider ist es heute eher zwölf.

 **VAZQUEZ** Alter, hätte ich meine Unschuld mit acht verlieren können, ich hätt's getan. Männer wollen es so schnell wie möglich. Frauen warten wahrscheinlich, wenn sie klug sind, aber es sind nicht alle klug, was das angeht.

Wie sorgt man dafür, dass das erste Mal zu einer schönen Erinnerung wird?

 **ACEY SLADE** Ich würde sagen: Tu es auf keinen Fall mit einem Typen aus einer Band. Das wäre auf jeden Fall eine herbe Enttäuschung … oder vielleicht auch nicht. Ich war mal backstage mit zwei Mädchen zusammen, dann hab ich sie abgeschleppt und wir hatten einen flotten Dreier. Wir haben rumgemacht und ich wollte in die eine eindringen, aber es ging nicht. Ich habe sie dann gefragt: »Ist alles okay?« Ich dachte, sie hätte vielleicht einen Tampon drin oder so. Und sie meinte dann: »Na ja, wir haben das noch nie gemacht.« Ich habe gedacht, sie meinte den Dreier, also hab ich gesagt: »Kein Problem, entspann dich einfach.« Und dann hab ich es weiter versucht, aber es ging immer noch nicht. Also hab ich wieder gefragt: »Ist wirklich alles okay?« Und ihre Freundin meinte dann: »Wir sind beide noch Jungfrau! Wir haben das noch nie gemacht!« Und ich dachte nur: OH – MEIN – GOTT! Ich glaube, das war ziemlich unvergesslich für die beiden, weil sie das an diesem Abend ganz sicher nicht vorgehabt hatten.

 **COURTNEY TAYLOR-TAYLOR** Keine Ahnung. Ich habe keine guten Erinnerungen an mein erstes Mal.

 **ADDE** Ein langes Vorspiel, ein sehr langes Vorspiel. Vielleicht dauert das Vorspiel Wochen. Besonders, wenn es das erste Mal ist, denn einfach ins Bett zu hüpfen, sich zu betrinken und es zu tun, bringt nichts. Beim ersten Mal sollte man ein ganz langes Vorspiel mit Worten und so was aufbauen. Ich bin da irgendwie altmodisch.

 **ALLISON ROBERTSON** Ich finde, man sollte Spaß dabei haben und wissen, dass man mit dem Richtigen zusammen ist und nicht unter Druck steht. Man sollte Spaß haben und sich keine Sorgen machen müssen, dass die Eltern hereinplatzen. Für mich geht es beim Sex um Spaß, nicht darum, Angst zu haben oder sich unter Druck gesetzt zu fühlen. Diesen Aspekt, dass Menschen andere unter Druck setzen, habe ich immer gehasst. Das ist dumm und sollte nichts mit Sex zu tun haben.

 **VAZQUEZ** Ich schätze, man sollte sich Zeit lassen und dafür sorgen, dass sie sich wohlfühlt. Die Musik muss stimmen – man sollte eine gute Playlist auf dem iPod haben.

 **ANDREW W.K.** Hoffentlich ist es einfach schon deshalb eine gute Erinnerung, weil man es getan hat und es das erste Mal war. Ideal ist es, wenn man mit dem Partner länger zusammen ist. Das verbessert die Qualität des Kontextes der Erinnerung. Ich weiß nicht, ob das erste Mal nun unbedingt besonders gut oder sexuell befriedigend sein muss, aber man hofft, dass es zumindest nicht zu schmerzhaft oder traumatisch ist. Ich denke, es ist nett, wenn es an einem schönen Ort passiert, an dem man sich wohlfühlt.

 **BLASKO** Ich schätze, das erste Mal wird zu einer schönen Erinnerung, indem man es zu einer so schönen Erfahrung wie möglich macht und sich nicht wie ein Hund verhält. Man sollte einfach kein Arsch sein.

 **CHIP Z'NUFF** Das erste Mal kann zu einer schönen Erinnerung werden, wenn es nicht zu versaut ist, wenn man Zeit miteinander verbringt und sich unterhält, wenn man rumhängt, kuschelt, sich küsst und nette Dinge

macht, ohne sofort loszulegen und ins kalte Wasser zu springen. Die Kids wissen einfach nicht Bescheid und dann kommt er in dem Mädchen und sie wird schwanger und ihr ganzes Leben ändert sich. Ich denke also, dass es beim ersten Mal ideal ist, abzuhängen, ein bisschen rumzumachen, sich anzufassen, viel rumzumachen und sich zu küssen und später dann mehr daraus werden zu lassen.

DOUG ROBB Es wird zu einer schönen Erinnerung, wenn man sie das Tempo bestimmen lässt. Benimm dich nicht wie ein Macho und sag nicht so was wie: »Wir ficken jetzt und es wird richtig wild.« Denn das wird es wahrscheinlich nicht, besonders nicht beim ersten Mal. Es dauert eine Weile, bis man diese Art Sex haben kann.

JESSE HUGHES Ich empfehle, ein Video zu drehen, um das erste Mal zu einer guten Erinnerung zu machen. Das ist außerdem sehr hilfreich.

JIMMY ASHHURST Versuche, kein verdammtes Arschloch zu sein. Das ist ein guter erster Schritt. Respekt ist immer ein Schlüsselbegriff. Egal was man macht oder mit wem man es macht. Selbst die entwürdigendsten Sachen können Spaß machen, wenn man versucht, respektvoll zu sein.

BRENT MUSCAT Ein Mädchen sollte darauf achten, dass sie schon eine Weile mit dem Typen zusammen ist, weil die meisten Kerle eh nur Sex wollen. Manche wollen es einfach nur tun und würden dem Mädchen dafür alles erzählen, was es hören will. Zum Beispiel: »Ich liebe dich.« Sie würden alles sagen. Ich weiß das, weil ich auch so war. Sie sagen: »Oh ja, Baby, du bist meine Freundin«, nur um sie rumzukriegen. Für ein Mädchen ist es also das Wichtigste, dass es mit dem Typen schon eine Weile zusammen ist, ihn wirklich kennt und weiß, dass er nicht auch mit anderen rummacht. Wenn sie ein paar Mal Nein gesagt hat und der Typ dann immer noch mit ihr zusammen ist, dann mag er sie wirklich. Wenn er nur auf Sex aus ist, wird er nicht warten.

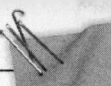

 **LEMMY** Kommt auf die Stärke des Jungfernhäutchens an. Es tut sowieso weh und manchmal richtig doll, also muss man nett und vorsichtig sein.

 **ROB PATTERSON** Das geht nicht, es ist immer furchtbar! Hahaha.

VORSPIEL
UND
ERREGUNG

»UNGEDULD KENNZEICHNET EINE
UNREIFE SEELE. JE LÄNGER
MAN DURCHHÄLT, DESTO BESSER.«

JIMMY ASHHURST

Wie lange sollte das Vorspiel dauern?

 **ACEY SLADE** Das Vorspiel find ich toll. Normalerweise kümmere ich mich vor dem eigentlichen Akt gern zweimal um das Mädchen, wenn es das erste Mal mit ihr ist.

 **ADDE** Das Vorspiel sollte lange dauern, denn für mich gehört es zum Vorspiel, einander mit Worten anzumachen, mit einer Unterhaltung zu beginnen und dann weiterzusehen. Für mich ist viel Vorspiel das Beste.

 **ALLISON ROBERTSON** Ich glaube, das ist eigentlich egal. Manche Leute können ewig warten und andere benehmen sich, als ob sie gleich explodieren würden. Das ist von Fall zu Fall verschieden, man muss den anderen ergründen und es dann entscheiden. Ich mag es nicht, wenn die Leute es überstürzen. Ich steh nicht drauf, wenn sich jemand einfach auf einen wirft. Es ist schön, wenn ein bisschen was passiert, bevor es zur Sache geht. Ich denke, das geht fast allen Mädchen so, außer mit ihnen stimmt irgendwas nicht und sie machen es aus anderen Gründen. Aber fast alle Mädchen mögen es und manche Typen auch, aber nicht alle. Es kommt also drauf an. Ich denke, man merkt dann schon, wenn jemand total erregt ist und kein Vorspiel mehr braucht.

 **LEMMY** Das Vorspiel ist das Allerbeste am Sex. Viel besser als der eigentliche Akt. Das Vorspiel kann man über Tage hinauszögern, wenn man will.

 **DANKO JONES** Vierzig Minuten sind gut.

 **ANDREW W.K.** Das Vorspiel kann aus einem ganzen Date bestehen. Es kann viele Tage dauern, in denen man jemanden kennenlernt, in denen man Zeit miteinander verbringt und auch mal getrennt ist. Das alles kann zu einem sexuellen Erlebnis führen, wobei beide Parteien genau wissen, worauf es hinausläuft. Flirten gehört zum Beispiel zum Vorspiel. Es muss sich nicht um körperliche Intimitäten handeln. Ich denke, man sollte sich ganz natürlich benehmen. Ich gehe in einem bestimmten Tempo vor:

Wenn die Frau das ändern oder die Sache hinauszögern will, dann ist das ihr Tempo, und so entsteht das Vorspiel. Wenn ich mich zurückhalten würde, um bestimmte Schritte durchzugehen, wäre das widersprüchlich. Wenn die Frau das Vorspiel verlängern will, dann sollte sie es verlängern. Das ist Kommunikation.

BLASKO Ich denke, das kommt ganz auf die Situation an, aber ich bin dafür, erst ein bisschen rumzuhängen, bevor die Tat vollbracht wird.

HANDSOME DICK MANITOBA So lange wie möglich!

BRENT MUSCAT Ich verweile mit meinen Freundinnen oder Partnerinnen gern so lange beim Vorspiel, bis sie kommen, damit das vom Tisch ist und es danach nicht mehr drauf ankommt. Wenn man Supermann ist und lange durchhält, ist das toll, aber wenn man Quick Draw McGraw ist und nur zwei Minuten standhalten kann, hat man sie zumindest vorher befriedigt, dann ist sie nicht enttäuscht. Das gilt natürlich nur für jemanden, den man kennt. Ich weiß nicht, ob man das auch mit einer Fremden machen will, aber mit jemandem, mit dem man fest zusammen ist, schon. Ich denke, es ist immer gut, eine Frau zu lecken, bis sie kommt. Zuerst sorgt man dafür, dass sie kommt, und wenn man Glück hat, hat sie dann beim Sex einen zweiten Orgasmus, zwei oder drei, wenn man sie so sehr erregen kann.

JAMES KOTTAK Was auch immer die Schnitte will. Sie ist der Boss.

BRUCE KULICK Kommt drauf an: Wenn ihr beide es kaum erwarten könnt, es zu tun, dann braucht ihr kein langes Vorspiel. Ich finde es heiß, wenn man sich sofort, nachdem man im Hotel eingecheckt hat, die Kleider vom Leib reißt. Da findet nicht viel Vorspiel statt, das Vorspiel besteht in der Vorstellung: »Wir werden dieses Hotelzimmer auseinandernehmen!« Aber an einem romantischen Abend geht man essen, trinkt einen Wein, beide sehen großartig aus, die Unterhaltung ist toll, keiner sagt was Dummes, niemand ist eifersüchtig, niemand zeigt mit dem Finger auf den anderen und es wird nicht herumgenörgelt. Wenn es dann so weit ist, dass man sich auf die Couch oder ins Bett begibt, will man sich Zeit nehmen und das Ganze genießen, den Moment auskosten und den anderen vergöttern und anbeten. Das ist für mich das Vorspiel.

CHIP Z'NUFF Oh, das Vorspiel ist alles. Wenn man kein Muschilecker ist, ist man auch kein großartiger Liebhaber. Das bringt den Ball sofort ins Rollen, wenn man an den Punkt kommt, dass man Sex haben wird. Leck sie und das wird alles andere in Gang setzen. Alles, was man danach machen möchte, wird viel einfacher sein.

ROB PATTERSON So lange wie irgend möglich.

COURTNEY TAYLOR-TAYLOR Das Vorspiel sollte euch beide bei der Stange halten, ohne dass einem von euch langweilig wird. Es kommt auf die Situation und die Leute an, aber man sollte es um Himmels willen nicht in die Länge ziehen, nur weil man selbst Spaß hat und obwohl der andere keinen Bock mehr hat. Manchmal kann man dieses Spiel drei Stunden lang spielen und dann den verdammt noch mal besten Orgasmus seines Lebens haben oder 34 Minuten ... Es geht eigentlich darum, wie sie drauf ist und wie du drauf bist und dass man es nicht vermasselt. Wenn man das Glück hat, mit jemandem zusammen zu sein, an dem man sexuell wirklich interessiert ist und der auch an einem interessiert ist, dann besteht eh die Gefahr, dass man es überstürzt. Aber wenn man in einer festen Beziehung ist, dann ist es eher Glück, wenn man zur gleichen Zeit sexuell aneinander interessiert ist, obwohl das auch irgendwie dein Job ist. Später ist es echt schwierig, besonders für uns Männer, denn wir haben so viel Höhlenmenschen-DNS in uns, die uns dazu treibt, viele verschiedene Höhlenfrauen zu schwängern. Wir haben die Höhle erst vor ungefähr 4000 Jahren verlassen und es gibt uns schon 100.000 oder 300.000 Jahre. Also sind wir Höhlenmenschen so programmiert, dass die Frauen glauben, sie müssten auf den mächtigsten Affen in der Höhle klettern und ihn unter der Fuchtel haben, damit sie während ihrer Schwangerschaft beschützt werden und der Mann (nicht irgendein Mann, sondern *dieser* Mann) für sie da ist. Der männliche Affe ist hingegen nur darauf programmiert, so viele Weibchen wie möglich zu schwängern und, na ja, sie gegen die Wand zu schleudern und zu hoffen, dass irgendwas hängen bleibt. In dieser Beziehung besteht also von Natur aus ein Problem. Zuerst einmal sind die Motivationen verschieden. Es ist ganz selten, außer am Anfang einer Beziehung, dass sich zwei Menschen gleichzeitig denken: Ficken – jawoll, machen wir! Die meisten Menschen, die ich kenne, sind alleinstehend, Alkoholiker, gutaussehend, einsam und verkorkst. Die haben einfach immer was am Laufen, weil sie einfach nur einsam sind und es dann auf jeden Fall treiben wollen. Wenn sie in einer Bar sind, kommen sie mit dem bestaussehenden Typen zusammen oder sie haben was mit einem Künstler, Filmemacher, Musiker oder Maler. Sie haben ständig Sex, aber sie sind auch die ganze Zeit verdammt einsam. Bei Leuten in Beziehungen läuft nicht viel, wenn die Beziehung schon eine Weile andauert. Und Singles, die Alkoholiker sind, haben auch nicht viel Sex. Alk spielt schon eine große Rolle, wenn es ums Flachlegen geht. Nüchterne Leute kommen einfach nicht so oft zum Schuss.

DOUG ROBB Kommt drauf an. Manchmal sieht man sich einfach an und legt sofort los – dann braucht man kein Vorspiel. Aber manchmal ist ein langes Vorspiel gut. Ich denke, ein Vorspiel ist generell nie das Schlechteste. Da würden mir die meisten Frauen sicher zustimmen und die meisten Männer nicht. Wenn es deinem Mädchen hilft zu kommen, ist es nur ein kleines Zugeständnis. Es ist ja nicht so, wie zum Zahnarzt zu gehen oder so was. Seien wir doch mal ehrlich, der Typ kommt so oder so, also warum sollte er sich vorher nicht noch ein bisschen mehr anstrengen?

EVAN SEINFELD Kommt darauf an, ob es sich dabei um *deine* Partnerin oder einfach *eine* Partnerin handelt, denn die einzige Frau, der ich gern ein Vorspiel schenke, ist meine Frau. Allerdings turnt sie mich auch so sehr an, dass ich fast vor Erregung platze und dann einfach über sie herfalle. Das Vorspiel ist meine schlechteste Disziplin. Über das Vorspiel haben sich meine Partnerinnen immer wieder beschwert, aber das war auch die *einzige* Beschwerde.

JESSE HUGHES Das Vorspiel sollte so lange dauern, wie es erforderlich ist, und das ist eine Variable. Vorspiel ist auch Sex. Das bizarre Bedürfnis, es zweimal zu definieren, ist fast psychedelisch. Sex ist für mich wie Musik, Alter. Wir lassen uns von der Musik sagen, was sie will, und gehorchen ihr. Wir versuchen, ihr nicht zu viel oder zu wenig zu geben. Du machst Musik, Baby. Lass dir von ihr sagen, was du tun sollst. Weißt du, was ich meine?

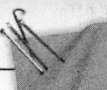

JIMMY ASHHURST Ich habe festgestellt, dass der Höhepunkt normalerweise umso intensiver ist, je größer die Spannung ist. Also je länger, desto besser – *falls* man die Gelegenheit dazu hat. Im Rock'n'Roll kann man sich diesen Luxus selten leisten. Wir sind normalerweise hier, um uns zu amüsieren, und haben nicht so viel Zeit.

JOEL O'KEEFFE Das Vorspiel sollte so lange dauern, bis man raus aus der Kälte und drinnen im Warmen ist.

NICKE BORG Ein tolles Vorspiel ist immer gut, solange es nicht zur wichtigsten Sache beim Sex wird. Das Vorspiel passiert vor dem Spiel – wir reden übers Ficken, oder? Das Vorspiel ist nicht ficken. Es soll einen erregen. Wenn man während des Vorspiels ewig herummacht, wird einer von beiden irgendwann das Interesse am Sex verlieren. Also denke ich, ein bisschen Vorspiel ist okay. Aber manchmal findet das Vorspiel auch im Kopf statt und man kann gleich loslegen. Allerdings muss man das in jeder Situation neu einschätzen. Vorspiel ist gut, aber es sollte nicht heißen: »Hey, ich kann dich drei Stunden lang lecken.« Das muss nicht sein.

TOBY RAND Ich liebe ein langes Vorspiel. Bei mir nimmt das Vorspiel wahrscheinlich siebzig Prozent der Zeit ein, denn das ist irgendwie was für die Augen. Es kommt eigentlich auf die Art des Vorspiels an. Ich liebe es, die Hände zu benutzen und zu streicheln und all das, am besten ganz viel davon – ich liebe das!

VAZQUEZ Ich denke, das kommt drauf an, wie heiß man den anderen findet. Ich seh das so: Wenn ich eine Frau lecke, will ich, dass sie Spaß hat – ich will, dass sie sich gut fühlt. Wenn man sie einmal zum Höhepunkt bringt, bevor man anfängt, sie zu vögeln, ist man am Ende normalerweise der Held!

Nach welcher Vorspieltechnik will der Partner auf jeden Fall mehr?

 **CHIP Z'NUFF** Lecken, während du Bass spielst. Spiel Bass. Wenn du sie leckst, steckst du ihr einfach ein paar Finger rein und spielst in ihrer Muschi Bassgitarre. Kaum zu glauben, was dann passiert. Ich erzähle meinen Freunden immer davon, aber man muss üben, bevor man gut wird. Ich lasse meine Finger einfach vor und zurück gleiten. Ich könnte einen Song von Queen spielen oder von Jethro Tull, Grand Funk Railroad. Ist egal, welchen Song man spielt. Wenn man auf die richtige Weise Bass spielt, kriegt man ohne Ende Applaus.

 **ACEY SLADE** Oralverkehr. Ich habe den Eindruck, dass viele Kerle darin nicht besonders gut sind oder es nicht mal mögen.

 **ADDE** Eine Mischung aus reden und … Es ist ganz einfach, wenn man die Frau richtig, richtig heiß findet. Man denkt sich: Ich mache alles mit dir! Und dann macht man alles. Dann geht das ganz von allein. Man weiß: Ich will diese Frau einfach befriedigen – das ist mir ein Bedürfnis! Dann geht einfach alles.

 **BLASKO** Lecken. Man muss die Finger und die Zunge benutzen, wenn man bei ihr da unten ist – das scheint zu funktionieren.

 **DANKO JONES** Ich denke, rummachen und an den Titten rumspielen ist das Beste. Zählt Oralsex als Vorspiel? Das ist kein Vorspiel, oder? Ich würde das nicht zum Vorspiel zählen, sondern nur rummachen und an den Titten rumspielen.

 **HANDSOME DICK MANITOBA** Ladies first. Als Mann muss man immer daran denken: Man ist nur eine Sekunde davor, sich völlig zu verwandeln und die Kontrolle zu verlieren – eine Sekunde. Diese Sekunde ist immer für dich da, sie wartet immer auf dich. Wenn man sich nur um sich selbst kümmert, dann vermasselt man die ganze Sache. Außerdem gilt ein spirituelles Prinzip: Man bekommt, indem man gibt. Gewöhn dir an, Freude

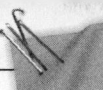

daran zu haben, zu geben, und deine Stunde wird kommen. Wenn man sich nicht im Griff hat, ist man ein schlechter Liebhaber.

GINGER Eine lockere Unterhaltung über sie. Die Schultern und den Rücken massieren, nicht zu sanft, aber auch nicht zu hart. Wenn das Vorspiel erst einmal begonnen hat, ist es ein Muss, den Kitzler zu stimulieren, aber lass sie nicht kommen, bis sie wirklich nahe der Ekstase ist. Sie wird dich in dem Moment dafür hassen, aber sich später immer an dich erinnern.

JIMMY ASHHURST Man sollte irgendwelche Sexspielzeuge benutzen, falls die zur Hand sind. Der gute alte Vibrator ist normalerweise die richtige Wahl. Aber im Notfall genügen die Finger der Hand eines Meisters. [Anm. des Autors: Hast du deshalb den Spitznamen Two Fingers?] Sehr gut, sehr gut.

LEMMY Kommt auf das Mädchen an und was sie mag. Man kann mit der einen etwas machen, was bei der anderen einen Sturm der Entrüstung hervorruft, obwohl die Erste total geil darauf war. Ich denke, mit Cunnilingus ist man auf der sicheren Seite. Das kommt immer ziemlich gut an. Sie an ein Boot zu fesseln und mit ihr schwimmen zu gehen ist auch immer gut, denn wenn du sie aus dem Wasser ziehst, wird sie alles machen.

ROB PATTERSON Das ist ein Geheimnis!

TOBY RAND Das Mädchen liegt auf dem Bauch und man ist über ihr und küsst ihren Rücken und dann die Stelle zwischen ihrem Arsch und den Oberschenkeln. Dann will sie sich bewegen und man sagt »Halt den Mund!« und hält sie fest.

VAZQUEZ Ich habe keine Zaubertricks auf Lager, aber ich denke, man sollte die Frau einfach fragen. Manche Frauen wollen, dass man ihren Kitzler ganz sanft berührt, und andere sagen: »Beiß verdammt noch mal rein!« Jede Frau ist anders. Sie sind alle verschieden und deshalb lieben wir sie so sehr.

Wie kann man das Vorspiel hinauszögern, obwohl man schon fast vor Erregung platzt?

 **ALLISON ROBERTSON** Ich denke, man kann das Vorspiel verlängern, wenn man etwas findet, das der andere mag. Wenn keiner von beiden gelangweilt ist, kann man es für einige Zeit verlängern, aber das hängt von den Fähigkeiten ab, die beide haben. Manche haben keine und man denkt dann: Mann, ist das langweilig – lass uns den nächsten Schritt machen. Aber wenn man irgendwas richtig gut kann, egal was, kann man das Vorspiel verlängern, indem man ein bisschen damit angibt.

 **LEMMY** Das ist eine Frage der Selbstkontrolle. Ich mag ein bisschen Selbstkontrolle. Je mehr man das Vorspiel in die Länge zieht, desto weniger Zeit hat man zum Ficken. Schon mal daran gedacht?

 **BLASKO** Man fängt an und macht danach einen Rückzieher. Das macht man dann ein paar Mal.

 **CHIP Z'NUFF** Man muss es einfach tun. Man muss einfach dagegen ankämpfen und an sie denken. Denn je öfter sie kommt, desto besser ist es auch für dich. Kümmere dich um sie, solange du kannst, bis du müde bist und dann sei bereit dafür, dass sie dir Dampf macht, denn sie wird es dir zurückgeben. Das funktioniert immer. Nicht nur in wenigen Fällen, sondern immer.

 **ACEY SLADE** Ich lasse es raus und fange noch mal von vorn an. Man sollte sich kurz zurückziehen, sich darum kümmern und wieder aufs Pferd steigen … wieder aufs Fahrrad steigen.

 **DANKO JONES** Es gibt eine Technik, bei der wir eine Uhr benutzen und sagen: »Okay, wir dürfen erst in einer halben Stunde anfangen. Wir müssen zuerst eine halbe Stunde mit dem Vorspiel verbringen.« Und dann macht man alle möglichen verrückten Sachen und wenn man dann schon richtig gut drauf ist, muss man sich gut überlegen, wie man jetzt noch die nächsten zehn Minuten überbrücken kann. Normalerweise kürzen wir die Sache

dann ab, aber mit dieser Technik haben wir das Vorspiel immer ganz gut verlängert.

 **DOUG ROBB** Ich denke, wenn man an dem Punkt ist, an dem man sich nicht mehr zurückhalten kann, sollte man sich auch nicht mehr zurückhalten. Man ist fertig mit der Vorspeise und es ist Zeit für den Hauptgang. Warum sollte man sich dann noch länger mit der Vorspeise aufhalten?

 **EVAN SEINFELD** Ich bin der Falsche, um das zu beantworten. Wenn ihr wissen wollt, was man *nicht* machen sollte, wendet euch an mich.

 **JESSE HUGHES** Sei bereit, sie zu lecken. Das verlängert das Vorspiel an jedem x-beliebigen Tag.

 **JIMMY ASHHURST** Geduld ist eine Tugend, Alter. Man sollte immer daran denken, dass beide am Ende mehr davon haben werden und dass die Chancen auf ein zweites Date steigen. Ich denke, Ungeduld kennzeichnet eine unreife Seele. Je länger man durchhält, desto besser.

 **ROB PATTERSON** Mach Pausen. Konzentriere dich nicht zu lange auf eine Stelle. Halte durch.

 **TOBY RAND** Man hält sie fest. Ganz im Ernst, man hält sie fest. Ich finde, das Beste am Sex ist, dass man nicht weiß, wann es passiert. Darum ist das Vorspiel einfach großartig.

 **JAMES KOTTAK** Denk an die Niagarafälle.

Gibt es einen Zusammenhang zwischen der Dauer des Vorspiels und der Qualität des Orgasmus?

 **VAZQUEZ** Ich denke, es kommt drauf an, was die Frauen wollen. Ich frage sie immer, was sie wollen. Ich glaube, den meisten Frauen gefällt das und sie denken dann: Oh okay, cool – er hat es verstanden. Sie lieben es, wenn man ihnen genau das gibt, was sie wollen. Ich bin mit Mädchen zusammen gewesen, die gesagt haben: »Ich hatte noch nie einen Orgasmus, wenn mich ein Typ gevögelt hat.« Und ich hab dann geantwortet: »Hey, die haben dir einfach nicht zugehört.« Es ist toll, so ein Kerl zu sein, weil man die Frau dann in der Hand hat, Alter.

 **ACEY SLADE** Na klar! Je länger das Vorspiel dauert, desto intensiver ist der Orgasmus. Ich habe einmal ein Mädchen während des Vorspiels gefesselt und ihr zwei Stunden lang Pornos gezeigt.

 **ADDE** Ja, absolut! Es hängt alles am Vorspiel.

 **ALLISON ROBERTSON** Das konnte ich nicht feststellen. Ich glaube nicht, dass es da einen Zusammenhang gibt, zumindest nicht für mich. Das hängt von allen möglichen Dingen ab. Zum Beispiel davon, wie lange es her ist, dass man Sex hatte, wie alle Puzzleteile zusammenpassen, wie heiß oder kalt es draußen ist. Ich denke, all das spielt eine Rolle, aber nicht, wie lange das Vorspiel dauert.

 **BLASKO** Darauf habe ich nie geachtet – ist aber 'ne interessante Theorie.

 **BRENT MUSCAT** Jede Frau ist anders. Manche können nach ein oder zwei Minuten einen Orgasmus haben, während andere zwanzig Minuten brauchen. Und es gibt Frauen, die – ich weiß nicht warum, vielleicht können sie sich nicht fallen lassen – nicht kommen können und die einem erzählen, dass sie noch nie gekommen sind, was ein bisschen bizarr ist, aber ich denke, das ist psychisch bedingt. Ich glaube, es gibt eine alte Redensart, die besagt, dass sich der Großteil des Sex zwischen den Ohren abspielt. Es ist reine Fantasie. Es kommt selten vor, dass man

jemanden findet, der sich nicht genug gehen lassen kann, um einen Orgasmus zu haben.

JAMES KOTTAK Keinen!

BRUCE KULICK Ich denke mal, dass ein Vorspiel schon ziemlich viel bringen kann, auf jeden Fall mehr als kein Vorspiel. Aber ich weiß auch, dass man nicht unbedingt ein Vorspiel braucht und massenhaft Orgasmen haben kann, wenn beide es kaum erwarten können, endlich loszulegen. Kommt also drauf an, wie heiß die Situation ist.

HANDSOME DICK MANITOBA Ich denke, dass es da einen direkten Zusammenhang gibt, ja. Ich will die Sache nicht verallgemeinern, aber im Grunde gibt es zwei Arten von Tieren: das weibliche Tier und das männliche Tier. Beide betrachten Sex aus verschiedenen Blickwinkeln. Scheint so, als wäre es für die Männchen eher eine körperliche Erfahrung und für die Weibchen eine Gesamterfahrung. Wenn man das zur Kenntnis nimmt und Zeit und Mühe investiert, scheint es so, als ob die Frauen an den Punkt kommen, an dem sie sich eher männlich benehmen, das heißt, sich animalisch verhalten.

COURTNEY TAYLOR-TAYLOR Es gibt Qualität und Qualität, denke ich. Manchmal geht es nur darum zu kommen und es ist eine Frage der Intensität. Zeit spielt dabei keine Rolle.

DANKO JONES Oh ja! Ja, je länger das Vorspiel dauert, umso großartiger ist am Ende der Orgasmus. Da gibt es auf jeden Fall einen Zusammenhang.

EVAN SEINFELD Absolut, ich denke, je länger ich brauche, um zu kommen, desto besser ist der Orgasmus. Man muss gegen seine animalischen Instinkte, einfach nur zu ficken und zu kommen, ankämpfen und das ist schwierig. Ich habe wirklich großartige Orgasmen, wenn ich Pornoszenen drehe, weil ich dann eineinhalb oder zwei Stunden lang ficke, ohne zu kommen. Aber die intensivsten Orgasmen habe ich, wenn meine Frau mich flachlegt und genau weiß, was sie machen muss.

 **DOUG ROBB** Ja, ich denke, je länger die Vorfreude andauert und je länger man sich vorbereitet, desto lohnender wird das Ergebnis wahrscheinlich sein.

 **JESSE HUGHES** Die Qualität des Orgasmus ist das direkte Ergebnis des Einsatzes und des Enthusiasmus des Mannes. Frauen denken eigentlich von vornherein, dass einem ihr Orgasmus egal ist. Von der Sekunde an, in der man engagiert versucht, sie zum Orgasmus zu bringen, wird sie abgehen wie eine Rakete, einfach weil sie das Gefühl hat, dass man sich extra anstrengt. Das ist das Einfachste, was man tun kann, aber das Letzte, an das ein Mann denkt, denn es ist wie ein Machtkampf, aber das ist so armselig. Sorry, aber so sehe ich das.

 **ROB PATTERSON** Absolut. Je länger man aushält, desto härter und besser ist es!

 **LEMMY** Nein, ich glaube nicht, dass da ein Zusammenhang besteht. Manchmal will man stoßen und es ist schon vorbei, bevor man in sie eindringt. Ein andermal vögelt man so vor sich hin und sie sagt: »Verdammte Scheiße, hör auf! Ich bin schon ganz wund.« Das kann man nicht sagen.

 **TOBY RAND** Definitiv! Je länger das Vorspiel dauert, desto besser ist der Orgasmus – ganz klar. Je länger man sich zurückhält, umso besser – auch für das Mädchen.

 **ANDREW W.K.** Auf jeden Fall gibt es da einen Zusammenhang und den sollte man wirklich im Hinterkopf behalten. Es geht nicht unbedingt um die Zeit vor dem eigentlichen Akt oder um den Zeitpunkt, an dem die Interaktion im Bett beginnt. Ich denke, wenn man sich lange miteinander beschäftigt, erhöht das die Qualität des Orgasmus. Man muss sich im Grunde zurückhalten. Das muss nicht heißen, dass man sich stundenlang küsst, man kann schon mit dem Sex beginnen, aber je länger man wartet, umso besser wird der Orgasmus sein – immer, das war noch nie anders. Aber manchmal kann man auch zu lange warten und es vergeigen. Das ist wirklich schade, weil man durchgehalten und durchgehalten hat, und dann ist es fast so, als würde der Körper sagen: »Okay. Wenn du nicht

kommen willst, dann war es das jetzt.« Das Durchhaltevermögen ist nicht unbegrenzt und man hofft zumindest, dass man am Ende mit einem Orgasmus belohnt wird. Aber viele Menschen sagen auch, dass es nicht nur um den Orgasmus geht. Wenn es sich gut anfühlt … Es gibt Techniken, die einem die ganze Zeit das Gefühl geben, man hätte einen Orgasmus. Man hat nicht die ganze Zeit einen, aber man hat sich so unter Kontrolle, dass es nicht darum geht, zu dem unkontrollierbaren Teil hinzuführen.

Gibt es eine gute Methode, in Stimmung zu kommen, wenn man eigentlich keine Lust hat?

 **ALLISON ROBERTSON** Ich denke, wenn man Fantasie hat, kann einen alles erregen. Wenn man mit jemandem zugange ist, den man nicht so wahnsinnig mag oder wenn man einfach abgelenkt ist, kann man sich zum Beispiel auf eine Fantasie konzentrieren oder auf eine Erinnerung an die Zeit, als der Sex besser war oder was auch immer. Aber ich denke, es ist eigentlich traurig, wenn man in der Erinnerung wühlen muss oder wie Larry David sagen würde, wenn man auf die Ersatzbank zurückgreifen muss – das ist so was wie die Aufstellung der Leute, mit denen er in seiner Fantasie was hat. Ist doch irgendwie armselig, wenn man schon ein oder zwei Mal mit jemandem zusammen war und immer noch an etwas anderes denken muss – aber das hilft, wenn's mal schwierig sein sollte.

 **ACEY SLADE** Man kann sich immer an vergangene Erlebnisse erinnern. Darauf greife ich normalerweise zurück.

 **BRENT MUSCAT** Meistens funktioniert es, wenn die Puppe dir einen bläst. Wenn man nicht richtig in Stimmung ist, kann man das ändern. Vielleicht ärgert dich etwas, vielleicht brauchst du ein heißes Bad oder ein Glas Wein oder so was. Bei Kopfschmerzen sollte man 'ne Aspirin nehmen. Ich hatte noch nie das Problem, nicht in Stimmung zu kommen.

 **BRUCE KULICK** Wenn es mir ein Mädchen mit der Hand macht oder mir einen bläst, erregt mich das. Für gewöhnlich bin ich niemals nicht in Stimmung, aber falls das mal der Fall sein sollte, weil ich wegen der Arbeit oder was auch immer gestresst bin, dann kann ich das ziemlich schnell in den Griff bekommen. Das einzige Mal, dass ich keine Lust hatte, war, als

ich unglaublich im Arsch war. Jetzt weiß ich, das zu verhindern. Aber warum sollte ich dann Sex haben? Nur um zu sagen, dass ich es getan habe? Manchmal bin ich selbst überrascht, dass ich mich wie ein Zwanzigjähriger benehme. Ich bin glücklich und stolz auf meine Partnerin, dass sie mich so dermaßen anmacht.

 **ADDE** *Talk Dirty To Me*, wie Poison gesungen haben. Sag dreckige Sachen zu mir, yeah. Sprich richtig, richtig versaut mit mir.

 **BLASKO** Ich weiß nicht, ob es so was gibt – wenn man keinen Bock hat, hat man eben keinen Bock.

 **CHIP Z'NUFF** Jep, da gibt es etwas, aber die meisten Frauen wollen das garantiert nicht hören. Man kann an vergangene Erlebnisse mit Exfreundinnen denken, die richtig gut im Bett waren. Vielleicht hat die Chemie zwischen dir und deiner Ex gestimmt und es hat immer wunderbar geklappt. Wenn du daran zurückdenkst, wird dir das helfen, aber sag es niemals der Frau, mit der du zusammen bist. Ich denke, das Beste ist, wenn man in den sauren Apfel beißt und sich trotzdem zuerst um die Frau kümmert. Das löst alle Probleme, tut es wirklich. Wenn man egoistisch ist und die ganze Zeit nur vögeln will, wird das nicht funktionieren. Aber wenn du selbst nicht in Stimmung bist, sie aber schon, dann leck sie, spiel ein bisschen Bass. Das wird ihr helfen, denn nachdem sie ein paar Mal gekommen ist, ist es ihr egal, ob du sie nagelst oder nicht.

 **DANKO JONES** Pornos.

 **NICKE BORG** Du bist wahrscheinlich geisteskrank, wenn ein wunderschönes Mädchen dich bitten, ja geradezu anbetteln muss, sie zu vögeln. Ich bin kein Sportfan, aber ich habe einen Freund, dessen Freundin wegen eines Eishockeyfinales mit ihm Schluss gemacht hat. Also ich würde niemals so was bringen wie: »Das Eishockeyfinale läuft gerade, können wir vielleicht erst in zwei Stunden rummachen?« Scheiß drauf. Scheiß auf das verdammte Eishockeyfinale, Alter. Aber das ist nur meine Meinung.

 **JAMES KOTTAK** Einen blasen!

 **JIMMY ASHHURST** Selbstbefriedigung funktioniert normalerweise. Und versuch mal *YouPorn.com* – man muss dafür noch nicht mal was bezahlen und es ist fantastisch.

 **LEMMY** Ich denke, ein Viehtreiber ins Arschloch sollte da Abhilfe leisten.

 **ROB PATTERSON** Schalt was Perverses im Fernsehen ein. Hahaha.

 **TOBY RAND** Ein Wort: Blowjob.

 **VAZQUEZ** Wenn eine nackte Frau bei mir ist, bin ich glücklich, Alter – dann bin ich auf jeden Fall in Stimmung.

STELLUNGEN

»IM FERNEN OSTEN SIND DIE MENSCHEN
EIN WENIG ANDERS DRAUF.
SIE MÖGEN DIE HINTERTÜR.«

CHIP Z'NUFF

In welcher Stellung vögelst du deinen Partner um den Verstand?

 **EVAN SEINFELD** Frauen lieben anscheinend Doggy-Style, keine Frage. Ich habe Hunderte Frauen vor der Kamera für rockstarpimp.com interviewt und es war ziemlich einstimmig. Ich würde sagen, 85 Prozent aller Frauen ziehen Doggy-Style allen anderen Stellungen vor. Sie sind ziemlich straff, wenn sie so knien. Ich tue den Mädchen in dieser Stellung oft weh. Mir gefällt das irgendwie und ich glaube, ihnen gefällt das auch. Diesen Punkt zwischen Lust und Schmerz zu finden ... Ich glaube, Frauen fühlen sich gern überwältigt. Meine persönliche Lieblingsposition ist definitiv die Missionarsstellung. Ich sehe gern den Ausdruck auf ihrem Gesicht, wenn ich meinen ganzen Schwanz in ihr habe.

 **ACEY SLADE** Wahrscheinlich wenn ich zwischen ihren Beinen bin.

 **ADDE** Die Missionarsstellung, weil die so persönlich ist. Ich muss Sex mit jemandem haben, der mir in die Augen sieht. Es ist echt verdammt schwer, mit jemandem zusammen zu sein, der schüchtern ist und einem nicht in die Augen schaut. Dann kann ich keine Verbindung aufbauen. Bei der Missionarsstellung kann ich das.

 **ALLISON ROBERTSON** Ich weiß nicht. Ich war schon mit ein paar Typen zusammen und die waren alle verschieden. Für Kerle ist es besser, wenn sie viel sehen. Ich glaube, sie mögen es, die Frau und ihr Gesicht zu sehen. Keine Ahnung – ich find alle Stellungen gut.

 **ANDREW W.K.** Anscheinend von hinten. Ich mag das Wort »Doggy-Style« nicht besonders, aber so bezeichnen es die meisten Leute. Von hinten, jedes Mal, mit jedem Mädchen.

 **BRUCE KULICK** Ich denke, ich bin ein guter Lover und das wurde mir auch schon gesagt, okay. Anscheinend ist es am besten, wenn ich oben bin, auch wenn das vielleicht die langweiligste Stellung überhaupt ist. Ich mag es, wenn die Frau oben ist, weil man sie dann in all ihrer Pracht sehen kann. Ich bin sehr groß und hatte, ehrlich gesagt, schon was mit Frauen

aller möglichen Größen. Meine aktuelle Freundin ist ein bisschen größer, als dass man sie noch zierlich nennen würde, und je nachdem, wie groß die Partnerin ist und welche Figur sie hat, funktionieren manche Stellungen manchmal einfach nicht, zum Beispiel Doggy-Style. Mit einigen Frauen ist es toll, aber mit anderen stimmt der Winkel einfach nicht und dann geht es nicht. Man muss darauf achten, dass man mit seiner Partnerin zusammenpasst. Ich bin für alle Stellungen zu haben. Ich habe an allen Spaß, aber letztendlich genieße ich nur die, die bei der Statur meiner Partnerin auch funktionieren. Mir machen alle Spaß, aber ich werde nichts mit einer Frau machen, das bei ihr nicht funktioniert oder das sie nicht mag. Viele Mädchen mögen es, wenn der Kerl oben ist. Sie fühlen sich dann dominiert und die meisten haben dabei einen Orgasmus – natürlich nur, wenn sie das wirklich so richtig anmacht.

 **BLASKO** Ich denke, die Antwort lautet Doggy-Style.

 **BRENT MUSCAT** Die umgekehrte Reiterstellung macht Spaß. Ich steh auf Doggy-Style, wenn man um sie herumgreifen und sie vorn reiben kann. Das ist immer ziemlich gut. Ich würde also sagen … Keine Ahnung, wie man das nennt, aber es ist so ähnlich wie Doggy-Style. Die Frau liegt auf der Seite und man kann um sie herumgreifen und mit ihrem Kitzler spielen. Ich denke, das ist eine gute Stellung für die Frauen.

 **CHIP Z'NUFF** Zehnundsechzig, das ist die Stellung Neunundsechzig, aber eins mehr.

 **DANKO JONES** Ich hab beobachtet, dass Doggy-Style am besten ankommt … oder die Missionarsstellung. Im Stehen fanden sie eigentlich auch immer geil, aber um ehrlich zu sein, ich werd dabei müde.

 **TOBY RAND** Ich glaube, es nennt sich die umgekehrte Reiterstellung. Das funktioniert immer. Dabei liegt oder sitzt man, vielleicht auf dem Bettrand, und das Mädchen hat einem den Rücken zugedreht und beide sehen sich in einem Spiegel an, während sie es tun. Das ist immer ziemlich heiß. Ich finde, dieser Anblick ist immer gut.

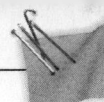

 **DOUG ROBB** Meine Frau ist echt gern oben. Ich glaube, sie streckt ihre Beine nach hinten und sitzt dann aber irgendwie auf mir. Das funktioniert jedes Mal.

 **HANDSOME DICK MANITOBA** Ich will mich nicht um eine Antwort drücken, aber auch nach neun Jahren sind wir noch von den ganz normalen Sachen begeistert. Wir sind da wirklich nicht so ausgefallen. Wir brauchen keine weiteren sechs Leute oder Kronleuchter. Das Normale ist immer noch total aufregend.

 **JESSE HUGHES** Die Stellung, in der ich in ihr bin … war 'n Witz. Manche Frauen sind anders, Mann. Der beste Sex, den ich je mit einer Frau hatte, war auf allen vieren, glaube ich. Genau genommen auf allen vieren und Kopf runter. Auf allen vieren auf dem Bett – das ist es!

 **JIMMY ASHHURST** Die Stellungen, bei denen sie oben ist. Je mehr Arbeit sie übernimmt, desto besser ist es für mich.

 **JOEL O'KEEFFE** Ihr Körper ist ein Tempel und ihre Muschi die Tür. Also achte darauf, dass du einen großartigen Auftritt hinlegst, sodass sie will, dass du wieder mal vorbeikommst.

 **LEMMY** Wahrscheinlich vor dem Haus stehend und durch das Fenster schreiend. Keine Ahnung, lass mich mal nachdenken. Das ist wirklich schwer zu beschreiben, aber ich weiß es genau.

 **NICKE BORG** Von hinten, denke ich, oder halb von hinten. Dieser verdammte Doggy-Style hat was. Normalerweise denke ich über so was nicht nach, aber auch die versautesten Frauen finden, dass Doggy-Style was hat.

 **VAZQUEZ** Immer von hinten! Frauen lieben das, verdammt noch mal. Du weißt, was ich meine. Ich habe keinen riesigen Schwanz, aber wenn ich hinter ihr bin, bekommt sie mehr geboten. Solange ich nicht auf dem Bett stehe, finde ich das cool – ich kann so lange weitermachen, wie ich will.

Bevorzugen Menschen aus verschiedenen Ländern bestimmte Stellungen?

 **EVAN SEINFELD** Ich hatte wahrscheinlich in hundert Ländern überall auf der Welt Sex, und ich denke, Menschen sind Menschen. Frauen werden gern von hinten und von vorn gefickt, und ich glaube, sie wollen oben sein, wann immer man ihnen die Gelegenheit bietet. Die meisten verklemmten Frauen gibt es in England. Dort gibt es wahrscheinlich die hässlichsten Mädchen überhaupt. Die Stellung, die ich am wenigsten mag, ist die mit einem britischen Mädchen, das nackt ist und redet. Scheint in Großbritannien beliebt zu sein – sie wollen reden, wenn sie nackt sind.

 **JAMES KOTTAK** Da ist mir noch nie ein Zusammenhang aufgefallen. Ganz sicher, überhaupt keiner.

 **ACEY SLADE** Ich weiß nicht, wie es mit den Stellungen ist, aber es gibt Unterschiede. Europäische Mädchen sind freier und lockerer. Japanische Mädchen machen echt seltsame Geräusche, was ziemlich praktisch sein kann. Ich war mal mit einem Mädchen zusammen, das richtig, richtig komische Geräusche gemacht hat, und ich habe dadurch richtig lange durchgehalten. Je länger ich standgehalten habe, desto seltsamer wurden die Geräusche. Ich war heilfroh, dass wir das Licht ausgemacht hatten, denn ich habe Tränen gelacht. Also ja, Japanerinnen machen auf jeden Fall komische Geräusche, aber was Stellungen angeht, ist mir nichts aufgefallen.

 **NICKE BORG** Nein, eigentlich nicht wirklich.

 **ADDE** Nein, nicht wirklich. Aber ich habe mal in Los Angeles gewohnt und war mit diesem schwarzen Mädchen zusammen, das richtig, richtig gut schwanzlutschen konnte. Sie hat mir erzählt, dass sie schon ihr ganzes Leben N.W.A. hört und dass die einen Song übers Schwanzlutschen haben. Sie war echt richtig gut. Es war ... fantastisch!

 **ALLISON ROBERTSON** Nein! Ich bin ein braves Mädchen. Ich habe nicht in jeder Stadt einen anderen, aber ich denke auf jeden Fall, dass die meisten Typen ziemlich langweilig sind. Ich glaube, viele mögen es, oben zu sein, und das schließt Leute aus anderen Ländern mit ein.

 **ANDREW W.K.** Ich war noch nie mit einer Frau zusammen, die nicht den größten Teil ihres Lebens in den Vereinigten Staaten gelebt hat. Du bist der Erste, der so was fragt. Darüber habe ich noch nie nachgedacht. Eine der Frauen hat lange Zeit in Kanada gewohnt, also zählt das vielleicht. Aber es zählt eigentlich auch nicht, weil Kanada Amerika sehr ähnlich ist. Das ist eine tolle Frage und irgendwie wünschte ich, ich hätte mehr Erfahrung auf dem Gebiet. Ich habe meine sexuelle Energie mehr in Langzeitbeziehungen gesteckt.

 **BLASKO** Da bin ich echt kein Experte. Ich hab noch nicht so viele Länder durch.

 **BRENT MUSCAT** Ich kann sagen, dass es mit den Mädchen aus England immer viel Spaß macht, weil sie ziemlich wild sind. Für japanische Frauen gilt das Gleiche. In Japan ist Sex irgendwie etwas Natürliches und die Menschen haben keine Komplexe deswegen. In Amerika haben viele Leute Komplexe wegen Sex, weil das Land auf christlichen Werten aufgebaut wurde. Nicht alle Leute – es ist schon viel offener geworden, aber trotzdem … Amerikas Gründung war halt irgendwie protestantisch. Jungfräulichkeit war eine Tugend und man sollte keinen Sex vor der Ehe haben und es nur in der Missionarsstellung treiben. Manche Leute sehen das immer noch so. Ein Land wie Japan hat eine ganz andere Kultur und die Leute sind da nicht so verklemmt.

 **VAZQUEZ** Nein, meiner Erfahrung nach ist Sex universell.

 **BRUCE KULICK** Das kann ich gar nicht richtig beantworten. Es ist interessant, ich hatte das Glück, mit einigen Frauen aus der ganzen Welt zusammen gewesen zu sein, aber ich kann dir nicht sagen: »Oh, wow! Hier mögen sie es so und so.« Ich denke, Sex ist universal. Ich weiß, es gibt schon Unterschiede zwischen den Kulturen … Zum Beispiel die Südamerikaner sind sehr arschfixiert – und ich rede nicht über Analsex. Heißt das also, dass sie Doggy-Style besonders mögen? Weiß ich nicht. Mit den Mädchen von dort habe ich genauso Sex wie mit Mädchen aus L.A. oder New York. Man hört ja so dies und das. Angeblich gibt es bestimmte Dinge

in bestimmten Kulturen, aber ich habe keine Erfahrungen mit irgendetwas radikal Seltsamem gemacht – also mit nichts, was mit der Geografie zusammenhängt. Guter Sex ist guter Sex und es ist egal, wo die Partnerin herkommt.

DANKO JONES Nein. Da ist mir nichts aufgefallen.

CHIP Z'NUFF Ich war auf Welttournee, aber ich habe nicht in jeder einzelnen Stadt gevögelt, so viel ist mal klar. Ich bin vorsichtig. Ich arbeite in einer harten Branche, in der man niemandem vertrauen kann. Davon abgesehen ist es überall anders. Japan ist echt seltsam, das weiß ich. Im Fernen Osten sind die Menschen ein wenig anders drauf. Sie mögen die Hintertür. Es ist natürlich überall anders, aber man benimmt sich eben auf bestimmte Weise und der Apfel fällt nicht weit vom Stamm. Ich denke, man weicht nicht von dem ab, was man gewohnt ist, auch wenn man in einem anderen Land ist. Es gibt verschiedene Kulturen und es gibt verschiedene Menschen, aber man ist eben, wie man ist.

COURTNEY TAYLOR-TAYLOR Näher am Äquator ist es auf jeden Fall dreckiger und mehr arschorientiert. Und ich glaube, die Menschen werden oraler, je näher man Richtung Nord- oder Südpol kommt.

DOUG ROBB Nein, und ich kann nichts anderes dazu sagen, weil ich nur Sex mit Leuten aus diesem Land [Anm. des Autors: USA] hatte.

TOBY RAND Ja, Südamerikanerinnen sind sehr ausdrucksstark von ihren Körperbewegungen her. Sie wollen gesehen werden und sich zeigen, also sind sie gern oben.

JESSE HUGHES Sex findet in verschiedenen Ländern unter bestimmten Bedingungen statt, die erfordern, dass er schnell und wild ist und hinter sich gebracht wird. In einigen Kulturen werden Frauen ziemlich abgewertet, sodass sie fast bedeutungslos erscheinen. Sex ist dort wahrscheinlich so ähnlich, wie vom Sportlehrer befummelt zu werden. Das Land diktiert definitiv die Stellung. Amerika will der König der Welt sein, also mögen wir viele Stellungen.

JIMMY ASHHURST Bei den meisten Erfahrungen, die ich im Ausland gesammelt habe, stand ich draußen in einem Gässchen neben den Mülltonnen. Dabei ist mir nichts aufgefallen, Mann. Das muss ich mal untersuchen. In Japan gibt es einen kulturellen Unterschied, mit dem ich nicht klarkomme. Ich bin immer traumatisiert, wenn ich da bin, wegen der Sprachbarriere und so. Man weiß nie genau, was vor sich geht. Und ich glaube, das gefällt den Japanern. Man fragt sich dann: Macht ihr das Spaß oder wird sie gleich die Cops rufen? Es ist ein Rätsel – der geheimnisvolle Orient.

LEMMY Nein, das hab ich nicht feststellen können. Ich denke, alle Menschen sind mehr oder weniger gleich. Solange es sich gut anfühlt, tun wir es – so ist es doch.

Wie kann man seinen Partner dazu bringen, eine neue Stellung auszuprobieren?

ACEY SLADE Ich bin für alles offen. Es ist ziemlich cool, wenn das Mädchen die Zügel in die Hand nimmt, auch wenn das zuerst ein wenig seltsam sein kann. Plötzlich hat jemand irgendwelche Gliedmaßen im Gesicht, die da eigentlich nicht hingehören. Also sagt man: »Okay, halt dich an mich. Wir bleiben nicht in dieser Stellung, sondern bewegen uns steuerbord.«

CHIP Z'NUFF Sei nett, vertrauenswürdig und sanft. Normalerweise helfen Alkohol und ein paar Drogen, um die Person so zu verwirren, dass sie alles ausprobieren würde.

COURTNEY TAYLOR-TAYLOR Wir sitzen nicht unbedingt rum und planen so was. Die Stellung ergibt sich einfach.

JOEL O'KEEFFE Nimm sie hoch und setz sie da hin, wo du sie haben willst – ohne großartig zu fragen.

 **TOBY RAND** Es ist am besten, es einfach zu tun, ganz vorsichtig. Oder man sollte dabei ein bisschen Spaß haben, es zu einem Spiel machen. Vielleicht so wie »Wahrheit oder Pflicht«. Ich lache und spiele gern beim Sex. Alle sollten sich wohlfühlen – das ist wichtig.

 **VAZQUEZ** Ey, Mann, ich bin ein Entertainer, also mach ich, was ich will. Ich sage nur: »Okay, ich verspreche dir, es wird dir gefallen.«

Was ist die seltsamste Stellung, zu der du je überredet wurdest?

 **JIMMY ASHHURST** Mit Isolierband an eine Wand geklebt, das sticht in meiner Erinnerung hervor. Industrieklebeband – das ist echt ein verdammt fantastisches Zeug. Und man hat es auf jeder Tour dabei. Man kann damit tatsächlich einen Menschen an die Wand kleben – ich hab's getestet. Wenn ich dich das nächste Mal sehe, versuchen wir eine willige Versuchsperson zu finden und dann zeig ich es dir. Man kann tatsächlich jemanden an die Wand kleben.

 **ACEY SLADE** Wahrscheinlich die, bei der sie einen Handstand an der Wand gemacht hat.

 **ADDE** Vermutlich die, bei der ich wie ein Mädchen positioniert war. Ich reite das Mädchen mit meinem Schwanz. Das hat sich irgendwie komisch angefühlt.

 **EVAN SEINFELD** Viele Frauen wollen mit mir ein ausgeklügeltes Rollenspiel machen, so was wie einen Einbruch und eine gespielte Vergewaltigung. Sie haben ganz detaillierte Vorstellungen und sagen dann so Sachen wie: »Ich will, dass du durch mein Fenster einsteigst und eine schwarze Skimaske trägst. Dann fesselst du mich und versteckst mich im Schrank. Und dann fickst du mich gegen meinen Willen.« Und ich dann so: »Na ja, wenn du mich darum bittest, ist es nicht wirklich gegen deinen Willen, oder?« Viele Mädchen wollen auch mit mir in der Öffentlichkeit vögeln. Frauen haben mich schon ernsthaft gebeten, sie vor den Augen ihrer

Partner zu ficken. Ich hatte auch eine Menge Frauen, die wollten, dass ich sie dominiere. Das passiert mir ziemlich oft.

GINGER Mitten auf der Straße während der Rushhour.

ALLISON ROBERTSON Ehrlich gesagt, hat noch nie jemand probiert, mich zu irgendwas zu überreden. Normalerweise bin *ich* die Abenteuerlustige, die gern Dinge ausprobiert. Und die Typen sagen meistens eher: »Oh, das tut weh« oder »Dabei fühle ich mich nicht wohl.« Ich war mit ziemlich vielen Weicheiern zusammen. Also kann ich nichts Wildes auf diese Frage antworten.

ROB PATTERSON Ähm … Ich könnte darauf antworten, aber dann würden sich meine Freunde über mich lustig machen.

DOUG ROBB Vielleicht ist es Glück, vielleicht Pech, aber ich wurde noch nie um etwas gebeten, zu dem ich sagen musste: »Willst du mich verarschen? Wirklich?« Nichts, das ich nicht schon in einem Porno gesehen hätte. Einfach das Standard-Zeug.

NICKE BORG Angebunden an ein großes Kreuz. Und sie hat mich gefragt, ob es okay ist, wenn sie eine Gasmaske trägt, also habe ich gesagt: »Okay.« Das war in einem Stripclub.

ANDREW W.K. Ich hatte einmal das Glück, mit einem Mädchen zusammen zu sein, das einige Zeit als Stripperin gearbeitet hat. Eigentlich weiß ich nicht, wie lange sie das schon gemacht hatte, aber anscheinend schon eine ganze Weile. Allerdings war sie noch ziemlich jung, also vielleicht doch nicht so lange. Sie war bei mir und wir haben gevögelt. Sie war ziemlich offen und fortgeschritten, was Sex anging, hatte viele Ideen. Ich kann mich nicht erinnern, ob der Sex richtig gut war, aber sie war diejenige, die neue Sachen mit mir ausprobieren wollte. Das mit Abstand Merkwürdigste davon war, dass sie ihre Finger in mich reingesteckt hat. Sie wollte einen Vibrator bei mir benutzen, wozu ich erst mal Nein gesagt habe – wir würden uns lieber langsam dahin vorarbeiten. Ich habe mich da auf ein Terrain begeben, das ich noch nie zuvor betreten hatte, und ich konnte das nur, weil ich ein paar Freunde hatte, die das auch schon mal gemacht hatten. Es hat ihnen nicht gefallen, aber sie fanden es toll, diese Erfahrung mal gemacht zu haben. Also hab ich's ausprobiert und es war ein seltsames Gefühl, dass sie die treibende Kraft war. Ich glaube, wir haben es einmal gemacht. Dabei habe ich auf jeden Fall einen Teil meines Körpers kennengelernt, mit dem ich mich vorher nie wirklich beschäftigt hatte. Es war echt lebensverändernd, das mal gemacht zu haben. Und es war auch ziemlich interessant, aber ich hab es mit keinem anderen Mädchen noch mal gemacht. Ich hatte später nie das Bedürfnis danach. Interessanterweise war das überhaupt nicht der beste Sex, aber der verrückteste, den ich je hatte.

 **BLASKO** Solange man wirklich Geschlechtsverkehr im engeren Sinne hat, ist es nie sonderlich seltsam. Aber bei der Frage »Kann ich mir einen Dildo umschnallen und dich in den Arsch ficken?« ist bei mir Schluss.

 **BRENT MUSCAT** Hm, ich denke, ich habe schon viele verschiedene Stellungen ausprobiert. Nichts davon war wirklich richtig merkwürdig. Wenn man es vorn in einem Auto macht, muss man sich ganz schön verrenken. Ich denke, ich habe alles ausprobiert und ich weiß nicht, ob es irgendwelche seltsamen Stellungen gibt. Ich habe alle Stellungen ausprobiert, die möglich sind.

 **BRUCE KULICK** Oh, das ist eine schwierige Frage. Ich bin mir nicht sicher, ob ich mich an etwas erinnern kann, das echt ungewöhnlich war. Ich suche mir keine so dominanten Frauen aus, weil ich darauf nicht stehe. Und wenn ich die Zügel in der Hand habe, probieren wir wahrscheinlich Stellungen, an die ich gewöhnt bin. Ich bin kein Mensch, der sagt: »Lass es uns im Stehen tun. Okay, jetzt setz ich dich auf den Tisch.« Ich habe also nichts Interessantes zu dieser Frage zu erzählen.

 **HANDSOME DICK MANITOBA** Was bisher nicht zu meinem Repertoire gehört, werde ich in dieser Phase meines Lebens auch nicht mehr ausprobieren. Man weiß zwar nie, was hinter der nächsten Ecke lauert, aber ich schätze, ich bin irgendwie langweilig, was Sex betrifft – Titten, Arsch und Muschi. Die Basics reichen für mich immer noch absolut aus. Sind immer noch eine großartige Erfindung, daran ist nichts langweilig, und ich finde auch nicht, dass man da noch was hinzufügen muss.

 **CHIP Z'NUFF** Kopfüber in einem Bidet. In Japan habe ich gehört, dass es kopfüber in einem Bidet interessant sein soll. In einer Badewanne voller Eiswürfel. Ich habe übrigens nichts davon ausprobiert. Die beiden Stellungen fallen mir aber als Erstes ein.

 **DANKO JONES** Ich hab nichts Verrücktes gemacht. Ich habe keine Erfahrung mit irgendwas Ausgefallenem wie von einem Kronleuchter hängend oder so. Ich hab ein paar echt verrückte Sachen gemacht, aber keine verrückten Stellungen ausprobiert.

 **JESSE HUGHES** Kennst du den Kamasutra-Scheiß, all diesen Hippie-Mist? Frauen mögen das und das ist cool, antiker Porno und all der Quatsch. Aber ein Mädchen wollte einmal, dass ich meine Beine irgendwie spreize. Ich bin nicht vollkommen dagegen, aber ich bin ein echter Kerl, verstehst du?

 **LEMMY** Mich hat noch nie jemand überredet, irgendwas Seltsames zu machen. Ist das nicht komisch? Man sollte meinen, das hätte mal eine gemacht in all den Jahren im Rock'n'Roll. Ich glaube, mich hat noch nie was überrascht. Allerdings bin ich auch nicht so leicht zu überraschen.

 **TOBY RAND** Die seltsamste Stellung war wie eine Schere. Ich hatte meine Beine gespreizt und sie hatte ihre Beine gespreizt, aber eines meiner Beine war unter ihr und das andere über ihr, und ich musste mit meinen Händen an ihr ziehen und gleichzeitig irgendwie so 'ne Art Scheren-Move machen. Das war echt interessant.

 **VAZQUEZ** Ehrlich gesagt, hat mich noch nie jemand gebeten, etwas echt Abgefucktes zu machen. Sex ist ganz einfach, Mann: alle viere auf dem Boden. Das ist alles, was man braucht.

FETISCHE
UND
FANTASIEN

»EINER DER SELTSAMSTEN FETISCHE, ÜBER DEN ICH
MICH IMMER GEWUNDERT HABE, IST,
WENN FRAUEN WOLLEN, DASS ICH SIE ANPINKLE.«

EVAN SEINFELD

Wie lässt man seine sexuellen Fantasien wahr werden?

 **ACEY SLADE** Es gibt zwei Möglichkeiten: Wenn man im Backstagebereich mit zwei Mädchen allein ist, ist das ein Kinderspiel. Man feiert einfach. Aber wenn ich mit einer Frau zusammen bin, die ich liebe, habe ich die Erfahrung gemacht, dass die verrückten Sachen ein bisschen auf der Strecke bleiben.

 **COURTNEY TAYLOR-TAYLOR** Ich bin mir nicht mal so sicher, ob es eine gute Idee ist, seine Fantasien wahr werden zu lassen.

 **ADDE** Gründet 'ne Rockband und übt ohne Ende. Und dann tourt um die Welt.

 **ANDREW W.K.** Zuerst muss man sich überlegen, ob man das wirklich will, denn wenn man es erst einmal gemacht hat, ist es keine Fantasie mehr. Das ist mein Ding. Die Fantasie wird durch die Tatsache gestärkt, dass sie nicht echt ist. Das scheint vielleicht weniger aufregend zu sein, als es wirklich zu tun, aber seine eigene Vorstellungskraft kann man viel leichter manipulieren als eine andere Person, wenn man sich im »wahren Leben« begegnet.

 **ROB PATTERSON** Mach's einfach!

 **EVAN SEINFELD** Man sollte seiner Partnerin gegenüber ehrlich sein und keine Angst haben, ihr von den eigenen Fetischen und Fantasien zu erzählen. Denn vielleicht überrascht deine Partnerin dich ja und erfüllt dir deine Wünsche. Ich persönlich lebe meine Fantasien jeden Tag aus: Ich bin schließlich mit Tera Patrick verheiratet ... Mein Fetisch und meine Fantasie ist es, jede Nacht Sex mit der schönsten Frau der Welt zu haben, und das habe ich. Aber wenn ich nicht zu meiner Frau gesagt hätte »Hey, ich bin ein Perverser und ich will Pornos mit allen möglichen Mädchen drehen und meine eigene Website mit dem Namen rockstarpimp.com haben – die einzige Promi-Rockstar-Pornoseite der Welt«, hätte sie nichts davon gewusst und ich hätte es nicht mit ihr besprechen können. Was

man als Geheimnis hütet, wird vielleicht nie Realität werden. Also seid furchtlos, Gentlemen.

 **HANDSOME DICK MANITOBA** Wenn du eine gute Partnerin hast, sag's ihr. Erzähl es ihr einfach. Ich finde, man sollte sich nicht nach anderen richten, wenn es darum geht, was man fühlt und was man will. Wir laufen jeden Tag 24 Stunden lang eingesperrt in dem herum, was wir im Spiegel sehen, und dann auf einmal sagt man: »Okay, ich hatte diese Fantasien 18 Stunden lang und ich will einfach, dass du sie kennst.« Man muss keine Romane erzählen, führ sie einfach. Sag ihr, dass du dieses und jenes magst. Leite sie an und wenn du eine tolle Partnerin hast, wird sie sich auch anleiten lassen und mitmachen.

 **BRENT MUSCAT** Ich schätze, man sollte offen und ehrlich zu seiner Partnerin oder seinen Partnerinnen sein. In einer Band zu sein, kommt immer gut. Für mich hat es echt was gebracht, dass ich in einer coolen Band war, denn so konnte ich viele lustige Sachen machen. Eines der besten Erlebnisse war mit zwei Mädchen hinten im Tourbus. Es war fantastisch, dass zwei Mädchen mir einen geblasen haben. Aber ich weiß nicht, ob das passiert wär, wenn ich nicht Teil einer Band gewesen wäre. Ich hatte einfach Glück, dass ich auf Tour gehen konnte.

 **JAMES KOTTAK** Nichts wie ran!

 **ALLISON ROBERTSON** Am besten ist es, wenn man auch gut befreundet ist und darüber reden kann, ohne dass es seltsam ist. Es ist keine gute Idee, einem Mädchen zu sagen, was es machen soll – und bei einem Kerl ist das vielleicht auch nicht angebracht. Das wär echt das Letzte. Wenn man eine Fantasie hat oder ein oder zwei Fetische, geht es echt gar nicht, den anderen herumzukommandieren und ihm zu sagen, dass er dies und jenes machen soll. Ich finde, es ist besser, den anderen erst ein bisschen besser kennenzulernen und vielleicht schon mal ein oder zwei komische Momente beim Sex gemeinsam erlebt zu haben, weil man so ganz gut herausfindet, was der andere mag. Ich mag es nicht, wenn ich rumkommandiert werde. Und ich weiß, dass ich auch manchmal ein Bestimmer sein kann. Aber es ist abturnend, wenn sich einer von beiden nicht wohlfühlt bei dem Versuch, dem anderen zu gefallen, und dabei irgendwie Angst hat.

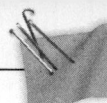

 **BRUCE KULICK** Ich weiß nicht, ob man so was erzwingen kann. Manchmal mache ich schon Pläne, so nach dem Motto »Oh, mein Mädchen fliegt her, wir sind in Vegas, das wird so toll. Ich habe ein geiles Zimmer. Sieh dir nur diesen Sessel an! Wir werden es genau hier auf diesem Sessel treiben.« Und auf der Reise passieren dann vielleicht viele andere Dinge, das Leben eben, und man hat Glück, wenn man überhaupt Sex hat, ganz zu schweigen von dem Sessel und Dessous oder so was. Und ein andermal, wenn man überhaupt keine Pläne macht, hat man den großartigsten Sex überhaupt. Ich finde, es ist echt schwierig, so was vorher zu planen. Das Leben passiert einfach, egal was für Pläne man hat. Ich denke, die besten Nächte entstehen ganz von allein.

 **JESSE HUGHES** Gegensätze ziehen sich an, aber gleich und gleich gesellt sich gern. Also geht man am besten dahin, wo man nun mal hingehen würde, wenn man solche Fantasien ausleben will. Wenn man das SM-Milieu sucht, findet man das nicht sonntags in der Kirche.

 **CHIP Z'NUFF** Das ist doch eine Fangfrage. Wahrscheinlich lässt man seine Fantasien am besten wahr werden, indem man mit vollem Elan an die Sache rangeht. Aber dann beginnt man eine Beziehung vielleicht so, wie man's normalerweise nicht tun würde und wie es das Mädchen vielleicht auch nicht kennt. Das wär dann total verlogen, da sollte man lieber natürlich bleiben. Du siehst jemanden und es funkt, du sagst Hi und ihr unterhaltet euch eine Weile. Wenn ihr dann ein bisschen Zeit zu zweit verbringt, solltest du nicht egoistisch sein. Das ist mein Rat. Sei nicht egoistisch! Tu etwas für sie und auf lange Sicht wird sich das für dich auszahlen.

 **DANKO JONES** Es ist interessant: Wenn man mit jemandem zusammen ist, also eine Partnerin hat, und man einige seiner Fantasien (die echt wilden!) in der Beziehung ausleben will, dann sollte man damit rechnen, eine verdammt lange Zeit darauf warten zu müssen. Bei One-Night-Stands und in Beziehungen, die keine richtigen Beziehungen sind, sondern eher so Fick-Freundschaften, hat man vielleicht sogar eine höhere Chance, die Fantasien wahr werden zu lassen.

 **DOUG ROBB** Man sollte offen mit seinen Fantasien umgehen. Wenn man sich mit jemandem wohlfühlt und Fantasien hat – jeder hat irgendwelche Fantasien –, dann sollte man offen darüber reden. Man sollte sich nicht für diesen Teil seines Lebens schämen oder für seinen Körper oder seine

Gedanken. Man sollte einfach sagen: »Meine Fantasie sieht so und so aus. Mach, was du willst.« Wenn du behauptest, dass du keine Fantasien hast, belügst du mich und dich selbst.

 **JIMMY ASHHURST** Eine willige Partnerin zu finden, wäre der erste Schritt. Und wenn man die Richtige hat, sollte alles, was man sich ausdenken kann, einen Versuch wert sein.

 **LEMMY** Oh, na ja, das kommt auf die sexuelle Fantasie an. Wenn es darum geht, Leute mit falschen Fangzähnen zu beißen oder einen Baseballschläger zu benutzen, dann weiß ich es nicht. Es gibt alle möglichen seltsamen Fantasien. Man muss eine Partnerin haben, die an denselben Dingen interessiert ist. Ansonsten ist das Ganze von Anfang an ein Blindgänger, nicht wahr?

 **NICKE BORG** Ich finde, sexuelle Fantasien sollten sexuelle Fantasien bleiben, denn wenn man versucht, sie in die Tat umzusetzen, sind sie meistens nicht mehr so cool wie als Fantasie. Manchmal können sie auch zu einer totalen Katastrophe werden. So im Sinne von: »Oh mein Gott! Ich dachte, du willst, dass ich deine Schwester ficke.« – »Ja, aber nur in meiner Fantasie!« – »Aber Alter, es hat ihr gefallen.« Deshalb sollten Fantasien genau das bleiben, ansonsten wären es ja auch keine sexuellen Fantasien – darum geht es doch aber.

 **TOBY RAND** Sag deiner Partnerin, was du willst.

 **VAZQUEZ** Ich habe das Gefühl, dass ich alle Fantasien, die ich je hatte, auch ausgelebt habe. Ehrlich gesagt, bin ich zufrieden, solange die Frau verdammt noch mal kommt und ihren Spaß hat. Wenn sie eine Schulmädchenuniform dabei tragen will, ist das für mich okay.

Was war die eigenartigste sexuelle Fantasie, die jemals jemand mit dir ausleben wollte?

BRENT MUSCAT Einer meiner Freunde hat mich neulich als »Vanilla« bezeichnet. Wir sind in einem Museum für Pornofilme oder so was aufgetreten und draußen hing ein Schild, auf dem stand: »Für Versaute und Vanilla«. Und ich fragte: »Was ist Vanilla?« Und er meinte: »Du bist Vanilla.« Also fragte ich: »Was heißt das?« Und er so: »Du stehst eigentlich nur auf ganz normalen Sex.« Ich würde sagen, da hat er recht. Die meisten Frauen, mit denen ich zusammen war, waren auch ziemlich Vanilla. Aber ein Mädchen hat mal zu mir gesagt, dass sie mich mit einem Umschnalldildo in den Arsch ficken will. Da habe ich gesagt: »Auf keinen Fall! Vergiss es. Das ist nicht mein Ding.«

ACEY SLADE Eine Orgie mit ziemlich vielen Kerlen.

LEMMY Das ist nicht mir passiert, sondern dem Sänger einer Band, in der ich mal gespielt habe und deren Namen ich hier nicht nennen werde. Wir haben alle in einem Zimmer geschlafen, vier Mann. Er war mit dieser Braut im Bett und plötzlich sagt die: »Piss mich an!« Er fragt: »Was?« Er stammte aus Bradford im Norden Englands und war nicht sehr erfahren. Sie sagt: »Mach schon! Piss mich an!« Ich glaube, unser Bassist hat sie dann stattdessen angepinkelt. Das ist eigenartig, oder? Und die Sache mit den Füßen habe ich auch nie verstanden. Wer will schon an den Zehen von jemandem nuckeln? Ich nicht, verdammte Scheiße! Da bin ich sozusagen konservativ. Ich mag auch keinen Analsex. Wenn da Scheiße rauskommt, gehe ich da nicht rein.

ADDE Oh da gibt es so viele Dinge … Das Seltsamste war, als sie wollte, dass ich sie anpisse, aber das ist eigentlich nicht so schlimm, nur verrückt.

ALLISON ROBERTSON Ich weiß nicht. Ich habe ein paar ziemlich langweilige Dinge erlebt. Warte, ich versuche, mich zu erinnern. Ich kannte ein paar Leute, die es mochten, an den Haaren gezogen zu werden. Ich fand, das ist etwas, das ein Mädchen mögen würde, also dachte ich: Oh, das ist irgendwie seltsam, dass ein Kerl so was mag. Das und ein paar Typen haben mich mal gebeten, bestimmte Dinge zu ihnen zu sagen, aber ansonsten war ich nie mit jemandem zusammen, der besonders freakig war. Manchmal ist es seltsam, wie die Typen um etwas bitten.

CHIP Z'NUFF Ich bin ziemlich altmodisch. Einige Mädchen haben immer wieder versucht, Dinge in mich zu reinzustecken, aber das gefällt mir ganz und gar nicht. Das ersticke ich dann gleich im Keim. So was ruiniert doch jede romantische Stimmung.

COURTNEY TAYLOR-TAYLOR Ich finde nichts besonders eigenartig. Es gibt schon komische Vögel, aber so bin ich nicht. Ich bin ein traditioneller Typ. Sich nackt ausziehen, geil werden und mit einer wirklich heißen Frau kommen, das reicht mir. Das liebe ich. Du denkst, dass es etwas gibt, das noch besser sein soll? Wirklich? Wenn irgendwas besser ist als das, dann bist du verrückt!

DANKO JONES Oh, davon würde ich dir gern erzählen, aber ich kann nicht, Mann. Ich kann nicht. Ich würde an dieser Stelle gern von einem flotten Dreier berichten. Darum wurde ich mal gebeten, auch wenn das dann nie passiert ist – das Gerücht wurde aber verbreitet. Irgendwie war das Schicksal immer dagegen und hat es versaut, entweder kam das Wetter dazwischen oder sie haben es nicht rechtzeitig geschafft, der Zug hatte Verspätung oder was auch immer.

JIMMY ASHHURST Es gibt diese Leute, die Kuscheltiere mögen. Sie mögen es, Kuscheltiere zu sein. Die heißen Furries oder Furverts. Das ist ein Tierverwandlungsfetisch. Ich habe mal einen von denen kennengelernt – eine merkwürdige Truppe. Die haben sogar Treffen und Conventions und so was. Und sie ziehen gern kuschelige Tierkostüme an. Das war interessant. Die Löcher muss man wohl an strategisch günstigen Stellen haben.

DOUG ROBB Mein Sexleben muss ziemlich langweilig wirken, denn mir fallen keine seltsamen Vorlieben ein. Fuck, ich weiß nicht. Darüber muss ich erst mal nachdenken.

EVAN SEINFELD Ich höre von allen möglichen Dingen, denn ich bin ja aus der Branche. Ich habe von Trampling gehört, bei dem Männer wollen, dass die Frauen über sie rüberlaufen oder in High Heels auf ihnen rumrennen. Einer der seltsamsten Fetische, über den ich mich immer gewundert habe, ist, wenn Frauen wollen, dass ich sie anpinkle. Ich denke dann immer:

Was soll das eigentlich? Was steckt psychologisch dahinter? Hat dir dein Daddy irgendwas getan oder hat dich deine Mami nicht oft genug in den Arm genommen?

 **HANDSOME DICK MANITOBA** Ich wusste, dass du nach eigenartigen Vorlieben fragen würdest, weil das guten Lesestoff abgibt. Aber ich habe in meinem ganzen Leben noch nichts Seltsames erlebt. Es ging immer nur um die Basics. Ich habe nichts Komisches mit Maschinen oder Verkleidungen gemacht oder so was. Im Vergleich zu dem, was andere machen, bin ich ein ziemlich einfaches, langweiliges sexuelles Wesen.

 **JESSE HUGHES** Einmal haben zwei Frauen versucht, sich so'n Scheiß umzuschnallen und mich damit zu ficken. Und ich sage dir – Gott sei mein Zeuge! – , so was werde ich niemals tun! Das waren verdammt heiße Mädchen, so Bodybuilder-mäßig – wie die Wrestlerin Chyna. Dieser Scheiß hat mir Angst gemacht. Ich nur so: »Woah! Moment!« Aber ey, sie ließen kein Nein als Antwort gelten.

 **ROB PATTERSON** Darauf kann ich nicht antworten.

 **TOBY RAND** Das Seltsamste war, als ich zugesehen habe, wie sie gekackt hat. Sie wollte nicht, dass ich es esse oder so was, aber sie wollte, dass ich zusehe. Das fand ich echt komisch – gehört jedenfalls nicht gerade zu den Sachen, die mich heiß machen.

 **VAZQUEZ** Eine Ex von mir wollte immer ein bisschen gewürgt werden, während wir gefickt haben. Auf eine seltsame Art hat das irgendwie Spaß gemacht.

Woran erkennt man den Unterschied zwischen einem Fetisch und einer Vorliebe?

 **ACEY SLADE** Ich weiß nicht. Man hat mich darauf aufmerksam gemacht, dass ich einen Asiatinnen-Fetisch habe, aber das streite ich ab. Ich schätze, Leugnen ist das erste Anzeichen dafür, dass man ein Problem hat. Aber mal im Ernst, wenn es einem Schwierigkeiten im Alltagsleben macht und man anfängt, deshalb zu lügen, dann hat man wirklich ein Problem.

 **ALLISON ROBERTSON** Ich denke, man hat einen Fetisch, wenn man ohne eine bestimmte Sache keinen Sex haben kann oder nicht erregt wird, wenn also der übliche Nullachtfünfzehn-Sex nicht ausreicht. Wenn man die Berührung an einem bestimmten Körperteil spüren muss oder ein bestimmtes Körperteil eines anderen anfassen muss oder etwas Bestimmtes sagen muss oder der andere etwas Bestimmtes zu einem sagen muss oder jemand einen an den Haaren ziehen muss, weil man sonst keinen Sex haben oder nicht kommen kann, dann ist das für mich ein Fetisch im Gegensatz zu etwas, das man einfach nur gern mag.

 **TOBY RAND** Ich finde, »Fetisch« ist ein weiter Begriff, denn jeder hat seine eigenen kleinen Vorlieben beim Sex. Wie erkennt man es also? Wenn dir jemand sagt, dass es ein Fetisch ist. Ansonsten geht das alles, wenn du mich fragst.

 **ANDREW W.K.** Es ist vielleicht ein Fetisch, wenn der Gedanke an diese Sache jederzeit und überall aufkommt und einen anmacht. Wenn sich viele deiner Gedanken um diese Sache drehen, die irgendwie nichts mit einer bestimmten Person zu tun hat oder mit einer Erfahrung, mit irgendetwas Logischem. Wenn es zu einem unlogischen Reiz wird, dann, schätze ich, wird diese Sache zu einem Fetisch.

 **BLASKO** Wenn es dafür ein Magazin gibt. Wenn du die *Amputees Monthly* abonniert hast, dann weißt du, dass du einen Fetisch hast.

 **BRENT MUSCAT** Ich denke, ein Fetisch ist etwas, von dem man besessen ist. Manche Typen haben einen Fußfetisch. Manche Kerle stehen auf Zigaretten und sehen gern, wenn Frauen eine rauchen oder irgendwas Seltsames machen. Aber ich schätze, es ist dann ein Fetisch, wenn man auf ein bestimmtes Körperteil steht, das man normalerweise nicht zum Sex braucht. Wie zum Beispiel das Ohr! Oder wenn man will, dass ein Mädchen einem mit den Füßen einen runterholt, dann ist das ein Fetisch.

 **BRUCE KULICK** In dieser Hinsicht bin ich nicht so krass drauf. Es gibt Kerle, die einen Fetisch haben wie »Du musst deine Schuhe anlassen!« oder »Du musst dich wie ein Junge anziehen!« oder so was. Wenn man nur kommen kann, wenn man etwas tut, das nicht normal ist, dann hat man

einen Fetisch. Ich finde das völlig okay, solange man eine Partnerin hat, die bereit ist, da mitzumachen. Ich bin ziemlich normal und habe keine ungewöhnlichen Neigungen. Sex ist etwas ganz Persönliches und es ist für jeden anders. Sicher gibt es viele Menschen, denen die Norm nicht reicht – wir sind alle unterschiedlich gepolt.

CHIP Z'NUFF Ich habe einen Fußfetisch. Ich liebe Hufe, habe ich schon als kleines Kind. Und ich weiß, dass es Frauen lieben, wenn man ihnen die Füße küsst, sie massiert und reibt. Das scheint bei fast *allen* Frauen gut anzukommen. Man massiert ihnen die Füße und schon kommt der Ball ins Rollen.

NICKE BORG Ich denke, das weiß man, nachdem man es ausprobiert hat. Sonst findest du es niemals heraus.

COURTNEY TAYLOR-TAYLOR Der Unterschied zwischen normal und unnormal? Ich habe keinen blassen Schimmer. Keine Ahnung, wo diese Grauzone anfängt und endet. Google das doch mal – so findet man Dinge heraus, man googelt sie.

DANKO JONES Ich glaube, wenn man von etwas besessen ist und merkt, dass kein anderer es ist.

DOUG ROBB Wenn man etwas wirklich mag, dann ist es das Tüpfelchen auf dem I. Man mag Sex und der ist noch besser, wenn man etwas Bestimmtes oder Spezielles dabei macht. Wenn es ein Fetisch ist, ist diese Sache das ganze I.

EVAN SEINFELD Ich denke, das hat etwas mit der Intensität der Gefühle zu tun. Man braucht einen Dritten, um es herauszufinden und eine Entscheidung zu treffen. Sagen wir mal, ein Kerl mag unheimlich gern Frauen in Strumpfhosen und er ist sich nicht sicher, ob das ein Problem ist oder nicht. Dann braucht man einen Dritten, der fragt: »Okay, Sex mit einem hübschen Mädchen oder ihre Füße reiben?« So wie ein Fragebogen oder ein Quiz. »500 Dollar oder die Füße des Mädchens?« Es gibt dazu einen genormten Test, bei dem die dritte Person weiß, was man vorziehen sollte. Aber bei einem Fetisch geht es um persönliche Vorlieben. Da gibt es kein Falsch oder Richtig, solange man sich an die Gesetze hält und niemanden verletzt. Wenn ich zum Beispiel einen Fetisch für Mädchen in Netzstrümpfen hätte und den Mädchen Netzstrümpfe kaufen würde, wem würde ich dann damit wehtun? Wenn ein Kerl erst einmal Mitglied auf mehreren bestimmten Websites ist und mehr als zehn DVDs eines bestimmten Genres besitzt, dann hat er einen Fetisch.

JAMES KOTTAK Wenn etwas zum zehnten Mal passiert, ist es kein Fetisch mehr, sondern eine Angewohnheit.

JESSE HUGHES Es ist ein Fetisch, wenn es dich begleitet, wenn du es behandelst wie den Schatz aus *Der Herr der Ringe*. Ich habe mir immer gern die Filme von Mel Brooks angesehen und gedacht, dass da immer auch ein bisschen SM drinsteckt. Bei jedem dieser Filme habe ich mich gefragt: Wie kann das sein? Wie kann irgendjemand auf diesen Scheiß stehen? Weil ich gern Quatsch mache und weil mir der Style gefällt, trage ich jetzt immer eine kleine lederne Lone-Ranger-Maske mit Nieten mit mir herum. Jetzt weiß ich warum: Weil ich es mag.

JIMMY ASHHURST Wenn man mit ein paar Freunden darüber redet und plötzlich verstummen alle, dann ist das, glaube ich, ein Hinweis darauf, dass es ein Fetisch ist.

LEMMY Wenn man es allein macht, ist es ein Fetisch. Wenn man allein im Schrank rumhängt mit einem Knebel im Mund.

ROB PATTERSON Ich ziehe da keine Grenze.

VAZQUEZ Ich denke, es ist ein Fetisch, wenn man nur mit Leuten zusammen sein kann, die das auch mögen. Ich liebe üppige Frauen und vielleicht ist das ein Fetisch, aber für mich ist es das nicht. Es ist einfach das, was ich mag. Wenn ich ein Mädchen kennenlernen sollte, das wirklich cool, aber nicht besonders kurvenreich ist, dann ist das auch okay.

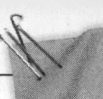

Hast du Erfahrung mit Verkleidungen?

NICKE BORG Das ist vielleicht nicht mein bestes Erlebnis, aber auf jeden Fall mein seltsamstes: Eine Puppe hatte sich als Ratte verkleidet, mit einem Schwanz und allem Drum und Dran. Das war in Berlin vor sehr vielen Jahren. Sie war als Ratte verkleidet mit diesen Reißverschlüssen und so 'nem Scheiß. Kostüme sind verdammt cool, aber es kommt auf das Mädchen an, das sie trägt. Verkleide dich als Cop, als Krankenschwester, als was auch immer, Mann. Tu aber so, als wärst du wirklich gern eine Krankenschwester, die mich verarzten will, oder ein Cop, der mich schlagen will, oder was weiß ich. Versuch aber nicht, eine Ratte zu sein und mich zu beißen.

ANDREW W.K. Ich glaube, ich hatte noch keine Erfahrungen mit Verkleidungen.

ACEY SLADE Ich und ein Bandkollege von mir haben uns mal zu Halloween als Paul Stanley und Gene Simmons verkleidet. Das war lustig, weil wir beide diese Kiss-Schuhe hatten. Das war am Anfang einer Tour und wir haben beide das gleiche Mädchen abgeschleppt. Wenn wir danach irgendwo Kiss-Schuhe gesehen haben, war das wie ein Insiderwitz.

ADDE Ich trage eigentlich nie Anzüge, aber ich hatte mal Sex mit einem Mädchen auf dem Klo bei einer Hochzeit, bei der ich einen Anzug getragen habe. Und ich dachte mir: Wow, ist das cool. Einfach meinen Schwanz raushängen lassen und einen Anzug tragen.

JAMES KOTTAK Als Zorro!

ALLISON ROBERTSON Schön wär's! Ich finde Verkleidungen eigentlich cool, wirklich. Sich verkleiden und so was ist echt schön. Weißt du, was witzig ist? Ich denke, dass die meisten Kerle wollen, dass die Mädchen sich verkleiden und Dessous tragen, und die Mädchen wollen das auch. Aber es ist blöd, dass die Männer dabei nicht wirklich mitmachen können. Ich hätte in Zukunft gern mehr Kostüme in meinem Leben. Keine Ahnung, was für welche. Ein Geschäftsmann wäre irgendwie heiß!

BRENT MUSCAT Das mag ich an Japan: Viele der japanischen Mädchen verkleiden sich gern. Das nennt sich Cosplay. Sie verkleiden sich als Krankenschwestern und so. Das ist immer witzig. Auf Tour kamen viele Mädchen supersexy angezogen zu den Konzerten, sie hatten fast nichts an. Ich erinnere mich an einen Instore-Gig, zu dem zwei Mädchen im Bikini gekommen sind. Alles, was anders ist, macht Spaß. Als wir mit David Lee Roth auf Tour waren, haben wir das erste Konzert des Sommers in Miami in Florida gegeben. Das war das erste Mal, dass ich Mädchen im Bikini zu einem Konzert kommen gesehen habe. Das war fantastisch. So was macht Spaß.

BLASKO Ich finde, Arzt und Patient sind immer gute Verkleidungen.

CHIP Z'NUFF Ich bevorzuge das Evaskostüm. Die Enthüllung am Anfang ist immer aufregend. Mit Stilettos und Korsetts, die alles einquetschen, sieht man wohlgeformter und perfekter aus. Aber sobald man die Schuhe und alles andere auszieht, verändert sich alles. Wenn man eine Frau in einem Club oder so kennenlernt, sieht sie gut aus. Sie trägt High Heels und eine schicke Hose oder ein schönes Kleid, einen hübschen BH, ein Top. Aber wenn man nach Hause geht und all die Accessoires ablegt, sieht alles unattraktiv, plump, wabbelig und pummelig aus – das kommt manchmal vor. Frauen sind echt gut darin, uns am Anfang reinzulegen. Ich bevorzuge also das Evaskostüm.

ROB PATTERSON Ich habe ein paarmal Frauenkleider getragen. Ich weiß nicht, wie Frauen in diesen High Heels laufen können.

TOBY RAND Mein bestes Erlebnis war, als ein Mädchen aus Los Angeles ein Kleid aus rotem Lycra anhatte wie in dem Film *Roger Rabbit*, aber das Lycra war spröde. Es war wie dicke Klarsichtfolie, die man abpellen konnte. Das war ein fantastisches Kostüm.

COURTNEY TAYLOR-TAYLOR Ich bin in einer sehr kleinen, deprimierenden Stadt mit 300.000 Einwohnern aufgewachsen. Da gab es echt nichts zu tun. Als wir 19 waren, konnten wir in Bars rumhängen (21 ist das Mindestalter für Alkoholkonsum). Man hatte da echt nichts zu tun. Also haben ein Freund und ich uns vielleicht zweimal als Frauen verkleidet und sind auf ein paar Drinks ausgegangen. Wir sind zu Good Will oder Value Village gegangen und haben Pumps in Größe 48 gekauft und ein Schlauchkleid und eine witzige Perücke. Dann sind wir ausgegangen und haben Frauen angebaggert. Das ist witzig und macht richtig Spaß. Und es bringt den Sex in Gang.

VAZQUEZ So was habe ich noch nie erlebt. Ich habe an Halloween Geburtstag und keinen Bock auf Kostüme. Meine Entschuldigung lautet: »Ich bin der König von Halloween – ich muss da nicht mitmachen. Das ist MEIN Tag. Ihr macht, was ich will.«

DOUG ROBB An Halloween war ich einmal als Papst und meine damalige Freundin als unartiges katholisches Schulmädchen verkleidet. Das war eine interessante Nacht.

LEMMY Mich hat mal ein Mädchen vom Flughafen in Los Angeles abgeholt und sie hatte einen langen Mantel an. Den hat sie geöffnet, als ich aus dem Flugzeug gestiegen bin, und drunter hatte sie einen roten Spitzenbikini an. Wir sind noch nicht mal bis zum Auto gekommen.

JESSE HUGHES Ich liebe Verkleidungen! Ich hatte viele wundervolle Erlebnisse mit Kostümen. Ich muss einige meiner Fantasien einfach ausleben: Roger-Corman-Bikergirls-Fantasien und drei Mädchen, die rot-weiß gestreifte T-Shirts und Leder- oder Jeanswesten und dazu Bikerstiefel tragen, und ich bin auch verkleidet. Das ist echt heißer Scheiß und das weißt du!

Was sollte man tun, wenn man Bondage ausprobieren will?

ROB PATTERSON Probiert es einfach aus! So findet man heraus, was funktioniert und was dir oder deiner Partnerin Angst macht. Man sollte aber immer ein »Safeword« haben!

JIMMY ASHHURST Aus Erfahrung würde ich sagen, ein Mentor wäre gut. Als ich noch ziemlich jung war, hatte ich das Glück, einen Menschen zu kennen, den ich sehr respektiert habe, und eine ungewöhnliche Partnerin zu haben, die ich nicht mit Namen nennen möchte. Sie haben Bondage für mich entmystifiziert. Das war echt interessant und einiges, was ich gelernt habe, habe ich bis heute nicht vergessen.

 **LEMMY** Bondage? Einer von beiden sollte halt gefesselt werden, denke ich.

 **ACEY SLADE** Gaffer Tape nehmen – das liegt überall rum.

 **TOBY RAND** Man sollte ihr immer doller den Arsch versohlen und abwarten, wie weit man gehen kann.

SEXUELLE ORIENTIERUNG

⚡

»MAN WEISS, DASS DER BESTE KUMPEL SCHWUL IST,
WENN SEIN SCHWANZ
NACH SCHEISSE SCHMECKT.«

JESSE HUGHES

Wie bekommt man heraus, ob man homosexuelle oder bisexuelle Neigungen hat?

COURTNEY TAYLOR-TAYLOR Keine Ahnung. Ich hatte nie das Gefühl, solche Neigungen zu haben. Brian Warner hat mal gesagt: »Wenn du den Schwanz eines Typen lutschst und einen Ständer hast, bist du schwul. Wenn du dabei keinen Ständer hast, dann nicht.« Das war Marilyn Mansons Einstellung dazu und die finde ich witzig, also sage ich, genauso findet man es heraus.

ACEY SLADE Oh. »All rock'n'roll is homosexual.« Das ist ein Zitat von einem der Manic Street Preachers. Keine Ahnung. Ich habe nicht das Gefühl, dass ich je irgendwelche Neigungen hatte.

CHIP Z'NUFF Das weiß man sofort, denn wenn man als Kerl einen anderen Kerl heiß findet, ist man bisexuell. Wenn man einen Mann küssen möchte, dann ... Also ich finde Männer attraktiv, aber ich will sie nicht ficken. Wenn ich einen gut aussehenden Kerl sehe, kann ich zu meiner Freundin sagen: »Weißt du was? Das ist wirklich ein schnieker Typ.« Oder wir gehen die Straße entlang, halten Händchen und sie sagt: »Wow, der Typ sieht aber gut aus.« Und ich kann sagen: »Ja, stimmt. Das ist echt ein schöner Mann.« Aber wenn man sich diesen Typen ansieht und ihn küssen möchte, dann ist man bisexuell. Das ist nichts, für das man sich schämen müsste, es ist halt einfach so. Ich bin in einer Familie mit Jungen und Mädchen aufgewachsen und kann locker damit umgehen. Ich kenne beide Seiten. Und ich weiß, dass ich auf Bräute stehe.

ADDE Wenn du als Kerl einen Mann anziehend findest, dann bist du zumindest bisexuell.

ALLISON ROBERTSON Ich bin im liberalen Kalifornien aufgewachsen. Ich glaube, dass jeder ein bisschen homosexuell sein kann, wenn er will. Es geht nur darum, ob man diesen Teil des Gehirns entsperrt oder nicht. Ich finde es auch nicht falsch, wenn man vielleicht denkt, dass man es möglicherweise ist, und sich dann dagegen entscheidet – das ist echt bei jedem anders. Man sollte sich outen, wenn man weiß, dass man eigentlich nur an einem Geschlecht interessiert ist. Wenn man sich nicht sicher ist, kann man es für sich behalten, bis man dazu bereit ist. Ich denke, man weiß das einfach. Die Leute wissen es. Ich glaube, viele Menschen wissen es seit der Geburt, aber manchmal braucht man eben lange Zeit, bis man sich damit wohlfühlt.

DANKO JONES Ich denk mal, man will dann halt Sex mit dem gleichen Geschlecht haben. Ich bin ziemlich hetero. Ich bin die ganze Zeit von Männern umgeben und dieser Gedanke ist mir noch nie gekommen. Wenn man so einen Gedanken erst einmal hat, könnte man schon sagen, dass man zu so einer Form der Sexualität neigt.

JIMMY ASHHURST Wenn du einen Schwanz im Arsch hast, bist du aller Wahrscheinlichkeit nach schwul.

BRENT MUSCAT Na ja, wenn man jemanden des eigenen Geschlechts anziehend findet, ist man mindestens bi. Wenn man als Kerl nicht auf Mädchen steht und sich Männer ansieht und denkt, wow, der ist sexy, und wenn man Mädchen nicht sexy findet, dann, schätze ich, weiß man, dass man schwul ist. Das ist ziemlich offensichtlich.

ANDREW W.K. Das ist eine ziemlich verwirrende Frage, mit der sich die Menschen sicher das ganze Leben lang beschäftigen. Wann ist jemand homosexuell, wann ist jemand bi? Ergibt sich das aus den Vorstellungen, die jemand hat, aus den Dingen, die er getan hat? Kann man was in der Richtung gemacht haben und immer noch sagen, dass man hetero ist? Kann man Sehnsüchte haben, denen man nie nachgibt, und immer noch sagen, dass man homosexuell oder hetero ist? Das sind echt esoterische Fragen. Einige Leute sagen, dass man homosexuell geboren wird, und wenn man es leugnet, ist es, als würde man leugnen, zu einer bestimmten Spezies zu gehören. Andere sagen, dass sich selbst ein Label zu verpassen, auch wenn es um die eigene Sexualität geht, eine Verwirrung ist, die darauf basiert, dass man immer die freie Wahl hat. Ich glaube, jeder ergründet, womit er sich im Hinblick auf seine Sexualität wohlfühlt, und dann arbeitet er damit. Ich habe Geschichten von Freunden gehört, die ich für heterosexuelle Männer halte, die aber bestimmte Erfahrungen gemacht haben, bei denen sie ... Na ja, ich finde es schon ziemlich heftig, wenn man als Typ sexuelle Erfahrungen macht, bei denen ein anderer Mann dabei ist, ganz egal, ob man letzten Endes auch was mit ihm hat oder nicht. Aber manche heterosexuellen Freunde von mir halten das für eine sehr heterosexuelle Aktivität. Es gibt verschiedene Vorstellungen davon, was schwul ist. Ein paar Leute denken, dass man nicht schwul ist, solange man nicht von einem Typen gefickt wird – ein anderer Mann kann dir einen blasen oder du kannst einen anderen Mann ficken. Diese Vorstellungen sind natürlich sehr persönlich und breit gefächert. Es hängt wirklich vom Einzelnen ab. Das Wichtigste ist aber, dass man sich nicht so viele Gedanken darüber macht, was man ist, sondern einfach das zu tun, was man tun möchte. Ich denke, es ist eine große Herausforderung für die Gesellschaft, das so zu sehen. Ich habe noch nie eine homosexuelle Erfahrung gemacht, ist mir nie in den Sinn gekommen. Aber ich nehme mir die Freiheit zu sagen, dass die Sexualität ein weites Feld ist, und ich möchte niemanden einengen, auch mich selbst nicht.

VAZQUEZ Ich denke, man wird einfach so geboren. Das ist halt so. Ich bin mir ganz sicher, dass man entweder so geboren wird oder nicht – und damit hat sich der Fall. Ich mein, ich liebe Frauenkleider, aber ...

DOUG ROBB Man weiß es auf die gleiche Weise, wie man weiß, dass man heterosexuelle Neigungen hat. Es ist ja nicht so, als ob man sich eines Tages entscheidet: »Hm, ich steh auf Muschis!« Ich weiß einfach, dass ich hetero bin. Wenn man anfängt zu sagen »Ich steh auf Muschis, aber manchmal auch auf Schwänze!«, dann sagt man sich damit »Ich bin bi!«. Ich glaube, man weiß es einfach.

BRUCE KULICK Wenn man Kerle heiß findet, ist man offensichtlich schwul. Das soll nicht heißen, dass das falsch ist. Ich denke, Männer wissen es schon, wenn sie noch ziemlich jung sind. Man wird ja nicht mit vierzig plötzlich schwul. Normalerweise weiß man es in der Highschool. Ich erkenne, wenn ein Typ gut aussieht, und kann dann sagen: »Wow, der Typ sieht aber gut aus.« Ich sehe auch, wenn ein Schauspieler oder Musiker gut aussieht. Als ich jung war, habe ich die Beatles gesehen und wusste, dass McCartney ein attraktiver Kerl war. Alle Beatles sahen auf ihre Weise gut aus. Es ist leicht zu sagen, dass jemand gut aussieht, aber wenn man schwul ist, stellt man sich vor, denjenigen zu küssen und mit ihm zu schlafen. Ich denke nicht, dass das wirklich so kompliziert ist. Ich stand schon immer auf Frauen, aber ich mag nun mal auch Klamotten und Mode und sehe gern ordentlich aus (die meiste Zeit jedenfalls). Manchmal sage ich, dass ich metrosexuell bin. Aber es gibt da natürlichen einen großen Unterschied zwischen metrosexuell und schwul.

 **HANDSOME DICK MANITOBA** Ich find's gut, was der Comedian Andrew Dice Clay gesagt hat: »Was soll das mit der Bisexualität? So was wie Bisexualität gibt es nicht. Entweder lutscht man Schwänze oder eben nicht!« Das war seine Einstellung und das klingt für mich plausibel.

 **JESSE HUGHES** Man weiß, dass man schwul ist, wenn man einen Riesenständer hat, während man seinem besten Kumpel einen bläst. Und man weiß, dass der beste Kumpel schwul ist, wenn sein Schwanz nach Scheiße schmeckt.

 **LEMMY** Wahrscheinlich wenn der Schwanz deines Freundes nach Scheiße schmeckt.

 **NICKE BORG** Alle, die das lesen, tun mir leid, und ich weiß, dafür werden mich viele Puppen schlagen wollen, aber es gibt diese Vorstellung, die so Old School ist: Die meisten Mädchen haben das Verlangen, Sex mit einer anderen Frau zu haben. Aber die meisten Kerle wollen keinen Sex mit einem anderen Typen. Mich macht es nicht wirklich an, wenn sie fragt: »Willst du, dass ich meine Schwester oder beste Freundin lecke?« Ich sage dann: »Okay, ja, wenn sie das will.« Aber es wäre echt richtig schlimm, wegen einer Frau verlassen zu werden. Da würde man sich doch richtig blöd vorkommen. Und ich habe schon oft mitbekommen, dass Männer von ihren Frauen wegen eines anderen Mädchens verlassen wurden ... oder umgekehrt. So nach dem Motto: »Es tut mir leid, dass wir zwei Kinder haben, aber ich bin schwul und werde Mr Paul heiraten.« Da würde ich doch denken: Was zur Hölle soll das? Ich war also zehn Jahre mit dir zusammen und wir haben gevögelt und jetzt bist du auf einmal schwul? Muss echt schwer sein, damit fertig zu werden. Ich habe viele homosexuelle Freunde, auch Männer, und ich liebe sie alle.

 **TOBY RAND** Ich weiß, dass ich solche Neigungen nicht habe, weil mir ein gut aussehender Typ zwar auffällt, ich aber nicht mit ihm rummachen möchte. Andererseits gehe ich sehr liebevoll mit meinen männlichen Freunden um.

 **ROB PATTERSON** Lutsch einen Schwanz. Wenn es dir gefällt, weißt du Bescheid.

Was sagst du, wenn dich ein Geschlechtsgenosse anmacht?

 **CHIP Z'NUFF** »Oh, danke für das Kompliment. Ich fühle mich echt geschmeichelt, dass du mich attraktiv findest, aber ich habe eine Freundin, auf die ich stehe. Ich bin mir sicher, du findest den Richtigen, denn du siehst echt gut aus.« Sorg dafür, dass er sich wohlfühlt. Sei nicht respektlos. Es ist immer schmeichelhaft, wenn einen jemand heiß findet. Wenn man negativ reagiert und so was sagt wie »Verpiss dich bloß!«, dann wirkt das höchstens so, als wäre man vielleicht schwul oder bisexuell und hätte in Wirklichkeit Angst, sich seine Gefühle einzugestehen.

 **ACEY SLADE** Ich finde das schmeichelhaft, aber ich sag dann einfach: »Hey Kumpel, das ist nicht mein Ding.« Ganz wie bei Led Zeppelin – es gibt kein *In Through the Out Door*.

 **ADDE** Ich würde total nett sein, aber so wie ... wie ein Gentleman eben, aber richtig kühl, verstehst du?

 **ALLISON ROBERTSON** Ich möchte in solchen Situationen einfach nicht gemein sein und ich will nicht, dass sie denkt, ich wäre beleidigt, denn wegen so etwas wäre ich niemals beleidigt. Ich sage dann normalerweise einfach: »Das ist echt süß, aber ich mag Mädchen nicht auf diese Weise.« Es ist ein Kompliment, also würde ich nie so was sagen wie: »Iii!« Ich finde, dass es eigentlich manchmal sogar schöner ist, von einem Mädchen angemacht zu werden, als von einem seltsamen Typen. Manchmal ist das ein größeres Kompliment oder die Anmache scheint irgendwie subtiler zu sein. Aber auch nicht immer!

ANDREW W.K. Das ist mir eigentlich noch nicht so oft passiert und dafür bin ich auch sehr dankbar, denn die paar Mal waren echt eigenartig. Ich habe dann einfach gesagt »Tut mir leid. Ich bin nicht interessiert. Darauf steh ich nicht!« oder »Ich habe eine Freundin!« oder »Ich bin hetero!«. Das war einfach komisch. Es ist nichts, was ich gern noch einmal erleben wollen würde. So ähnlich ist es aber auch, wenn dich eine Frau anmacht und man ist nicht an ihr interessiert. Das ist genauso unangenehm. Ich musste schon Frauen sagen, dass ich nicht mit ihnen zusammen sein will. So harsch sein zu müssen hat schon irgendwie wehgetan.

BLASKO »Kumpel, das ist nicht mein Ding.«

BRENT MUSCAT Ich wurde schon von vielen Typen angemacht. Normalerweise sage ich dann gar nichts. Jedenfalls solange sie nicht versuchen, mich anzufassen, und solange ich mich in ihrer Nähe wohlfühle. Ich schätze, ich würde einfach sagen, dass ich eine Freundin habe. Ich möchte ja auch niemanden beleidigen. Ich würde einfach sagen, dass ich eine Freundin habe, und dann können sie sich ja denken, dass ich hetero bin.

JIMMY ASHHURST »Ähm, vielen Dank.«

BRUCE KULICK Ich hatte mal ein Apartment in einer ziemlich hippen Gegend in L.A., in West Hollywood, also ist mir so was ab und zu passiert, aber niemand hat mich total offensiv angemacht. Ich hatte einen Nachbarn, der immer ein bisschen geflirtet hat, aber ich bin nicht darauf angesprungen. Das wär ja auch lächerlich gewesen. Ich weiß nicht, ob Schwule im Allgemeinen überhaupt ihre Energie an uns verschwenden. Sie wissen schon irgendwie, ob sie eine Chance haben oder nicht. Ich denke, darum ist mir das auch noch nicht so oft passiert.

HANDSOME DICK MANITOBA Das passiert selten. Ich bin eben einfach kein süßer Typ, den man so auf klassische Art und Weise homosexuell anmachen würde. Dafür muss man ein hübscher Junge sein oder so was, keine Ahnung. Passiert selten, dass jemand auf mich zukommt und ich was in der Richtung sagen muss. Ich habe schon gehört, dass Leute sagen: »Jeder ist homosexuell, jeder ist bisexuell, sie gestehen es sich alle nur nicht ein.« Wie auch immer, keine Ahnung. Vielleicht stimmt es, vielleicht nicht. Vielleicht finde ich das eines Tages heraus, vielleicht auch nicht. Im Moment bin ich total fasziniert von Muschis, Titten und Küssen. Ich hatte es nie nötig, mit 19 Leuten an einem Kronleuchter zu schaukeln, um 'ne Erektion zu bekommen.

COURTNEY TAYLOR-TAYLOR Ich denke, ich sage normalerweise so was wie: »Alter, Schluss mit dem Schwuchtelkram.«

DANKO JONES Oh, ich gehe damit ganz locker um. Das ist mir schon passiert. Ich sehe das nicht als Beleidigung, sondern eigentlich als Kompliment. Ich sage einfach: »Ich bin hetero. Tut mir leid, Mann. Ich steh auf Mädchen.« Und dann sagt er: »Du *denkst*, dass du auf Mädchen stehst.« Und so weiter und so fort. Aber mal im Ernst, das ist toll. Ist für mich okay. Mir egal. Es ist auf jeden Fall ein Kompliment.

DOUG ROBB In solchen Momenten halte ich einfach meine Hand hoch und zeige meinen Ehering.

TOBY RAND Ich sage am liebsten: »Nee, Kumpel. Du bist fantastisch. Lass uns einfach abhängen und ein bisschen Spaß haben.« Ich habe schon viele schwule Kerle kennengelernt und die waren nie richtig direkt – sie haben einfach nur Interesse gezeigt. Ich finde, das Beste ist, zu lachen und Spaß zu haben, einfach mit ihnen abzuhängen. Wenn man jemandem einen Korb gibt, kann man trotzdem Zeit mit ihm verbringen und Freunde werden – warum nicht?

JAMES KOTTAK »Danke, Kumpel, du würdest 'ne klasse Ehefrau abgeben.«

NICKE BORG Meine Antwort wäre: »Alter, ich fühl mich geschmeichelt. Ich find dich toll, echt cool. Wir können gern zusammen abhängen, aber wehe du fasst mich an. Ich werde verdammt noch mal nicht schwul, nur weil wir zusammen was trinken oder Drogen nehmen.« Schwule sind

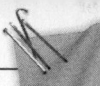

normalerweise ziemlich offen und man kann mit ihnen einfacher über alle möglichen Dinge reden. Also würde ich sagen: »Alter, ich fühl mich echt geschmeichelt, danke, aber ich bin nicht schwul. Auch nicht, wenn du mir das verdammt noch mal beste Koks gibst, das man kriegen kann – sorry!«

 JESSE HUGHES »Solange wir uns nicht küssen, ist alles drin, denn ich bin keine Schwuchtel.«

 VAZQUEZ Oh Mann, ich finde das saukomisch. Ich bin dann immer echt freundlich und sage: »Alles klar, Alter. Ich weiß, dass ich umwerfend bin.« Wenn ein Kerl mir sagen möchte, dass ich umwerfend bin, sage ich: »Hey danke, Mann.«

 LEMMY Im Grunde: »Danke, aber nein danke.«

 ROB PATTERSON »Ich bin hetero, Alter. Tut mir leid. Ich fühle mich aber geschmeichelt, danke.«

Wie leitet man am besten einen flotten Dreier in die Wege?

 DANKO JONES Man muss 'ne Kleine finden, die auf so'n Scheiß steht, denn es hat keinen Zweck, sie dazu zu überreden, das kann die Beziehung ruinieren. Und das ist es echt nicht wert. Obwohl, kommt drauf an: Wenn die Beziehung dir nichts bedeutet, dann versuch's unbedingt, aber wenn dir die Beziehung etwas bedeutet, dann ruinierst du sie damit vielleicht. Am besten suchst du dir jemanden, der eh solche Neigungen hat.

 ANDREW W.K. Wow! Das habe ich noch nie getan und egal ob es nun zwei Frauen oder zwei Männer sind: Es ist echt heftig. Ein drittes Bewusstsein ist im Spiel. Was dem irgendwie am nächsten kommt, ist, dass ich mal Pornos geguckt habe, als ich mit einer Frau Sex hatte. Auch wenn man ein Video guckt, ist da eine dritte Perspektive, eine dritte Sicht. Da ist dann noch etwas anderes, mit dem man sich beschäftigt, das man sich ansieht. Das ist so ähnlich, als ob man sich jemanden vorstellt oder eine bestimm-

te Fantasie hat, während man Sex hat. Aber tatsächlich eine dritte Person dabeizuhaben ist zu viel des Guten. Ich würde mich theoretisch auf diese Erfahrung freuen, aber man setzt dabei eine Energie frei, die total mächtig, vielleicht sogar zerstörerisch und riskant ist. Es scheint einfach sehr sehr heftig zu sein.

 **COURTNEY TAYLOR-TAYLOR** Flotte Dreier sind keine gute Idee. Irgendjemanden verletzt man dabei immer.

 **ACEY SLADE** Leider ist da meistens Alkohol im Spiel. Ich denke, man muss in der Regel dafür sorgen, dass man mit zwei Mädchen und einer Flasche Jack Daniel's allein ist – wenn sie dann nicht kapieren, was los ist, sind sie wahrscheinlich ziemlich hohl.

 **ADDE** Ich denke, man müsste ... Also wenn ich einen flotten Dreier machen wollen würde, müsste es mit Fremden sein. So was macht man nicht mit Freunden.

 **ALLISON ROBERTSON** Habe ich noch nie gemacht, aber ich würde sagen, egal wer man ist – beziehungsweise welcher Teil der drei man ist –, man muss darauf vorbereitet sein, dass es eine Katastrophe werden könnte oder auch nicht. Man muss sich darauf einstellen, dass es vielleicht schiefgeht oder einfach nicht so wird, wie man es sich vorgestellt hat. Man sollte also besonnen an die Sache rangehen und sicherstellen, dass man sich mit den beiden anderen wirklich wohlfühlt. Man sollte auch darauf vorbereitet sein, dass man die beiden vielleicht nie wiedersieht.

 **BLASKO** Ich denke, es ist schwer, jemanden zu überzeugen, noch jemand anders mitzubringen. Es muss organisch sein, man muss sich irgendwie in einer Situation befinden, in der die Mädchen von allein loslegen.

 **BRENT MUSCAT** Wenn mir das in der Vergangenheit passiert ist, sind die Mädchen meistens auf mich zugekommen und haben so was gesagt wie: »Hey, ich und meine Freundin wollen es machen.« Aber vielleicht hatte ich auch einfach nur Glück, weil ich in einer Band bin. Wenn das Mädchen, mit dem du zusammen bist, auf Frauen steht, kannst du sie immer fragen:

»Hey, was hältst du von der oder von der?« Ich schätze, man sucht einfach, bis man die Richtige gefunden hat. Wenn man eine gefunden hat, die Bock drauf hat, ist es nur ein Zahlenspiel. Manche Kerle sind so mutig und fragen tausend Mädchen und bekommen 999 Mal einen Korb, aber ein einziges Mal ist es anders – und darauf kommt es auf lange Sicht ja an.

JESSE HUGHES Mit Mathelehrerinnen.

BRUCE KULICK Wenn man in einer Beziehung ist, muss man sich natürlich fragen: Würde meine Partnerin das machen wollen? Ich denke, es gibt nicht so viele Mädchen, die ein anderes Mädchen dabeihaben wollen. Und Männer wollen normalerweise keinen anderen Mann, sondern noch ein Mädchen. Wenn meine momentane Freundin es machen wollen würde, wäre ich trotzdem ziemlich nervös, weil ich denke, dass das viele Fragen aufwirft, die zu Problemen in der Beziehung führen können. Ich belasse es lieber bei einer Fantasie. Wenn es jemand erlebt hat und es gut war, dann ist das toll, aber ich glaub halt nicht, dass es so einfach ist.

CHIP Z'NUFF Als Erstes sollte man reden. Rede mit deiner Partnerin über einen flotten Dreier. Wenn du solo bist und mit zwei Mädchen zusammen sein willst – also wenn ein Mann zwei Frauen trifft –, lade die beiden zu dir nach Hause ein und dann hängt erst einmal eine Weile ab. Trinkt vielleicht ein paar Gläser Wein, raucht ein paar Joints und unterhaltet euch einfach ein bisschen. Wenn du das Gefühl hast, dass es schon passieren könnte, bevor du so weit bist, dann ist es so ziemlich ein Selbstläufer. Lass die Mädchen einfach den Anfang machen – das ist meine Empfehlung. Lehn dich zurück und halte dich erst einmal raus. Sei kein aufdringlicher Idiot. Wenn die Mädchen dann loslegen, kannst du entscheiden, was dein nächster Schritt ist. Aber lass sie anfangen. Das ist mein Rat – und ich weiß, dass es funktioniert!

TOBY RAND Am besten küsst man ein Mädchen und zeigt dann auch Interesse an ihrer Freundin. Eigentlich muss man nur die richtigen Mädchen finden. Es gibt sie da draußen. Letztes Wochenende habe ich so was echt erlebt – jetzt kommt eine wahre Geschichte: Ich war in einer Kneipe und da war dieses Mädchen. Ich wollte eigentlich zu einer Privatparty und sie meinte dann: »Nein, ich will, dass du hierbleibst.« Und ich habe geantwortet: »Ich weiß nicht so recht.« Sie meinte dann nur: »Na gut.« Und dann hat sie mit mir rumgemacht. Dann hab ich ihre Freundin gemustert, die in der Nähe rumstand, und meinte dann so: »Ich denke, ich muss jetzt wirklich gehen.« Also hat sie zu ihrer Freundin gesagt: »Komm her – du kannst auch mit ihm rummachen.« Dann habe ich auch mit der anderen rumgemacht und danach haben wir alle drei rumgemacht ... Ich bin dann doch dageblieben.

DOUG ROBB Wie beschwört man diese Magie herauf? Ich glaube, man muss einfach offen sein. Lass es raus und sag, dass du darauf stehst. Wenn deine Partnerin auch darauf steht, kommt der flotte Dreier vielleicht irgendwann zustande. Wenn deine Partnerin sagt, dass sie das nicht mag, dann wird es nicht geschehen.

GINGER Lass deine Frau das Mädchen aussuchen. Du willst ja, dass sie sich noch einmal darauf einlässt, also kümmere dich mehr um sie, egal wie scharf du auf ihre Freundin bist.

NICKE BORG Das hängt nicht von dir ab, sondern von der Frau. Für mich als Mann muss die Idee von meiner Freundin oder Frau kommen. Und dann sollte man sagen: »Ich weiß nicht. Ich bin mir nicht sicher. Bist du dir sicher, Baby?« – »Ja, ich will's machen.« Und dann sagst du »Okay, Baby« und denkst: Verdammt ja!

HANDSOME DICK MANITOBA Kennst du die Serie *Lass es, Larry!*? Das ist eine tolle Comedyserie auf HBO. Am zehnten Hochzeitstag sagt seine Ehefrau: »Du kannst dir eine andere Frau nehmen, einen Tag lang in unserem zehnten Ehejahr.« Manchmal sage ich das im Scherz zu meiner Frau. Wir haben darüber nachgedacht und sie hat tatsächlich gesagt: »Wenn du das wirklich möchtest, können wir es tun.« Und ich habe darüber nachgedacht und glaube, es könnte echt Spaß machen, aber es könnte auch auf lange Sicht Folgen haben. Wenn mir das andere Mädchen zum Beispiel zu gut gefällt oder meine Frau eifersüchtig wird, wenn ich das Mädchen berühre oder küsse. Und was ist, falls die beiden sich super verstehen und mich das stört? Es kann gut gehen: Man genießt es, hat einen Tag lang Spaß und das war's dann. Aber wenn es dir schwerfällt loszulassen, werden dich diese Erinnerungen verfolgen. Entweder muss deine Frau ständig daran denken, dass du zu sehr bei der Sache warst, oder du denkst ständig daran. Es gibt einige Dinge, die schiefgehen können. Hin und wieder denke ich schon darüber nach. Ich glaube, dass wir es eines Tages machen werden. Wir würden dann sicher etwas arrangieren – weil ich mich gern darum kümmern würde –, aber es wäre garantiert nur was Unverfängliches. Aber man weiß nie, keine Ahnung. Wir reden darüber, sind aber noch nicht zu einer Entscheidung gekommen. Aber eines Tages machen wir es vielleicht.

 **JIMMY ASHHURST** Oh, das ist echt heikel, Mann! Dabei ist schon jede Menge Bockmist rausgekommen. So emotionale Scheiße – auch wenn sie anfangs zu allem bereit war. Man muss zuerst absolut sichergehen, dass beide auch wirklich im Boot sind, vor allem wenn man mit einer von beiden zusammen ist. Wahrscheinlich wird es am Anfang Spaß machen, aber wenn das andere Mädchen erst mal weg ist, seid ihr mit der Scheiße allein, die dann kommt! Ich denke, es ist am besten, wenn sich die beiden kennen. Wenn du erst einmal in einer Beziehung bist, ist es, fürchte ich, am besten, wenn du einfach die Finger davon lässt – außer du bist sehr viel erfahrener als ich.

 **LEMMY** Meistens schlägt die Frau einen Dreier vor. Es kommt nicht so gut an, wenn Männer so was vorschlagen, weil die Bräute dann immer beleidigt sind und so'n Scheiß. Da kann man ganz leicht was Falsches sagen, besonders wenn man nicht gut mit Worten umgehen kann.

 **VAZQUEZ** Das ist mir echt selten passiert und wenn es mal so war, dann immer in den Momenten, in denen ich es am wenigsten erwartet habe. Mit einer Exfreundin war es echt eigenartig. Wir hatten eine Menge Probleme in unserer Beziehung und es sah so aus, als würden wir uns trennen. Eines Tages waren sie und ihre beste Freundin bei mir. Wir drei saßen auf dem Sofa und es lag so eine Spannung in der Luft, weil die Beziehung zu Ende ging. Doch bevor wir uns versahen, waren wir schon mittendrin. Alter, war das strange, denn die meisten Mädchen wollen es ja nun nicht gerade mit der besten Freundin machen. Das war wahrscheinlich eine der seltsamsten Erfahrungen, die ich in meinem Leben gemacht habe. Damit hatte ich echt nicht gerechnet!

Wäre es okay für dich, wenn wildfremde Menschen über deine sexuellen Vorlieben Bescheid wüssten?

 JESSE HUGHES Als ich klein war, hat meine Mum in einem Laden mit dem Namen Bullets gearbeitet und sie hatte viele schwule Freunde. Ganz ehrlich, Schwule gehören zu den lustigsten Menschen der Welt. Ich bin in den Südstaaten aufgewachsen und da muss man echt tough sein, wenn man schwul ist. Denk nur mal daran: Der erste Rock'n'Roller war ein schwuler schwarzer Mann namens Little Richard und kam aus den Südstaaten. Ich kann mir keine härtere Gegend dafür vorstellen! Da endet man so wie Fred Schneider von den B-52's –als harter Hund, vollkommen durchgeknallt. Als ich nach San Francisco gezogen bin, habe ich eines schnell gelernt: Schwule können einem übel mitspielen! Sie können kämpfen wie Hurensöhne und sie können zuschlagen. Dann habe ich gelernt, dass es zwei Arten von Homosexuellen gibt: Es gibt die Traumaschwulen und römische oder griechische Schwule. Die Traumaschwulen haben in ihrer Kindheit etwas Schlimmes erlebt, weshalb sie sich auf sich selbst und aus irgendeinem Grund auf die eigene sexuelle Identität konzentrieren und dann werden sie Dragqueens oder unterziehen sich einer Geschlechtsumwandlung. Die römischen Schwulen sind die, die, glaube ich, schwul geboren wurden. Die schauen sich selbst an und denken: Oh mein Gott, das ist heiß! Und dann gehen sie mit jemandem aus, der genauso aussieht wie sie, das heißt mit Bodybuildern und Schauspielern. Viele aus der Schwulenszene sind gern Männer. Wenn man in San Francisco herumläuft und sich das alles mal anguckt, »Bear«, »Cuffs« und so'n Zeug – heilige Scheiße! Also wenn du dir mal meinen Style ansiehst, ist es doch wohl ziemlich offensichtlich, dass ich was für die Gay Community übrig habe.

 ROB PATTERSON Ist mir völlig egal. Ich bin ein offenes Buch.

VERGRÖSSERUNGEN

⚡

»MAN WIRD ECHTE TITTEN NIE FÜR
FALSCHE HALTEN, ABER MAN KANN
FALSCHE FÜR ECHTE HALTEN.«

LEMMY

Was ist besser: echte oder gemachte Brüste?

 **LEMMY** Oh, ich mag unechte Brüste. Jahrelang hatte ich mit echten zu tun. Die meisten sind ziemlich schlimm. Die Schwerkraft setzt sich durch. Schreckliche Sache, diese Schwerkraft. Warum können wir nicht ein bisschen weniger davon haben und die ganze Zeit in anderen Sphären schweben?

 **BLASKO** Ah, gemachte Brüste!

 **ACEY SLADE** Solange sich die Frauen vor der OP gut informieren und danach dann keine Narben haben – der Anblick kann einen schon ziemlich runterbringen –, sind gemachte Brüste okay. Man sollte es von der Achselhöhle her machen lassen. Ich würde auf keinen Fall empfehlen, es von unter der Brust aus zu machen. Aber – ob du es glaubst oder nicht – das Ganze hängt ja grundsätzlich von der Persönlichkeit ab: Ein Mädchen, das selbstsicher ist und keinen großen Busen hat und an einem heißen Sommertag ein weißes Trägerhemd anhat, ist mir viel lieber als eines mit falschen D-Körbchen.

 **ADDE** Ich liebe kleine Brüste. Wenn sie richtig flach aussehen, das liebe ich.

 **ANDREW W.K.** Also ich habe immer echte Brüste bevorzugt und den Reiz von Implantaten nie richtig verstanden – höchstens theoretisch. Ich habe Freunde, die besonders auf Implantate stehen und natürliche Brüste nicht mögen. Vor allem ein Freund, ein echt cooler Typ aus Florida, fährt so dermaßen auf Stripperinnen ab und hat immer einmal im Monat eine Wallfahrt nach Amsterdam gemacht, wo er dann total abgegangen ist. Er sagte: »Andrew, ich weiß, dass du nicht auf Implantate stehst, aber lass mich dir trotzdem mal erzählen, was ich daran so mag: Ich will, dass sie aussehen, als würden da zwei Grapefruithälften drunterstecken, steinhart, glänzende Haut, ganz straff, weit auseinander.« Er mochte besonders, was einige Leute als ein schlecht gelungenes Implantat bezeichnen würden. Ich habe wirklich versucht, das zu verstehen, aber ich konnte es nicht. Ich habe Implantate gesehen, die wirklich gut gemacht waren, aber trotzdem

fand ich die Brüste nicht so gut wie natürliche. Es geht vor allem um die Psyche. Die Psyche einer Frau, die etwas an sich ändern will, ist wie die Psyche einer Frau, die sich auf eine bestimmte Weise entwickelt hat und nichts dagegen tun konnte. Ich bewundere und respektiere jeden, der sich operieren lässt. Ich finde das total okay, aber es hängt davon ab, wie man drauf ist, was man erreichen möchte. Es ist für mich nicht unbedingt ein Abturner. Ich finde es sehr aufregend, künstlerisch und kreativ, wenn jemand sein Aussehen nach seinen Vorstellungen verändert, aber es wird wichtig, wenn es zu einer sexuellen Beziehung kommt. Es hat zur Folge, dass ich nicht erregt bin. Aber dafür fand ich es immer sehr erregend, mir vorzustellen, wie ein Mädchen sich von allein entwickelt, und wenn sie dann zu einem richtig gut gebauten Mädchen herangewachsen ist, muss das doch auch total eigenartig für sie gewesen sein, dieses Wunder des Heranwachsens. Was sie wohl gedacht hat, als sie zusehen musste, wie sich ihr Körper veränderte. Sie musste lernen, damit umzugehen, wie Männer und Frauen auf ihren Körper reagieren. All das finde ich wirklich aufregend an Frauen mit echten Brüsten. Als ob diese Frauen im Lotto gewonnen hätten – man kann einfach nicht glauben, dass das von alleine passiert ist. Und das macht es so aufregend.

DOUG ROBB Ich mag echte Brüste lieber. Aber wenn man absolut keinen Busen hat, wäre ich nicht gegen eine Vergrößerung, solange sie dezent ist. Ich fände es aber nicht gut, wenn sie am Montag flachbusig ist und am Dienstag einen Riesenvorbau hat. Wenn die Vergrößerung offensichtlich ist, ist das irgendwie cool und es macht Spaß, sich das anzusehen und zu sagen: »Hey, das Mädchen hat große Titten.« Aber eigentlich wünscht man sich, sie wären echt.

BRUCE KULICK Für 'n junges Mädchen ist es ziemlich einfach, echte Brüste zu haben, die fantastisch aussehen. Wenn man ein Mädchen, das man kennengelernt hat, als sie zwanzig war und einen riesigen Vorbau hatte, zum ersten Mal wiedertrifft, wenn sie vierzig ist, sucht man das Weite. Wenn Frauen sich ihre Brüste vergrößern lassen haben – egal ob mit zwanzig oder dreißig –, sehen die mit vierzig normalerweise noch ziemlich gut aus, besonders wenn die Frauen einen guten Arzt hatten. Ich kann also nicht behaupten, dass ich etwas gegen Brustvergrößerungen hätte. Ich finde sie super für Mädchen, sie schaffen eine Balance ... Ich habe in meinem Leben viele wirklich hübsche Mädchen kennengelernt, die nicht mit einer großen Oberweite gesegnet waren, und ich finde es okay, wenn sie sich eine kaufen. Auch wenn die Brüste sich nicht unbedingt so natürlich anfühlen, bleiben sie zumindest oben, wenn sie älter sind, und schlackern den Frauen nicht um die Füße.

CHIP Z'NUFF Es spricht einiges für falsche Brüste. Sobald man sie berührt, bekommt man einen Harten, weil sie so fest und perfekt sind. Aber ich finde echte Brüste besser, weil man dann weiß, dass auch die Frau ganz natürlich und nicht verunsichert ist, was ihr Aussehen angeht. Ich mag echte lieber, auf jeden Fall. Aber wie gesagt, einiges spricht auch für falsche Brüste. Wenn man sie anfasst, passiert was.

COURTNEY TAYLOR-TAYLOR Echt, echt, alles muss echt sein.

ALLISON ROBERTSON Ich persönlich finde echte Brüste besser. Ich habe Freundinnen, die falsche haben, und ich finde das okay an ihnen. Aber ich denke, viele Leute, die was an ihrem Körper haben machen lassen, wünschten sich, es wieder rückgängig machen zu können. Deshalb finde ich echte immer besser. Man kann nicht mehr zurück, wenn man erst einmal etwas geändert hat. Aber wenn man alles natürlich lässt, hält man sich die Möglichkeit für später im Leben offen. Wenn man Implantate hat und die wieder loswerden will, geht das nicht, ohne dass die Haut danach total seltsam, vermurkst und wabbelig aussieht. Ich steh also auf natürliche Brüste.

DANKO JONES Echte Brüste sind besser.

EVAN SEINFELD Gute Brustimplantate sehen perfekt aus und halten ewig. Ich würde sagen, fünf Prozent der Frauen auf der Welt sind mit perfekten Titten gesegnet, die die Zeit überdauern und nicht der Schwerkraft zum Opfer fallen werden. Junge Frauen sollten ihre jungen, natürlichen Brüste auf jeden Fall genießen, solange sie können. Ich bin aber auch ein großer Fan von guten Brustimplantaten.

HANDSOME DICK MANITOBA Echte Brüste sind besser. Von der Ästhetik und vom Tastgefühl her bevorzuge ich die natürliche Variante. Sogar wenn sie schlaff sind. Ist mir egal. Finde ich immer noch besser, als wenn sie

hart sind oder aussehen wie Ballons. Manchmal sehen falsche Brüste in Klamotten besser aus, aber sie fühlen sich nicht besser an.

JESSE HUGHES Echte Brüste sind besser. Irgendwie sind die dazugehörigen Frauen verzweifelter und geiler.

JIMMY ASHHURST Oh, das ist eine schwierige Frage. Die gemachten Brüste, die man heutzutage überall sieht, haben schon was, zumindest vom Aussehen her. Aber wenn man eine Frau auf den Kopf stellt und die Brüste immer noch die gleiche Form haben, ist das schon ein bisschen verdächtig. Es gibt viele misslungene Vergrößerungen – ich lebe in der Hauptstadt der vergrößerten Titten. Ich kann mich nicht einmal an das letzte Mal erinnern, als ich irgendwelche echten Brüste zum Vergleich gesehen hätte. So weit ist es hier schon. Natürlich gibt es auch noch eine Handvoll Frauen, die von Geburt aus gesegnet sind. Wenn man heutzutage eine von denen kennenlernt, hat man echt Glück.

VAZQUEZ Ich muss mich ehrlich für echte Brüste entscheiden. So sehr ich große Titten mag, nichts ist so seltsam, wie seine Hand auf eine vergrößerte Brust zu legen. Die Haut fühlt sich gut an, aber dann fühlt man dieses Bohnensäckchen und das ist verdammt seltsam, Mann.

JOEL O'KEEFFE Ich liebe beide! Es macht mit beiden Spaß zu spielen und man kann auf beiden bequem schlafen.

TOBY RAND Echte Brüste fühlen sich einfach besser an. Andererseits kommt es drauf an, wie die echten Brüste sind, denn unechte sind auch gut. Ha! Ich bin hin- und hergerissen! Wenn echte Brüste aufrecht stehen und prall und großartig sind, dann bin ich auf jeden Fall für echte.

NICKE BORG Ich denke, echte Brüste sind auf jeden Fall die besten. Ich finde, man sollte keinen Scheiß mit seinem Körper machen. Aber wenn man wirklich das Gefühl hat, dass etwas mit dem eigenen Körper nicht stimmt und man etwas dagegen tun will, dann ist das okay – wenn man es nicht übertreibt. Außerdem haben diese Implantate heute – nicht, dass ich mich da so super auskennen würde – irgendwie eine gewisse Dichte. Man will ja keinen Handball drücken, sondern Titten. Es kommt also drauf an. Ich finde, die Mädels sollten das nicht machen. Ich kenne ein Mädchen, das die verdammt noch mal kleinsten Titten aller Zeiten hat, die aber fantastisch sind, weil sie zu ihr gehören. Es wäre so was von lächerlich, wenn sie sich die Brüste vergrößern lassen würde. Ich würd sie nur fragen: »Was hast du getan?« Aber ich verurteile niemanden, der das machen will. Das muss jeder selbst wissen.

ROB PATTERSON Macht für mich keinen Unterschied.

Wie findet man heraus, ob Brüste echt oder unecht sind?

EVAN SEINFELD Wenn man fragen muss, wird man sich nie sicher sein können. Männer, wenn ihr Laien seid, sucht nach Narben um die Brustwarze, unter den Brüsten oder in den Achselhöhlen. Stellt das Mädchen auf alle viere und sucht nach kleinen Wellen an den Seiten, wenn sie dünn ist. Außerdem sollte man wissen, wie sich Silikon anfühlt. Eigentlich ist es aber egal. Ich finde, große Titten sind wie die Matrix: Wenn sie gut aussehen und sich gut anfühlen, sollte man sie nicht hinterfragen – sondern einfach genießen.

ACEY SLADE Man stellt die Frau auf den Kopf. Aber im Ernst, wenn es ein wirklich guter Arzt gemacht hat, merkt man es nicht.

ADDE Das erkennt man leicht, denn Silikontitten sehen nicht natürlich aus.

BLASKO Ich kann das leicht erkennen, wenn sie die Klamotten ausgezogen hat. Heutzutage kann man sich da aber auch täuschen. Doch wenn man die Brüste anfassen kann, weiß man es einfach.

BRUCE KULICK Ich seh mir gern Leute an und ich liebe Frauen, also kann ich so was gut abschätzen. Ich habe mich aber auch schon getäuscht, denn wenn eine junge Frau falsche Brüste hat, erkenne ich es nicht unbedingt, bis ich sie anfasse. Es ist trügerisch: Auch junge Frauen können solche straffen, festen Brüste haben, besonders wenn sie eine Standard-Brust-OP hatten und danach nicht wie'n Pornostar aussehen.

 **DANKO JONES** Wenn sie unecht sind, prallt deine Hand ab. Ist wie Gummi.

 **CHIP Z'NUFF** Wenn man die Brüste anfasst, weiß man sofort, auf der Stelle, ob sie echt sind oder nicht. Die Elastizität der Haut, das ganze Aussehen verrät es. Man trifft keine Frau in ihren Dreißigern mit superharten Titten und merkt es dann nicht! Außer man hat keine Erfahrung, dann habe ich vielleicht unrecht und man erkennt es nicht. Aber meistens weiß man es sofort.

 **DOUG ROBB** Ich weiß nicht – die meisten falschen Brüste erkennt man leicht.

 **COURTNEY TAYLOR-TAYLOR** Alle Brüste sind echt. Wenn man nicht erkennt, dass sie unecht sind, dann sind sie es nicht. Um Gottes willen, man will doch nicht dieses gruselige Gefühl haben und denken: Wenn ich jetzt zu doll drücke, platzt das Ding auf – das ist ja nicht sie, das gehört nicht zum Menschen ... Es ist aber doch immer der Mensch, der mich auf Touren bringt, seine verdammten Reaktionen. Es gibt nichts Heißeres als eine Frau, die sich heiß fühlt, die sich so richtig schön fühlt. Das ist einfach fantastisch. Das ist das Spektakulärste, was man als Mann beobachten oder an dem man teilhaben kann.

 **LEMMY** Das merkt man normalerweise, obwohl manchmal auch nicht. Man wird echte Titten nie für falsche halten, aber man kann falsche für echte halten. Ich lebe in L.A., dem Zentrum der Brustvergrößerungen. Es ist immer eine kleine Enttäuschung, ins Ausland zu reisen.

 **HANDSOME DICK MANITOBA** Ich finde, das ist offensichtlich. Ich bin ein Fan von *National Geographic*, was soll ich sagen?

 **JAMES KOTTAK** Das Wippen! Der Busen wippt auf und ab, wenn sie laufen. Das sieht man.

 **JESSE HUGHES** Fragen. Ich frage immer sofort.

 **JIMMY ASHHURST** Kein Ding, man muss nur einmal hupen. Ha! Ich merk das normalerweise. Und wenn ich es nicht nach dem ersten Hupen weiß, dann weckt das meinen Forschergeist und ich möchte mit der Untersuchung fortfahren.

 **JOEL O'KEEFFE** Ist mir egal, ob sie echt oder unecht sind. Falsche Brüste sind normalerweise härter, aber die moderne Wissenschaft macht es einem immer schwerer, sie zu erkennen.

 **NICKE BORG** Also echt, man ist entweder bewusstlos oder zurückgeblieben, wenn man das nicht erkennt.

 **ROB PATTERSON** Come on ...

 **TOBY RAND** Erstens weiß ich es, nachdem ich ungefähr zwanzig Minuten mit dem Mädchen geredet habe. Zweitens kann ich die Beschaffenheit der Möpse erfühlen. Ich weiß einfach alles über Möpse.

Was sollte eine Frau tun, wenn sie ihre Brüste vergrößern lassen will?

 **BRUCE KULICK** Ich kenne ein paar hübsche Mädchen, die sich die Brüste machen lassen wollten. Jetzt haben sie ziemlich große und fühlen sich damit besser. Ich finde das nicht immer gut, weil sie die verstecken müssen,

wenn sie einen Geschäftstermin haben. Ich mag es lieber, wenn die Brüste danach noch zum Körper passen. Wenn ein Mädchen unbedingt Pornostar oder Stripperin werden will – okay! Dann tu es und lass sie dir so groß machen, wie es dein Rücken aushält. Wen juckt's? Du wirst ja eh Stripperin oder Pornostar. Aber wenn du ein normales Mädchen von nebenan sein willst, lass sie dir nicht zu groß machen.

COURTNEY TAYLOR-TAYLOR Zieh verdammt noch mal aus Hollywood weg.

JAMES KOTTAK Zieh nach L.A.!

ACEY SLADE Frauen, die das wollen, sollten sich die Brüste vieler anderer Frauen ansehen. Und auch wenn sie sich ihre Möpse gar nicht machen lassen wollen, sollten die meisten Frauen sich trotzdem die Brüste anderer Frauen ansehen. Echt ey, es ist eigentlich wie bei allem anderen auch: Geh zu deinen Freundinnen, die schöne falsche Brüste haben, geh in eine Stripbar und sieh dir die Frauen mit den schönen falschen Titten an. Finde heraus, zu welchem Arzt sie gegangen sind, und mach einen großen Bogen um die schlechten Ärzte.

HANDSOME DICK MANITOBA Ich sage den Frauen immer: »Mach es nicht.« Wenn es um Operationen geht, sollte man mit Leuten reden, die das schon durchgemacht haben. Keine scheint je mit dem zufrieden zu sein, was sie hat. Sie wollen Locken, wenn sie glatte Haare haben, sie wollen glatte Haare, wenn sie Locken haben, und so weiter. Aber ich steck da nicht drin. Wenn es sie glücklicher macht …

ALLISON ROBERTSON Ich denke, man sollte sich informieren und sich für das sicherste Implantat entscheiden – das mit dem geringsten Risiko für undichte Stellen. Mir macht das Angst. Manchen Mädchen macht das vielleicht nichts aus, aber es ist beängstigend, sich vorzustellen, dass da etwas ausläuft. Man sollte schon ein bisschen Geld ausgeben, sich über den Arzt informieren, Empfehlungen einholen und so was. Geh zu einem Arzt, bei dem jemand war, den du kennst, und bei dem der Eingriff erfolgreich verlaufen ist. Das Schlimmste, was man machen kann, ist zu versuchen, eine besonders günstige OP zu kriegen, und dann muss man für immer mit dem Ergebnis leben. Sie bewegen sich, sie verändern sich, also sollte man im Voraus viel Geld bezahlen, damit sie wirklich gut werden.

EVAN SEINFELD Sie sollte sich die Arbeit des Chirurgen live und in Farbe ansehen, und zwar mehrfach. Sie kann sich all das natürlich in einem Fotoalbum ansehen, aber sie sollte am besten auch darum bitten, Frauen zu treffen, die der Arzt operiert hat. Wenn der Arzt damit nicht dienen kann, sollte sie lieber die Beine in die Hand nehmen! Schließlich hat die Frau das Recht, sich zu entscheiden.

TOBY RAND Ich sehe mir gerne ... nicht allzu große Brüste an. Ich liebe solide C- und D-Körbchen, die natürlich aussehen.

ANDREW W.K. Ich weiß nicht. Das klingt wie etwas, auf das man sich nie wirklich und vollkommen vorbereiten kann. Ich wollte eigentlich sagen, dass man eine Art Prothese oder diese Gelpads tragen soll, die die Brüste größer erscheinen lassen, aber natürlich würde einen das nur ermutigen, es noch schneller machen zu lassen. Warum sollte man warten? Man wäre aufgedreht, es wäre großartig. Einerseits ist es eine heftige Operation, aber andererseits steckt man viel Energie in eine bestimmte Sache, in einen bestimmten Aspekt des Aussehens. Das ist okay, wenn einen das anmacht und man es so will. Ich schätze, ich würde versuchen, die Frau darauf vorzubereiten, und sagen, dass sie sich wirklich vollkommen dessen bewusst sein soll, was sie da tut. Es gibt viele Dinge, für die wir unser Geld ausgeben und denen wir uns leidenschaftlich hingeben können. Falls eine Brustvergrößerung eines dieser Dinge ist, die man machen möchte, sollte man sich der Folgen absolut bewusst sein.

BLASKO Geh in einen Stripclub, sieh dir die Mädchen an, die dort tanzen, und frag die, deren Titten dir gefallen, wo sie die machen lassen hat.

BRENT MUSCAT Sie sollte sich viele Frauen ansehen, die sich die Brüste machen lassen haben. Sie sollte die Brüste von anderen Frauen anfassen und auch mit Frauen reden, die das machen lassen haben. Wenn sie viele Frauen auscheckt, wird sie auch gute und schlechte Brustvergrößerungen sehen. Sie sollte den richtigen Arzt suchen, indem sie Brüste, die er operiert hat, findet und befühlt. Wenn sie mit anderen Frauen redet, kann sie sich dann auch über Komplikationen und so was informieren, um herauszufinden, ob sie es wirklich tun will, denn ich weiß, dass es wehtut und es kann zu Nebenwirkungen kommen. Wenn man die Brüste erst einmal hat, muss man sie sich auch irgendwann neu machen lassen. Es geht also nicht nur um eine einzige OP. Man muss sie sich irgendwann noch mal machen lassen, es sind mehrere Operationen und jedes Mal, wenn man sich unters Messer legt, riskiert man sein Leben. Das ist also eine echt ernste Sache, über die man gründlich nachdenken sollte.

JESSE HUGHES Sie sollte einen Gang runterschalten und es nicht tun.

CHIP Z'NUFF Sie sollte sich ein paar Möglichkeiten offen halten, mit verschiedenen Ärzten sprechen. Meine Empfehlung lautet: Lass dir die Brüste nicht zu groß machen. Für eine Puppe, die zwischen 1,70 und 1,75 Meter groß ist, reicht ein C-Körbchen. Für ein Mädchen zwischen 1,50 und 1,60 Meter ein B-Körbchen. Das passt dann besser zum Körper und tut nicht weh. Du brauchst dieses ganze Zeug nicht in dir, das ist ungesund und unnatürlich. Man wird nicht mit falschen Titten und falschen Ständern geboren. Auf jeden Fall sollte man mit verschiedenen Leuten reden und verschiedene Ärzte aufsuchen, sich eine zweite und dritte Meinung einholen, um die richtige Entscheidung zu treffen, denn es ist echt schwer, das wieder rückgängig zu machen. Alle Frauen, die ich kenne und die sich ihre Brüste zu groß machen lassen haben, mussten eine Verkleinerung machen lassen. Und das ist teuer und manchmal schmerzhaft und es kann auch gefährlich sein.

DANKO JONES Sie sollte in den Spiegel sehen und lernen, sich selbst so zu lieben, wie sie geboren wurde. Sie sollte glücklich und zufrieden sein, denn vielleicht hat sie einfach ein falsches Bild von ihrem Körper und mit ihr ist in Wirklichkeit alles in Ordnung und sie turnt viele Männer an – mehr als sie denkt.

DOUG ROBB Es muss auf jeden Fall geschmackvoll sein. Man muss die Körperform und -größe bedenken. Und man muss überlegen, was man will. Willst du als das Mädchen mit den großen falschen Titten bekannt sein, oder willst du, dass die Leute nicht genau sagen können, ob die Brüste falsch oder echt sind?

JIMMY ASHHURST Keine Kosten scheuen: Leider bekommt man nur das, wofür man bezahlt.

LEMMY Ich würde meinen, wechsle deinen Job. Spare. So was ist heutzutage teuer.

ROB PATTERSON Ihren Arzt anrufen? Haha!

VAZQUEZ Ich würde sagen, sie soll es lieber nicht tun, außer sie sieht aus wie ein verdammter Mann – also wenn sie ein A-Körbchen hat. Aber wenn sie ein paar nette Bs hat, sollte sie die behalten, weil es einfach nur dumm aussieht, wenn sie diesen Scheiß machen lässt. Das gefällt mir echt überhaupt nicht, Mann. Vielleicht bin ich verrückt, aber ich mag's nicht.

Wann sollte man eine Penisverlängerung in Betracht ziehen?

NICKE BORG Man sagt zwar, dass es nicht auf die Größe ankommt, aber das ist totaler Quatsch. Ich weiß nicht, Alter. Das ist eine schwere Frage. Mich hat noch nie jemand gefragt: »Denkst du, ich sollte eine Penisverlängerung machen lassen?« Hahaha! Ich weiß es echt nicht, aber wenn es dich wirklich stört, weil du den verdammt noch mal kleinsten Schwanz der Welt hast … Was soll ich sagen, Alter, wir leben in einer Zeit, in der Zwerge Sex mit Pornostars haben und solche Sachen!

ALLISON ROBERTSON Ich denke, wenn man die Frauen damit erschreckt, wie klein er ist. Männer wissen das. Ich glaube, es gibt für jeden Typen ein Mädchen. Jeder kann einen Partner finden, der von der Größe her passt. Ich finde nicht, dass man eine Verlängerung braucht, nur weil man einen kleinen Pimmel hat. Ich denke, es ist so weit, wenn man durchs Leben geht und die Mädchen sich alle aus dem Staub machen – ich kenne Mädchen, die das machen, mich eingeschlossen. Das ist gemein, aber wahr. Viele

Mädchen wissen einfach, dass sie damit nicht umgehen können. Man sollte es also tun, wenn es echt schwierig ist, einen Partner zu finden oder jemanden, dem das nichts ausmacht. Ich finde, Brustvergrößerungen und Penisveränderungen sind was wirklich Persönliches, es geht dabei um einen selbst. Wenn es einen glücklich macht und man es machen will, dann ist es okay. Aber man sollte so was nicht für einen anderen tun – außer vielleicht man ist verheiratet und der Partner wünscht es sich wirklich, wirklich sehr. Ich finde das alles nicht so toll, außer man macht es tatsächlich nur für sich selbst.

ACEY SLADE Ich schätze mal, wenn er immer wieder sagen muss: »Er ist drin.«

DANKO JONES Ich kann nicht einmal daran denken, ohne zusammenzuzucken und mir an den Schwanz zu packen. Ich kann mir einfach nicht vorstellen, dass das jemand macht. Echt nicht! Nein, du solltest das nicht machen.

JESSE HUGHES Man sollte es tun, wenn man ein Gemächt wie ein Pferdchen hat und nicht wie ein Hengst.

EVAN SEINFELD Ich wusste nicht, dass es so was wirklich gibt. Aber Männer, wenn eure Frau zu euch sagt, dass es nicht auf die Größe ankommt, heißt das, dass es das doch tut. Denn wisst ihr was? So ist es einfach.

ANDREW W.K. Diese Vorstellung ist eine der großartigsten Ideen überhaupt, die die männliche Weltbevölkerung im Sturm erobert hat. Das ist wahrscheinlich das reizvollste Konzept der Welt. Ich könnte mir vorstellen, dass jeder Mann, egal wie gut bestückt er sein mag oder eben auch nicht, schon mal darüber nachgedacht hat. Es ist wie fliegen oder so als ob man fliegen könnte. Ich weiß nicht, was genau das Reizvolle daran ist. Frauen sagen oft, dass es nicht auf die Größe ankommt, sondern auf die Technik. Ich erinnere mich daran, dass Mädchen, die mit jemandem zusammen gewesen sind, der einen kleinen Penis hatte, gesagt haben, dass es nicht darauf ankam, wie es sich angefühlt hat, sondern darauf, wie der Typ zu seiner Größe stand, wie er sich verhalten hat. Ich stelle mir vor, dass es so ist wie bei jemandem, der Probleme mit seiner Körpergröße hat. Für Männer ist das angeblich eine heikle Sache. Ich bin dankbar dafür, wie ich gebaut bin, genauso wie für die Fähigkeit, laufen und sehen zu können. Ich bin einfach dankbar. Wahrscheinlich ist das eine spezielle Männerfantasie – aber vielleicht auch eine von Frauen. Der Phallus ist eine elementare, ursprüngliche Sache in der menschlichen Psyche. Er nimmt im Gehirn eines jeden viel Platz ein. Ein Freund von mir sagt immer: »Alle Männer denken über Schwänze nach. Nur schwule Männer denken noch viel mehr darüber nach.« Wahrscheinlich hat er damit recht. Das Wesen der Sexualität besteht in der Idee, dass ein Schwanz in ein Loch gesteckt wird. Und wenn man einen solchen Schwanz hat, nimmt der einen wichtigen Platz in deinem Leben ein. Es ergibt für mich also Sinn, dass man einen größeren haben möchte.

 **ADDE** Wahrscheinlich nie – man sollte eher an seinen Moves arbeiten.

 **BLASKO** Nie! Ich habe was darüber gelesen und es funktioniert irgendwie nicht richtig. Am Ende sieht der Schwanz dann aus wie ein Würstchen in einer Sportsocke oder so was. Er ist da, aber irgendwie gibt es ein Problem … Das scheint ziemlich tricky zu sein, Alter – ich würde mich davon fernhalten.

 **BRENT MUSCAT** Ich schätze, wenn man eine Missbildung hat, sollte man so was vielleicht in Betracht ziehen. Oder wenn man einen Unfall hatte. Ich würde nie dazu raten, außer es ist *wirklich* nötig. Ich würde echt keine Operation am Penis machen lassen, außer es ist so eine Art Notfall.

 **ROB PATTERSON** Niemals!

 **CHIP Z'NUFF** Wenn dein kleiner Ständer nur fünf bis sieben Zentimeter groß ist, kann dir eine Vergrößerung vielleicht helfen. Ich will ehrlich sein: Wenn man so geboren wurde, sollte man lernen, die Frau oral zu befriedigen. Frauen lieben Männer, die sie lecken, und dann kann man diesen kleinen Ministänder in sie stecken und sie fünf Sekunden lang kitzeln. Dann ist man fertig und ist trotzdem der Held.

 **JIMMY ASHHURST** Oh Mann, ich weiß nicht, welche Arten von Verlängerungen man im Moment machen lassen kann. Ich glaube, man kann sich operieren lassen, und die Schweden hatten diese krassen Apparate, Pumpen und so was – es ist immer wieder lustig, sich so was anzugucken. Ich denke, du solltest nicht über eine Verlängerung nachdenken, außer deiner ist wirklich ... Herrgott noch mal, was auch immer du hast, arbeite damit!

 **TOBY RAND** Wenn du 'n kleinen Penis hast.

Was glaubst du: Stehen Frauen eher auf beschnittene oder unbeschnittene Penisse?

 **ACEY SLADE** Ich bin beschnitten, aber ich weiß nicht so recht. Die meisten Mädchen, die ich kenne – und viele von denen sind Amerikanerinnen –, denken, dass ein unbeschnittener Penis aussieht wie ein Ameisenbär. Und wer will schon einen Ameisenbär in den Mund nehmen oder in irgendeinen anderen Teil seines Körpers stecken? Also würde ich sagen, beschnitten ist besser.

 **ADDE** Wahrscheinlich mögen sie beschnittene Schwänze, aber mir wäre es lieber, wenn sie unbeschnittene mögen, denn so einen habe ich.

 **ALLISON ROBERTSON** Ich kenne viele Mädchen, die das eine oder das andere bevorzugen, aber mir ist das völlig egal. Ich finde beides okay.

 **BRUCE KULICK** Ich bin beschnitten, denn ich bin Jude. Als ich geboren wurde, kam der Rabbi und es gab diese Zeremonie, das ganze Ballett halt. Das ist in Amerika sowieso Tradition – im Normalfall wird man beschnitten – , aber in manchen Ländern ist das nicht so. Wenn man sich zum Beispiel einen ausländischen Porno ansieht, fragt man sich: Was hat denn der Kerl da an seinem Schwanz? Du verstehst? Als New Yorker und Amerikaner kenne ich nicht viele Kerle, die nicht beschnitten sind, und ich wüsste auch nicht, was deren Liebhaberinnen dazu sagen. Es fällt mir also schwer, etwas dazu zu sagen. Wenn ich so was in einem Porno sehe, finde

ich es immer ein bisschen seltsam und denk mir: Was ist da bloß los? In einigen Ländern ist das natürlich die Norm – und beschnitten zu sein ist da die Ausnahme, also hängt es wohl davon ab, wo man herkommt.

JAMES KOTTAK Ich hab absolut keine Ahnung, Alter.

ANDREW W.K: Ich glaube, die Mädchen, mit denen ich zusammen war, haben gesagt, dass sie beschnittene Penisse lieber mögen. Ich bin beschnitten – das hat ihre Antworten sicher beeinflusst. Ich denke, Frauen sind der Meinung, dass es sauberer ist, wenn man beschnitten ist, aber im Endeffekt liegt das ja am Duschen und Baden. Ich denke nicht, dass es an sich sauberer ist. Aber ich habe darüber auch nicht so viel mit Frauen geredet.

BLASKO Ich bin unbeschnitten und es hat sich noch niemand beschwert, sagen wir's mal so.

BRENT MUSCAT Keine Ahnung, da kenne ich mich nicht aus. Ich bin beschnitten, aber ich habe Freunde, die es nicht sind, und sie sagen, der einzige Unterschied ist, dass sie mehr auf Sauberkeit achten müssen. Manchmal gibt es Probleme mit der Hygiene. Ich weiß nicht, ich schätz mal, wenn man nicht beschnitten ist, ist da mehr Haut, also vielleicht hat man dann einen größeren Schwanz.

DANKO JONES Ich weiß nicht. Darüber habe ich noch nie nachgedacht. Fuck, ich hab keinen blassen Schimmer.

EVAN SEINFELD Ich höre von immer mehr Frauen, dass es ein Muss ist, beschnitten zu sein, aber es gibt auch Frauen, die total auf die Vorhaut stehen – auf ein unverfälschtes Ich. Ich mein, man hat halt, was man hat. Mein Freund Iggor hat sich mit 28 beschneiden lassen. Dafür hat er meinen Respekt verdient, er ist echt Hardcore – denn dazu braucht man verdammt noch mal Mut! Es ist halt die Frage, was man lieber mag. Jungs, ich sag mal, es macht keinen Sinn, die Frauen überhaupt zu fragen, was sie lieber mögen, denn ihr kriegt die Vorhaut dann ja eh nicht mehr zurück. Und wahrscheinlich habt ihr auch nicht den Arsch in der Hose wie Iggor, um den Schnitt vornehmen zu lassen. Wenn du nicht beschnitten bist und sie beschnitten lieber mag, dann ist es vielleicht an der Zeit für einen flotten Dreier mit einem Kerl, der das anbieten kann.

CHIP Z'NUFF Die meisten Frauen, die ich kenne, wollen keine unbeschnittenen Penisse, weil das a) nicht sauber ist und b) beängstigend auf sie wirkt. Als ich einen Sohn bekommen habe, habe ich ihn beschneiden lassen und ich denke, dass das gesünder für die Kids ist – so habe ich die Ärzte verstanden.

ROB PATTERSON Iiii.

NICKE BORG Das hängt davon ab, aus welchem Land man stammt oder welcher Religion man angehört. In Schweden haben es manche Leute machen lassen, aber die meisten nicht. Ich denke, wenn man nicht jeden Tag duscht, ist es vielleicht besser, beschnitten zu sein. Wenn man jeden Tag duscht, dann weiß ich auch nicht … Wenn, dann sollte es aus medizinischen Gründen passieren, sonst ist es einfach nur verlogen.

VAZQUEZ Mann, das hab ich noch nie eine Frau gefragt. Ich für meinen Teil bin beschnitten und bei mir hat sich noch nie eine beschwert.

COURTNEY TAYLOR-TAYLOR Wenn man nach Filmen geht, in denen Mädchen miteinander quatschen, gilt jedenfalls das Klischee, dass sie nur beschnittene Schwänze mögen.

TOBY RAND Kommt auf das Land an. In Australien sind Beschneidungen zum Beispiel nicht so verbreitet, zumindest in meinem Freundeskreis nicht. Ich denk mal, dass damit keiner ein Problem hat. Aber in Amerika sind einige Mädchen nicht daran gewöhnt. Letzten Endes kommt es aber nicht darauf an, sondern es geht darum, was man mit ihm anstellt.

 **DOUG ROBB** Ich würd mal meinen, sie mögen eher beschnittene Penisse, aber ich weiß es nicht. Ich schätze, beschnitten ist sauberer und sauber ist gut.

 **HANDSOME DICK MANITOBA** Ich weiß nicht. Ich habe noch nie gehört, dass jemand gesagt hat: »Ich wünschte, du wärst nicht beschnitten.« Ich hatte keine Wahl, was das angeht.

 **GINGER** Ich denke, jede, die deinen Penis nicht mag, ob nun beschnitten oder nicht, passt wahrscheinlich einfach nicht zu dir.

 **JESSE HUGHES** Es scheint, als würden sie es heutzutage groß mögen. Ansonsten weiß ich es auch nicht. Ich glaube, wenn die Leute zur Sache kommen, wollen sie es groß.

 **JIMMY ASHHURST** Ich habe noch nie eine Frau gefragt, ob sie den Ameisenbär lieber hat, aber da ich beschnitten bin, hoffe ich mal, dass sie beschnittene Schwänze mag.

 **LEMMY** Also meiner ist ganz naturbelassen. Ich wurde nie beschnitten. Und ich kann mich nicht erinnern, je einen Korb bekommen zu haben.

ORALSEX

> »WURSTEL NICHT SO VIEL HERUM, SIEH DIR
> DEN SCHWANZ NICHT AN, PUSTE IHN NICHT AN
> UND SPIEL NICHT GROSSARTIG DARAN RUM.
> WENN DU IHN LUTSCHEN WILLST,
> NIMMT IHN IN DEN MUND UND LUTSCH.«

BRENT MUSCAT

Gibt es eine bestimmte Blastechnik, die dich um den Verstand bringt?

 **NICKE BORG** Um ganz ehrlich zu sein, fand ich Blowjobs nie so toll. Die werden überbewertet. Vielleicht geht das nur mir so, keine Ahnung. Aber manchmal wird man auch ziemlich überrascht. Ich schätze, die meisten Leute machen es falsch, deshalb bin ich nicht so begeistert. Ich hab also keinen blassen Schimmer, was die beste Technik ist. Mach es langsam! Lass dir Zeit. Ich hab ein Gramm Koks intus, verdammte Scheiße, also lass es ruhig angehen.

 **DOUG ROBB** Je schlampiger, desto besser.

 **JIMMY ASHHURST** Keine Ahnung, was da unten abgeht. Schwer zu sagen, ob die Frauen eine bestimmte Technik anwenden oder ob sie den Mund einfach irgendwie aufhaben. Ich kann die Guten von den Schlechten unterscheiden und es gibt da gewaltige Unterschiede. Vieles hat mit den Umständen zu tun, aber manche probieren auch irgendwelche Dinge aus und machen es dann ein bisschen zu kompliziert. Kann doch nicht so schwer sein ... Denke ich mir jedenfalls. Keine Ahnung.

 **ACEY SLADE** Frauen unterschätzen oft die Aufgabe der Hand beim Blowjob. Es gibt nichts Schlimmeres als ein Mädchen, das nur den Mund vor und zurück bewegt. Auch die Hand muss benutzt werden, unbedingt.

 **ADDE** Viel Spucke. Ja, viel Spucke!

 **HANDSOME DICK MANITOBA** Nee, keine Tricks. Es kommt auf den Moment an. Eine Kombination aus Hand und Mund ist gut, natürlich, ohne die Zähne zu benutzen. Die Technik lernt man gemeinsam. Es geht um kleine Details – lerne, was deinem Partner gefällt. Ich erinnere mich an ein Mädchen, das ich kennengelernt habe, als wir mal in Spanien waren. Die Kleine hat an meinem Schwanz gezerrt, als ob er aus Stahl wäre. Ich wusste nicht, was »langsam« oder »sanft« auf Spanisch heißt. Am nächsten Tag habe ich mich wieder mit dem Mädchen getroffen und ich hatte

gelernt, dass »despacio« langsam heißt und »lento« sanft. Also habe ich beim nächsten Mal »Lento, lento!« gesagt.

ROB PATTERSON Is' mir vollkommen egal.

ALLISON ROBERTSON Nein, ich glaube nicht, dass es so was gibt. Man muss einfach nur tolle Lippen haben. Vielleicht erzähl ich dir jetzt nichts Neues, aber ich kenne viele Mädchen, die das überhaupt nicht mögen. Sie sagen zwar, dass sie es mögen, aber das ist gelogen. Wenn man es nicht mag, mag man es eben nicht, aber normalerweise muss man das irgendwann. Mir ist aufgefallen – und das finde ich echt witzig –, dass viele Frauen nicht begriffen haben, dass sie vorsichtig mit ihren Zähnen sein müssen. Also wirklich! Das solltet ihr schon in der Grundschule gelernt haben. Ich denke, das ist Regel Nummer eins.

COURTNEY TAYLOR-TAYLOR Nein, ich glaube nicht, dass es so was gibt.

ANDREW W.K. Mach es langsam. Viele Mädchen unterliegen dem Irrglauben, dass es darum geht, den traditionellen Vaginalverkehr zu simulieren. Ein Blowjob ist aber total einzigartig und anders. Das hat viel mit dem visuellen Aspekt zu tun, mit dem unterschiedlichen Blickwinkel. Wenn man sich Zeit nimmt und langsam macht, kann es auch für das Mädchen bequemer sein, denke ich. Das hat bei mir immer funktioniert.

BLASKO Manche sagen: »Das kann ich nicht so gut.« Unterm Strich ist es aber doch so: Solange du es überhaupt machst, ist das schon mal ein guter Anfang. Und wenn du die Zähne nicht ins Spiel bringst, kann doch kaum noch was schiefgehen.

BRENT MUSCAT Es ist immer toll, wenn das Mädchen den Deep Throat machen kann. Wenn sie den Schwanz so weit in den Mund nimmt, wie sie kann, ist das echt sexy – für mich jedenfalls. Vielleicht ist das ein Fetisch, keine Ahnung. Wenn du es machst, mach es einfach. Wurstel nicht so viel herum, sieh dir den Schwanz nicht an, puste ihn nicht an und spiel nicht großartig daran rum. Wenn du ihn lutschen willst, nimm ihn in den Mund

und lutsch. Versuch nicht, süß zu sein und dies und das auszuprobieren – das ist nichts für mich. Wenn du es machst, nimm ihn in den Mund und lutsch ihn.

TOBY RAND Wenn sie ihre Zunge auf meine Schwanzspitze legt und sie dann drumherum kreisen lässt.

CHIP Z'NUFF Ich mag es, wenn sie auch die Hand benutzt, wie an einem Gasgriff am Motorrad. Wir nennen das den Pepper Shaker oder den Motorcycle Throttle. Das bringt jeden sofort um den Verstand, außer man ist absolut standfest. Es bringt den Stein sofort ins Rollen. Allerdings muss man vorsichtig sein, denn es könnte sein, dass du sofort abspritzt, und dann bist du eine Zeit lang außer Gefecht gesetzt. Wir Männer sind schließlich nicht alle 18 Jahre alt und so belastbar, dass wir sofort wieder einen Ständer bekommen können. Aber den Motorcycle Throttle während des Blowjobs anzuwenden, ist die beste Technik.

DANKO JONES Man muss es mit dem Mund und der Hand machen. Das ist perfekt. Nicht die Zähne benutzen! Nur Mund und Hand.

JESSE HUGHES Ich fasse mal die beste Technik für einen Blowjob zusammen, indem ich den schlechtesten Blowjob beschreibe, den ich je hatte: Er war fantastisch!

LEMMY Nein, ich glaube nicht, dass es eine bestimmte Technik gibt. Ich fürchte, ich muss schon wieder dasselbe sagen – ist bei jedem anders. Manche Mädels mögen das eine, manche das andere. Einfach drauflosmachen ist gut. Das scheint ihnen immer zu gefallen und mir gefällt es auch.

VAZQUEZ Ich bin nicht so wild drauf, einen geblasen zu bekommen. Aber an zwei Frauen aus meiner Vergangenheit erinnere ich mich. Die eine von ihnen bekam meinen Schwanz tatsächlich bis in ihren Rachen und ich hab nur gedacht: Heilige Scheiße! Ich hatte immer geglaubt, dass das nur ein Mythos sei. Das war echt krass.

Was macht dich mehr an: heiß oder kalt?

 **ACEY SLADE** Ich bin gern Herr der Lage, also bin ich auch meistens derjenige, der die Sache ins Rollen bringt. Es macht mich etwas nervös, wenn das Mädchen etwas Heißes oder Kaltes benutzt, weil das normalerweise bedeutet, dass ich nicht die Zügel in der Hand habe.

 **BRENT MUSCAT** Ich war mal mit einem Mädchen zusammen, das Eis gekaut hat und dann halt dabei Eis im Mund hatte. Das war irgendwie keine große Sache.

 **CHIP Z'NUFF** Ich habe gehört, der Trick mit dem Eiswürfel soll ziemlich gut sein. Wie im Kamasutra, da legt man zuerst den Eiswürfel auf bestimmte Körperstellen des Partners und geht danach statt mit dem Eiswürfel mit dem Mund an die Stelle. Ich hab das allerdings noch nie gemacht.

 **DANKO JONES** Ich hab den Scheiß ausprobiert und das lenkt mich nur ab.

 **JESSE HUGHES** Für mich sind exotische Spielereien normalerweise vom Kontext abhängig. Wenn man zufällig in der Küche ist und die Eiscreme rausholt, ist das irre.

 **TOBY RAND** Ich liebe Eis – ich liebe es. Ich find's geil, wenn sie es bei mir benutzt. Kalte Früchte, was auch immer, alles, was gut schmeckt. Kalte Sachen machen mich an, denn man ist ja eh schon heiß. Kerzenwachs ist zwar ein Klischee, aber es ist voll geil, was man damit alles machen kann. Also sagen wir mal: beides.

 **JIMMY ASHHURST** Ich mag es lieber heiß.

ADDE So was – Eiswürfel oder heiße Schokolade in den Mund nehmen – macht man nur, um Spaß zu haben, es geht dabei nicht um Sex. Es ist lustig, hat aber nichts mit Sex zu tun.

ROB PATTERSON Was die Temperatur angeht? Heiß, auf jeden Fall heiß.

VAZQUEZ Wenn es um den Mund geht, bin ich für Zimmertemperatur.

Wie bekommt man am schnellsten wieder einen Ständer, wenn man einen Orgasmus hatte?

BLASKO Das geht ganz von allein. Manche Menschen können das einfach und andere nicht. Keine Ahnung, ob es da eine besondere Technik gibt. Ich bin da sozusagen gesegnet und hab damit keine Probleme. Ich muss mich nicht mal besonders anstrengen.

ACEY SLADE Einer der Vorteile der Abstinenz ist, dass das für mich kein Problem ist. Wenn man mit dem Mädchen noch mal beim Vorspiel anfängt, wird man auf jeden Fall wieder hart – und es kann wieder losgehen.

ANDREW W.K. Wahrscheinlich mit Oralsex. Vielleicht hilft auch ein kleines Schläfchen, so zwanzig Minuten, um den Körper wieder fit zu bekommen. Man wacht auf und hat das Gefühl, lange geschlafen zu haben. Es ist auch hilfreich, wenn das Mädchen einfach wunder-wunderschön ist.

CHIP Z'NUFF Warte 15 bis 20 Minuten und leck sie dann. Das wird dich wieder erregen. Und dann stehst du noch ein paar Runden durch.

DOUG ROBB Blasen. Das ist doch wohl die einstimmige Antwort, come on!

 **HANDSOME DICK MANITOBA** Möpse turnen mich eigentlich immer an. Möpse sind bei mir eine todsichere Sache. Am besten ist es, wenn das Mädchen echt drauf steht, dass ich mit ihren Möpsen spiele, und sie mich dann begrapscht und sagt: »Komm schon, komm schon!« Aber eigentlich ruhe ich mich nach dem ersten Mal gern eine Weile aus. Ist eine Kopfsache. Ich schätze, als ich jünger war, wollte ich es so schnell wie möglich noch einmal machen. Aber heute geht es eher um das lange ... Also anstatt es zu machen, zu kommen und es dann wieder zu machen, steh ich jetzt eher darauf, dass es lange dauert, ich dann komme und fertig. Das ist in letzter Zeit mein Ding.

 **TOBY RAND** Nur ein Wort: Blowjob.

 **JESSE HUGHES** Der beste Weg, nach einem Orgasmus wieder einen Harten zu bekommen – denn wir alle wissen, dass der Penis nach dem Orgasmus siebzig Prozent des Blutes verliert –, ist, immer noch total auf Frauen zu stehen, nachdem man gekommen ist.

 **JIMMY ASHHURST** Wechsle die Partnerin.

 **LEMMY** Keine Ahnung, Kumpel. Da fällt mir der Viehtreiber ein. Manchmal hat man Glück, manchmal nicht.

 **ROB PATTERSON** Warte fünf Minuten.

 **VAZQUEZ** Ich fang einfach an, mein Mädchen zu fingern, und sie fängt an auszuflippen und plötzlich lieg ich auf dem Rücken.

Wie macht man es ihr am besten mit dem Mund?

 **DANKO JONES** Man hat mir gesagt, dass ich eine lange Zunge habe, und ich denke, das stimmt. Meine Technik besteht darin, meine Zunge rauszustrecken und sie zuerst von oben nach unten zu bewegen und dann draufzuklatschen wie ein Stück Fleisch und danach ganz, ganz sanft zu bewegen. Die Frau hat dann nicht das Gefühl, geleckt zu werden, sondern an der Stelle vollkommen bedeckt zu werden. Ich lege meine Zunge also einfach an und rolle sie ein oder welle sie – das funktioniert immer gut. Lecken ist auch richtig toll und Sam Kinison hat immer gesagt – und ich hab seinen Rat befolgt, also weiß ich, dass es funktioniert –, dass man das Alphabet lecken soll. So hat die Frau immer eine andere Empfindung. Außerdem muss man auf ihre Atmung achten und die Geräusche, die sie macht, um zu erkennen, was sie richtig anturnt. Dann macht man damit weiter. Aber nicht zu lange, man muss auch ein bisschen Abwechslung reinbringen.

 **ACEY SLADE** Finde den kleinen Mann im Kanu und mach kleine Kreise um ihn herum.

 **GINGER** Benutz die Zunge, nicht zu sanft, aber auch auf keinen Fall zu doll. Viel Spucke ist wichtig. Ron Jeremy empfiehlt, die Buchstaben des Alphabets auf dem Kitzler nachzuzeichnen. Und ich muss sagen, das funktioniert prima. Behalte immer den gleichen Rhythmus bei. Sie soll jede Bewegung spüren, aber man will sie ja auch nicht zu früh zum Höhepunkt bringen. Bitte sie, dir zu sagen, wenn du es perfekt machst.

 **ADDE** Leck das Alphabet!

 **ALLISON ROBERTSON** Ist echt schwierig, da Hinweise zu geben, um ehrlich zu sein. Das gehört zu den Dingen, bei denen man die Vorlieben des anderen kennen muss. Ich habe es noch nie erlebt, dass sich die Leute darüber einig waren. Meine Freundinnen haben mir so viele verschiedene Dinge erzählt, die sich von dem unterscheiden, was ich mag. Manchmal sagen die Typen: »Also ich habe das und das bei meiner Freundin gemacht und sie mochte das. Warum gefällt es dir nicht?« Jeder ist halt anders. Es geht nicht um irgendwelche Fähigkeiten, sondern darum, gemeinsam

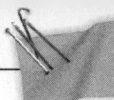

herauszufinden, was einem gefällt. Es gibt viele Möglichkeiten und viele Leute halten sich für Don Juan, aber es gibt einfach keine richtige Antwort auf diese Frage.

COURTNEY TAYLOR-TAYLOR Mach alles ganz, ganz sanft.

ANDREW W.K. Sicher mit der Zunge, aber man sollte die Zunge als Finger betrachten, der unendlich viele Knöchel hat, wie eine Schlange. Man sollte beständig, aber vielseitig sein, verstehst du, was ich damit sagen will? Wenn man etwas anfängt, sollte man eine Weile dranbleiben. Geduld ist wichtig und man darf nicht mit den Gedanken abschweifen. Man darf nicht unachtsam werden, sondern muss wirklich da sein. Jede Bewegung sollte immer ein bisschen länger ausgeführt werden, als man denkt. Wenn man denkt, okay, ich mache diese Bewegung jetzt lange genug, sollte man sich sagen, gut, jetzt fange ich damit erst richtig an.

BLASKO Das kann ich nicht mit Worten beschreiben.

JOEL O'KEEFFE Sing deinen Lieblingssong an ihrer kleinen Jukebox. Wenn dir nichts einfällt, probier *Walk This Way* von Aerosmith, denn der Song hat einen schnellen Teil in den Strophen und fette Refrains. Aber man muss die großen Mundbewegungen von Steven Tyler nachmachen, um den vollen Effekt zu erreichen. Wenn du all das kannst, wird sie das verrückt machen!

BRENT MUSCAT Saug einfach ein bisschen dran. Drück den Mund drauf und wackle ein bisschen mit der Zunge.

HANDSOME DICK MANITOBA Den besten Rat hat mir mal eine Lesbe gegeben. Sie hat gesagt: »Denk mal dran, wie viel Aufmerksamkeit du dem Küssen widmest, wie sehr du versuchst, ein guter Küsser zu sein, wie du die Chance beim Schopfe packst, wie entspannt deine Zunge beim absoluten Aperitif der sexuellen Erfahrung ist. Sieh das da unten als einen zweiten Mund an. Verliere dich und behandle es wie einen zweiten Mund.« Die Klitoris zu isolieren und leicht mit der Zunge zu reizen ist gut. Eigentlich mögen die meisten Mädchen das Gleiche, nur die Details sind unterschiedlich. Jeder Mensch ist anders. Daran, dass sie sich windet, an den Geräuschen und den Bewegungen erkennt man, ob man auf dem richtigen Weg ist. Man merkt das einfach, ist genauso, als würde man's mit dem Schwanz machen: Aha, das war zu hart, das zu sanft, damit ein bisschen vorsichtiger. Irgendwann kommt man zum: Okay, jetzt ein bisschen fester. Ich denke, das Beste ist sanftes Liebkosen und ihre »Ansagen« zu befolgen. Indirekt bekommt man auf jeden Fall Ansagen.

ROB PATTERSON Ich habe ein Zungenpiercing – den Rest kannst du dir ja denken.

CHIP Z'NUFF Mit dem Mund, nur sanft hoch und runter. Es gibt keinen Grund, wie ein Verrückter vor und zurück zu gehen. Nur rauf und runter, schön langsam, und dann mit zwei Fingern Bass spielen. Ich hab ein Buch über diese Technik geschrieben. Es heißt *Playing Bass* von Chip Z'Nuff.

DOUG ROBB Ich würde sagen, saug dran und kitzle sie gleichzeitig mit der Zunge.

NICKE BORG Mach langsam. Steigere dich. Sieh sie an. Wie reagiert sie? Sieht sie so aus, als würde sie es wirklich genießen? Zittert sie? Wie geht es ihr? Ist ihr warm oder kalt? Mach ganz langsam und arbeite dich vor.

JESSE HUGHES Frauen sind im Allgemeinen dankbar, wenn man sie in irgendeiner Form enthusiastisch leckt, ohne dass sie einen dafür anstupsen müssen. Ich benutze einfach die Zunge und bewege sie in alle Richtungen, bis ich das Geräusch höre, das mir sagt, dass es ihr gefällt. Normalerweise sagen die Frauen so was wie: »Das gefällt mir.«

JIMMY ASHHURST Das ist 'ne Wissenschaft für sich. Keine Ahnung. Probier einfach alles aus, Alter. Irgendjemand hat mal gesagt, man soll das Alphabet lecken, und wenn man zu einem bestimmten Buchstaben kommt, gibt sie einen Laut von sich oder so. Das ist ein Rätsel und ich denke, es soll nicht gelöst werden. Wir haben das ganze Leben lang Zeit, also probier alles Mögliche aus.

VAZQUEZ Man muss die Frau fragen, was sie will. Manche wollen es ganz sanft, als ob deine Zunge eine Feder wäre. Manche Frauen wollen, dass man daran saugt, als würde man versuchen, einen verdammten Knutschfleck zu hinterlassen! Ich frage die Frau also immer, wie sie es gern hätte.

LEMMY Von einer Seite zur anderen. So macht man das.

TOBY RAND Ich mache da unten das, was ich auch mit ihrem Mund machen würde. Ich küsse sie also da unten, wie ich sie auf den Mund küssen würde. Wenn ein Mädchen mit mir rummacht, weiß sie, was sie unten zu erwarten hat. Und dann kann sie mir sagen, was sie noch will. Ich bekomme gern Anweisungen – sehr gern!

Wie beeinflusst man den Geschmack oder die Menge des Spermas?

NICKE BORG Es gibt da so einen Stand-up-Comedian. Kennst du eigentlich diesen Kokos-Schokoriegel Bounty? Der Typ hat sich einmal mit Kokosmilch eingeschmiert und die Schnecke hat ihn dann gefragt: »Was hast du gemacht? Hast du ein Bounty gegessen?« Haha! Lass das Sperma einfach nicht zu viele Tage lang da drin versauern. Der Bassist der Band eines Freundes hat seiner Freundin mal erklärt, warum er sich einen runterholt – denn sie war deswegen irgendwie enttäuscht. Also hat er gesagt: »Wenn man nicht zweimal am Tag wichst, verrottet das Sperma in deinem Körper!« Altes Sperma – wenn man lange Zeit nicht abgespritzt hat – schmeckt echt scheiße. Mach es nicht zehn Mal vor dem Ficken, aber lass auch nicht zwei Wochen verstreichen, bevor du Sex mit deinem Mädchen hast, sonst wird dein Saft schlecht schmecken – er ist dann verrottet. Jedenfalls meinte das der eine Bassist.

ACEY SLADE Ich habe meinen Saft noch nie gekostet. Ich stelle mir gerade diese Typen vor, die sagen, dass man den Geschmack verändern kann. Ich stelle mir vor, dass vor ihnen eine Reihe Plastikbecher steht und dass sie

Wäscheklammern auf der Nase haben und dass sie sterile Schutzanzüge tragen. Die sitzen dann da, stecken ihre Zungen in die Becher und sagen: »Oh Gott, das war eklig, aber ich glaube, es schmeckt nach Ananas!«

JESSE HUGHES Salat soll helfen, habe ich gehört.

CHIP Z'NUFF Ein großer Pornostar hat mir mal einen tollen Rat gegeben: Um gut schmeckende Wichse zu bekommen, sollte man viel Ananassaft trinken und viel Sellerie essen. Der Sellerie sorgt dafür, dass man einen mächtigen Ständer bekommt. Also empfehle ich Selleriesticks – die sind echt gut – und Ananassaft. Und man sollte nicht so viel Kaffee trinken. Xaviera Hollander rät in ihrem Buch *The Happy Hooker – Die fröhliche Nutte*, nicht zu viele Süßigkeiten zu essen und nicht zu viel Kaffee zu trinken. Männer, die literweise Kaffee trinken und tonnenweise Schokolade und Süßigkeiten essen, haben schrecklich schmeckenden Saft.

BLASKO Ich weiß nicht, ob man das kann. Manche Leute schwören auf Sellerie. Ich hab das ausprobiert und keine große Veränderung festgestellt. Man wird halt einfach mit einem bestimmten Geschmack geboren.

JIMMY ASHHURST Ich habe gehört, Wodka und Grapefruitsaft sollen gut sein. Ich denke eigentlich nie voraus, wie soll man auch an so etwas denken? So in der Art: »Ich trinke jetzt wohl besser ein bisschen Grapefruitsaft.« Wer macht das denn schon?

ROB PATTERSON Grapefruitsaft hilft. Oder ist das ein Ammenmärchen?

TOBY RAND Sellerie! Ohne Frage, Alter – der ist fantastisch! Das ist mein bester Tipp. Iss jede Menge davon, so viel du kannst, und du wirst eimerweise abspritzen. Da stehen die Puppen total drauf! Frag sie [er zeigt auf seine derzeitige blonde Schauspielerinnenfreundin]. Sie lächelt, oder?

VAZQUEZ Ich habe das nie probiert. Ich habe gehört, dass man jede Menge Sellerie essen muss und dann kann man massenhaft abspritzen, aber das würde ich nicht wollen. Ich bin ein Latino, ich bin eh schon zu fruchtbar.

HYGIENE
UND
KÖRPERPFLEGE

»ICH FINDE, EINE FRAU SOLLTE
VON DEN AUGENBRAUEN ABWÄRTS
KEIN HAAR AN IHREM KÖRPER HABEN.«

ACEY SLADE

Wie viel Schamhaar sollte eine Lady haben?

 **VAZQUEZ** Ich will den ganzen verdammten Disco-Busch, Alter. Und es ist mir scheißegal, wer mich für einen Idioten hält – das will ich. Ich finde, das wär doch sonst so, als würde man sich die Augenbrauen abrasieren! Verstehst du, was ich meine? Das würde einfach dämlich aussehen. Lass es, wie es ist, Mann. Es hat ein Aroma und fühlt sich gut an. Da stecken Pheromone in dem Scheiß, Mann. Das ist mir echt wichtig, das ist mir richtig doll wichtig.

 **JAMES KOTTAK** Null.

 **DANKO JONES** Ich gehöre zu den wenigen Männern, die alles mögen, was der Frau gefällt, solange es da nicht wie in einem Dschungel aussieht. Ich mag sie komplett rasiert. Ich mag es wirklich, wenn sie sich auf Stufe eins rasiert. Es macht mir aber auch nichts aus, wenn das Mädchen seine Schamhaare wachsen lassen will – solange es heiß genug ist. Das ist für mich auch okay. Ist mir egal. Ich mag es aber nicht, wenn ein Mädchen kreativ wird und sich da unten ein S reinrasiert, weil ihr Name mit S beginnt. Das sagt mir nur, dass sie zu viel Zeit hat.

 **ACEY SLADE** Ich finde, eine Frau sollte von den Augenbrauen abwärts kein Haar an ihrem Körper haben. Augenbrauen sind optional. (Ich find tätowierte Augenbrauen eklig.)

 **ADDE** Ich sage: Lass alles dran. Zurück zu den Siebzigern – es lebe der Busch, Baby!

 **ALLISON ROBERTSON** Ich finde, Frauen sollten da unten ein bisschen was haben. Der Meinung war ich immer. Fast alle meine heißen Freundinnen und alle, die ich kenne, sehen das auch so, zumindest in der Rock'n'Roll-Welt. Aber das ist Geschmackssache. Mädchen sollten das so machen, wie sie wollen. Ich kenne viele Mädchen, die sagen: »Oh, mein Freund mag es ganz nackt.« Und ich frage mich: Wie kam es denn dazu? Das ist nur ein Trend. Ich mag die alten *Playboy*-Zeitschriften, in denen da unten ein bisschen mehr zu sehen ist. Ich denke, solange man gepflegt ist und es nicht

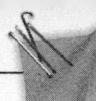
beängstigend wirkt, ist es schön, ein bisschen natürlich auszusehen. Ich denke, alles an Frauen und Männern sollte so natürlich wie möglich sein.

ANDREW W.K. Kommt drauf an, wie sie sich pflegt, aber mir gefällt, wenn nichts da ist oder das Haar ganz kurz ist.

BLASKO Frauen sollten nicht viel Schamhaar haben, eher ziemlich wenig. Die kleine Fläche kann sich hin und wieder verändern oder zu 'ner kleinen Landebahn entwickeln. Ab und zu können sie ruhig ein wenig kreativ werden, aber das ist auch alles.

BRENT MUSCAT Ich denke, das Schamhaar sollte zumindest getrimmt sein. Ein riesiger Busch ist schlecht und Haare, die die Beine runter wachsen, sind eklig. Gewachst ist schön und getrimmt ist sexy. Ein kleiner Streifen Haare sieht immer gut aus und wenn der noch gut getrimmt ist, sieht es am besten aus.

CHIP Z'NUFF Sie sollte keine Haare haben außer auf dem Kopf. So ist alles sauberer, man kann sich leichter drum kümmern und es sieht besser aus. Man kann dann auch sehen, was man da unten macht. Ich kenne niemanden, der dort einen ZZ-Top-Bart hat. In den Siebzigern und Achtzigern, als ich noch ein Kind war, hatten sie so was bestimmt, aber heute wissen die Leute, dass es ohne Haare besser und sauberer ist. Es ist viel hygienischer, nirgends außer auf dem Kopf Haare zu haben.

COURTNEY TAYLOR-TAYLOR Kommt drauf an, wie viel Haar sie von Natur aus hat. Eine Schwedin zum Beispiel, die von Natur aus wenig Haar hat, nur einen kleinen süßen Busch, ist mehr wert als ihr Gewicht in Gold.

DOUG ROBB Ich würde sagen, sie sollte vielleicht höchstens 'ne kleine Landebahn haben. Ich weiß nicht, ob das was Kulturelles ist. Überhaupt keine Haare sind okay für mich, aber auf keinen Fall ein riesiger Busch.

HANDSOME DICK MANITOBA So wenig wie möglich, heutzutage wirklich ganz ganz wenig. Ein kleiner Fleck hier und da ist okay. Es ist witzig, dass es so was wie Schamhaar-Epochen gibt. Der Fotograf Robert Bailey hat mir vor Kurzem ein Foto von einem Auftritt der Dictators 1976 im CBGB's gegeben. Ein Mädchen war auf die Bühne gesprungen und hatte seine

Hose runtergezogen und man konnte an seinem Busch erkennen, dass es die Siebziger waren. Es ist erstaunlich, dass es Mode für Schamhaare gibt. Ich finde wenig bis kein Schamhaar am besten.

 **EVAN SEINFELD** Keine Schamhaare, sie sollte keine haben. Wenn man einen ausgezeichneten Wachser in Beverly Hills hat und gern eine kleine Landebahn hätte, sollte man darauf achten, dass die so schmal wie die inneren Schamlippen ist. Alles andere sieht retro aus.

 **ROB PATTERSON** Null!

 **JESSE HUGHES** Frauen sollten so viel Schamhaar haben, wie sie wollen, aber es hängt davon ab, was sie erreichen wollen. Wenn sie den »Verschwinde verdammt noch mal von hier«-Knopf drücken wollen, sollten sie viel Schamhaar haben. Wenn sie den »Bleib und lass uns abhängen«-Knopf drücken wollen, sollten sie etwas ganz anderes ausprobieren.

 **TOBY RAND** Ich sag mal gar keine Haare oder einen wirklich gut gepflegten Bereich, wie zum Beispiel eine Landebahn oder ein Dreieck.

 **JIMMY ASHHURST** Sehr wenig Schamhaar! Ich bin begeistert, dass diese Gepflogenheit sich weltweit verbreitet. Es gab eine Zeit, als rasierte Muschis nur in westlichen Städten gang und gäbe waren. Ich hatte immer gedacht, dass komplett rasiert das Beste ist, aber ich habe einige interessante Kunstwerke gesehen, die man heute mit einer handelsüblichen Schere hinbekommen kann. Ich denke, die gute alte Landebahn ist 'n ziemlicher Anturner.

 **LEMMY** Ich mag einen kleinen Busch. Das ist nicht gerade der anziehendste Teil des weiblichen Körpers, so viel ist mal klar. Ich persönlich finde einen kleinen Busch gut, aber keinen Afro.

 **NICKE BORG** Ich werde in der Hölle schmoren, weil ich dir dieses Interview gebe ... Es hängt so ziemlich davon ab, um was für ein Mädchen es sich handelt, aber niemand möchte zum Sex eine Schere mitbringen müssen. Es kann aber auch echt abturnend sein, wenn es so macht ... [Nicke macht Quietschgeräusche]. Eine schöne kleine Landebahn ist am besten.

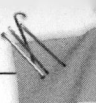

Was sollte ein Mann mit seinem Schamhaar machen?

NICKE BORG Kommt drauf an, mit was für einem Mädchen man zusammen ist und ob man wie sie aussehen möchte. Männer und Frauen haben eben Haare. Irgendwann vor Jahren kam plötzlich der Trend auf, sich die Eier und wer weiß was noch zu rasieren. Manchmal bin ich komplett rasiert, manchmal ist es mir scheißegal. Ich kannte mal ein Mädchen, das gesagt hat: »Alter, du bist aber haarig«, dabei hatte ich gar nicht so viele Haare. Und ich dachte nur: Fuck you! Aber manchmal bin ich rasiert und das Mädchen sagt dann: »Wow, du rasierst dich, du versauter Hund.« Es hängt von meiner Laune ab – kommt drauf an.

JAMES KOTTAK Immer enthaart sein. Enthaare dich ein bisschen – und schön gleichmäßig.

COURTNEY TAYLOR-TAYLOR Kommt drauf an. Man will ja auch nicht Mr Rasierter Sack sein oder irgend so was Perverses, Abgefahrenes, Schwulenpornoartiges. Ich finde, man sollte da nur ganz wenig dran machen, außer man ist ein behaartes Mammut mit einem verdammt scheußlichen, fettigen, borstigen und brutalen Ding.

EVAN SEINFELD Kommt drauf an, ob es sich um einen Kerl in einem Porno handelt oder um einen normalen Typen. Normale Typen sollten sich nicht rasieren, aber die Haare stutzen, mit einem gewöhnlichen Rasierer auf Stufe eins. Das Schamhaar sollte kurz und aus dem Weg sein.

ACEY SLADE Bis ich mit einer Band auf Tour gegangen bin, war mir nicht bewusst, dass Typen auf Hygiene achten sollten. Wenn man sich im Gang im Bus umzieht, sieht man Dinge ... Wir Rock'n'Roller gehen ja nicht ins Fitnessstudio oder so. Ich wusste nicht, dass es so wichtig ist, und plötzlich fing ich an, die Mädels zu fragen: »Was hältst 'n du eigentlich von Körperpflege?« Offenbar stehen die drauf. Aber ich schätze, das kommt auch auf die Person an. Ich war mal mit einem Keyboarder in einer Band, der gern in seiner Unterwäsche herumgelaufen ist. Sein riesiger Busch guckte auf beiden Seiten aus seinem Schlüpper raus und er hat geschworen, dass die Mädels voll drauf abfahren. Das versteh ich nicht. Ich war auch mal mit einem Kerl in einer Band, der sich komplett rasiert hat, und auch das kapier ich nicht.

DOUG ROBB Es ist ähnlich wie bei den Damen, aber man sollte keinen Kahlschlag machen. Das ist nicht richtig. Ich würde sagen, man sollte sich das Schamhaar mit irgendwas stutzen, mit dem man sich auch den Kopf rasieren würde und Stufe eins benutzen, sodass es nicht wie ein riesiger Afro aussieht.

ADDE Es sollte nicht aussehen wie ein Wald, wenn man da runter geht. Halte das Haar vom Schwanz fern.

ALLISON ROBERTSON Jeder ist anders, aber Männer können mit mehr Haar davonkommen, weil Frauen nicht so eigenartig sind wie Männer. Frauen sind nicht so wählerisch und sie mögen männliche Männer, also wäre es komisch, wenn die immer total rasiert wären. Aber wenn es deine Freundin davon abhält, da unten irgendwas zu machen, dann musst du dein Schamhaar trimmen. Aber auch andersherum, das gilt für beide.

ROB PATTERSON Nichts!

ANDREW W.K. Ich würde sagen, man sollte sich rasieren, zwischen Rasierstufe drei und sieben. Wenn man alles abrasieren will, ist das sicher eine lustige Erfahrung. Das erinnert einen an damals, als da noch nichts gewachsen ist, aber es juckt auch sehr. Also muss man es immer wieder machen, wenn man erst einmal damit angefangen hat, ansonsten ist es echt unangenehm. Allerdings ist es auch aufregend. Jeder sollte einmal im Leben seinen Kopf rasieren. Und ich finde, jeder sollte sich einmal im Leben komplett rasieren.

BLASKO Also bei mir ist es da unten ziemlich gepflegt.

BRENT MUSCAT Ich schätze, es kommt drauf an. Ich habe schon Verschiedenes ausprobiert. Manchmal habe ich einen vollen Busch, manchmal rasiere ich auch alles ab. Ich denke, das Beste für Kerle ist es, wenn die Haare ein bisschen getrimmt sind. Einfach um zwei bis drei Zentimeter kürzen, sodass noch Haare da sind, die aber nicht superlang sind.

 **CHIP Z'NUFF** Am besten stutzt man sein Schamhaar, denn auch an einem Mann will niemand einen ZZ-Top-Bart sehen, also müssen auch Männer auf sich achtgeben. Es ist echt wichtig, dem Mädchen zu zeigen, dass du dich nicht nur um sie kümmerst, sondern auch um dich selbst. Das ist auch gut für dich.

 **DANKO JONES** Da sollte man auch gepflegt sein. Das, was ich von einem Mädchen erwarte, sollte ich selbst auch tun. Damit nehme ich es ganz genau – mit der Pflege der Schamhaare, auf jeden Fall.

 **HANDSOME DICK MANITOBA** Stutzen ist das Beste, würd ich sagen. Ich stutze mein Schamhaar. Wenn es um den Schambereich geht, ist es auf jeden Fall ein Anturner, wenn man sich erwachsen verhält und sich und seinen Körper pflegt.

 **JESSE HUGHES** Wenn er nicht mit Bigfoot verwandt ist, sollte er da nicht zu viel machen. Ich bin rothaarig »Black Irish«, also bin ich in allen Bereichen gesegnet.

 **JIMMY ASHHURST** Achte auf dich, achte auf jeden Fall auf dich. Man will da unten doch keine Pisswindel haben.

 **LEMMY** Ich kämme meine Schamhaare immer nach links. Nee, ich denke, rasieren ist am besten. Die Bräute mögen das, weil sie das für sauber halten.

 **TOBY RAND** Ich kümmere mich um meinen Arsch und meine Eier und das reicht. Das fühlt sich auch gut an. Und dadurch sieht mein Schwanz länger aus.

 **VAZQUEZ** Alter, ich bin wie Burt Reynolds 1977. Ich mach da unten verdammt noch mal nicht so 'ne Scheiße.

Wie entfernt man Schamhaare am besten?

 **BLASKO** Am Schwanz sollten Männer einen Rasierer benutzen und für die oberen Regionen eine Haarschneidemaschine mit Aufsatz.

 **ROB PATTERSON** Männer mit einer Haarschneidemaschine und Frauen mit Wachs.

 **TOBY RAND** Mit dem Partner bei einer Flasche Rotwein. Man ist angetrunken, holt das Wachs raus und hat ein wenig Spaß miteinander. So ist es am besten.

Wie oft sollte man duschen, um für seinen Partner attraktiv zu sein?

 **HANDSOME DICK MANITOBA** Man kann nicht oft genug duschen. Wenn ich ein Mädchen nicht kenne und zum ersten Mal abschleppe, denk ich mir: Wir gehen zuerst unter die Dusche. Ich werde die Kleine sauber machen, nur für den Fall, dass sie es selbst nicht macht. Und wenn sie es doch macht, ist das toll, dann ist sie halt doppelt gewaschen. Ich bin ein großer Fan der Gesamtheit sexueller Erlebnisse. Dabei gibt es viele Details und der Geruch gehört dazu. Wenn meine Nase in der Nähe des Unterarms eines Mädchens ist, und da ist ein Geruch, den ich nicht mag, dann ist es aus! Wozu sollte ich noch weiter nach unten gehen? Es wird nur schlimmer werden. Aber ich habe Freunde, die meinen: »Je doller, desto besser.« Die Menschen sind verschieden. Ich für meinen Teil kann sie nicht schnell genug unter die Dusche stellen – das gilt aber auch für mich selbst. Ich will sicher sein, egal was man macht und welche Körperteile auch immer dabei benutzt werden, dass alles gut und angenehm riecht. Das ist echt wichtig für mich.

 **CHIP Z'NUFF** Jeden Tag. Man sollte jeden Tag duschen. Man sollte jeden einzelnen Tag sauber und ordentlich sein, denn man weiß ja nie, wer einem über den Weg laufen wird. Gentlemen, man sollte immer vorbereitet sein. So sehe ich das. Für den ersten Eindruck gibt es keine zweite Chance.

ACEY SLADE Oh, jeden Tag. Als Frau auf jeden Fall jeden Tag, als Mann alle paar Tage.

ALLISON ROBERTSON Ich dusche jeden Tag, aber ich denke, manch einer kann auch zwei, drei Tage nicht duschen. Kommt drauf an, wie gut man riecht. Manche Leute fühlen sich wegen der Pheromone und so was zueinander hingezogen. Für einige Menschen ist es okay, wie der Partner unter den Armen riecht. Ich denke, wenn man jemanden wirklich liebt und sich sexuell angezogen fühlt, dann ist es eigentlich egal, ob der Partner irgendwie schmutzig ist. Ich stehe aber eher auf Leute, die reinlich sind.

TOBY RAND Na ja, man hofft immer, dass einmal am Tag geduscht wird, andererseits wenn man auf Tour ist, weiß man es nicht genau, so ist das nun mal. Was mich angeht: Ich dusche, wann ich will. Ich bin ziemlich sauber.

BLASKO Man kann sicher einen, anderthalb Tage, vielleicht auch zwei Tage lang nicht duschen, aber sobald man »groß« gemacht hat, muss man auf jeden Fall duschen.

BRENT MUSCAT Also ich dusche jeden Tag, das ist sicher ein guter Anfang. Wenn man morgens duscht, dann zur Arbeit geht und den ganzen Tag schwitzt, sollte man abends noch mal duschen. Ich würde also sagen, man sollte einmal am Tag duschen, zweimal, wenn man es braucht. Kommt drauf an, ob man riecht oder viel schwitzt.

DANKO JONES Ich dusche einmal am Tag. Mehr als das ist übertrieben, wenn nicht gerade eine Hitzewelle herrscht. Kommt auch drauf an, was man den Tag über macht. Wenn ich auf Tour bin, dusche ich manchmal zweimal, weil man bei den Konzerten sehr viel schwitzt, aber ansonsten einmal am Tag.

EVAN SEINFELD Ladys, Duschen ist eine tägliche Angelegenheit. Tut euch keinen Zwang an, auch eine Spülung zu machen. Wir wollen doch keine Aromen. Wir brauchen kein Summer Musk, einfach nur geruchsneutral.

 **JIMMY ASHHURST** Oh Gott, man sollte unbedingt täglich duschen. Ich habe immer gedacht, dass es auch anders geht, aber ich habe gemerkt, dass das nicht stimmt. Wenn man auf Tour geht, sollte man zwei Dinge beachten: oft baden und in Bewegung bleiben.

 **JAMES KOTTAK** Kommt drauf an, aber ich schätze wenigstens einmal pro Woche.

 **VAZQUEZ** Ich dusche mindestens jeden zweiten Tag. Bei Frauen ist das irgendwie anders. Wenn man lange Haare hat, ist es total nervig, es jeden Tag zu machen. Also würde ich sagen, jeden zweiten Tag.

 **JESSE HUGHES** Ich dusche jeden Tag und wasche meine Haare jeden zweiten Tag.

 **LEMMY** Kurz vorher.

 **ROB PATTERSON** Nie ... kleiner Scherz. Ich mag ein bisschen Mief. Aber nicht zu viel. Also vielleicht sollte man jeden zweiten Tag duschen.

Turnt Achselhöhlengeruch deinen Partner an?

 **ACEY SLADE** Ich hatte mal ein Mädchen, das gern an meinen Achselhöhlen geschnüffelt hat. Ich schwöre: Sie hat mich aufs Bett gestoßen und ihr Gesicht in meine Achselhöhle gesteckt, um an mir zu riechen. Das fand ich verdammt witzig. Dann war ich mal mit einem Mädchen aus Deutschland zusammen, das unter den Armen ein bisschen gerochen hat, und ich fand das schon ein bisschen komisch. Eines Tages hat sie sich vor mir angezogen und ein Männerdeo benutzt. Also hab ich sie gefragt: »Du benutzt Männerdeo?« Und sie meinte nur: »Ja. Du hast sicher schon gemerkt, dass ich ziemlich rieche, und ich mache dagegen alles, was ich kann. Fuck, was

kann ich noch tun? Also nehme ich Männerdeo.« Das fand ich echt witzig und cool. Und es hat mich nie wieder gestört. Der rosa Elefant war von da an endlich weg.

ADDE Wenn man total auf jemanden abfährt, macht einen vielleicht sogar der Geruch und der Schweiß des anderen an. Kommt also auf die Situation an. Jemand, dessen Schweiß ich gut riechen kann, kann mich anturnen, aber wenn ich nicht angeturnt bin, ist das für mich der schlimmste Geruch der Welt.

ANDREW W.K. Ich weiß nicht, aber man sollte auf jeden Fall den natürlichen Duft des anderen ertragen können – Geruch ist normalerweise ein negatives Wort, aber Duft ist ein positives. Die Leute haben einen bestimmten Duft. Den kann man mit Parfüm oder Deo überdecken. Oder man vermischt seinen natürlichen Duft mit Parfüm. Ich glaube nicht, dass ein schlechter Geruch irgendjemanden anturnt. Wahrscheinlich gibt es solche Leute, aber ich gehöre nicht dazu.

BLASKO Ich weiß, dass so was manche Leute anturnt. Das ist möglich.

BRENT MUSCAT Es macht mir nichts aus, wenn ich sie ein bisschen riechen kann, solange sie nicht stinkt. Ich schätze, jeder hat einen natürlichen Körpergeruch. Wenn der nicht beißend ist, ist das in Ordnung. Ein bisschen Geruch ist schon okay. Ich benutze jeden Tag ein Deo, ich dusche jeden Tag und benutze Aftershave, wenn ich abends in einen Club gehe. Ich versuche wirklich, immer gut zu riechen. Und ich denke, Frauen tun das auch. Wenn die Frau ein Problem mit so was hat, kann sie verschiedene Dinge tun. Deo benutzen, sich waschen, verschiedene Produkte verwenden.

COURTNEY TAYLOR-TAYLOR Nur soziopathische Studenten von der Kunsthochschule stehen auf Achselhöhlengeruch.

VAZQUEZ Ich mag Achselhöhlengeruch eigentlich richtig gern. Vielleicht bin ich der Erste, der mit Ja antwortet, aber es ist nun mal fantastisch, wenn man ein Mädchen vögelt und dann an ihrer Achselhöhle riecht – das ist verrückt. Meine Theorie ist, dass vor Tausenden von Jahren, als die Menschen bei einem Date noch nicht zusammen ins Kino gegangen sind und keinen gemeinsamen Lieblingssong haben konnten, die Chemie zwischen zwei Menschen darauf basierte, ob sie sich riechen konnten. Das ist so was wie eine antike Sache, Alter – da passiert was Chemisches und das ist verdammt heiß.

DANKO JONES Mich nicht, Alter. Das ist 'n Abturner.

NICKE BORG Nein, also echt! Manche Leute duschen, manche nicht. Ich hasse es, wenn es jemand mit Aftershave oder Parfüm total übertreibt. Das Beste ist, wenn man ganz natürlich ist – ich habe gerade geduscht und so rieche ich. Wenn man dann Sex hat, schwitzt man. Der Geruch dieses Schweißes ist verdammt fantastisch.

DOUG ROBB Falls das so sein sollte, hat es mir noch keine gesagt. Aber ich hab schon gehört: »Alter, deine Scheiße stinkt voll.«

EVAN SEINFELD Viele europäische Mädchen riechen unter den Achseln und finden das gut. Ich verstehe das mit den Pheromonen, aber weißt du was? Ich bin ein oberflächlicher Amerikaner. Ladys, bitte keine Haare und kein Geruch.

JAMES KOTTAK Nein! Achselhöhlengeruch turnt ab! Kauf dir ein Deo.

JIMMY ASHHURST Ich glaube nicht. Aber die Welt ist groß und es gibt viele Menschen. Sicher findet man Leute, die auf alles Mögliche stehen, was man sich nur vorstellen kann, und auf Dinge, die man sich besser nicht vorstellt. Bestimmt gibt es auch Leute, die auf Gitarrentechniker mit Spina Bifida stehen.

ROB PATTERSON Absolut!

TOBY RAND Achselhöhlengeruch turnt mich schon ein bisschen ab, andererseits ist es eigentlich egal, wenn das Mädchen heiß ist und verdammt geil aussieht.

Was war die übelriechendste Vagina, die dir je untergekommen ist?

ANDREW W.K. Oh Gott! Ähm ja, eine meiner früheren Freundinnen hatte auf jeden Fall Probleme mit der Hygiene. Ich schätze, das lag daran, dass sie noch so jung war und es ihr niemand beigebracht hatte. Ich wusste auch nicht, was jetzt eigentlich genau das Problem war, aber wahrscheinlich lag's an einer Pilzinfektion oder einem anderen Problem mit Bakterien. Das kann ziemlich traumatisierend sein, denn ich habe echt lange gebraucht, bis ich gemerkt habe, dass das nicht der normale Geruch eines Mädchens ist. Irgendetwas stimmt ganz und gar nicht, wenn es so riecht.

LEMMY Weiß ich nicht. Willst du etwa einen Namen hören?

ACEY SLADE Das war in New Orleans. War von Anfang an kein guter Abend: Wir haben ein Konzert gegeben und ich hab das Keyboard an den Kopf bekommen und hatte dann eine Schnittwunde, die genäht werden musste. Ich hatte also eine Wunde am Kopf. Vorher hatte ich eine Stripperin in einer Stripbar in der Bourbon Street kennengelernt, die dann zu dem Konzert gekommen ist. Wir sind zu ihr gegangen und sie hatte die coolste Wohnung der Welt. New Orleans ist übrigens meine Lieblingsstadt. Als sie nackt war – noch bevor überhaupt großartig was zwischen uns gelaufen war –, stank das Zimmer schon total widerlich! Ich wollte eigentlich in dieser fantastischen Wohnung bleiben. Ich dachte mir: Fuck, hier übernachte ich, hier werde ich duschen. Die Frau war echt hübsch, aber sie hat so furchtbar gerochen. Als ich fertig war, bin ich nur noch gerannt! Ich wär schon vorher abgehauen, aber ich war ja nackt.

ADDE Oha, da gab es mal diese jugoslawische Frau ... Ich habe mich ihrem Bauchnabel genähert, als wir gebadet haben, und habe diesen schrecklichen Gestank gerochen. Ich dachte nur: Da geh ich nicht runter!

Ich hab nicht einmal ihren Bauch geküsst. Und wir saßen in der Badewanne! Wir haben uns gewaschen, aber das hat nichts gebracht. Das war einer der schlimmsten Gerüche, die ich jemals gerochen habe!

 **ROB PATTERSON** Iiii ... Kein Kommentar.

 **CHIP Z'NUFF** Ich hatte Glück. Ich will ehrlich sein, ich habe nichts Schreckliches erlebt. Ich hatte einfach Glück. Meine Freunde haben mir erzählt, dass sie immer einen Test machen, um sicherzugehen: mit den Fingern anfassen und dann dran riechen. Ich weiß, es klingt unreif, aber es hat sich bewährt. Das funktioniert schon seit Hunderten von Jahren. Aber bis heute haben sich ja auch einige Dinge geändert und jeder weiß über solche Sachen Bescheid: Halte dich sauber, wenn du Sex haben willst. Die meisten Leute wissen das. Zumindest in diesem Land.

 **JIMMY ASHHURST** Es gibt nichts, das so ist wie dieser Geruch. Ich weiß noch ganz genau, wie es gerochen hat. Ich denke zu viel daran, er fällt mir immer wieder ein. Also sollten wir zur nächsten Frage übergehen.

 **GINGER** Ich war mal mit einem Mädchen zusammen, das, wie ich annehme, eine Pilzinfektion hatte. Sie ist aus der Wanne gestiegen und hat immer noch schlecht gerochen. Später habe ich herausgefunden, dass sie nicht besonders treu war. Es ergibt also einen Sinn, dass sie ein bisschen gebraucht gerochen hat.

 **COURTNEY TAYLOR-TAYLOR** Oh fuck, das ist witzig. Hm, Alter. Die hatte da unten auch Rasen in der Größe eines halben Fußballfelds. »Überraschung, ich habe einen Pelz.« Etwas weiter und ich hätte nach ihrem Bauchnabel suchen müssen. Viele, viele Jahre später hat sich ein Freund von mir von seiner Frau scheiden lassen und war total deprimiert deswegen. Er ist Tontechniker und ein verdammtes Genie, also habe ich ihn mit auf Tour genommen, damit er sich um den Livesound kümmert. Wir hatten viel Spaß auf Tour. Eines Abends, als wir betrunken waren, hat er gesagt: »Unsere Wege haben sich schon einmal gekreuzt.« Und ich: »Was willst du damit andeuten? Was heißt das?« Und er: »Wir hatten was mit dem gleichen Mädchen.« Und ich hab gesagt: »Kumpel, wir sind im verfickten Portland in Oregon aufgewachsen. Es waren neun oder so. Willst du mich

verarschen? Du weißt nur von einer? Von welcher?« Er hat es mir erzählt und ich hab gesagt: »Alter, die hab ich nicht angefasst! Machst du Witze? Die hat doch gestunken!« Und er darauf: »Oh mein Gott! Das ist so schräg! Die hat echt gestunken ... blablabla.« Offenbar ist er ein paar Monate mit dem Mädchen zusammen gewesen und sie war wirklich toll, also hat er sich in sie verliebt. Ich hatte nur ein paar Dates mit ihr, aber für ihn war auch an diesem Punkt Schluss. Wenn man jung und Anfang zwanzig ist, weiß man nicht, wie man einer Frau so was sagen soll. Für mich war es einfach eine beschissene Sache, aber er hat es ihr wohl gesagt und ist dann plötzlich verschwunden. Ironischerweise war also meine schlimmste Erfahrung auch die schlimmste Erfahrung von jemand anderem, noch dazu von jemandem, den ich kannte. Ich erklär dir mal, wie man jemandem so was sagt: Man tut echt überrascht und besorgt und sagt: »Schatz, ich glaube, hier stimmt irgendwas nicht. Das riecht nicht gut. Liebling, ist alles okay?« So als ob man sich Sorgen machen würde. Man ist nicht angeekelt und flippt nicht aus, sondern ist besorgt. »Du könntest krank sein. Geht's dir gut?« So ist man ein wundervoller und fürsorglicher Mann.

 **DANKO JONES** Das ist absolut grässlich! Die übelriechendste Pussy stinkt, als ob das schlechteste Essen vergammelt ist. Einfach scheußlich. Wie ein Fischladen, der zwei Wochen geschlossen hatte. Es ist verdammt schlimm! Echt verdammt schlimm!

 **VAZQUEZ** Ich erinnere mich, dass ich vor langer Zeit mit einer Frau geschlafen habe, die nicht wollte, dass ich sie lecke. Also hab ich sie stattdessen nur gefickt. Danach habe ich das Kondom abgestreift und meine Finger sind feucht geworden. Ich habe an meinen Fingern gerochen und gesagt: »Du lieber Himmel, Alter!« Das hat gestunken wie dreckiges Geschirr oder so was.

 **DOUG ROBB** Wahrscheinlich hat meine allererste Freundin am schlimmsten gerochen. Das hat nichts mit Rock'n'Roll zu tun, sondern damit, dass man 16 oder 17 ist und es nicht besser weiß.

 **HANDSOME DICK MANITOBA** Ja, vergiss es. Du musst einen Kundschafter da runter schicken, so mutig bin ich nicht. Es gab schon Situationen, in denen ich gesagt habe: »Weißt du was? Ich fühle mich nicht so gut.« Es ist keine Verpflichtung, sondern soll Spaß machen.

 **NICKE BORG** Ich war mal mit einem Mädchen zusammen, das sich nicht rasiert hat und ein paar Tage auch nicht geduscht hatte, und es war echt schrecklich. An so einen Geruch möchte man sich nicht erinnern. Ich kann nicht beschreiben, wie es gerochen hat … sehr, sehr pfff, wow, urgh.

 **TOBY RAND** Es hat gerochen, als würde man hinter einem Müllauto herfahren. Im Ernst! Wenn man viel Schamhaar hat und vier Tage auf einem Festival war, es der letzte Tag ist und alle campen und es keine richtigen Duschen gibt, dann stinkt man wie ein Müllauto und das war der schlimmste Geruch, den ich bisher erlebt habe.

SEXSPIELZEUG
UND
ANDERE HILFSMITTEL

»DER PENISRING! ICH HAB VOR EINER WEILE EINEN
BEKOMMEN UND DER FUNKTIONIERT TATSÄCHLICH.
ER STEIGERT DIE LUST. ICH KANN EIGENTLICH
NICHT MEHR OHNE IHN LEBEN.«

ADDE

Was ist das abgefahrenste Sexspielzeug, das du je gesehen hast?

DOUG ROBB Ich hab nur wenig Erfahrung mit Sexspielzeug, aber im Fernsehen hab ich ein paar abgefahrene Sachen gesehen. Vor einigen Jahren haben mir ein paar Jungs aus meiner Band zum Geburtstag eine künstliche Vagina geschenkt. Die hatte zwei Löcher und alles. War genauso groß und sah auch so aus wie eine echte Vagina und innen hatte sie so komische Gummifinger. Ist nach zwei Mal kaputtgegangen. Das heißt jetzt nicht, dass ich irgendwie total grob bin oder so! Das Ding war einfach Schrott, hat sich noch nicht mal echt angefühlt.

ACEY SLADE Ich hab gesehen, wie ein Mädchen vom Fuß eines anderen Mädchens gefickt wurde. Das war ziemlich abgefahren.

ALLISON ROBERTSON Wir sind in San Francisco immer zu Big Al's gegangen. Das ist eine Art riesiger Supermarkt für Sexspielzeuge und so was. Ich habe mich nie für solches Zeug interessiert, weil ich es irgendwie nie brauchte. Aber es macht Spaß, es sich anzusehen und damit rumzualbern. Ich fand aufblasbare Puppen immer eigenartig – ich weiß, dass sie heutzutage nicht mehr als seltsam gelten. Ist mir egal, für wie normal andere Leute sie halten, ich denke einfach immer: Boah, das ist einfach so dermaßen hohl! Ich verstehe nicht, wie man so eine haben kann und sie nicht einfach nur lustig findet. Aber ich weiß, dass einige Menschen sie wirklich benutzen. Ich finde das eher lustig als sexy.

COURTNEY TAYLOR-TAYLOR Keine Ahnung, das ist nicht so meine Welt.

ANDREW W.K. Mit 13 war ich zum ersten Mal in Amsterdam. Mein Dad und ich haben eine Europareise gemacht und wir haben zwei oder drei Tage in Amsterdam verbracht. Ich war vorher noch nie so viel mit Sexualität konfrontiert wie da. Es war einfach total abgefahren, die Straße entlang- und an Schaufenstern vorbeizulaufen, in denen alle möglichen Vibratoren und Sexspielzeuge lagen und Pornos auf Video gezeigt wurden. Das war in der Zeit, die mich geprägt hat, und ich muss immer noch viel daran denken, so einen starken Einfluss hatte das Erlebnis auf mich. Das war das erste Mal, dass ich gesehen habe, wie andere Menschen Sex haben. Ich hatte zwar schon vorher Pornos gesehen, aber nicht solche. Es gab da ein paar Spielzeuge, bei denen ich nicht sicher war, was man damit machen soll. Da waren welche aus Teilen, die die drei Hauptbereiche einer Frau stimulieren sollten, und jedes Teil hatte die Form eines Tiers und war irgendwie cartoonartig überzeichnet. Das war für mich ziemlich verstörend, aber auch richtig verblüffend – der Gedanke, dass ein Künstler das zuerst gezeichnet hat, dass ein paar Leute (wahrscheinlich Männer) herumsaßen und gesagt haben: »Okay, wir machen das so. Wir arbeiten in der Firma, die solche Sexspielzeuge herstellt, und das ist das neue, das wir designen werden.« Irgendein Kerl musste es dann formen und dann haben sie es wahrscheinlich getestet und es kam in die Läden. Jetzt kaufen die Leute es und nehmen es mit nach Hause. Das war einfach verrückt.

BLASKO Es gab da was, das ich saukomisch fand. Das wurde wahrscheinlich für Lesben hergestellt und es ist so was wie ein Kinnriemen und am Kinn befindet sich ein Dildo. Der kommt in die Muschi, während der Kitzler geleckt wird. Das Ding hieß »The Accommodator«! Das ist so lustig.

BRENT MUSCAT Wir haben neulich in einem Pornomuseum gespielt. Ein Engländer, der Hydraulikspezialist ist und alle möglichen verrückten Geräte erfindet, hat so ein Rennauto gebaut, in das man sich setzen konnte – fast wie in einen Bob. Das Mädchen setzt sich da rein und fährt damit die Rennstrecke entlang. Das Ding hatte einen Dildo, der in sie eingedrungen ist, während sie gefahren ist. Je schneller sie fuhr, desto schneller hat sich der Dildo bewegt. Er hat drei dieser kleinen Rennwagen gebaut und eine Art Rennen mit verschiedenen Mädchen veranstaltet. Überhaupt hatte der alle möglichen seltsamen Sachen, zum Beispiel so ein Teil, mit dem das Mädchen in den Arsch gefickt wurde – eine kleine Maschine. Das war schon ein bisschen beängstigend – sah aus wie etwas aus dem Film *Saw*. Das ist wahrscheinlich das seltsamste Gerät, das ich je gesehen habe.

BRUCE KULICK Es gibt auf jeden Fall Vibratoren, die vollkommen irrsinnig aussehen, aber das Seltsamste ist dieses Ding aus *Austin Powers* – das Ding, das angeblich den Penis größer macht. Das ist im Film so dumm und ich bin froh, dass er sich darüber lustig macht, weil es einfach irgendwie dämlich ist. Es gibt ein paar heftige Vibratoren, auf die einige Frauen angeblich stehen, aber ich war nicht mit vielen Mädchen zusammen, die Vibratoren mochten, obwohl ich das schon lustig gefunden hätte. Ich hätte kein Problem damit, mit einem zu spielen oder überhaupt ein Spielzeug einzubringen, aber ich muss zugeben, dass die meisten meiner Mädchen es in jeder Hinsicht ohne Hilfsmittel mochten, und das ist auch okay für mich.

 **CHIP Z'NUFF** Es gibt so einen Dildo mit drei verschiedenen Teilen, die aus drei verschiedenen Richtungen kommen. Wenn mehrere Leute da sind, können auch mehr als einer mitmachen. Das Ding hat einen kleinen Knopf, macht ein Motorengeräusch und dreht sich im Kreis. Das ist ziemlich interessant.

 **JESSE HUGHES** Ein aufblasbares Schaf.

 **DANKO JONES** Ein 25 Zentimeter langer Dildo, der an der Wand klebte! In dem Sexshop, in dem ich so um 1999 gearbeitet habe, gab es vor allem Pornos und ein Regal mit Sexspielzeug und so'nem Zeug. Gummipuppen fand ich immer total seltsam. Wenn Typen wegen Gummipuppen in den Laden kamen, war das immer echt komisch. Ich fand aufblasbare Puppen schon immer total strange. Jedenfalls meine ich nicht solche Typen, die kichern, weil die Puppe ein Partygag sein soll oder weil der Kumpel heiratet. Ein Gag ist ja eine Sache, aber ich habe die Puppen auch an andere Leute verkauft. Die meinten das total ernst und wollten sichergehen, dass die Lippen schön und die Vagina eng war. Das war echt merkwürdig! War ein komischer Laden. Ich konnte nicht glauben, dass ich mit jemandem ein ernsthaftes Gespräch über eine Gummipuppe führte und darüber, wie gut sie funktioniert. Die meisten Leute verwenden Gummipuppen nur als Gags oder Requisiten, aber die Leute, die da in den Laden kamen, waren echt merkwürdig.

 **VAZQUEZ** Oh Gott, man muss hier nur in einen Laden gehen und sieht allen möglichen abgefahrenen Scheiß. Aber nichts sticht heraus, das ist alles ziemlich normal. In meinem verdrehten Kopf ist wahrscheinlich alles normal.

 **EVAN SEINFELD** Da steht es unentschieden. Zum einen gibt es etwas, das RealDoll heißt – das ist eine lebensechte Puppe, die 6000 Dollar kostet und so sehr wie eine echte Frau aussieht, dass es schon irgendwie gruselig ist. Das ist, als würde man eine Tote oder einen Androiden ficken. Es steht also unentschieden zwischen dieser Puppe und etwas anderem.

In San Francisco gibt es ein paar Ledergeschäfte für Schwule. Und ich bin ein großer Fan von Qualitätsleder, aber da gibt es auch Dinge wie Gummiarme und Gummifäuste. Und ich habe dort einen Hydranten aus Gummi gesehen.

HANDSOME DICK MANITOBA In den Siebzigern war ich mit einem Mädchen zusammen, das im berühmtesten SM-Haus in New York gearbeitet hat – es hieß Belle de Jour. Dort gab es einen Raum, der voller Folterinstrumente war. Man hat mir erzählt, dass einige Männer sich dort demütigen oder kopfüber an der Decke aufhängen lassen oder Windeln anziehen. Die mussten geschlagen oder gedemütigt werden, um eine Erektion zu bekommen. Ich bin tatsächlich auf einige solcher Partys gegangen und habe diese ganze Welt kennengelernt. Ich hab da einiges gesehen, ich weiß also, was es alles gibt, aber ich persönlich habe davon keinen Gebrauch gemacht.

JAMES KOTTAK Das war in Deutschland und wir hatten das Gefühl, dass da eine Kamera oder so was in der Decke des Raumes war. Wir haben dieses riesige Hoden-Ding gefunden. Bis heute wissen wir nicht, was es eigentlich war. So was habe ich noch nie zuvor gesehen. Sah irgendwie aus wie etwas, das ein Klempner benutzen würde.

JIMMY ASHHURST Heutzutage gibt es ziemlich gute Sachen aus Latex, echt fantastische Sachen. Und diese verdammt abgefahrenen lebensechten Puppen, die wirklich nahezu echt wirken – RealDolls. Ein Freund von mir hatte so ein verdammtes Ding. Das ist krasse Scheiße, das abgefahrenste, was ich je gesehen habe! Er hat sie nicht geteilt.

LEMMY Ich finde Ben-Wa-Bälle echt seltsam. Unser Gitarrist hat mal einen Laufburschen losgeschickt, um echt gutes chinesisches Essen zu holen und eine Extraportion Ben-Wa-Bälle verlangt. Der Typ ist los, kam zurück und hatte sie dabei. Er war offensichtlich in einen Sexshop gegangen und hat ein paar gekauft. Genial – ein guter Typ. Er hat sich nicht bloßstellen lassen. Ich glaube, das war in Australien.

NICKE BORG Alter, heutzutage spinnen die Menschen echt. Ich war in diesem verdammt alten Schloss in Südfrankreich, es war eine Art Museum mit einem alten Weinberg. In der Ecke stand ein Tisch mit Dildos. Ich bin in einem jahrhundertealten Schloss und dort werden Dildos verkauft – alles hat sich verändert. Ich bin irgendwie immun gegen so was. Sexspielzeuge sind in gewisser Weise lustig, aber waren nie etwas für mich. Wenn ich eine Frau wäre und keinen Partner finden könnte, würde ich mich umschauen und wäre wahrscheinlich gut mit Sexspielzeugen eingedeckt. Das seltsamste Sexspielzeug? Ich hab keinen blassen Schimmer. Ich hatte mal einen Double-Dong-Dildo.

ROB PATTERSON Ein Rohr, das Milch in den Arsch schießt.

TOBY RAND Ein Ding, das wie ein Schuhanzieher aussieht, ist das seltsamste Sexspielzeug, das ich je gesehen habe, im Ernst! Ich hab mich echt gefragt, was man damit macht. Das Mädchen hat es sich wirklich reingesteckt. Es war ein echt langes, Löffel-ähnliches Ding und sie hat es sich reingeschoben und hat sich damit fast selbst ausgelöffelt. Dann habe ich meinen Schwanz draufgelegt und der glitt auch mit rein. Während ich in ihr war, konnte ich das Ende des Löffels auf meiner Schwanzspitze spüren. Das war echt seltsam und ich habe mich gefragt, was ihr das bringt. Ich schätze, es hat sich so angefühlt, als ob meine Schwanzspitze für sie auch der Löffel war. Sie konnte ihn drehen. Das war richtig interessant – und wirklich cool.

Welches Sexspielzeug versetzt deinen Partner in Ekstase?

ALLISON ROBERTSON Ich musste eigentlich nie irgendwelche Sexspielzeuge benutzen, aber ich habe gehört, wie Leute über einen Penisring geredet haben, der einen kleinen Vibrator dran hat. Sie haben richtiggehend davon geschwärmt. Ich weiß nicht, ich musste nie irgendwas benutzen. Ich schätze, ich habe einfach Glück.

BLASKO Jeder ist anders. Man muss herumexperimentieren. Ich denke nicht, dass es eine Sache gibt, die bei jedem funktioniert.

BRENT MUSCAT Ich bin jetzt 41 und manchmal denke ich, dass es schon einen Generationenkonflikt gibt. Junge Mädchen reden heute über Vibratoren und darüber, welchen sie mögen. Als ich jung war, habe ich nie gehört, dass Mädchen über so was reden. Wenn meine Freundinnen einen hatten, haben sie es für sich behalten, aber heute gehen die Mädchen ganz offen damit um. Ich habe gehört, dass der Pocket Rocket Frauen ausflippen lässt.

 **CHIP Z'NUFF** Nach dem, was ich gehört habe, sind diese kleinen Butterflies wirklich gut. Man setzt sie an die Klitoris und kann dann die Frau da unten küssen – und sie kann multiple Orgasmen haben, wenn man es richtig anstellt. Aber nicht zu hart draufdrücken!

 **ACEY SLADE** Der Rabbit-Vibrator. Das ist der Vibrator, bei dem ein Teil die Klitoris kitzelt. Das scheint ziemlich gut zu funktionieren.

 **DOUG ROBB** Mein Gitarrist hat mir dieses Ding gegeben, einen Gel-artigen Latexpenisring. Sieht aus wie ein Halsband, das Bernhardiner tragen, die Teile mit den kleinen Holzfässchen dran, aber das Holzfässchen ist ein winziger Vibrator oder so was. [Anm. des Autors: Er fragt seinen Gitarristen.] Er sagt, er glaubt, dass man die O-Ringe nennt. Wenn man es verkehrt herum aufsetzt, sodass das kleine Ding oben ist, dann vibriert das an der Klitoris der Frau. Keine Ahnung, ob sie das um den Verstand gebracht hat, aber es war verdammt witzig, es zu versuchen – und auch, es zu erklären.

 **ADDE** Der Penisring! Ich hab vor einer Weile einen bekommen und der funktioniert tatsächlich. Er steigert die Lust. Ich kann eigentlich nicht mehr ohne ihn leben.

 **JIMMY ASHHURST** The Rabbit: Das ist ein Dildo mit 'nem Extrateil, das vibriert. Das ist 'ne gute Sache. Und dann gibt's da noch diesen anderen, den man reinsteckt und der eine Fernbedienung hat. Man kann also am anderen Ende der Bar sein oder irgendwo anders und ihr einen vor den Latz knallen – das ist fantastisch! Damit kann man einen lustigen Abend haben, besonders wenn sie einen guten Sinn für Humor hat. Man kann warten, bis sie in ein ernsthaftes Gespräch vertieft ist, und dann auf die Fernbedienung drücken und ihr einen Fickstoß versetzen. Das ist immer gut.

 **JAMES KOTTAK** Ein Vibrator, hab ich gehört, aber ich habe keinen blassen Schimmer. Der natürliche Weg ist immer der beste.

 **VAZQUEZ** Da steht es unentschieden. Ich finde, das Beste, was man bei Mädchen benutzen kann, ist ein Butt Plug. Das ist so was wie ein kleiner Dildo, den man ihnen in den Arsch steckt, während man sie von hinten fickt. Dabei flippen sie total aus. Außerdem bereitet sie das auf den Analverkehr vor, falls sie das noch nie gemacht haben. Sie gewöhnen sich daran und sagen dann: »Oh, das ist gar nicht schlecht. Die ganzen Frauenzeitschriften haben unrecht. Ich mag das eigentlich doch.« Ehe man sich versieht, klopft man ohne Probleme an die Hintertür. Wenn man also einen dieser kleinen Dildos in ihrem Arsch benutzt und sie gleichzeitig fickt, flippt sie komplett aus! Das andere Spielzeug, das mit dem Butt Plug gleichauf liegt, sind Analperlen. Gut an denen ist, dass man die Frau in allen möglichen Stellungen vögeln kann, wenn die Perlen erst einmal drin sind. Wenn sie die im Arsch hat, wird sie stimuliert – ihre Muschi fühlt sich durch die Perlen dann auch immer anders an, wenn man sie fickt. Und das ist toll. Wenn ich die Perlen benutze, ficke ich sie normalerweise erst einmal auf jede erdenkliche Weise und dann von hinten. Dann soll sie mir Bescheid sagen, wenn sie kommt. Und wenn sie dann sagt »Ich komme!«, ziehe ich die Perlen ganz langsam raus, Alter. Das ist wie ein Feuerwerk! Das haben die Asiaten herausgefunden, die wissen alles.

 **JESSE HUGHES** Das Sexspielzeug, das man meine Genitalien nennt … Nee, nur ein Scherz. Der Pocket Rocket soll am beliebtesten sein, habe ich gehört.

 **LEMMY** Normalerweise ist der Vibrator das beste Sexspielzeug. Ich habe einmal gesehen, wie 'ne Braut eine elektrische Zahnbürste benutzt hat – nicht die Seite mit den Borsten.

 **TOBY RAND** Perlen … Ja, Analperlen. Die sind immer gut. Man taucht sie in Babyöl und steckt sie in eine Öffnung seiner Wahl und die bleiben drin, während man einfach mit dem Rest ihres Körpers rummacht. Dann zieht man sie raus – langsam, aber sicher.

Obst und Gemüse – was funktioniert am besten?

 **ADDE** Damit habe ich eigentlich nicht so viel Erfahrung, aber einmal habe ich meiner Freundin aus Spaß eine Erdbeere in die Muschi gesteckt und wir haben darüber gelacht. Das war nichts Sexuelles, ich hab sie einfach reingesteckt, rausgeholt und drauf rumgekaut. Es hatte nichts mit Sex zu tun – wir haben uns einfach gesagt: »Lass uns ungezogen sein!«

 **GINGER** Wenn man einer Frau die Augen verbindet, kann man sie sehr glücklich machen, indem man sie saftige Früchte fühlen und schmecken lässt.

 **ALLISON ROBERTSON** Keine Ahnung, hab ich nie probiert. Ich denke, es ist gut, wenn man vor dem Sex Obst isst, weil das nicht scharf oder seltsam schmeckt und man danach keinen komischen Atem hat. Obst ist echt gut für den Atem. Darum finde ich es sexy, vorher Obst zu essen. Das ist vielleicht ein Gemeinplatz – Erdbeeren und so'n Kram –, aber es funktioniert.

 **DANKO JONES** Nee, darauf steh ich nicht. Das bringt mir nichts.

 **DOUG ROBB** Keine Ahnung. Ich habe noch nie Obst oder Gemüse benutzt. Ich nehme an, es müsste eher was Gurkenähnliches sein und nichts Ananasähnliches.

 **ROB PATTERSON** Keins von beiden. Zu biegsam.

 **ANDREW W.K.** Damit habe ich mich nie beschäftigt, aber das ist eine wirklich interessante Idee. In Sexualkunde haben wir an Bananen und Gurken geübt, wie man ein Kondom abrollt – so wie es auch oft in Filmen gezeigt wird oder in der Popkultur vorkommt. Das fand ich ziemlich heftig und einschüchternd, weil Gurken normalerweise ziemlich groß sind. Viele Obst- und Gemüsesorten können in ihrer Größe ziemlich einschüchternd sein.

Ich kann mir vorstellen, dass es mit phallischen Objekten sehr aufregend sein kann, und vielleicht benutzen Frauen sie, wenn sie allein sind, oder wir stellen uns nur vor, dass Frauen so was benutzen, aber ich selbst habe das nie getan. Ich habe davon gehört, dass Menschen andere Dinge wie Flaschen und Baseballschläger benutzen, aber ich habe auch diesen Weg nie beschritten.

 **BLASKO** Was Lebensmittel betrifft, hatte ich schon ein bisschen Spaß mit roten Schnüren. Ein bisschen den Popo verhauen mit roten Schnüren – das scheint ganz gut zu funktionieren.

 **BRENT MUSCAT** Ich schätze, ich bin Vanilla. Ich finde nicht, dass Lebensmittel sexy sind, aber ich könnte mir vorstellen, dass man mit Erdbeeren und Schlagsahne Spaß haben kann. Ich habe gehört, dass es Menschen gibt, die Sushi vom Körper einer Frau essen, aber ich gehe lieber auswärts Sushi essen und nehme das Mädchen dann mit nach Hause und habe guten Sex. Man muss das nicht unbedingt vermischen. Wenn man Dessert will, sollte man ein leckeres Dessert essen und nach Hause gehen.

 **BRUCE KULICK** Ich habe schon ein bisschen mit Lebensmitteln rumgespielt, mit Honig und Erdbeeren und diesem und jenem. Im Allgemeinen hat Essbares aber bei meinen sexuellen Erfahrungen keine große Rolle gespielt.

 **CHIP Z'NUFF** Habe ich nie ausprobiert. Ich habe aber mit Leuten gesprochen, die ein paar Sachen getestet haben. Die Gurke ist ein bisschen zu groß. Sellerie esse ich lieber selbst, damit ich einen Ständer bekomme, anstatt ihn einer Frau einzuführen. Es gibt so viele kleine Tricks. Ich bin irgendwie altmodisch und nicht so sehr der Obst-Typ.

 **VAZQUEZ** Ich liebe Essen. Ich habe es aber nie mit Sex vermischt. Ich bin mir allerdings sicher, dass es fantastisch ist – zum Beispiel ein Stück Schweinefleisch essen, während ich mich bei einer Frau ins Zeug lege.

 **HANDSOME DICK MANITOBA** Lebensmittel und Sex passen gut zusammen. Ich verwende zwar nicht regelmäßig Lebensmittel, aber ich finde Sprühsahne gut. Man schüttelt sie und sprüht – sie ist süß und leicht. Von Frauenkörpern zu essen macht Spaß. Ich denke, das Hirn überschlägt sich

geradezu vor Lust, weil man sexuell stimuliert wird und auch noch Zucker zu sich nimmt, was den Körper positiv anregt. So vermischt man verschiedene Arten der Stimulationen. Das kann manchmal sehr lustig sein ... und seltsamer als das wird es bei mir nicht.

JAMES KOTTAK Ich habe in Bars viele Bananenwettessen gesehen, wenn das etwas damit zu tun hat. Da ist was im Gange.

TOBY RAND Ich liebe Obst. Als Australier liebe ich Mangos und wenn das Mädchen auch auf Mangos steht, gibt es nichts Besseres, als eine Mango zu schälen, sie mit dem Saft einzuschmieren und den Kern als Dildo zu benutzen. Man kann die Mango essen, während man die Frau leckt. Das ist verdammt fantastisch. Oder nimm Pfirsiche oder Aprikosen: Schmier dich einfach mit einer Frucht ein, die ihr beide mögt, und esst sie dann.

JESSE HUGHES Riesige schwarze Seegurken.

JIMMY ASHHURST Hängt von der Partnerin ab: Man sollte nicht mit einem Kürbis ankommen. Hahaha! Oder vielleicht doch?

LEMMY Ich habe nie etwas mit Obst oder Gemüse gemacht.

NICKE BORG Kleine Orangen ... Das ist eine der jüngsten Erfahrungen, die mir einfällt.

Gibt es Geräte, die einem dabei helfen, geil zu werden?

 **TOBY RAND** Ja, Vibratoren, Kumpel. Ich weiß die Namen nicht, aber es gibt einen echt coolen, der wie eine Gewehrkugel aussieht. Es gibt nichts Cooleres, als zu sehen, wie eine Schnitte mithilfe eines Vibrators kommt, während sie dir in die Augen schaut – todernst.

 **ROB PATTERSON** Viele ... viele.

TECHNIK

»WENN MAN EIN MÄDCHEN ZUM ABSPRITZEN BRINGT,
KOMMT MAN SICH WIE EIN VERDAMMTER GOTT VOR.
DAS IST EINFACH FANTASTISCH.«

VAZQUEZ

Wie machst du sie wahnsinnig?

 **VAZQUEZ** Man muss einfach durchhalten, Mann. Das ist alles – man kann nicht nach zwei Minuten kommen. Ich komme nur nach zwei Minuten, wenn ich es mit Absicht mache, weil es mir scheißegal ist. So in der Art: »Ich bin heute Abend schon aufgetreten, ich bin echt fertig.« Aber ganz ehrlich, man muss Durchhaltevermögen haben. Muss man einfach. Sehen wir den Tatsachen doch ins Auge: Frauen werden nie richtig gefickt.

 **ACEY SLADE** Ausdauer. Bis zum Ende durchhalten.

 **TOBY RAND** Ich flüstere ihr gern Sachen ins Ohr und ich greif ihr gern in die Haare und beiße ihr in den Hals. Hängt von der Stimmung ab. Wenn es leidenschaftlicher, harter Sex ist, dann macht es Spaß, sie an den Haaren zu ziehen, es vor dem Spiegel zu machen und ihr zu sagen: »Jetzt sieh dir das genau an.« Es ist geil, sie anzuleiten.

Wie lernt man neue Techniken?

 **DANKO JONES** Man darf im Bett nie in einen Trott geraten und immer das gleiche Programm abspulen. Wenn man ein bisschen Abwechslung reinbringt, wird man irgendwann über etwas stolpern, das für beide neu und aufregend ist. Das ist meine Meinung. Man macht einfach nicht immer das Gleiche, wenn man in die Kiste hüpft. Man muss auch mal ein paar Dinge anders machen. Sobald ich in eine Art Routine verfalle, wird mir eh langweilig und ich will etwas ändern.

 **ACEY SLADE** Ich glaube, dass ich am meisten lerne, wenn meine Partnerinnen mir erzählen, was sie mögen. Man sollte also aufmerksam sein.

 **BLASKO** Es ist nichts falsch daran, Fragen zu stellen. Ich denke auch, es ist nichts falsch daran zu experimentieren. Schüchtern sein ist nicht so sexy. Man sollte lieber sagen »Hey, kann ich das und das probieren?« oder »Lass uns das und das machen!«. Man sollte Fragen stellen und dann verschiedene Dinge ausprobieren – ich glaube, dafür wäre jeder offen.

ADDE Indem man viele Mädchen kennenlernt und sich dafür interessiert, was dann passiert.

JIMMY ASHHURST Es ist wie mit dem Leben, alles entwickelt sich immer weiter. Übung macht den Meister. Wenn es beim ersten Mal nicht klappt, versuch es noch mal.

TOBY RAND Ich denke, Pornos gucken hilft und macht Spaß. So kann man seine Hemmungen abbauen und irgendwelchen Scheiß ausprobieren, den man schon immer mal machen wollte. Einen Spiegel zu benutzen ist auf jeden Fall gut, weil man dann sehen kann, wie sich ihr Körper bewegt. Man kann dann an ihren Bewegungen erkennen, ob sie es genießt oder nicht.

VAZQUEZ Definitiv aus Pornos.

Wie probiert man am besten eine neue Technik aus?

JIMMY ASHHURST Hoffentlich mit jemandem, bei dem man sich wohl-fühlt. Wenn man eine Frau gefunden hat, die zu allen Schandtaten bereit ist, schreibt man sich ihre Nummer auf jeden Fall hinten ins Telefonbuch.

ROB PATTERSON Versuch's halt!

VAZQUEZ Ich liebe es, Frauen in den Arsch zu ficken. Viele Mädchen haben Angst davor, weil irgendein Kerl es bei ihnen versucht hat, als sie 16 waren, der es falsch gemacht und sie dabei verletzt hat. Wenn man ein Mädchen zum ersten Mal in den Hintern ficken möchte, lautet mein Rat, sie langsam an die Sache heranzuführen. Man muss mit den Fingern anfangen und sich zum kleinen Dildo vorarbeiten. Und dann kann man's ihr besorgen. Am besten fängt man so an, dass sie auf dem Rücken liegt und die Beine hebt. In Pornos sieht man meistens, wie sich die Frauen vornüber beugen, aber das ist eine Stellung für Profis – das ist nur was für Frauenärsche, die mit allem fertig werden. Am Anfang ist es am besten, wenn sie auf dem Bett liegt, möglichst an der Bettkante, sodass du davorstehen kannst, dann seid ihr startklar. Mach's langsam. Alter, die Frauen stehen total drauf. Es ist verrückt.

Hast du kleine Tipps parat, die wirklich etwas bringen?

 **VAZQUEZ** Wenn man dafür sorgen kann, dass sich eine Frau richtig wohl in ihrer Haut fühlt, wird es für sie so viel besser. Wenn sie sich sexy fühlt und sich nicht seltsam vorkommt, wird sie ausflippen, Mann. Einmal war ich mit einem Mädchen zusammen, das abgespritzt hat, und ich war total aufgeregt, Alter. Bis dahin hatte ich so was nur in Pornos gesehen und ich hatte keine Ahnung. Alter, das war fantastisch, denn wenn man ein Mädchen zum Höhepunkt bringt, fühlt man sich wie ein Held, aber wenn sie abspritzt, geht dein Ego durch die Decke! Wenn man ein Mädchen zum Abspritzen bringt, kommt man sich wie ein verdammter Gott vor. Das ist einfach fantastisch.

 **ROB PATTERSON** Sei leidenschaftlich. Leidenschaft, Leidenschaft, Leidenschaft. Es geht um Gefühle!

MUTIGE LOCATIONS

⚡

»MEINE FRAU UND ICH SIND EXHIBITIONISTEN.
WIR HATTEN SEX AUF DEM EIFFELTURM.«

EVAN SEINFELD

Was ist der verrückteste Ort, an dem du je Sex hattest?

 **LEMMY** Ich hatte einmal Sex auf dem Dach eines dieser Fotoautomaten im Bahnhof von Chester während der Rushhour und niemand hat nach oben geschaut. Die Leute schauen einfach nicht auf, ist echt witzig. Auch im Roundhouse in London. Vor dem Restaurant gab es einen Wagen mit Deichseln – einen dieser alten Wagen mit großen Rädern. Und ich habe darin eine Mieze gevögelt, ihre Beine hingen über die Seiten und sie machte »Oh, oh, oh.«. Und wieder hat niemand hingeschaut. Wo noch? Ach, an allen möglichen Orten. In der U-Bahn. Die Puppe stieg um sechs Uhr morgens ein, hatte die ganze Nacht durchgemacht. Wir sind in den letzten Wagen gegangen und die Fahrerkabine war offen – es gibt eine an jedem Ende des Zugs. Da sind wir reingegangen. Sie hat mir einen geblasen und ich stand in der Fahrerkabine, als wir in einen Bahnhof einfuhren. Ich habe den Leuten zugewunken und ein blonder Kopf hat sich dabei vor mir auf und ab bewegt. Das unfassbarste Erlebnis war wahrscheinlich, als 'ne Schnecke auf die Bühne gesprungen ist und mir einen geblasen hat, während wir ein Konzert gaben, am Anfang der Karriere von Motörhead.

 **ROB PATTERSON** Im Kino, als ich 17 war, in der Reihe hinter der Mutter meiner Freundin.

 **ACEY SLADE** Ein Friedhof in Japan. Das war echt witzig, weil das Mädchen nicht so gut englisch gesprochen hat und ich hatte unseren kleinen Ausflug vorher auf dem Weg zum Hotel geplant. Das Mädchen und ich waren in meinem Zimmer und im Morgengrauen habe ich zu ihr gesagt: »Lass uns spazieren gehen.« Ihr Englisch war schrecklich und mein Japanisch auch nicht viel besser. Wir waren auf dem Weg und sie fragte die ganze Zeit: »Wo führst du mich hin? Was ist hier los?«

 **CHIP Z'NUFF** Roppongi, in Tokio, und ein kleiner Club mit dem Namen The Lexington Queen. Ich hing dort rum und Julian Lennon kam mit Lucy, der Puppe aus Robert Plants Band, vorbei. Wir haben Cocktails getrunken und hatten Spaß. Danach hat Julian meinen Bruder und mich gefragt, ob wir mit ihm essen gehen wollen – um vier Uhr nachts. Also sind wir in ein mexikanisches Restaurant gegangen – tolles Essen, viel Spaß. Ich bin eigentlich kein großer Trinker, aber ich hab Cocktails getrunken, um mit ihm mitzuhalten. Und dort habe ich diese beiden Göttinnen getroffen – japa-

nische Mädchen – und die haben mich zurück ins Roppongi Prince Hotel gebracht, in dem wir wohnten. Das war sehr interessant! Sie haben darauf bestanden, dass wir das Licht ausmachen. Ich hab mir schon ein wenig Sorgen gemacht, weil ich mir nicht sicher war, ob da nicht irgendwo eine Kamera von einer TV-Show versteckt war. Das Letzte, was ich wollte, war, auf frischer Tat ertappt zu werden und mich dann nicht mehr rausreden zu können. Aber sie haben mich in Versuchung geführt und gewonnen – und das war eine gute Erfahrung. Als ich am nächsten Morgen aufgewacht bin, war allerdings das ganze Bett voller Blut. Eines der Mädchen hatte seine Tage und ich habe das nicht gemerkt, weil das Licht aus war. Bis dahin hatte ich echt Spaß. Ihr war das unheimlich peinlich. Ich habe zu ihr gesagt: »Mach dir keinen Kopf.« Dann habe ich die Bettwäsche abgezogen und aus dem Zimmer geworfen, damit sie sich besser fühlt, aber es war zu spät.

ADDE Ich hab mal in Hollywood gelebt und hatte Sex auf dem Dach des Hauses, in dem ich gewohnt habe. Ich habe sie auf den Schornstein gesetzt und wir hatten Sex. Aber wir waren so laut, dass ein Nachbar nach oben gekommen ist und gefragt hat: »Was zur Hölle ist denn auf dem Dach los?« Wir lagen genau über seinem Ofen und er konnte uns hören … als ob zwei große Vögel poppen.

COURTNEY TAYLOR-TAYLOR Die Dunkelkammer auf dem College, aber nichts Verrücktes.

ALLISON ROBERTSON Vermutlich … Na ja, das ist zwar kein verrückter Ort, aber ich hatte Sex im Tourbus – das macht jede Band. Wahrscheinlich ist das also normal, aber es ist auch verrückt, wenn man die Türen zum Beispiel nicht abschließen kann oder die Schlafkoje wirklich unbequem ist und man das Gefühl hat, man hätte in einem Sarg oder so was Sex. Außerdem ist es in einem fahrenden Auto sicher gefährlich. Schwierig zu sagen, kommt drauf an, wie man es betrachtet. Aber das ist ziemlich normal, wenn man in einer Band ist.

ANDREW W.K. Es gab keinen Ort, den ich als verrückt bezeichnen würde. Ich schätze, ich fand es ziemlich verrückt, Sex im Tourbus in meiner Schlafkoje zu haben, weil andere Leute ganz in der Nähe waren. Das war das Verrückteste, was ich je getan habe – die Stimmen anderer Leute in den anderen Räumen zu hören, zu wissen, dass in jeder Richtung einen Meter weiter jemand war. Außerdem ist es in der Koje echt beengt. Man hat nur wenig Platz, etwas zu machen. In der Öffentlichkeit habe ich ein paar Mal in einem Auto rumgemacht, aber das war's. Aus irgendeinem Grund hat mich das nie gereizt. Keine Ahnung warum.

 **BLASKO** Das klingt vermutlich zahm im Vergleich zu den anderen Typen, mit denen du gesprochen hast, aber für mich war der verrückteste Ort, an dem ich Sex hatte, das Dach eines Hotels oder das Klo in einem Club. Das ist sicher der ganz normale Scheiß, aber nun mal das Verrückteste, was ich erlebt habe.

 **BRENT MUSCAT** Mir wurde mal in einer dunklen Ecke in einem Club einer geblasen. Natürlich habe ich es auch auf dem Rücksitz meines Autos gemacht. Und in der Schule mit ein paar Mädchen im Hinterzimmer eines Klassenraums. Als Teenager habe ich es mit meiner Freundin in ihrem Wohnzimmer gemacht und wir haben dabei aus dem Fenster geguckt, damit wir mitkriegen, wenn ihre Eltern nach Hause kommen. Das war ziemlich verrückt.

 **BRUCE KULICK** Ich hatte eine Zeit lang eine ziemlich offensive Freundin, die immer ganz wild darauf war, es zu tun. Ich war damals auf Tour und sie hat es gern im Auto getrieben. Manchmal ist das okay für mich, aber nicht, wenn ich das Gefühl habe, nicht ungestört zu sein, also wenn ich sagen kann: »Na ja, der Tourbus steht nur fünfzig Meter weiter.« Ich war dann total hin- und hergerissen: Ich fahr drauf ab! Nein. Ich fahr nicht drauf ab. Ich weiß, dass das manche Leute anturnt – Sex in der Öffentlichkeit. Und ich erinnere mich daran, wie ich noch ganz jung war und anfing, mich für Mädchen zu interessieren. Ich bin immer in den Park gegangen, weil ich noch bei meinen Eltern gewohnt habe. In New York bin ich im Park immer zur Unisphere gegangen, aus dem Film *Men in Black*. Ich erinnere mich, dass ich es einmal dort getrieben habe! Wenn ich heute daran denke, ist es lächerlich. Einmal, als ich mit einer meiner ersten Freundinnen Sex hatte, ist ein Cop vorbeigefahren. Er hat uns angeleuchtet und ich dachte: Urgh. Aber er wollte nur sichergehen, dass ich niemanden vergewaltigte. Wir haben ihn beide angesehen mit einem Blick, der sagte »Bitte verhafte uns nicht, wir haben echt Spaß!«. Also ist er weitergefahren und sagte so was wie: »Keine Sorge.« Er wollte mir nicht verbieten, es zu tun, sondern nur nachsehen, ob das Mädchen schreit. Wenn ich das Mädchen ver-

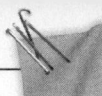

gewaltigt hätte, hätte sie natürlich geschrien. Aber nein, wir hatten viel Spaß. So was macht man, wenn man 18 ist, später aber nicht mehr. Es hat mich nie gereizt, Sex in der Öffentlichkeit zu haben. Ich bin da einfach ein bisschen zurückhaltender.

DANKO JONES Ist ziemlich gewöhnlich, aber in 'ner Gasse war der verrückteste Ort, an dem ich je Sex hatte. Genau genommen war es in einer Garage. Jemand hatte seine Garage offen gelassen und wir sind einfach hineingegangen. Wir sind spazieren gegangen, die Garage stand offen, wir sind rein und haben es getan.

DOUG ROBB Manche Menschen turnt es an, Sex in der Öffentlichkeit zu haben oder dort, wo sie erwischt werden könnten, aber für mich hat das keinen Reiz. Ich habe so einiges im Flugzeug gemacht. Ich hatte dort keinen Sex, habe aber so ziemlich alles andere gemacht, was man machen kann – und nicht auf der Toilette, sondern an meinem Platz.

EVAN SEINFELD Meine Frau und ich sind Exhibitionisten. Wir hatten Sex auf dem Eiffelturm, in Dutzenden verschiedenen Flugzeugen. Es ist wirklich heiß, mit seiner Partnerin Sex in einem Flugzeug zu haben, aber Sex mit einer Fremden in einem Flugzeug zu haben ist noch krasser. Es ist wirklich gewagt, wenn man den anderen noch nie zuvor gesehen hat.

JIMMY ASHHURST Japan!

HANDSOME DICK MANITOBA Da muss ich bis in die Siebziger zurückgehen. Meine ersten beiden sexuellen Erfahrungen habe ich draußen gemacht. Es gab einen Punkt in meinem Leben, an dem mein Spitzname Nature Boy Manitoba lautete. Ich glaube, ich sollte diesen Namen wieder annehmen, denn es gibt einfach zu viele Schwanz-Witze über den Namen Handsome Dick. Nach 35 Jahren wird das langsam ein bisschen viel. Keiner kapiert's – das ist ein professioneller Wrestlername. Ich sollte wieder den Namen Nature Boy Manitoba annehmen – mit dem Namen quält einen keiner. Wie auch immer, ich habe den Spitznamen bekommen, weil es eine endlose Liste an sexuellen Abenteuern unter freiem Himmel gab. Beim ersten Mal war ich 15 oder 16. Es geschah 15 Meter hinter einer Bank, in dem Park in der Bronx, in dem all die Kids herumhingen. Ich erinnere mich, dass das Mädchen mir einen runtergeholt hat, und als ich gekommen bin, haben sich die Leute umgedreht und applaudiert. Eine Woche später habe ich mit dem Mädchen geschlafen. Damals kam Quaalude gerade in Mode und das hab ich immer eingeworfen – man war dann angeheitert und locker. Das ist ein Muskelentspannungsmittel, also war ich immer etwas neben der Spur. Ich hatte Sex auf dem New York State Thruway. Ich hatte Sex in einem Park in St. Louis, als ich dort 1983 zwei Wochen als Barkeeper gearbeitet habe, glaube ich … Solche Dinge eben.

 **JAMES KOTTAK** Das Frauenklo in Harrah's Casino in Laughlin im Bundesstaat Nevada. Wir wurden rausgeschmissen und ja, das war mit Athena. Athena und ich wurden aus jedem Casino in Laughlin rausgeschmissen. Es gibt dort ungefähr 14 und wir wurden schon aus jedem einzelnen rausgeschmissen.

 **JESSE HUGHES** Im Rock'n'Roll hat man viele Gelegenheiten, verrückte Dinge zu tun. Hinter einer Kirche hatte ich Sex. Ich hatte Sex in einem Greyhound-Bus in Indio in Kalifornien. Mal überlegen, wo hatte ich noch Sex? Oh Gott, okay, ich schätze, ich muss dir das erzählen: bei einer Benefizveranstaltung des Lehrer-Eltern-Ausschusses im McCallum Theatre. Ich hatte Sex mit der Frau eines Lehrers in einer Besenkammer.

 **NICKE BORG** Ich bin nicht so der Outdoor-Typ – da gibt's einfach zu viele Krabbeltiere. Ich habe auch noch nie in einem Flugzeug gevögelt, obwohl die meisten Leute denken, dass man automatisch Mitglied im Mile High Club ist, wenn man in einer Band spielt. Ich nicht, aber mir hat mal eine Frau einen runtergeholt – das war allerdings im Zug. Ich habe also nichts, mit dem ich angeben könnte. Der verrückteste Ort? Keine Ahnung.

 **VAZQUEZ** Ich hatte mal eine Freundin, die in einer echt belebten Gegend in einer Reinigung gearbeitet hat. Der Tresen war buchstäblich nur zwei Meter von der Tür entfernt und nebenan war irgendeine Art religiöser Ort – aber da war so viel Laufkundschaft wie in 'ner Shoppingmall. Ich bin hinter den Tresen gegangen, hab ihr die Hose runtergezogen und losgelegt. Das war toll, weil die Leute vorbeigelaufen sind und keine Ahnung hatten, was wir gemacht haben. Es war fantastisch, Mann – Gott schütze dieses Mädchen!

Wie verhindert man, auf frischer Tat ertappt zu werden?

 ANDREW W.K. Man muss sehr leise sein. Ich bin sowieso gern leise. Das fand ich immer ziemlich cool. Ich war mit Mädchen zusammen, die lauter waren und das war toll, aber ich mag auch Mädchen, die ganz leise sind, weil man dann andere Dinge hört. Wenn man nicht schreit oder laut ist, gibt es endlos viele Geräusche, auf die man sich konzentrieren kann. Leise zu sein war immer gut, ob nun bei den Eltern, im Haus eines Freundes oder wo auch immer. Ich finde es auch respektvoll. Ich war mit Frauen zusammen, die versucht haben, richtig laut zu sein, sodass andere Leute sie hören, weil sie das angemacht hat. Ich fand das echt rücksichtslos. Diese Vorstellung hat ihnen ganz klar einen Kick gegeben, aber für mich ist das auf beunruhigende Weise aufdringlich und sehr aggressiv.

 ACEY SLADE Man muss leise sein. Andererseits macht Erwischtwerden auch Spaß.

 DOUG ROBB Im Flugzeug sollte man eine Decke haben, damit man sich damit verhüllen kann. Und man sollte einen Nachtflug nehmen. Man wird nicht erwischt, wenn man es an einem Ort tut, an dem man nicht erwischt werden kann! Es sollte einfach gut durchdacht sein. Erwischt wird man eher bei spontanem Sex.

 ADDE Ich kenne da keine Tricks. Wenn man erwischt wird, wird man erwischt.

 BLASKO Wenn man in der Öffentlichkeit ist, sind ja das Risiko und die Möglichkeit, erwischt zu werden, Teil der Spannung. Ich würde mal bezweifeln, dass es da wirklich Sinn macht, sicherzugehen, dass man nicht erwischt wird.

 EVAN SEINFELD Sex in der Öffentlichkeit ist so ähnlich wie Graffiti-Sprayen: Man muss es einfach tun. Wenn man sich erst umschaut und Sorgen macht, zieht man die Aufmerksamkeit auf sich und wird erwischt. Man muss cool bleiben und versuchen, sich in die Umgebung zu integrieren. Ich erinnere mich, wie Tera und ich bei einem unserer ersten Dates Sex am Long Beach Airport in einem belebten Parkhaus hatten. Aber nicht im

Auto, sondern über den Kofferraum lehnend. Flugzeuge und Helikopter sind über unsere Köpfe geflogen. Wir waren beide so was von angeturnt. Tera und ich lieben es, Sex in Umkleidekabinen in Geschäften zu haben, wo es Kameras gibt. Wir stellen uns einfach gern vor, dass sich ein Typ auf der anderen Seite dazu einen runterholt und sagt: »Oh, mein Gott! Ich glaub das nicht.«

 **CHIP Z'NUFF** Tu es nicht. Ganz einfach. Alles hat später Konsequenzen, egal was. Man muss Nein sagen können. Das ist schwer, aber am nächsten Tag fühlt man sich dann besser. Pass auf dich auf.

 **DANKO JONES** Ich schätze, man sollte es nachts in einer dunklen Straße tun. Das hab ich jedenfalls gemacht.

 **HANDSOME DICK MANITOBA** Ich habe eigentlich nur Angst davor, dass ich mal von meinem Sohn erwischt werde. Ich will nicht, dass mein Sohn dieses traumatische Erlebnis hat, das dann sein Sexleben definiert, so nach dem Motto: »Oh, mein Gott! Ich habe die Tür aufgemacht und da waren sie!« Davor hab ich echt Angst. Ansonsten bin ich eh nicht so der unverfrorene Typ, ich war auch eigentlich immer nur mit einem Mädchen zur Zeit zusammen. Ich bin einfach nicht gut darin, Dinge zu verstecken. Das ist mir zu nervenaufreibend.

 **GINGER** Was ist falsch daran, auf frischer Tat ertappt zu werden? Manchmal kann der Nervenkitzel das sexuelle Erlebnis noch unglaublich steigern.

 **JAMES KOTTAK** Tu es zu Hause im Badezimmer mit abgeschlossener Tür.

 **JOEL O'KEEFFE** Es kommt darauf an, sich seiner Umgebung möglichst gut anzupassen. Wenn man im Park ist, sind der Pavillon oder das Gebüsch ein guter Ort. Im Fahrstuhl sollte man den Notfallknopf drücken. Im Kino setzt man sich am besten in die letzte Reihe oder geht aufs Klo, denn da gehen nicht viele Leute während des Films hin. Im Flugzeug geht man am besten aufs Klo, wenn sie das Licht ausschalten, weil dann alle einschlafen. Am Strand sollte man es senkrecht im Wasser machen, weil

die anderen dann einfach nur denken, dass beide total glücklich sind, einander zu sehen.

 **JESSE HUGHES** Man sollte nichts mit Absicht verbergen, sondern alles ganz offen zeigen. Es ist, was es ist. Die Einzigen, die von den Cops erwischt werden, wenn sie einen Joint rauchen, sind die Typen, die hin und her schauen, als ob sie bei einem verdammten Tennisspiel wären.

 **ROB PATTERSON** Lass dich einfach nicht erwischen!

 **JIMMY ASHHURST** Man sollte immer versuchen, eine Tür zu finden, die sich abschließen lässt. Wenn das nicht geht – was oft der Fall ist –, muss man einen guten Kumpel Schmiere stehen lassen.

 **LEMMY** Fahr in ein anderes Land. Tu es im Safe einer Bank.

 **VAZQUEZ** Darum mache ich mir überhaupt keine Sorgen. Ich könnte in einem Raum voller Menschen sein und Sex haben, und es wäre mir scheißegal.

Kannst du einen Ort empfehlen, an dem man wenigstens einmal im Leben Sex haben sollte?

 **CHIP Z'NUFF** Amsterdam, auf jeden Fall! Da ist irgendwas im Wasser: Man kann dort Stunden um Stunden einen Ständer haben. Ich weiß nicht, woran das liegt. Da ist was im Essen, vielleicht auch im Wasser, da ist irgendwas. Außerdem rauchen da alle und sind total entspannt. Es gibt keinen Ärger oder so was. Amerikanern würde ich auch empfehlen, mal nach Australien zu fahren. Die scheinen uns sehr zu mögen. Zu guter Letzt Polen. Polen ist wirklich richtig gut. Die Frauen da sind ganz offen, sie behandeln ihre Männer großartig, sie sind elegant, sie sind sauber, wortgewandt und sie wollen einfach nur Spaß haben und klammern nicht.

 **BLASKO** Ich war immer neugierig auf den Mile High Club. Ich hab's noch nie über den Wolken gemacht, aber anscheinend ist das Risiko irgendwie cool. Also würde ich das empfehlen, obwohl ich es noch nie getan habe – ich empfehle es mir hiermit selbst.

 **JESSE HUGHES** Im Kofferraum des Autos eines Killers.

 **HANDSOME DICK MANITOBA** Oh, man sollte es auf jeden Fall am Strand tun! Überall, wo die Natur etwas beiträgt, Wind zum Beispiel. Außerdem ist es draußen und am Strand halt irgendwie gefährlich. Ich meine, klar, man sollte sich nicht irgendwo in Gefahr bringen, wo Vollidioten rumlaufen oder wo man verhaftet werden kann, aber eine leichte Brise der Gefahr, die Möglichkeit eines Risikos ist spannender als eine verschlossene Tür. Der Wind, der Duft und das Unbekannte, das sollte man mindestens einmal ausprobiert haben.

 **ACEY SLADE** Man sollte es einmal im Central Park in New York machen und einmal am Strand an der Gold Coast in Australien.

 **EVAN SEINFELD** Ich finde, jeder sollte einmal einen Ort in der Öffentlichkeit ausprobieren, zum Beispiel ein Einkaufszentrum oder ein Footballfeld, um zu sehen, ob es einen anmacht. Denn entweder mag man es oder eben nicht. Ich find's toll. Es gibt viele Dinge, die andere anturnen, die mich aber nicht interessieren. Aber Sex in der Öffentlichkeit … Ich glaube, das liegt an der Spontaneität. Ich könnte zum Beispiel jetzt gerade, während wir uns unterhalten, einen geblasen bekommen.

 **JAMES KOTTAK** Natürlich am Strand. Oder nach einer Party im Auto und man hält einfach am Straßenrand an. Das funktioniert.

 **BRUCE KULICK** Ich finde, es macht hinten im Tourbus wirklich Spaß. Das ist zwar nicht so richtig in der Öffentlichkeit, aber es ist auch nicht im Hotelzimmer oder zu Hause. Ich könnte mir vorstellen, dass es am Strand richtig sexy ist. Obwohl ich Sand hasse, also würde ich es wohl doch nicht am Strand tun. Ehrlich gesagt war die Erfahrung im Park toll.

Gras und ein Lüftchen an einem schönen Sommerabend in New York sind schon okay.

ALLISON ROBERTSON Am Strand wäre es schön. Das ist für mich das Nonplusultra. Da sind Leute um einen herum und überhaupt ist der Strand echt sexy. Jeder sollte es mal am Strand versuchen.

BRENT MUSCAT Am Strand. Im Auto ist ein Muss. Auf dem Rücksitz eines Autos macht es immer Spaß. Im Tourbus ist es auch gut. In der Backlounge des Tourbusses macht es Spaß.

COURTNEY TAYLOR-TAYLOR Wenn man noch bei den Eltern wohnt, sollte man den begehbaren Kleiderschrank der Eltern eines Freundes bei 'ner Party ausprobieren. Das ist eine der großartigsten sexuellen Erfahrungen, die man als Jugendlicher überhaupt machen kann.

DANKO JONES Nein, es reicht, wenn man überhaupt Sex hat – egal wo. Das ist meine Meinung.

VAZQUEZ Ich würde sagen draußen – nicht in der Nacht, sondern tagsüber. Es ist etwas ganz Besonderes, wenn die Sonne deine Eier bescheint, während du fickst. Ich weiß nicht, wie ich es beschreiben soll. Den Strand sollte man vermeiden wegen des Sand-Faktors. Also tu es in deinem Garten.

ROB PATTERSON Auf einem Auto.

JIMMY ASHHURST Jeder sollte es mal in einem Tourbus gemacht haben. Alle Frauen, die das hier lesen und es noch nicht getan haben, sollten bei uns klingeln, wenn wir das nächste Mal in der Gegend sind.

DOUG ROBB Der Strand. Nicht, dass ich es toll fand, aber ich erinnere mich einfach, dass ich Sex am Strand hatte.

 **JOEL O'KEEFFE** Ich weiß, dass es ein Klischee ist, aber es gibt einfach keinen besseren Weg, einen langen Flug spannend zu machen, als es auf dem Klo zu treiben.

 **LEMMY** Auf einem Baum. In einem Wunschbrunnen. In einer Bar, an der Bar. Ich erinnere mich, dass mir an einer Bar in New York mal eine Frau einen geblasen hat.

 **NICKE BORG** Irgendwo auf einer Bergspitze ... auf Skiern.

DROGEN
UND
ALKOHOL
(UND IMPOTENZ)

»TEQUILA WIRKT NORMALERWEISE WUNDER
GEGEN DIE HEMMUNGEN EINES MÄDCHENS,
ABER EIN ODER ZWEI GLÄSER REICHEN.«

GINGER

Wie kann man verhindern, dass man nach einer durchzechten Nacht keinen mehr hochkriegt?

 **HANDSOME DICK MANITOBA** Ich hatte nur ein paar Mal Erektionsprobleme, als ich total stoned war. Alles, was ich euch als Kerl sagen kann, der 25 Jahre lang nichts mehr getrunken und keine Drogen genommen hat, ist, dass ich 25 Jahre lang keine Erektionsprobleme hatte. Mein Standpunkt ist also, entweder man dröhnt sich zu oder hat Sex. Beides zusammen kommt nicht gut.

 **JESSE HUGHES** Oh, man lässt sich von Mädchen heiß machen. Das funktioniert bei mir.

 **BLASKO** Das ist wahrscheinlich die beste Frage für Lemmy! Ich kann dazu nur eins sagen: Sich in eine Situation zu bringen, in der man keine Show abziehen kann, ist das Letzte, das man will. Man weiß irgendwie von Anfang an, dass es so enden wird. Man muss sich von seiner besten Seite zeigen, sich von bestimmten Dingen fernhalten – man sollte seine Grenzen kennen.

 **LEMMY** Betrink dich nicht. Wenn du so unbedingt ficken willst, solltest du dich einfach nicht betrinken. Aber auch das ist bei jedem verschieden. Manche scheinen damit kein Problem zu haben. Andere können einfach keinen hochkriegen, nicht einmal, wenn sie ihren Schwanz mit einem Stock schlagen. Vielleicht sollten sie ihn an den Stock binden.

 **ACEY SLADE** Ich bin seit elf Jahren trocken, also habe ich dieses Problem nicht. Ich trinke mir auch niemanden mehr schön.

 **ANDREW W.K.** Ich war eigentlich nie ein großer Trinker, also hatte ich dieses Problem nie wegen Alkohol. Aber als ich anfing, mit Mädchen rumzumachen, war ich manchmal so nervös, dass ich keinen hochkriegen konnte. Es war so seltsam. Davon hatte ich mein ganzes Leben lang geträumt und die Situation war so anregend und aufregend. Es passierte wirklich und ich war so aufgedreht, weil es endlich so weit war, dass ich fast abwesend war. Ich kam mir vor wie in einem Traum. Die Erfahrung war so heftig und beeindruckend, dass ich Augenblicke der Impotenz erlebte.

Das Blut ist mir in den Kopf geschossen, mein Herz hat so schnell geschlagen, dass ich das Gefühl hatte, mein Blut könnte einfach nicht dahin fließen, wo es gerade mehr gebraucht wurde. Ein paar Mal war ich so betrunken beim Sex, dass ich Dinge getan habe, die ich normalerweise nicht tun würde, wie kein Kondom zu benutzen. Das war echt verstörend! Das war verstörender, als wenn ich nicht gekonnt hätte. Das ist mir nur dieses eine Mal passiert. Als ich am nächsten Morgen aufgewacht bin, konnte ich nicht glauben, dass ich es getan hatte. Es war, als ob ich in einem Film oder einer Fernsehserie oder so was war. Der verrückte Kerl, der dieses große Risiko eingeht, während er betrunken ist, und es nicht merkt und dann am nächsten Morgen aufwacht und entweder ein Mädchen geschwängert oder sich eine Krankheit eingefangen hat. Das lag auf jeden Fall daran, dass ich viel Alkohol getrunken hatte.

 **ADDE** Man muss sich einfach das heißeste Mädchen schnappen. Wenn sie irgendwie hässlich ist, wird es nicht funktionieren. Tut mir leid, aber dann geht es nicht.

 **ALLISON ROBERTSON** Ich denke, Kerle können besser beim Sex sein, wenn sie betrunken sind, aber ich habe auch ein paar erlebt, die kaum wach bleiben konnten, weil sie zu viel getrunken hatten. Es kommt also auf den Typen an und darauf, wie viel Selbstkontrolle er hat.

 **BRENT MUSCAT** Warte bis zum nächsten Morgen, steh auf und hab Sex am Morgen. Aber putz dir vorher die Zähne, denn du hast bestimmt starken Mundgeruch.

 **BRUCE KULICK** Ich bin eigentlich kein Trinker und ich nehme auch keine Drogen. Zum Glück hatte ich das Problem nie. Wenn ich mich als Teenager mal in einer unangenehmen Situation befand, habe ich gedacht: Das fühlt sich nicht gut an – ich werde gehen. Normalerweise war ich einfach richtig geil und ich wusste, wenn ich mit jemandem zusammen sein wollte. Ich nenne dir eine Sache, die sich darauf auswirken kann: völlige Erschöpfung. Wenn man zwanzig Stunden Stress hatte und gearbeitet hat, kann man nicht erwarten, dass es im Schlafzimmer sonst wie abgeht – besonders wenn das Mädchen selbst nicht die letzten zwanzig Stunden gearbeitet hat. Schlaf dich aus und vögel sie dann. Ich weiß, dass

man sagt: »Wenn man viel getrunken hat, bekommt man ihn nicht mehr hoch.« Aber ich habe nie viel getrunken. Ich bereue, dass ich ein- oder zweimal zu viel gefeiert habe und es ein nettes Mädchen gab, mit dem ich eigentlich schlafen wollte, aber stattdessen wurde mir schlecht. Ihn nicht hochzubekommen war nicht das Problem, wir reden davon, dass ich die ganze Nacht über der Kloschüssel hing. Wie sollte ich da Sex haben? Das hab ich echt bereut. Das war auf einer Geburtstagsparty. Damals habe ich mit Billy Squier gearbeitet, also muss es 1983 oder '84 gewesen sein, und oh mein Gott, da gab es Tequila. Ich habe acht Tequila getrunken und ich trinke sonst eigentlich nicht. Schon drei können einen besoffen machen, natürlich habe ich also den Rest der Nacht im Bad verbracht. Es war schrecklich und da gab es ein so wunderbares Mädchen, mit dem ich die Nacht hätte verbringen können. Wir hatten uns gerade erst kennengelernt und ich habe es total vermasselt.

JAMES KOTTAK Damit hatte ich nie Probleme.

CHIP Z'NUFF Das ist eine harte Nuss, denn wenn man sich mit Pillen, Kokain und Alkohol vergnügt, hält man natürlich nicht so lange durch. Heutzutage gibt es Cialis und Viagra und Chinese Arithmetic – es gibt Dinge, die einem helfen. Am besten versucht man, sich gar nicht erst zu betrinken, und dann hat man eine Chance. Diese Pillen – und das weiß ich nicht aus eigener Erfahrung, aber ich habe es gehört – scheinen einem auch ein bisschen Selbstvertrauen zu geben. Wenn das Problem also darin besteht, dass man einen Steifen bekommt, ihn dann aber nicht halten kann, können einem bestimmte Pillen helfen. Man schmeißt sie ein und ist selbstbewusster. Früher oder später braucht man die Pillen dann gar nicht mehr, weil man sozusagen sein Immunsystem gestärkt hat.

COURTNEY TAYLOR-TAYLOR Manchmal kann man nach einer durchzechten Nacht einfach nicht. Ich habe das »Reiß dich zusammen, trink nicht so viel« ausprobiert. Und das »Nimm nicht zu viele Drogen«. Mit 16 macht einem das noch nichts aus. Bei mir ging es, bis ich 28 war. Ich habe mich bei der Party eines Freundes im Bad übergeben und als dann tatsächlich ein Mädchen reinkam, die mir die Haare aus dem Gesicht hielt und mich dann verführte, während ich mich übergab, war ich lange standfest. Wenn ich heute ein dreckiger, beschissener Betrunkener bin, der kotzt, klappt das nicht mehr.

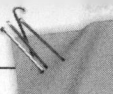

 **TOBY RAND** Viele visuelle Anreize sind wichtig – die helfen immer. Ich glaube ganz ehrlich, dass man viel Zeit und visuelle Anreize braucht. Wenn das Licht aus ist und man sturzbetrunken ist, ist man nicht bei der Sache. Man muss sehen können, was da ist, weil man zu besoffen ist, um sich zu konzentrieren. Man muss sich aber konzentrieren können und wissen, worauf man sich einlässt, denn dann klappt's von ganz allein.

 **DANKO JONES** Ich trinke nicht, also bin ich eigentlich immer bereit. Ich war mal mit einer Alkoholikerin aus. Das ist echt kein Vergnügen. Ist echt scheiße, wenn der andere zwar da ist, man aber nichts machen kann.

 **DOUG ROBB** Trink einfach nicht zu viel. Das ist doch ganz einfach, oder? Wenn man zu viel getrunken hat, bekommt man keinen Ständer mehr. Und denk nicht zu viel darüber nach. Wenn man betrunken ist oder so was und Angst hat, dass man keinen Steifen bekommt, dann klappt das auch nicht. Man muss einfach bei der Sache bleiben. Man muss es genießen und dann klappt es von ganz allein. Aber wenn man anfängt auszuflippen, hilft das nicht.

 **ROB PATTERSON** Ich bin trocken, also habe ich dieses Problem nicht mehr.

 **EVAN SEINFELD** Nummer eins: Kokain ist kein Aphrodisiakum. Es ist echt cool, wenn ein Mädchen es von deinem Schwanz zieht, aber es bringt dich nur dazu zu denken, dass der Sex dadurch geiler ist. Aus irgendeinem Grund glauben die Leute, dass es eine Sexdroge ist, aber eigentlich ist es eine Anti-Erektions-Droge. Als ich Kokain genommen habe, habe ich stundenlang mit einem halb erigierten Penis gefickt. Ich habe mich dabei für einen echten Hengst gehalten, weil ich nicht kommen konnte, aber die Mädchen haben dabei gar nichts gefühlt, also … Ich bin seit zwanzig Jahren trocken und nehme keine Drogen mehr. Es gibt ein paar Dinge, wie ein oder zwei Glas Wein und Champagner, die gut sind, um bestimmte Hemmungen abzubauen. Ohne Xanax gäbe es vielleicht keinen Analsex. Ich vermisse die gute alte Zeit und Quaaludes. Jede Zeit hat ihre Drogen. Ich bin kein Fan von Dingen wie Ecstasy und solchen Designerdrogen, die langfristig echt negative Auswirkungen haben. Es gibt wirklich gute natürliche leistungssteigernde Mittel für Männer, die eher psychologisch

wirken als alles andere. So was Einfaches wie Ziegenkraut kann einem Mann das Gefühl geben, ein Hengst zu sein, weil die männliche Erektion im Kopf stattfindet. Ich habe in über zweihundert Videos in 99,9 Prozent der Fälle vor der Kamera volle Leistung gezeigt. Es spielt sich alles im Kopf ab.

 **JIMMY ASHHURST** Versuche, es nicht mit dem Koks zu übertreiben. Alles andere sollte kein Problem sein. Wenn man allerdings zu betrunken ist, hilft eine vernünftige Menge Kokain vielleicht. Aber wenn man total besoffen ist, nimmt man wahrscheinlich eh zu viel Kokain. Ich habe die Erfahrung gemacht, dass man am besten nüchtern bleibt, um einen Ständer zu bekommen. Ich habe das natürlich viel zu spät herausgefunden.

 **NICKE BORG** Man muss planen. Wenn man ausgeht oder sonst was machen will oder sogar wenn man ein Hardcore-Drogenabhängiger ist, muss man sich immer noch fragen, was einem wichtiger ist – koksen oder ficken. Ein Freund von mir sagt, dass ich die Drogen den Frauen vorziehe, das stimmt manchmal, es kommt halt drauf an. Wenn man erst einmal Profi ist, kann man lernen, damit umzugehen.

 **VAZQUEZ** Im Grunde bin ich anders als die meisten anderen Leute, weil ich überhaupt nicht viel trinke. Und ich nehme auch keine Drogen. Ich entspreche überhaut nicht dem Klischee. Das ist ein Unterschied wie Tag und Nacht – ich hatte noch nie dieses Problem, war noch nie in so einer Situation, in der ich gedacht habe: Oh fuck!

Ist Sex auf Drogen oder unter Alkoholeinfluss besser als sonst?

 **ACEY SLADE** Nee, glaube ich nicht. Ich denke, es kann mehr Spaß machen, wenn die Partnerin total voll ist, weil man sie dann vielleicht eher dazu kriegt, sich auf die Option mit dem dritten Loch einzulassen, aber meistens stumpfen Drogen und Alkohol ab, sodass man dabei weniger fühlt.

 **CHIP Z'NUFF** Nein, es ist nicht besser. Das finde ich überhaupt nicht. Ich habe beide Varianten probiert. Nein. Es ist besser mit ein bisschen Pot und einem Glas Wein oder so – das ist gut. Davon ist man nicht vollkommen berauscht. Man hat eine bestimmte Grenze noch nicht überschritten. Das

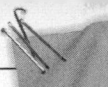

andere Zeug macht einen fertig, weil man zuerst keinen Ständer bekommt und dann seine sexuelle Integrität verliert, und das ist peinlich. Außerdem macht es die ganze Stimmung kaputt. Ich empfehle also: Ein bisschen Wein, ein bisschen Gras und dann greif an.

 **ALLISON ROBERTSON** Nein, überhaupt nicht. Ich denke zwar, dass es besser sein kann, aber es ist scheiße, wenn einer von beiden betrunken oder high ist und der andere nicht. Das ist dann nicht so toll. Wenn es beide sind: vielleicht, aber ich habe erlebt, dass es echt ziemlich schrecklich sein kann, wenn alle besoffen sind.

 **JAMES KOTTAK** Man denkt vielleicht, dass der Sex besser ist, aber eigentlich ist er ohne Alkohol und Drogen besser. Das ist eine Illusion.

 **BLASKO** Der Sex ist weder besser noch schlechter. Lass es mich so ausdrücken: Es macht Spaß, wenn man gemeinsam feiert. Aber wenn nur der andere trinkt und man selbst nicht, oder man selbst trinkt und der andere nicht, dann macht das keinen so großen Spaß. Wenn beide feiern, macht es mehr Spaß.

 **ROB PATTERSON** Nein, nein, nein, nein, nein! Zu 100.000.000 Prozent ist es nüchtern besser!

 **BRENT MUSCAT** Nein, glaub ich nicht, überhaupt nicht. Es ist besser, wenn man völlig nüchtern ist und seine fünf Sinne beisammen hat. Wenn du Sex hast, fließen viele Hormone und so was durch deinen Körper, also sollte man das genießen. Wenn man vom Alkohol oder von den Drogen betäubt ist, spürt man es einfach nicht so intensiv.

 **COURTNEY TAYLOR-TAYLOR** Nein, es gibt keinen Zusammenhang zwischen Drogen, Alkohol, Nüchternheit und der relativen Qualität von Sex und seiner explosiven Intensität. Da gibt es gar keinen Zusammenhang, der mir bekannt wäre.

 **DANKO JONES** Manchmal ist es gut, wenn man Alkohol getrunken hat – das gilt jedenfalls für manche Leute. Es kann die Sache ins Rollen bringen, weil man seine Hemmschwelle senkt, und dann kann man echt Spaß ha-

ben. Aber aus Erfahrung kann ich sagen, dass das Zeitfenster dafür ziemlich klein ist. Die Leute sind dann schnell so betrunken, dass sie schon fast in Ohnmacht fallen und dann ist es unmöglich, Sex zu haben – egal wie sehr sie auch beteuern, dass sie Bock drauf haben. Es ist einfach unmöglich, also bringt man sie einfach ins Bett.

 **DOUG ROBB** Keine Ahnung, ob der Sex dann nun unbedingt besser ist. Er fühlt sich nicht anders an, aber man ist dann schon anders drauf als sonst. Auf jeden Fall ist man unter Alkoholeinfluss aggressiver und hat weniger Hemmungen. Also denjenigen, die ein bisschen schüchtern sind und sich ein wenig öffnen wollen, würde ich raten, es mal zu probieren.

 **HANDSOME DICK MANITOBA** Nein, nichts ist besser unter dem Einfluss von Alkohol und Drogen.

 **JESSE HUGHES** Manchmal ist der Sex besser und wie der blaue Diamant Viagra kann man Lou Diamond Phillips werden und in jedem Film auftreten. So'n Scheiß halt – das ist schon eine ziemlich schwere Frage, findest du nicht?

 **JIMMY ASHHURST** Es kann intensiver sein. Besser würde ich jetzt nicht unbedingt sagen … Zumindest denkt man, dass man besser war. Man denkt vielleicht, dass man wie ein verdammter Gladiator bei der Sache ist, aber wahrscheinlich ist man es verdammt noch mal kein Stück. Es hat mich Jahre gekostet, die perfekte Mischung aus Chemikalien und Alkohol zu finden, mit der es funktioniert. Das findet man mit der Zeit heraus. Die magische Mischung ist im Endeffekt die, mit der man geboren wurde.

 **LEMMY** Auf LSD ist es großartig. Das kann ich dir sagen. Es ist, als ob dein Hirn explodiert. Das macht großen Spaß, aber das kann man nicht immer machen.

 **NICKE BORG** Manchmal hat man den Eindruck, dass es besser ist, weil man sich ein bisschen wilder fühlt. Aber ich würde sagen, es ist am nächsten Morgen am besten, wenn man einen leichten Kater hat.

 **TOBY RAND** Im letzten Jahr – ja. Es hat echt viel Spaß gemacht. Das, was man beim Sex wirklich spürt, ist schon besser, wenn man nüchtern ist. Aber Sex macht sehr viel mehr Spaß, wenn man betrunken ist, denn wenn man seine Nächte mit verschiedenen Partnerinnen verbringt, lässt man so alle Hemmungen fallen. Es ist dann, als würde man sie schon ewig kennen und hat einfach mehr Spaß.

 **VAZQUEZ** Ich würde auf jeden Fall Nein sagen. Ich möchte bei vollem Bewusstsein und vollkommen zurechnungsfähig sein, wenn ich schlechte Entscheidungen treffe.

Woran erkennt man, dass jemand zu besoffen ist, um mit ihm zu vögeln?

 **VAZQUEZ** Wenn man sie ansieht und denkt: Shit, ich glaube, das Mädchen wird in mein verdammtes Bett kotzen. Dann weiß man es. Das finde ich nicht sexy. Ich sage dann: »Geh nach Hause und mach jemand anderem Probleme. Ich hab keinen Bock, dein Babysitter zu sein. Und ich werde auch nicht meinen Schwanz in dich reinstecken.«

 **ACEY SLADE** Ich schätze daran, dass sie immer noch denkt, du bist der Tourmanager.

 **BRUCE KULICK** Das turnt mich echt ab. Hin und wieder gab es natürlich mal ein Mädchen oder zwei, bei denen das so war ... Ich würde gar nicht erst mit einer Frau ausgehen, die so drauf ist, weil mich das echt abturnt. So ticke ich nicht und außerdem will ich nicht mit jemandem zusammen sein, der total abgefuckt ist. Will ich einfach nicht. Würde mir keinen Spaß machen. Ich weiß, dass manche Typen denken »Oh, das wird einfach werden«, aber ich sag's noch einmal: Für mich geht es darum, eine Verbindung aufzubauen und das Gefühl zu haben, dass es cool ist, mit der Frau zusammen zu sein. Wenn sie total verkorkst ist, wie kann sie dann cool sein? Am Ende muss ich noch ihren Babysitter spielen oder wie in *Almost Famous* die Polizei und einen Krankenwagen rufen, weil sie eine Überdosis genommen hat. Ich erinnere mich an diese eine Geschichte, die so was wie meine größte *Penthouse*-Erfahrung war. Es war 1975 und ich war auf Tour. Ich erinnere mich, dass wir in Madison in Wisconsin ge-

spielt haben. Nach dem Auftritt in einem Club haben mich diese beiden wirklich hübschen Collegemädchen mit zu sich nach Hause genommen. Sie haben in einem Townhouse gewohnt. Es war wunderschön und ich erinnere mich, dass sie es toll fanden, mich dazuhaben. Ich dachte: Oh, das ist ja wie bei *Penthouse Letters* hier, los geht's! Die beiden küssten sich auf der Couch vor mir und ich dachte nur: Unglaublich! Ich war total begeistert, aber dann haben sie Quaalude genommen – das ist ein Muskelentspannungsmittel, ein Downer. Der einen – und das war die, auf die ich schärfer war – wurde dann schlecht. Und plötzlich fühlten sich dann beide nicht mehr gut. Auf einmal war es echt so gut wie vorbei mit denen. Erst ist die eine in Ohnmacht gefallen und danach ins Bad gegangen und das war's dann. Ich hatte zwar noch meinen Spaß mit der anderen, die wahrscheinlich einfach besser mit Drogen umgehen konnte, aber der Traum, sie beide zu haben, war auf einmal geplatzt. Aber damals war alles aufregend für mich. Ich bin immer noch stolz, dass ich gesehen habe, wie sie vor meinen Augen rumgemacht haben. Das hat echt Spaß gemacht. Aber es zeigt auch, dass man nicht gerade den besten Sex hat, wenn man viele Drogen nimmt und viel trinkt. Und das gilt für alle Beteiligten – es ist totaler Schwachsinn wenn jemand was anderes behauptet. Wenn man Drogen nimmt, ist das, als würde man vor irgendwas flüchten. Aber Sex sollte man genießen. Warum sollte man dabei total fertig sein wollen?

 **ADDE** Ich bin immer noch betrunkener, also weiß ich das nicht.

 **ANDREW W.K.** Wahrscheinlich wenn sie kotzen. Das ist das Widerlichste überhaupt. Und wenn sie ihren Körper nicht mehr richtig unter Kontrolle haben. Wenn sie nach Alkohol stinken. Wenn so viel Schnaps durch die Poren aus dem System strömt, kommt er wahrscheinlich auch bald aus anderen Öffnungen.

 **CHIP Z'NUFF** Ey, das ist die falsche Logik, das kannst du einfach mal keinem Kerl sagen, der 'ne Puppe trifft, die total zu ist – das hält ihn doch nicht auf. Das ist kein Hindernis für ihn. Er wird denken, dass es so einfacher ist, die Sache unter Dach und Fach zu bringen. Allerdings macht das überhaupt keinen Spaß. Man sieht ja sofort, dass sie zu besoffen ist – an ihrem Verhalten, daran, wie sie redet, wie sie sich verhält. Das ist ein Warnsignal. Männer, die mit besoffenen Frauen zusammen sind,

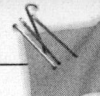

sind normalerweise selbst besoffen, das kaschiert die Sache schon ein bisschen und man rafft das nicht mehr so richtig. Aber wenn man so 'n dummes kleines Ding sieht, das sich blöd benimmt und kotzt, sollte man sich aus dem Staub machen. Und wenn es eine Freundin ist, sollte man sie zu Hause abliefern.

 **BLASKO** Ich würd mal sagen, wenn du von der Person angekotzt wirst.

 **BRENT MUSCAT** Wenn sie ohnmächtig ist und nicht mehr reagiert. Sie hat die Augen zu und man sagt: »Hey Schatz!« Und sie reagiert nicht, sondern schläft einfach weiter. Ich denke, das ist ein guter Hinweis, dass man sie besser in Ruhe lassen sollte.

 **COURTNEY TAYLOR-TAYLOR** Man erkennt es im Grunde daran, dass sie nicht mehr angreifen kann.

 **DANKO JONES** Es ist echt das Letzte. Man ist entschlossen, es zu tun, man will es wirklich, aber wenn man's dann macht, ist es scheiße. Da sage ich lieber Nein. Ich will ja nicht zu krass klingen, aber am besten holt man sich einen runter und vergisst die ganze Sache.

 **JAMES KOTTAK** Wenn du die Kotze vom Kissen wischst.

 **DOUG ROBB** Das merkt man einfach. Allein schon an der Körpersprache. Wenn man betrunken ist und das Gefühl hat, dass man zu aggressiv ist oder der andere nicht wie erwartet reagiert, sollte man vielleicht einfach aufhören und sich sagen: Das ist für'n Arsch. Man sollte immer auf dem gleichen Level sein – auch wenn man betrunken ist.

 **GINGER** Die Toleranzschwelle ist bei jedem woanders, also gibt es kein bestimmtes Maß an Trunkenheit, ab dem man vorsichtig sein sollte. Ich würde sagen, dass es mit einem neuen Partner nach mehr als einer Flasche Wein nicht mehr so unvergesslich ist, wie es sein könnte oder sollte.

 **TOBY RAND** Sie hängt überm Waschbecken, kotzt und sagt: »Keine Sorge, mir geht's gut.« Daran erkenne ich, dass sie zu besoffen ist. Manche sagen, dass Frauen alle Muskeln anspannen, wenn sie sich übergeben, und dass es sich dann angeblich besser anfühlen soll, aber da ziehe ich die Grenze, Alter.

 **ALLISON ROBERTSON** Daran, dass er einfach immer nur dasselbe macht und das nirgendwo hinführt ... und dass er stark nach Whiskey riecht.

 **EVAN SEINFELD** Normalerweise ist das Kotzen ein guter Hinweis – wenn man Kotze von seinem Penis wischen muss. Betrunkene Frauen turnen mich echt ab. Also erlebe ich so was nicht so häufig. Ladys – das ist *nicht* schön!

 **HANDSOME DICK MANITOBA** Man erkennt es wahrscheinlich daran, dass sie fragt: »Wie heißt du noch mal?«

 **JESSE HUGHES** Daran, dass sie dich andauernd Larry nennt.

 **JOEL O'KEEFFE** Wenn sie im Schwall kotzt oder bewusstlos wird. Schlafende Hunde soll man nicht wecken.

 **LEMMY** Sie ist zu besoffen, wenn sie auf dich draufkotzt. Wenn sie in dem Zustand Sex will, schreckt einen das ab.

 **NICKE BORG** Sie ist definitiv zu betrunken, wenn sie anfängt, über 7-Zoll-Vinylschallplatten zu reden, während du sie leckst.

 **ROB PATTERSON** Meiner Freundin passiert so was nie.

 **JIMMY ASHHURST** Sobald Kotze im Spiel ist, ist der Punkt erreicht. Oder wenn ihr Kopf sich dreht wie in *Der Exorzist*, dann weiß man, dass sie in ihrem Bett Karussell fährt. Das ist so ziemlich der Punkt, an dem es kein Zurück mehr gibt.

Hast du Tipps für den Umgang mit Viagra?

 **HANDSOME DICK MANITOBA** Ich habe noch nie Viagra genommen. Viele meiner Freunde haben mir erzählt, dass sie es genommen haben. Ich bin nicht dagegen, es zu nehmen. Ich gehöre auch nicht zu den Leuten, die zu stolz sind, um um Hilfe zu bitten, aber bisher habe ich es nicht genommen. Ich lass es dich wissen für die aktualisierte Neuauflage des Buches.

 **ACEY SLADE** Musste ich noch nie nehmen. Ich habe ein paar Nahrungsergänzungsmittel ausprobiert, die aber eher aufputschend wirken und nicht dafür sorgen, dass man eine Erektion bekommt. Es gibt dieses Zeug mit dem Namen VivaXL, das ist ein natürliches Brausepulver. Man löst es auf und trinkt es. Und eine halbe Stunde später fühlt sich das Gesicht richtig vital an. Das ist ziemlich cool.

 **ROB PATTERSON** Mein Tipp: Nimm es nicht, außer du musst!

 **ANDREW W.K.** Ich habe das noch nie genommen, aber gehört, dass es fantastisch sein soll. Ich würde es gern mal ausprobieren. Es wäre einfach eine lustige Drogenerfahrung. Da ich noch jung bin, hab ich Viagra noch nie ausprobiert. Aber ich hatte mal Freunde, die zum Beispiel total auf Kokain standen – noch so etwas, das nie mein Ding war. Angeblich ist es sehr schwer, damit einen Ständer zu bekommen, schwerer als bei Alkohol. Also haben die Typen, die öfter mal auf Koks sind, die Gewohnheit, Viagra zu nehmen. Ich lebe so was auf jeden Fall indirekt durch viele meiner Freunde, die ein Leben wie im Film führen: Sie ziehen nach New York, haben einen coolen Job, leben downtown, gehen jeden Abend aus – weil man das in New York kann – und trinken bis vier oder fünf Uhr morgens,

ziehen sich massig Kokain durch die Nase, wahrscheinlich zusammen mit irgendeinem Mädchen, das Kokain mag und es gern umsonst bekommt, dann nehmen sie Viagra und haben Sex. Bei einer Drogenerfahrung geht es nicht um Sex. Es geht darum, high zu werden, um den Reiz der Jagdlust, das Saufen, das dann einfach so viel Spaß macht, darum, Koks zu nehmen, wobei man so richtig euphorisch wird, und dann krönt man das Ganze mit dem euphorischsten von allem: mit Sex. Das klingt einfach fantastisch, wirklich großartig, aber ich habe das nie gemacht. Man hört aber auch Dinge über Viagra, die ein bisschen beängstigend sind ... Ein Freund von mir hat es genommen, obwohl er es nie brauchte, aber weil er es als Droge ausprobieren wollte. Er ist viel älter als ich und hat eine Frau. Er hat gesagt, dass es verrückt ist, weil man nach fünf Stunden immer noch einen Ständer hat und auch mental noch total erregt ist. Man will immer noch Sex haben. Das klingt nach 'ner guten Sache, wenn man sich einen ganzen Tag lang Zeit nehmen kann. Nimm Viagra und mach dir eine schöne Zeit – funktioniert auch, wenn du allein bist.

 **JAMES KOTTAK** Noch nie probiert. Brauch ich nicht.

 **EVAN SEINFELD** Wenn man sich Sorgen darum machen muss, ob man eine Erektion bekommt, ist man verunsichert. Wenn man Selbstbewusstsein braucht und deshalb eine Pille, Viagra oder Cialis einwerfen muss, soll man tun, was man nicht lassen kann. Ich bin kein Fan solcher Drogen. Die haben viele Nebenwirkungen. Bei dem vielen Sex, den meine Frau und ich haben, wäre ich längst abhängig, wenn ich das Zeug nehmen würde. Unterm Strich heißt das für mich, wenn du mich nun mal nicht genug anturnst, um ihn so hart werden zu lassen, dass ich damit Diamanten schneiden könnte ...

 **BRENT MUSCAT** Viagra würde ich niemandem empfehlen. Ich glaube, manche Leute benutzen es zur Entspannung. Manche Männer nehmen es hin und wieder, obwohl sie es eigentlich gar nicht brauchen. Sie können einen Ständer bekommen, aber sie denken, dass ihr Ding dadurch noch härter wird oder dass es so einfach mehr Spaß macht. Ich finde, man sollte es nicht nehmen, wenn man es nicht braucht, weil man davon irgendwie abhängig werden kann, glaub ich. Hab ich jedenfalls gehört, keine Ahnung. Ich hab's, glaub ich, einmal ausprobiert, vor acht Jahren oder so. Es funktioniert. Er ist hart geworden, aber ich weiß nicht, ob es einen

Unterschied gemacht hat, weil ich ja eh einen Steifen bekommen konnte. Ich würde Männern, wenn sie Probleme mit so was haben, auf jeden Fall raten, Viagra zu nehmen. Wenn es bei allen Männern funktioniert, die damit Schwierigkeiten haben, ist es eine großartige Erfindung.

BLASKO Ich musste noch nie Viagra nehmen. Ich kenne Leute, die mit so was eigentlich kein Problem haben, es aber zur Entspannung nehmen. Man hört Geschichten über Kerle, die Lampen umstoßen und aus Versehen Löcher in Wände machen, weil sie keine Kontrolle darüber haben.

LEMMY Man nimmt es oder eben nicht. Das liegt an dir. Ich würd's nicht nehmen, wenn du nicht unbedingt musst, denn es ist schlecht fürs Herz.

COURTNEY TAYLOR-TAYLOR Irgendwer hat mir mal eine halbe Viagra gegeben und gesagt: »Alter, das wird dir Spaß machen.« Ich habe sie in mein Telefonbuch gesteckt und ich glaube, ich hab sie verloren. Ein Jahr später haben wir danach gesucht.

JIMMY ASHHURST Viagra hab ich noch nie ausprobiert, musste ich nicht. Das heb ich mir für später auf, wenn meine Krankenversicherung das bezahlt.

DANKO JONES Habe ich nie ausprobiert. Freunde von mir haben Viagra probiert und mir ihre Erfahrungen beschrieben. Das klang echt wild, Alter! Als ich das gehört habe, dachte ich: Mann, vielleicht sollte ich das auch mal ausprobieren. Das klingt wild! Kann aber auch ernste Nebenwirkungen haben, wenn man jung ist. Also mache ich es lieber nicht.

CHIP Z'NUFF Tja, man sollte nicht die ganze Pille auf einmal und ohne Wasser nehmen wie'n Vollidiot. Fang mit einer viertel oder einer halben Pille an und trink ein paar Flaschen Wasser. Ein oder zwei Stunden später bist du dann bereit. Sei vorsichtig: Das ist nichts für jeden. Jeder, der schon mal Herzprobleme oder Probleme mit dem Blut hatte, sollte mit einem Arzt sprechen, bevor er solche Medikamente nimmt. Auf keinen Fall sollte man Alkohol und Viagra mischen, obwohl in Hollywood ständig riesige Partys stattfinden, auf denen Kokain und Viagra verteilt werden. Das ist das Beste, was man dort auf diesen Partys mit einigen Leuten machen kann – ich werde keine Namen nennen, denn ich will niemanden verletzen. Ist nicht zu empfehlen. Ich halte das für keine gute Idee. Ich finde auch, man sollte wenigstens halbwegs zusammen sein, bevor man so was ausprobiert.

JESSE HUGHES Klar, nimm's am besten nicht, wenn du nicht musst. Und wenn du vier Stunden lang oder länger einen Ständer hast, der zu dir spricht, dann bist du auf LSD.

NICKE BORG Habe ich nie genommen, Alter. Im Ernst, ich hatte nie das Bedürfnis, Viagra auszuprobieren. Manche Leute sagen: »Alter, ich habe drei Tage gefickt.« Und ich sage: »Oh Gott! Ich würde mich umbringen. Drei Tage hintereinander durchgefickt?« Und die sagen dann: »Ja, Mann, das war fantastisch.« – »Das kann nicht fantastisch gewesen sein, Alter. Das arme Mädchen. Scheiße!« Ich schätze, es ist grundsätzlich eine gute Sache, also ich meine, wenn man ein Problem hat. Aber warum sollte man es nehmen, wenn man keins hat?

TOBY RAND Vor Kurzem auf einer Reise nach Island habe ich einen riesigen Security-Typen kennengelernt, der zu mir gesagt hat, ich solle mal eine dieser Pillen probieren. Er hat eine Tüte mit hundert blauen Pillen hervorgeholt und ich hab ihn gefragt: »Wofür sind die?« Und er meinte dann: »Vertrau mir. Du wirst mit deinem Mädchen eine tolle Zeit haben.« Mein Tipp ist, nie eine solche blaue Pille an einem Ort wie Island zu nehmen, weil es dort immer hell ist und die Leute deinen Ständer sehen können.

VAZQUEZ Viagra habe ich nie ausprobiert. Vielleicht sollte ich das mal, wer weiß? Vielleicht ist das wirklich verdammt abgefahren. Ich hab nur eine Kugel in der Pistole und ich treffe damit. Ich treffe damit auf jeden Fall. Mein Dad hat's versucht und gesagt: »Oh Mann, das ist verdammt noch mal großartig!«

Gibt es einen Killer-Cocktail, der dir hilft, jemanden abzuschleppen?

ACEY SLADE Da muss ich auf meinen Rock'n'Roll und Jack'n'Coke zurückgreifen. Nichts ist mehr Rock'n'Roll und passender als Jack Daniels und Cola. Es ist eine ziemlich todsichere Sache, wenn man ein Mädchen fragt: »Hey, darf ich dir eine Jacky Cola spendieren?« und sie annimmt. Dann hat man es zu siebzig Prozent schon geschafft.

ADDE Wahrscheinlich der Long Island Ice Tea im Rainbow Bar & Grill in Los Angeles. Lass die Cola weg.

ALLISON ROBERTSON Rohypnol funktioniert immer. Ha! Nein, das ist nicht gut. Ich persönlich finde, dass man sich nicht besonders sexy findet, wenn man Wein trinkt. Ich werde dann immer wütend und breche irgendwelche Streitigkeiten vom Zaun. Zu Wein würde ich immer Nein sagen – aber das war ja nicht die Frage. Die Frage war, was man trinken würde. Ich denke, irgendwas, das die Leute entspannt und in Stimmung bringt, also irgend so was wie eine Margarita, Tequila oder so, obwohl das dazu führen kann, dass man kotzt, was nie sexy ist. Man sollte nur einen oder zwei Drinks trinken, das ist das Geheimnis, wenn es um Alkohol und Sex oder Romantik geht.

ANDREW W.K. Ich mochte immer den Long Island Ice Tea, weil es Spaß macht, den zu bestellen. Der wird überall ein bisschen anders gemacht. Man ist immer schon nach einem total betrunken, mir geht's jedenfalls so. Mädchen stehen eher auf süße Sachen, hab ich mir sagen lassen.

BLASKO Wenn man ein Auge auf jemanden geworfen hat und ein Gespräch anfängt, kann man immer sagen: »Hey, darf ich dir einen Drink bestellen, aber ich suche ihn aus?« – »Klar, was bestellst du?« – »Einen Flaming Jackass.« Das ist Tequila mit einem Schuss Orangensaft und Tabascosauce in einem Schnapsglas mit Salzrand. Immer wenn man sagt »Hey, ich hol dir einen Flaming Jackass«, wird sie kichern. Außerdem ist der Drink auch ziemlich krass. Das ist eine gute Möglichkeit, das Eis zu brechen.

BRUCE KULICK Ich trinke nicht viel, deshalb hab ich keine Ahnung. Mir ist schon klar, dass man gut das Eis brechen kann, wenn man jemanden zu einem Drink einlädt, aber es hängt auch immer von dem anderen ab. Ich weiß, welche Drinks stärker sind als andere, aber jeder verträgt nun mal unterschiedlich viel. Ich mag diese Appletinis – Apple Martinis, diese richtig, richtig süßen Dinger. Frauen können nach zweien davon schon ziemlich angetütert sein. Diese Drinks machen Spaß, weil sie halt süß sind.

CHIP Z'NUFF Ich habe gehört, dass Jägermeister gut zum Flachlegen ist. Was anderes weiß ich ehrlich gesagt nicht, weil ich solche Tricks nie benutzt habe. Damit habe ich keine Erfahrung.

COURTNEY TAYLOR-TAYLOR Ich denke, das hängt davon ab. Aus dem Bauch heraus würde ich sagen, ein guter Drink ist der, den sie trinken will. »Darf ich dich einladen? Was trinkst du?« Es wird lustig, wenn du ihr einen Scotch bestellst, weil das ein Klassiker ist und sie auf jeden Fall versuchen wird, wenigstens ein bisschen was davon zu trinken. Und dann kannst du sagen: »Okay, ich bestell dir was anderes.« Dann bestellst du was anderes – etwas, das sie trinken will – und kannst ihren Scotch austrinken. So bekommt man sie schnell dazu, eineinhalb Drinks zu trinken und sieht dann, ob das mit ihr irgendwo hinführt. Und du hast dein Vorkaufsrecht verlängert, ohne dass du deinen Drink austrinken und fragen musst: »Noch einen?«

DANKO JONES Das ist nicht mein Stil, so'n Scheiß mache ich nicht. Ich gebe einer Frau einen Drink aus, aber nicht in der Hoffnung, sie abzufüllen oder damit sie ihre Hemmungen fallen lässt. Das ist wirklich nicht mein Ding. Ich möchte sichergehen, dass das Mädchen um meinetwillen auf mich steht.

DOUG ROBB Cherry Cola, das ist mein Lieblingsgetränk. Wenn sie fragt, warum ich ihr eine Cherry Cola bestellt hab, kann ich wenigstens sagen, dass das mein Lieblingsgetränk ist. Das ist dann wahrscheinlich die erste Cherry Cola, die ihr je ein Kerl bestellt hat.

EVAN SEINFELD Wenn man auf chemisch bedingte Vergewaltigungen bei einem Date steht, ist Jägermeister sicher der schnellste Weg in ihr Höschen – auch wenn das Alkohol ist. Wenn man nicht will, dass sie sich daran erinnert, ist das das Richtige.

HANDSOME DICK MANITOBA Ich wollte eigentlich Tequila sagen, aber das macht die Leute nicht williger, sondern nur verrückter. Wenn ein Mädchen ein oder zwei Drinks intus hat, ist das eine Sache, aber wenn sie praktisch in den Bars wohnt und nur trinkt und trinkt, ist das ein Warnsignal. Und das gilt auch für Kerle. Ich denke nicht, dass das nur auf Frauen zutrifft. Wenn ein Typ einer Frau einen Drink spendieren möchte, frage ich als Barbesitzer immer zuerst die Frau, ob das okay ist. Das ist zwar altmodisch, aber ich will nicht, dass sich die Frau unwohl fühlt. Ich sage immer: »Dieser Gentleman würde Ihnen gern einen Drink spendieren.« Manche Frauen wollen die Möglichkeit haben, zu lächeln und »Nein, danke« zu sagen. Ich finde, die Frau sollte entscheiden, ob sie den Drink annehmen will oder nicht. So halte ich das gern. Wenn ein Kerl einer Frau einen Drink bestellen möchte, sagt er: »Ich möchte der Lady einen Drink spendieren – was auch immer sie will.« Die Lady und das, was sie will, stehen an erster Stelle.

 **ROB PATTERSON** Keine Ahnung. Ha!

 **GINGER** Tequila wirkt normalerweise Wunder gegen die Hemmungen eines Mädchens, aber nicht mehr als ein oder zwei Shots. Exhibitionismus in den falschen Händen kann sehr hässlich sein.

 **JAMES KOTTAK** Long Island Ice Tea funktioniert immer.

 **JESSE HUGHES** Man muss clever sein und die Gelegenheit nutzen. Eine Anmache muss kein Spruch sein. Eine Anmache kann auch einfach darin bestehen, dass einem auffällt, dass das Mädchen Cosmopolitans trinkt. Also schickt man ihr einen, wenn sie gerade dabei ist, ihren auszutrinken. Dann bleibt man einfach ganz cool und wartet, bis sie zu einem rübersieht und lächelt.

 **JIMMY ASHHURST** Jägermeister, ganz sicher. Den nennt man den Höschenauszieher.

 **JOEL O'KEEFFE** Kommt drauf an, ob sie schon betrunken ist oder nicht. Alles, mit Schnickschnack wie Strohhalmen, Erdbeeren, Kirschen, Schirmen, Minischwertern und anderem Zeug, das nichts mit dem Drink an sich zu tun hat, funktioniert normalerweise. Wenn ich einer Frau einen Drink spendiere und sie nicht in meiner Nähe ist, frage ich den Barkeeper nach dem gerade angesagtesten Cocktail bei Frauen und bitte ihn, viel Schnickschnack dranzubaumeln. Das funktioniert prima.

 **LEMMY** Ich weiß nicht. Ich habe eigentlich nie Cocktails bestellt. In den Kneipen, in denen wir rumhängen, trinke ich keine John Collins oder Singapore Slings oder so was. Wenn 'ne Puppe einen will, bestell ich ihr einen, klar. Ich weiß nicht. Wahrscheinlich bekommt man sie mit acht Wodka rum.

 **NICKE BORG** Nur ein wenig richtig, richtig guter Wein. Das ist großartig! Nicht zu viel – nur ein paar Gläser.

 **TOBY RAND** Ein Mojito in meiner Stammkneipe The Vineyard, weil da extra, extra, extra viel Alkohol drin ist.

 **VAZQUEZ** Was auch immer für lau in der Garderobe steht, das biete ich an. Ich gebe mein Geld doch nicht für irgendeine Frau aus, Mann. Ich sage: »Oh, Bud Light, hier hast du's, Schatz! Und jetzt lass uns romantisch werden.«

GROUPIES

>>DIE WILDESTEN GROUPIES GIBT ES IN ENGLAND.
DIE HEISSESTEN IN AUSTRALIEN.<<

JESSE HUGHES

Was ist das Beste und was das Schlimmste an Groupies?

 **ALLISON ROBERTSON** Das Gute an Groupies ist, dass es sie gibt und dass sie einen im Job unterstützen. Es gibt aber einen Unterschied zwischen einem männlichen und einem weiblichen Groupie. Wenn ich ein Kerl wäre, würde ich sicher sagen, dass das Gute an Groupies ist, dass sie zu allem bereit sind, dass sie heiß und gepflegt sind oder sich zumindest Mühe geben, gut auszusehen, dass sie unterwürfig und wie Haustiere sind. Aber weil wir in meiner Band Frauen sind, haben wir männliche Groupies. Das Ding ist nur, dass die nicht immer gepflegt und heiß sind. Wenn vor unserer Garderobe Typen in heißen Anzügen mit knackigen Körpern oder in Badehose, gebräunt und eingeölt, Schlange stehen würden, wäre das die Entsprechung von dem, was Mötley Crüe vor ihrer Tür finden oder zumindest in den Achtzigern gefunden haben. So was hab ich noch nie gesehen! Hin und wieder sieht man einen heißen Kerl im Publikum, aber der verschwindet dann. Das Schlechte an männlichen Groupies ist, dass viele von ihnen aggressiv sind, nicht so gut riechen und kein Taktgefühl haben oder einfach überhaupt keine Frauentypen sind. Das ist das genaue Gegenteil von einem Mädchen, das flirtet, gut riecht und einen Push-up-BH trägt. Ich verstehe, warum ein Typ, der in einer Band ist, darauf abfährt. Ich verstehe, warum das anziehend ist, aber für Frauen gibt es so was nicht, wenn sie auf Tour sind, wenn du mich fragst.

 **ACEY SLADE** Groupies. Das Beste und das Schlimmste an Groupies sind Groupies.

 **JESSE HUGHES** Dass sie zurückkommen, ist das Schlimmste an Groupies, und das Beste ist, dass man mit ihnen normalerweise richtig geilen Sex hat. Aber ich glaube eigentlich nicht an das Konzept des Groupies. Ich gehe gern zu Konzerten mit Rock'n'Rollern und ich lasse mich auf meinesgleichen ein. So sehe ich das. Macht das Spiel auf jeden Fall interessanter.

 **ANDREW W.K.** Das Beste ist die Aufmerksamkeit. Begehrt zu werden ist ein großartiges Gefühl. Das ist etwas Grundlegendes: Man will Zuneigung, man will, dass sich jemand um einen kümmert, man will jemanden, der einen liebt, man möchte glauben, dass man wichtig ist. Das ist ein großartiges Gefühl und eine Möglichkeit, die die Groupiewelt beiden Seiten eröffnet: als Fan begehrt zu werden und als Objekt der Bewunderung

begehrt zu werden. Ich denke, Groupies wollen einen fairen Handel und sich wichtig fühlen. Sie wollen von einem Bandmitglied begehrt werden, in die Welt der Band gelassen werden, die Exklusivität spüren, sehen, was abgeht, weil sie so dreist sind und den Mut haben, backstage oder in den Tourbus zu gehen oder mit einem Musiker Sex zu haben. Das ist ein echter Tauschhandel. Man könnte es so betrachten, dass die Band Sex will und dafür den Zugang zu dieser coolen Welt bietet, an der die Groupies interessiert sind.

 **ADDE** Das Beste ist, dass es sie überall auf der Welt gibt, überall – auf der ganzen Welt! Es ist großartig für Musiker, Groupies zu haben. Das Groupie ist der beste Freund des Musikers. Das Schlimmste sind die Anrufe.

 **BLASKO** Das Beste an Groupies ist, dass es sie gibt. Das Schlimmste an ihnen ist, dass es sie gibt.

 **VAZQUEZ** Es läuft darauf hinaus: Ich hatte nie ein Groupie, das zu einem Problem wurde. Der Grund sind die zwei Ds: Diplomatie und Diskretion. Ich erkläre den Mädchen meine Situation und was sie von mir erwarten können. Ich bin total offen und ehrlich und deshalb werden sie nicht zu Psychopathen. Ich kenne Kerle in Bands, die alle paar Monate ihre verfickte Telefonnummer ändern müssen. Die labern Scheiße, wenn sie besoffen sind und diese Mädchen ficken. Sie sagen dann: »Ich liebe dich« und solchen Mist. Und dann sind sie am Arsch. Ich bin immer nüchtern und immer ehrlich und ich hatte noch nie ein Problem. Diplomatie und Diskretion, Alter, darum geht es.

 **BRENT MUSCAT** Das Beste ist, dass man mit Groupies viel Spaß haben kann – sehr viel Spaß! Normalerweise feiern sie gern und daran ist nichts falsch. Viele Leute sehen auf Groupies herab. Ich ziehe den Hut vor ihnen und respektiere sie. Wenn ein Mädchen ausgehen und Spaß haben möchte, warum nicht? Männer machen das auch. Ein Typ, der in einer Band ist, kann in jeder Stadt ein anderes Mädchen flachlegen und wird trotzdem nicht als Schlampe bezeichnet. Ich finde es also nicht fair, »Groupie« als abwertende Bezeichnung zu benutzen. Wenn jemand sagt: »Oh, die ist doch nur ein Groupie«, sage ich: »Mann, das ist auch gut so. Gott sei Dank gibt es Groupies! Stell dir nur mal vor, wie langweilig und einsam es wäre,

monatelang ohne weibliche Gesellschaft zu touren.« Ich finde Groupies fantastisch. Das Beste ist, dass es sie gibt und dass sie Party machen wollen. Das Schlimmste ist, dass manche 'ne große Klappe haben und mit dir angeben und dich das dann in Schwierigkeiten bringen kann, besonders heute in Zeiten des Internets. Als ich angefangen habe, auf Tour zu gehen und in Japan oder irgendeinem fremden Land war, konnte ich mich großartig amüsieren und meine Freundin hat nie etwas davon erfahren. Aber jetzt gibt es das Internet und das Schlimmste an Groupies ist, dass sie gern mit ihren Eroberungen angeben.

 **COURTNEY TAYLOR-TAYLOR** Das Beste an Groupies ist, dass es sie gibt, und das Schlimmste, dass sie ein Klischee sind.

 **LEMMY** Das Beste ist, dass sie zu allem bereit sind, und das Schlimmste ist, dass sie einem folgen, wenn man im Hotel zum Frühstücksbuffet geht. Man kann nur hoffen, dass die Crew schon los ist, ansonsten hat man sie an der Backe.

 **TOBY RAND** Das Beste ist, dass man jederzeit Sex haben kann ... und Blowjobs. Das Schlimmste ist, dass sie danach denken, sie haben automatisch ein Ticket, das ihnen erlaubt, überall hinzugehen, wo du hingehst, und dann muss man sie loswerden. Für so was gibt's Sicherheitsleute.

 **BRUCE KULICK** Natürlich sind die, die gehässig und schlampig sind und echt gemein zu anderen Mädchen sein können, die schlimmsten Groupies. Ich kann es respektieren, wenn sie sagen: »Oh, Def Leppard sind diese Woche in der Stadt, also habe ich mit diesem oder jenem Kerl geschlafen. Kiss sind nächste Woche in der Stadt, also werde ich mit diesem oder jenem Kerl ins Bett gehen.« Das verstehe ich, das ist okay. Wenn sie wie in dem Film *Almost Famous* sind und dem Musiker das Gefühl geben können, dass er willkommen ist und seine Tour etwas bedeutet, ist das cool. »Ich bin hier, um dir einfach zu danken, dich zu bewundern und vielleicht mit dir zu vögeln.« Das ist das Beste an der Groupieszene. Leider machen das heute auch viele kaputte Leute, die darauf angewiesen sind. Niemand in ihrer Heimatstadt ist gut genug, also machen sie Bands ausfindig. Oder sie sind einfach so heiß, dass sie quasi keine andere Wahl haben. So nach dem Motto: »Oh, ich kann den hier haben, warum also nicht auch ...?« Es gibt viele Mädchen, wie Pamela Des Barres, die ein Buch geschrieben

hat – ich hatte übrigens nichts mit ihr –, die wissen, wie sie ihre Rolle zu spielen haben und nicht anstößig und verrückt sind wie manch andere Groupies. Einige sind echt total fertig und süchtig nach Drogen oder Aufmerksamkeit – ist beides nicht gut für die Gesundheit.

JAMES KOTTAK Das Beste sind die kostenlosen Massagen. Das Schlimmste ist, wenn sie nicht gut riechen.

CHIP Z'NUFF Immer wenn ich irgendwelche Mädchen kennenlerne, sagen die: »Ich bin kein Groupie.« Und ich nehme das gelassen hin, weil ich weiß, dass das nicht stimmt. Das Beste an Groupies ist, dass sie die Band lieben. Sie tun unseren Egos gut. Das ist wichtig und es gibt sie schon viel viel länger als uns. Das hat in den Zwanzigern und Dreißigern mit den Vaudeville-Bands und den Big Bands angefangen. Damals gab es schon Groupies. Das Schlimmste an ihnen ist, dass sie bestimmte Dinge mit sich bringen, die wir nicht wollen, und dass sie zu viel reden. Sie sind auch nicht besonders diskret und das ist problematisch.

ROB PATTERSON Ob du es glaubst oder nicht, ich hatte noch nie Sex mit einem Groupie!

DANKO JONES Es ist toll fürs Ego zu wissen, dass es Mädchen und Frauen gibt, die nur wegen deiner Musik an dir interessiert sind oder weil sie dein Foto gesehen haben. Das ist eine großartige Selbstbestätigung. In wie vielen Jobs hat man das schon? Ist ein toller Vorteil, der gut fürs Ego ist. Aber es hat auch seine Schattenseiten, weil die Leute, die bis zum Ende der Nacht durchhalten und die mit jemandem zusammen sein wollen, den sie gar nicht kennen, aber von dem sie glauben, ihn zu kennen, manchmal echt 'ne Schraube locker haben oder so was in der Richtung. Nicht alle – manche sind auch total authentisch. Keine Ahnung. Manche Leute machen einfach Ärger, sagen wir es mal so. Sie machen aus allem ein Drama und Dramen sind etwas, das ich versucht habe, von meinem Leben fernzuhalten. Wenn ich spüre, dass ein Drama im Anmarsch ist, weiche ich ihm aus. Groupies haben also ihre guten und ihre schlechten Seiten. Von außen betrachtet habe ich das bemerkt und mir gesagt, dass ich so nicht weitermachen will. Und wenn man dann nicht mehr mitmacht und die anderen Typen beobachtet, sieht man, wie sich das ganze Drama entspinnt, es verläuft strikt nach Schema F – das Drama, die nicht enden wollenden Anrufe. Ich glaube einfach, dass man das nicht braucht. Es kann großartig sein. Ich wünschte nur, jedes Groupie würde wie Kylie Minogue oder Heather Graham aussehen, aber das ist nun mal nicht immer der Fall.

 **DOUG ROBB** Das Beste an Groupies ist ihr »Walk of Shame«. Man sitzt vorn im Bus und einer aus der Band ist hinten im Bus zugange. Dann ist es an der Zeit loszufahren und dieses Mädchen kommt von hinten und versucht, ihre zerzauste Erscheinung in Ordnung zu bringen und auszusehen, als ob rein gar nichts passiert sei. Wir sitzen alle vorn und sie geht vorbei und gibt sich große Mühe, so auszusehen, als wäre nichts gelaufen oder als sei sie nicht eines dieser Mädchen. Wir lächeln alle und sind höflich. Dann schließt sich die Bustür hinter ihr und wir fangen alle an zu lachen. Wir sehen den Gang entlang und da kommt er von hinten und sagt: »Riecht an meinem Finger.« So was sorgt für viel Gelächter. Das Schlimmste an Groupies ist, dass sie wahrscheinlich die hässlichsten Frauen von allen sind. Sie sind echt ziemlich schrecklich.

 **JOEL O'KEEFFE** Das Beste ist, dass sie dich eigentlich immer »ranlassen«. Das Schlimmste ist, wenn ihr Freund oder ihr Dad auftauchen – dann ist es an der Zeit für *The Great Escape*!

 **EVAN SEINFELD** Eines der besten Dinge an Groupies ist, dass sie eine Dienstleistung anbieten. Sie sind dazu da, einer Band auf Tour das Leben leichter zu machen, und das gehört zu den Früchten unserer Arbeit. Ich bin seit über zwanzig Jahren ein Rockmusiker und seit zehn Jahren Schauspieler. Und ich muss sagen, wenn man an einem Film oder einer Serie arbeitet, arbeitet man mit einem tollen Team zusammen, aber wenn man fertig ist, warten normalerweise keine Mädchen darauf, dir einen blasen zu können. Das Beste an Groupies sind die Blowjobs, weil die Mädchen denken, dass sie dir die schuldig sind, weil sie Groupies sind und du es verdient hast, weil du ein Konzert gegeben hast. Das ist Teil des Initiationsritus als Rockstar. Man stellt eine tolle Show auf die Beine und dafür sollte jemand deinen Schwanz lutschen! Darum wird man überhaupt nur Rockstar – nicht wegen des Geldes. Das Schlimmste ist, wenn sie dir von all den anderen Typen erzählen wollen, mit denen sie befreundet sind. Es gibt drei Dinge, an denen man ein Groupie erkennt – ich denke mir das gerade aus: Erstens, wenn sie dich fragen, ob du den und den aus der und

der Band kennst. Er ist vielleicht in der Band oder er ist nur ein Roadie. »Kennst du den und den von dieser Band? Er ist ein guter Freund von mir.« Du bist ein Groupie und ich bin abgeturnt. Zweitens, kurz bevor sie deinen Schwanz in den Mund nimmt, sieht sie zu dir auf und sagt: »So was habe ich noch nie gemacht.« 99 Prozent aller echten Groupies sagen das. Sie denken, dass sie so tun müssen, als seien sie keine Schlampen, was mich umhaut, denn ich will, dass sie Schlampen sind. Ich will, dass sie sagt: »Ich lutsche jeden Schwanz, der in die Stadt kommt, denn ich liebe Rockstars und ich bin hier, um dir den besten Blowjob deines Lebens zu geben.« Das ist besser als »Das habe ich noch nie getan!«. Drittens, wenn sie keine Spielverderberin ist. Bläst sie auch allen anderen im Bus einen, allen aus der Band, der Crew und dem Busfahrer? Denn auch Busfahrer brauchen Liebe!

HANDSOME DICK MANITOBA Schwierige Frage. Bei uns standen die Groupies nicht Schlange wie bei größeren Bands. Ich bin da vielleicht komisch, aber ich habe auf Tour Mädchen kennengelernt und sie so gemocht, dass ich mich bei ihnen wohlgefühlt und mit ihnen rumgemacht habe, aber ich *mochte* sie wirklich. Ich habe nur sehr wenige Erlebnisse gehabt, bei denen es hieß: »Blas mir einen.« Ein paar Mal war das so und ich fand das nicht schlecht. Dann gab es auch ein paar Mädchen, die meine Band mochten, und ich hing mit ihnen rum und hatte Sex mit ihnen. Wir sind ins Kino oder essen gegangen und hatten dann wieder Sex. Das hat mir gefallen. Hat mir besser gefallen als: »Lass uns ein paar Schlampen finden, die unsere Schwänze lutschen!« Das gab es in meinem Leben nicht. Es war wirklich selten, dass ich gesagt habe: »Verdammt noch mal, bin ich geil! Lutsch meinen Schwanz!« Sagen wir mal so: Das war nicht gerade der Normalfall.

JIMMY ASHHURST Das Schlimmste ist, wenn sie versuchen, einen davon zu überzeugen, dass sie keine Groupies sind. Und das Beste ist, wenn sie versuchen, einen davon zu überzeugen, dass sie keine Groupies sind.

NICKE BORG »Groupie« ist ein interessantes Wort, weil es so was Negatives an sich hat, aber ich denke nicht schlecht über Groupies. Es ist auf dieselbe Art abwertend, als ob du sagen würdest: »Das ist eine Rockballade.« Nein, es ist ein langsamer Song. Ich sehe Groupies als Fans an, die zufälligerweise weiblich sind – und hoffentlich Single. Und sie sehen einfach diese Person auf der Bühne, zu der sie sich total hingezogen fühlen, wegen seiner Musik und auch wegen seines Aussehens. Manchmal kann jemand sexy wirken, nur weil er einen guten Song spielt, oder er sieht halt gut aus und spielt einen Scheißsong, egal. Sie denken einfach: Ich will mit ihm vögeln! Und das ist okay. Ich glaube, echte Fans, die nur an der Musik interessiert sind, schauen auf diese Mädchen herab, die die Musik lieben, aber auch den Schwanz des Typen wo auch immer hinhaben wollen. Meine Meinung ist: Was soll der Scheiß? Das ist eine freie Welt. Mach, was du willst, Mann! Im Sport gibt es noch mehr Groupies. Rock'n'Roll, Mädchen in kurzen Röcken, die bei den Shows ihre Titten zeigen und dann die Band in der Garderobe ficken – so stellt man sich das halt vor. Für mich sind Groupies Fans. Sie sind großartig. Ich liebe sie!

Sollten Groupies damit rechnen, Sex zu haben, wenn sie in das Hotel einer Band eingeladen werden?

ALLISON ROBERTSON Ich denke schon! Ich bin aber echt vorsichtig bei jemandem, den ich nicht kenne. Ich gebe zwar dieses Interview, aber ich glaube, man hält mich eigentlich für prüde. Ich war verheiratet und hatte viele feste Langzeitbeziehungen. Also ist auf Tour fast nie was gelaufen. Aber ja, wenn man in ein Hotelzimmer eingeladen wird, sollte man darauf hoffen können, außer man tut irgendwas komplett Falsches. Das ist auf jeden Fall bei unserer Band so. Ich denke, wenn man nicht ins Hotel eingeladen wird, ist das ein schlechtes Zeichen, aber wenn man erst einmal eingeladen wurde, dann ist man dabei – normalerweise.

ACEY SLADE Ja, vor allem wenn sie für das Zimmer bezahlt hat.

ANDREW W.K. Nein, sollten sie nicht, sollten sie nicht, Gott sei Dank! Als ich anfing, auf Tour zu gehen, bin ich oft wegen der Groupieszene ausgeflippt. Es ist wirklich genauso wie im Film. Ich war geschockt, dass es so was wirklich gibt und dass da tatsächlich all diese Mädchen herumlaufen, die zu allen Schandtaten bereit sind. Aber ich habe auf Tour mit meiner Band und Crew auch gesehen, dass manche Typen einfach nur weibliche Gesellschaft wollen. Sie wollen zur Abwechslung mal mit Frauen zusammen sein, anstatt mit den oft ziemlich verschwitzten und beschränkten Typen aus der Crew rumzuhängen. Es ist schön, die weibliche Energie zu spüren. Das ist ein wunderschöner Aspekt des Ganzen, weil viele Groupies auch so ticken: Man kann flirten und zärtlich sein und manchmal kommt es vielleicht auch zum Sex, aber sehr oft hängt man nur zusammen rum. Das fand ich echt cool. Ich habe aber weder das eine noch das andere viel gemacht. Mich hat das Ganze nur umgehauen. Ich war einfach zu schüchtern, um mit Leuten zu reden, die ich nicht kannte, besonders mit Frauen. Und heutzutage herrscht einfach eine andere Atmosphäre.

BLASKO Ich würde sagen ja, man sollte damit rechnen, Sex zu haben. Nicht immer, aber wenn beide es wollen, dann auf jeden Fall.

BRENT MUSCAT Ich denke nicht, dass Groupies erwarten sollten, Sex zu haben, wenn sie ins Hotel eingeladen werden, aber sie sollten darauf vorbereitet sein – also Kondome mithaben. Wenn sie deswegen dort sind, sollten sie zumindest vorbereitet sein. Die Pille zu nehmen und Kondome dabeizuhaben wäre nicht das Schlechteste, aber sie sollten trotzdem keinen Sex erwarten. Ich war mal in England und ein Mädchen ist mit uns ins Hotel gekommen und war dann enttäuscht, weil keiner Sex mit ihr haben wollte. Die war so verzweifelt, dass es schon nicht mehr schön war. Sie ist irgendwie total ausgeflippt und hat gefragt: »Was seid ihr denn für eine Band? Was seid ihr denn für Rocker?« Es gibt Tage, an denen auch Männer einfach ausgelaugt sind oder nicht in Stimmung oder krank.

ADDE Ja, sollten sie, sollten sie.

DANKO JONES Ich denke, sie sollten schon irgendwie erwarten, Sex zu haben, aber ich denke nicht, dass die Band Sex erwarten sollte. Es ist eine ziemlich seltsame, heikle Situation, wenn die Band es erwartet, ohne einen Anhaltspunkt zu haben, dass auch die eingeladenen Leute davon ausgehen. Dann wird es echt komisch. Das mache ich nicht mehr. Es ist echt gefährlich für beide Seiten, wenn es zu einem Missverständnis kommen kann. Es ist eine alte Tradition in der Popkultur, dass die Band manchmal sagt: »Hast du das nicht gewusst? Solltest du aber! Das ist Teil der Tradition.« Und vielleicht will das Mädchen wirklich einfach nur in der Nähe der Band sein, die sie richtig mag. Das ist heikel und ich habe gesehen, wie Bands – nicht meine Band – Leute in den Tourbus oder auf ein Hotelzimmer eingeladen haben. Man fragt sich dann: Wissen sie Bescheid? Wissen beide Seite, was die anderen denken? Man weiß es einfach nicht. Ich finde, die Karten sollten offen auf dem Tisch liegen, wenn man jemanden auf sein Hotelzimmer oder in den Bus einlädt. Man sollte offen und ehrlich sein. Das erscheint vielleicht krass oder vulgär, aber ich denke, das ist in dieser Situation der einzige Weg. Der Satz »Willst du nach oben gehen und ficken?« klingt vielleicht für jeden krass, aber ich denke, man muss es so sagen.

 **CHIP Z'NUFF** Einige Mädchen erwarten Sex, wenn man sie mit ins Hotel nimmt, aber es kommt drauf an. Es gibt natürlich einen Unterschied zwischen einem Groupie und einem Band-Aid. Band-Aids lieben einfach nur die Musik, Groupies wollen eine bleibende Erinnerung. Man erkennt den Unterschied, wenn man sie kennenlernt. Ein Groupie steht sofort im Mittelpunkt des Geschehens und bringt die Sache ins Rollen, ein Band-Aid hängt nur herum und will dir zuhören, mehr über dich erfahren und etwas Zeit mit dir verbringen, während du in der Stadt bist, weil sie weiß, dass du in ein paar Stunden wieder weg bist.

 **JAMES KOTTAK** Nicht bei mir, aber bei allen anderen schon. Nichts wie ran. Ich bin dafür.

 **COURTNEY TAYLOR-TAYLOR** Nein, das ist etwas Persönliches. Typen in Bands drücken sich eigentlich klar aus, wenn sie Sex wollen. Wenn sie Amateure sind, begehen sie vielleicht den Fehler, bei mehreren Leuten Interesse zu wecken, und gehen am Ende leer aus. Sex erwarten? Nein, aber wenn es um eine komplette Gruppe geht, ist das wahrscheinlich genau der Grund, warum sie oder eine aus der Clique ins Hotel eingeladen wurden. Ich denke nicht, dass alle Sex haben werden, außer man kann einen Gruppentarif herausschlagen.

 **DOUG ROBB** Ja, denn das Hotel ist so was wie das Zuhause der Band und die Typen laden sicher niemanden ein, um Karten zu spielen.

 **EVAN SEINFELD** Warum solltest du sonst mitten in der Nacht mit zu einem Kerl ins Hotel gehen? Ich habe es immer gehasst, wenn Mädchen so schüchtern tun und fragen: »Oh, warum hast du denn gedacht, dass wir Sex haben werden?« – »Keine Ahnung. Jedes andere Mädchen, das in

den letzten zwanzig Jahren mitten in der Nacht mit in mein Hotelzimmer gekommen ist, hatte Sex mit mir. Wie sollte ich darauf kommen, dass du anders bist?« Viele Mädchen halten sich für etwas Besonderes und denken, dass sie das Zeug zur festen Freundin haben. Ladys, genießt einfach den Sex, den ihr eine Nacht mit uns habt.

JIMMY ASHHURST Sie sollten damit rechnen, Sex zu haben, auf jeden Fall.

HANDSOME DICK MANITOBA Ja. Ich denke, es gibt in allen Bereichen des Lebens Groupies. Vor dem Polizeirevier in der Nähe meines Hauses hängen immer irgendwelche Frauen herum. Wo Uniformen sind, hängen Frauen rum. Rock'n'Roll ist nur eine weitere Uniform.

JESSE HUGHES Ja! Das ist doch keine verfickte Bibelstunde. Wenn man in die Kirche geht, weiß man, was man ungefähr zu erwarten hat. Man *kann* ein Buch nach seinem Cover beurteilen. Wenn man sich den verdammten *Hustler* kauft, weiß man, was man kriegt. Wenn man *Good Housekeeping* kauft, weiß man, was da drin steht. Das ist kein Geheimnis. Wenn man mit einem Rocker nach Hause geht, sollte man sich klar darüber sein, dass er erwarten wird, dass es zur Sache geht.

JOEL O'KEEFFE Ja, warum sollte die Band sie sonst einladen, besonders da die Drogen- und Alkoholvorräte begrenzt sind? Die Bandmitglieder werden bestimmt keine Schmarotzer dulden, außer die ziehen sich aus!

LEMMY Na ja, ich denke schon. Man denke nur an Mike Tyson. Der sollte uns allen ein warnendes Beispiel sein. Ich habe nie ein Mädchen zu etwas gezwungen, das es nicht wollte. Habe ich nie. Ich habe immer versucht, mich wie ein anständiger Mensch zu verhalten.

NICKE BORG Ich habe mal ein Mädchen mit auf mein Zimmer genommen, weil es The Cult nicht kannte. Also musste ich natürlich zum Bus gehen, meinen iPod rausholen und ihr *Electric* von The Cult vorspielen, damit sie versteht, dass das eine der großartigsten Bands der Welt ist. Und das war's, mehr ist nicht passiert – das schwöre ich! Es kommt also auf die Person an. Sich mit jemandem, den man noch nie zuvor gesehen hat, nett zu unterhalten, weil man feststellt, dass man viel gemeinsam hat, ist manchmal viel besser als Sex.

 **ROB PATTERSON** Nach dem, was ich so von alten Bandkollegen gehört habe, sollte sie Sex erwarten, wenn sie eingeladen wird, ja.

 **TOBY RAND** Ja. Aber manchmal kommen sie in Gruppen. Diejenige, die man will, bringt vielleicht ein paar Freunde mit – und für die gilt nein.

 **VAZQUEZ** Ich würde auf jeden Fall Nein sagen, denn manche Typen machen es einfach nicht. Manche Kerle wollen nur einen Blowjob, manche wollen auch nur reden, Mann.

Wie zieht man als Groupie die Aufmerksamkeit eines Rockstars auf sich?

 **ALLISON ROBERTSON** Als Groupie sollte man gut aussehen. Nicht, dass es nur ums Aussehen geht, aber wenn man in einer Menschenmenge steht, fällt man eben auf, wenn man gut aussieht. Man sollte allerdings auch nicht verzweifelt wirken. Keine Frau will sich auf einen Typen einlassen, der verzweifelt wirkt, das ist nicht sexy. Es ist besonders cool, wenn jemand selbstbewusst ist und so aussieht, als ob man mit ihm Spaß haben könnte. Man ist ja schließlich nicht auf der Suche nach dem Mann fürs Leben. Man ist auf Tour und lernt jemanden kennen. Man will Spaß haben und sucht jemanden, der locker drauf ist und gut küssen kann. Für meine Freundinnen würde das ein gutes männliches Groupie ausmachen.

 **ACEY SLADE** Zuerst einmal muss sie heiß sein. Das ist schon mal die Grundlage. Sie sollte nicht zu verzweifelt aussehen, sondern muss selbstbewusst wirken.

 **ADDE** Für mich sollte sie nicht wie ein Rockchick aussehen. Ich steh auf verkleidete Groupies – eine, die aussieht wie eine Bibliothekarin. Aber neunzig Prozent aller Rockstars sagen: »Oh, die ist heiß auf mich, also fick ich sie!« Ich sage eher: »Ich will die, die da hinten steht.«

 **JIMMY ASHHURST** Es ist wichtig, mit der richtigen Anzahl von Leuten aufzukreuzen. Ich habe gemerkt, dass paarweise – also wenn sie im Duo kommen – nicht so gut funktioniert, weil die andere sich dann allein beschäftigen muss. Man braucht dann einen Bandkollegen oder jemand anderen, der sich um die andere kümmert – einen Wingman. Mehr als drei sind ätzend, weil das normalerweise Partygirls sind, und da ist es schwer, eine aus der Gruppe zu lösen. Trios sind perfekt. Eine kann man abschleppen und die anderen beiden können dann den restlichen Abend darüber reden, was für eine Schlampe sie ist.

 **BRENT MUSCAT** Als Groupie sollte man sich wahrscheinlich sexy anziehen, freundlich sein, heiß aussehen und sich cool verhalten. Und nicht zu verzweifelt wirken.

 **DANKO JONES** Ich würde sagen, sie soll verdammt heiß aussehen! Das funktioniert immer.

 **GINGER** Sie sollte nur die Aufmerksamkeit von demjenigen erregen, von dem sie etwas will. Zum Rest der Band und zur Crew kann sie nett sein, nachdem sie ihren Star in der Tasche hat und nach hinten eingeladen wurde.

 **JAMES KOTTAK** Blond, große Möpse.

 **JOEL O'KEEFFE** Mit einem koketten Lächeln oder einem Zwinkern. Wenn das nicht hilft, tu ihm was in den Drink! Das letzte Mal, als mir jemand was in den Drink getan hat, fand ich gut, weil ich zuerst einen Scheißabend hatte und plötzlich hatte ich viel Spaß und hab die ganze Nacht im Krankenhaus verbracht und dort in einem Kinderschloss gespielt.

 **NICKE BORG** Sie sollte nicht in der ersten Reihe stehen, ihre Titten entblößen, ihren Kopf gegen die Absperrung hauen, bis sie blutet, und gleichzeitig schreien: »Ich will deinen Schwanz lutschen!« Das wäre sicher interessant anzuschauen, aber mit so einer stimmt etwas nicht. Und das weiß sie sicher auch. Hahaha ... Alte, sei einfach cool. Rede nicht über seltene 7-Zoll-Singles und hol nicht deine Titten raus. Sag einfach: »Hey, ich liebe

deinen Scheiß. Du bist echt cool. Willst du einen Drink? Ich steh da hinten an der Bar. Wenn du nach der Show Lust hast, geb ich dir einen aus.« Das ist wie ein normaler Anmachspruch.

 **LEMMY** Wenn sie im Publikum ihr Top auszieht, passt das schon – wenn sie nette Titten hat.

 **ROB PATTERSON** Sie sollte sich vorstellen.

 **JESSE HUGHES** Sei heiß! So kann man am besten Aufmerksamkeit erregen. Ja, es ist genauso klischeehaft, wie es klingt, und absolut frivol gemeint.

 **VAZQUEZ** Direkter Blickkontakt, auf jeden Fall. Und sei verdammt noch mal nicht schüchtern. Scheiß drauf – ich hasse schüchterne Mädchen.

 **TOBY RAND** Ich liebe die, die zurückhaltend, aber selbstbewusst sind. Die gehen nicht zu weit. Sie kommen auf mich zu und sagen irgendwas Cooles und überlassen es dann mir. Ich will nicht zu etwas gedrängt werden oder mich unter Druck gesetzt fühlen. Ich denke, ein bisschen Kontrolle ist gut für uns.

Wie kommt man als Groupie in den Backstagebereich?

 **ACEY SLADE** Durch MySpace ist es heute viel einfacher. Groupies können die ganze Sache mit dem Roadie umgehen. Es heißt nicht mehr, lass dich auf einen Roadie ein und du kannst in den Backstagebereich. Wenn ich wüsste, dass die Schnecke mit einem Roadie zusammen war, würde ich nichts mit ihr anfangen – also wenn ich wüsste, dass ich nur der Zweite wär. Es ist witzig, dass durch MySpace heute jeder erreichbar ist. Es ist nicht schwer, einen Typen aus einer Band online zu treffen, ihn zu bequatschen und so auf die Gästeliste zu kommen. Und er weiß dann, dass sie da ist.

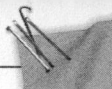

 **BLASKO** Für gewöhnlich muss man sich durch die Crew durcharbeiten, den Gitarrentechniker, den Basstechniker – einen Typen in der Nähe der Band finden. Aber nicht den Bühnenaufbauer, nicht den Assistenten des Typen, der für den Zuschauerraum verantwortlich ist. Es müssen die Typen sein, die auf der Bühne arbeiten.

 **DOUG ROBB** Ich würde sagen, sieh so heiß wie möglich aus und verhalte dich ganz cool. Flirte einfach. So kommen die Groupies auch in die Clubs. Sie gehen zum Türsteher und geben sich ein bisschen unnahbar … was weiß ich. Die Mädchen wissen schon, was sie tun.

 **JOEL O'KEEFFE** Nutze den Vorteil, den du als Frau hast, oder sei mutig und mach das, was nötig ist. Ein kleiner Tipp von mir: Die eingefleischten Groupies wissen, dass es an jeder Konzerthalle einen Hintereingang gibt, der immer unverschlossen ist, damit die Roadies jederzeit raus gehen und eine rauchen können. Gib einem Roadie eine Zigarette und vielleicht gibt er dir, wonach du auf der Suche bist.

 **LEMMY** Nicht viele wollen bei einem Konzert von Motörhead in den Backstagebereich kommen. Wir sind jetzt zu alt und verdammt hässlich. Wenn man hinter die Bühne will, kommt man da auch hin. Bräute haben da ihre Mittel und Wege. Man muss nicht dein Buch lesen, um in den Backstagebereich zu kommen.

 **ROB PATTERSON** Wie gesagt, ich kann nur weitergeben, was ich mal gehört habe. Man muss einen Roadie überreden, einem einen Backstagepass zu geben. Wenn man heiß ist, sollte das nicht so schwierig sein.

 **TOBY RAND** Meiner Erfahrung nach lassen sich die Groupies mit der Crew ein und werden dann meistens von der Band schikaniert und ausgelacht. Sie dringen bis zur Band vor und die Band fragt dann: »Hast du nicht gerade mit dem Roadie geschlafen? Warum zum Teufel schläfst du denn mit diesem Typen?«

 **VAZQUEZ** Normalerweise warten sie einfach. Man lädt die Sachen aus und sieht, wie sie einfach da rumhängen, die stehen halt da.

In welcher Stadt gibt es die wildesten Groupies der Welt?

 **CHIP Z'NUFF** New York: Hat 24 Stunden geöffnet, alles ist möglich und es ist einfach eine Stadt wie keine andere. L.A. kann aber mit New York mithalten. Wie gesagt, die haben dort diese Riesenpartys, bei denen es Ecstasy, Viagra und Kokain gibt – Erdbeerkokain übrigens, das ist im Moment total in. Ich persönlich mag New York lieber. Ich mag es einfach, wie die Leute da so drauf sind, und ich liebe die Stadt. Da ist nie Schluss. In L.A. ist irgendwann Schluss. Die Läden machen dort zu. New York hat 24 Stunden geöffnet. Ist wahrscheinlich meine absolute Lieblingsstadt. Wir spielen heute Abend dort. New York ist ein Mekka. Die tollsten Bands geben dort die größten Konzerte. Es ist großartig, im Madison Square Garden zu spielen. Dann gibt es noch die Radio City Music Hall, Irving Plaza, richtig gute Konzerthallen. Man trifft dort tolle Menschen und es gibt eine Unmenge an Hasen.

 **JESSE HUGHES** Die wildesten Groupies gibt es in England. Die heißesten in Australien.

 **ALLISON ROBERTSON** Ich denke im Süden der USA. Dort gibt es viele Rabauken, wirklich selbstbewusste, süße Typen. Die Leute da sind generell sehr nett, auch die Mädchen. Alle sind einfach richtig fröhlich. In Australien gibt es auch viele süße Typen, die nett und freundlich sind, anders als in L.A., wo viele heiße Typen eigentlich Volldeppen sind. Ich erinnere mich, als wir in Australien und Neuseeland waren – wir haben auf dem Big Day Out Festival gespielt –, da hatten wir eine Autogrammstunde, zu der all diese scharfen Neuseeländer gekommen sind. Die hätte man alle mit ins Hotel nehmen können. Man wünscht sich eine nette Atmosphäre. Und keine Spinner, die wirken, als wären sie total drauf. Ich denke, es ist wohl am besten an Orten mit einem wärmeren Klima, wo es gut aussehende Menschen gibt und alle Rock'n'Roll mögen. Also vielleicht auch Brasilien. In Brasilien gibt es heiße Typen.

 **ANDREW W.K.** Die Atmosphäre in Lateinamerika ist ziemlich heftig. Die Mädchen dort haben wirklich gesagt, dass sie heiraten wollen und alles dafür tun würden. Das wirkte irgendwie ... Na, ich würde nicht sagen verzweifelt, so kam es mir nicht vor, aber es war schon viel intensiver. Ich hatte gedacht, die Fans in Japan seien heftig, aber in Mexiko habe ich eine

ganz neue Stufe der Intensität erlebt. Die Kultur ist dort sehr leidenschaftlich und so wie sich manche Mädchen dort angeboten haben, gab es kein Katz-und-Maus-Spiel.

BRENT MUSCAT In Salt Lake City in Utah. Die Mormoninnen – ich weiß nicht, was es ist, aber die sind echt wild. Sie sehen richtig gut aus, sind groß und blond. Ich steh jetzt nicht übermäßig auf Blondinen, aber es ist eine nette Abwechslung, in ihre Stadt zu kommen und zu denken: Boah! Diese blonden Amazonen mit ihren Topfiguren sehen großartig aus, sehr gesund.

ACEY SLADE Die wildesten? Ich weiß nicht in welcher Stadt, aber es gibt sie auf jeden Fall in Deutschland und England. Da sind die irgendwie zu allem bereit, mit Groupies in England oder Deutschland ist alles möglich.

ADDE Wahrscheinlich in Italien, weil wir da so oft spielen. Die wissen wirklich, was sie wollen. Die sind irgendwie so »arrgh« ... aggressiv!

COURTNEY TAYLOR-TAYLOR In Athen in Griechenland vielleicht. Als Nächstes kommt wahrscheinlich Adelaide in Australien. Adelaide ist irgendwie immer noch eine Wild-West-Stadt. Perth in Australien ist auch richtig cool. Ich würde aber nicht sagen, dass die Groupies dort richtig wild sind. Die Puppen, die in Perth mit den Bands abhängen, sind eher klug und cool und lustig. In Oslo in Norwegen übrigens auch.

JAMES KOTTAK Ich muss auf jeden Fall Los Angeles sagen.

DANKO JONES In einigen Nächten geht es ziemlich wild zu und dann kommt man wieder an diesen Ort und es ist nicht mehr so verrückt. Wahrscheinlich gibt es in England und Deutschland die wildesten Groupies.

DOUG ROBB Ich denke, in den Unistädten in den USA. Ich würde die Mädchen da nicht als Groupies bezeichnen, aber sie sind einfach jung und die meiste Zeit ziemlich betrunken und irgendwie selbstvergessen. Die flippen einfach total aus. Sie versuchen wahrscheinlich, den anderen Mädchen zu beweisen, dass sie verrückt und Rock'n'Roll sind. Es ist witzig zu sehen, wie sie mit den Groupies konkurrieren.

 EVAN SEINFELD Es ist ein Kopf-an-Kopf-Rennen zwischen Detroit, Cleveland, und Buenos Aires in Argentinien.

 HANDSOME DICK MANITOBA Ich schätze in L.A.

 JIMMY ASHHURST Komischerweise in jeder kanadischen Stadt. Vielleicht hat das mit der Kälte zu tun und damit, dass die meisten Kerle sich dort nur für Eishockey und Bier interessieren.

 LEMMY Den meisten Spaß hatte ich, glaube ich, in Argentinien. Und in Japan. Das erste Mal in Japan war fantastisch. Als wir das zweite Mal da waren, ist nicht viel passiert. Beim dritten Mal war es wieder großartig, es kommt also drauf an.

 NICKE BORG Florida im Allgemeinen. Natürlich Amerika, aber Japan ist auch irgendwie seltsam. Die können so nach dem Motto drauf sein: »Rockstars erwarten, dass alle Frauen Schlampen sind, also ziehen wir uns wie Schlampen an. Und wenn ihr uns ficken wollt, könnt ihr uns ficken, und wir mögen eure Musik total.« Und man fragt sich dann: Wie seid ihr denn drauf? Seltsam. Ich glaube, die Sache mit den Groupies stammt aus England und Amerika. Dort wurde sie irgendwie erfunden.

 ROB PATTERSON Hm ... ich denke Russland vielleicht?

 TOBY RAND Ich finde, Vancouver ist fantastisch. Florida als Bundesstaat. Buffalo. Ich weiß nicht. Es gibt so viele. Ich denke, dass Groupies überall wild sind.

 **VAZQUEZ** Ich würde sagen, eine Mischung aus L.A. und Japan. Das kann man nicht vergleichen, aber in den USA sind die Mädchen aus L.A. verdammt großartig.

ONE-NIGHT-STANDS

⚡

»MITHILFE EINER MÜTZE, EINER BRILLE
UND EINES RIESIGEN MANTELS KONNTE ICH
UNVERSEHRT FLÜCHTEN.«

JOEL O'KEEFFE

Wie stellst du klar, dass du nur einen One-Night-Stand willst?

 **DANKO JONES** Ja, interessante Frage. Kommt drauf an, wo der One-Night-Stand passiert. Wenn du jemanden an einer Bar kennenlernst, ist es irgendwie klar, dass ihr beide wahrscheinlich nur einen One-Night-Stand haben werdet. Wenn ihr euch bei einem Konzert kennenlernt und einen One-Night-Stand habt, könnte es einer von beiden missverstehen – nicht der Typ aus der Band, sondern die Frau – und am nächsten Abend wieder auftauchen.

 **ALLISON ROBERTSON** Man sollte es einfach direkt sagen, damit später niemand rumheult. Sag einfach: »Hey, es geht nur um heute Nacht.«

 **ACEY SLADE** Ich denke, wenn ein Mädchen sich mit einem Kerl aus einer Band einlässt und sie eine Nacht miteinander verbringen, dann sollte sie davon ausgehen, dass es ein One-Night-Stand ist. Ich glaube, das ist so was wie ein ungeschriebenes Gesetz, andererseits gibt es da einen Unterschied zwischen jungen und älteren Frauen. Eine reifere Frau weiß das. Und es ist nichts falsch daran, wenn ein Mädchen ab und zu einen heißen Kerl vögeln will, den sie auf der Bühne gesehen hat.

 **ADDE** Das ist doch irgendwie offensichtlich. Wenn man an der Bar steht, dann ist das mehr oder weniger ein One-Night-Stand.

 **ANDREW W.K.** Die Leute sind oft richtig überrascht, dass ich meinen Beruf nie ausgenutzt habe. Die Leute, die das tun, die ausschweifend leben, faszinieren mich. Das ist echt interessant, man kann sich fragen: Was treibt jemanden dazu, so was zu tun? Was hält einen anderen davon ab? Um ganz ehrlich zu sein: Ich hätte es auch gern getan und würde es auch tun und vielleicht werde ich es noch tun, obwohl ich verheiratet bin. Alles ist möglich, meine Frau ist da sehr offen. Die Vorstellung, viele One-Night-Stands zu haben, spricht mich eigentlich ziemlich an, so wie Pornografie. Das ist es, was mir Pornografie gibt. Ich habe eher so meine Probleme mit der emotionalen, sozialen und ethischen Seite der One-Night-Stands. Ich weiß nicht, was das auf lange Sicht für Auswirkungen auf mich oder die andere Person haben würde. Und man sollte auch mal darüber nachdenken, was man nach dem körperlichen Rausch durchmacht.

 **BLASKO** Ich glaube nicht, dass ich deswegen schon mal Klartext gesprochen habe. Hin und wieder holt es einen ein – eigentlich öfter als es das nicht tut. Manchmal ist die Sache einfach klar und alles ist gut, niemand hat Schuldgefühle. Bevor ich geheiratet habe, wusste ich nie, wie das geht, und ich weiß immer noch nicht, ob es einen guten Weg gibt, das zu machen.

 **LEMMY** Die, die bereit sind, es zu tun, wollen normalerweise auch nicht mehr. Es ist eigentlich ein kleines Abenteuer. Ich mag One-Night-Stands. Die sind toll! Ich habe sogar einen Song darüber geschrieben.

 **BRENT MUSCAT** Ich denke nicht, dass man ihr das unbedingt sagen muss. Wenn ich auf Tour in einer Stadt war und am nächsten Tag weitergefahren bin, wusste doch jede, worauf sie sich einlässt. Man hat sich das eben gedacht oder gesagt: »Du weißt doch, dass ich die Stadt morgen verlasse, oder?« Es gab Zeiten, in denen ich die Nummer des Mädchens aufgehoben habe, wenn ich sie echt mochte, und sie dann angerufen habe, wenn ich wieder in der Stadt war. Ich glaube nicht, dass man so was unbedingt besprechen muss. Es wäre nicht gerade ein guter Eisbrecher zu sagen: »Hey, Baby, ich will nur einmal mit dir Sex haben.« Das könnte dir einen Strich durch die Rechnung machen.

 **JAMES KOTTAK** Sobald die Tat vollbracht ist, hau ab!

 **CHIP Z'NUFF** Ich denke nicht, dass man es ausspricht. Man lässt es einfach unerwähnt. Wenn man mit jemandem zusammen ist, den man gerade erst kennengelernt hat, gibt man sich einfach die größte Mühe. Je mehr Fragen man stellt, desto tiefer gerät man in die Sache hinein. Wenn du jemanden kennenlernst und ihr beide versteht euch gut, dann ziehst du dein Ding durch und redest nicht darüber. Frage nichts, sage nichts – das ist mein Ding.

 **COURTNEY TAYLOR-TAYLOR** Meine Jobbeschreibung sagt doch schon alles: Ich bin Sänger einer Rockband. Wir touren um die ganze Welt. So erklär ich das! Eigentlich habe ich mich nie mit einer Frau eingelassen, von der ich nicht auch wollte, dass sie meine Freundin wird. Nur die Entfernung hat manchmal Probleme gemacht. Aber da wusste man einfach,

dass man sich nur ein- oder zweimal im Jahr sehen würde. Ich weiß nicht, wie das andere Leute so machen. Ich musste nie zu jemandem sagen: »Letzte Nacht war eine einmalige Sache. Ich mag dich eigentlich nicht und ich will das nie wieder machen.« In so einer Situation war ich noch nie.

DOUG ROBB Muss man das sagen? Kann man nicht einfach abhauen? Wäre es nicht das Einfachste, schlichtweg zu gehen?

GINGER Man muss es ihr immer vorher sagen. Man sollte lieber riskieren, keine Nummer schieben zu können, anstatt hinterher jemanden loswerden zu müssen.

JIMMY ASHHURST Ich bin so schlecht in so was, ehrlich Mann. Sag einfach so oft wie möglich, dass du am nächsten Morgen gehen musst. Lass vielleicht ein Flugticket als Beweis auf dem Nachttisch liegen oder so.

TOBY RAND Erst einmal denke ich, dass es offensichtlich ist, dass man jeden Tag in eine andere Stadt fährt, wenn man auf Tour ist – das weiß doch jede, dass man dann am nächsten Morgen los muss. Ansonsten muss man halt einfach sagen: »Du scheinst ein fantastischer Mensch zu sein, also lass uns eine Nacht lang Spaß haben und uns für immer daran erinnern.«

JOEL O'KEEFFE Sag so was wie: »Der Bus fährt in vier Stunden, jetzt oder nie.« Auch wenn das nicht stimmt, garantiert es dir eine Fluchtmöglichkeit.

HANDSOME DICK MANITOBA Kommt drauf an, wie man in die Situation hineingeht, wo man sich kennengelernt hat und was man sucht. Lies die Zeichen. Man hat nicht ohne Grund Instinkte. Und man hat nicht ohne Grund Augen und Ohren. Auch das Gehirn hat man nicht grundlos. Lies die Zeichen. Es gab Zeiten, in denen war es andersherum. Zum Beispiel als ich es mit einem Mädchen treiben wollte, das mich mit in die Box ihres Vaters ins Footballstadion der Giants genommen hat. Ich habe meine Hand auf ihr Knie gelegt und sie hat gesagt: »Oh, ich will dich nicht auf falsche Gedanken bringen.« Und ich hab gesagt: »Ich bin über dreißig Jahre alt,

du bist mit mir auf einem Date, ich bin ein Mann und du bist eine Frau.«
Es ist gut, diesen Scheiß einfach zu sagen. »Ich bin auf der Suche nach
dem und dem, du suchst nach dem und dem, wir wollen zwei verschiedene Dinge.« Niemand hat recht oder unrecht. Jeder ist halt anders. Man
kann den richtigen Menschen in seinem Leben haben, aber wenn es der
falsche Zeitpunkt ist, ist das der falsche Mensch. Es muss irgendwie alles
stimmen. Ich finde, man muss den Leuten sagen, wo man steht. Man muss
ja keinen Vortrag halten. Lies die Zeichen, jeder sollte die verdammten
Zeichen lesen.

JESSE HUGHES Kommt drauf an. Wenn es nötig ist, sie zu belügen, macht
man das eben, und man lässt es sie wissen, indem man sie sechs Wochen
lang nicht anruft und ihre SMS nicht beantwortet. In neun von zehn Fällen
ist es für einen Kerl schwierig, ehrlich in dieser Sache zu sein. Leider
betrachten die meisten Männer Sex immer noch als etwas, das sie von
einem Mädchen bekommen, und nicht als etwas, das sie mit dem Mädchen gemeinsam machen. Man geht miteinander ins Bett, man kriegt Sex.
Wenn man es so sieht, müsste die Frau eigentlich sagen: »Alter, ist mir so
scheißegal, ob du mich anrufst oder nicht.«

NICKE BORG Kommt drauf an, wie es gelaufen ist. Man steckt ja genauso
in Schwierigkeiten, wenn man gedacht hat, dass man die Kleine nur ficken will, dann abhaut, mit dem Tourbus in die nächste Stadt fährt und
plötzlich denkt: Verdammte Scheiße noch mal, die war großartig! Man hat
gedacht, dass man sie nur benutzt, und dann hat sie einen umgehauen,
weil sie das absolut tollste Mädchen ist, das man je kennengelernt hat –
zumindest denkt man das in dem Moment. Aber ich glaube, dass alle davon ausgehen, dass es nur um eine Nacht geht, besonders wenn man sich
erst nach Mitternacht kennengelernt hat. Allerdings überrascht man sich
hin und wieder selbst damit, dass man mit einem absolut umwerfenden
Mädchen vögelt.

VAZQUEZ Man muss von Anfang an ehrlich zu ihr sein und ihr es sagen.
Das Schöne an einem One-Night-Stand auf Tour ist, dass er wie eine neue
Beziehung ist, nur dass die sich nicht innerhalb von einem oder zwei Jahren aufbaut, sondern innerhalb von Stunden! Man lernt sich kennen, es
wird ein bisschen geworben, es gibt ein bisschen Vorspiel. Man hat Sex
und alles andere und dann nimmt man tränenreich Abschied. Es ist echt
seltsam, Alter, weil man am Ende eine Mini-Beziehung gehabt hat.

 ROB PATTERSON Ich hatte nur zwei One-Night-Stands in meinem Leben und da war es von Anfang an klar.

Wie macht man sich am nächsten Morgen aus dem Staub, ohne den anderen zu verletzen?

 TOBY RAND Der beste Fluchtplan ist, dem Tourmanager am Abend zuvor eine Nachricht zu schicken, in der steht, dass du ein Mädchen bei dir hast, und ihn zu bitten, an deine Tür zu klopfen und dich aus dem Zimmer zu zerren oder sie rauszuschmeißen. Sag, dass sie gehen muss, weil es ein Notfall ist!

 ACEY SLADE Sag: »Mein Bus fährt los.«

 ALLISON ROBERTSON Ich würde wahrscheinlich sagen: »Ich habe zu Hause einen Freund.« Das verärgert den ein oder anderen vielleicht, aber dann weiß er wirklich, dass er keine Chance hat. Wenn man ihn in dem Glauben lässt, dass es ein nächstes Mal geben wird, obwohl man das nicht will, hat man meiner Erfahrung nach einen Stalker am Hals. Es ist also fast besser zu lügen und zu sagen, dass man lesbisch ist und das nur zum Spaß gemacht hat. Das ist wahrscheinlich besser, als zu sagen: »Oh ja, das hat echt Spaß gemacht. Nächstes Mal wenn ich in der Stadt bin ...« Niemand mag es, ignoriert zu werden, wenn man sich wiedersieht. Das ist schlimm, wenn man auf der anderen Seite steht. Keine Ahnung. Wer will schon die Zeit der Leute verschwenden?

 CHIP Z'NUFF Sei einfach ehrlich und sag: »Ich bin auf dem Sprung. Die letzte Nacht mit dir war wunderschön. Gott schütze dich und deine Familie. Hoffentlich sehen wir uns bald wieder. Tschau-tschau.«

 DANKO JONES So was kann ich echt nicht gut. Vermeide es am besten oder stell dich dumm. Ich schätze, egal wie sehr man in die Enge getrieben wurde, letzten Endes muss man einfach ehrlich sein, auch wenn das ziemlich wehtut. Wenn es erst einmal raus ist, ist es eigentlich viel einfacher. Manchmal gibt es auch Missverständnisse, wie mit diesem einen Mädchen. Ich hab gesagt: »Ich dachte, es war nicht mehr als das und das

zwischen uns, aber offensichtlich hast du gedacht, es wäre anders.« Meistens akzeptieren die Frauen deine Entschuldigung nicht und hinterlassen dir jede Menge hasserfüllte Nachrichten in irgendwelchen Internetforen. Jedes Mal wenn es Missverständnisse gab, konnte ich nicht mit der Frau reden und die Sache klären, weil ich weg musste – an einem Tag ist man hier und am nächsten dort, man ist immer unterwegs. Egal ob der One-Night-Stand nun zu Hause oder auf Tour passiert ist, es ärgert mich, dass man nie die Möglichkeit hat, die Frau dazu zu bringen, einen ausreden zu lassen. Wenn man sie dann wiedersieht, ist es meistens einfach zu spät. Sie hat dann Wochen, Monate oder vielleicht sogar ein oder zwei Jahre lang darüber nachgedacht und man kann sie nicht mehr überzeugen. Das ist ein schwerer Kampf, den man im Grunde schon verloren hat. Das stört mich echt daran, in einer Band zu sein – dass man an einem Tag hier und am nächsten woanders ist. Wenn jemand Scheiße über dich erzählt oder dich missversteht, egal ob es um Sex oder irgendwas anderes geht, ist es manchmal total schwer, den eigenen Namen wieder reinzuwaschen. Wenn mich jemand nicht mag – und ich meine nicht mal beruflich, sondern persönlich –, stört mich das. Es ist noch schlimmer, wenn es um eine Frau geht, mit der ich Sex hatte. Es stört mich echt, wenn sie mich nicht mag, denn ich will in solchen Beziehungen wirklich niemanden verletzen. Das ist nicht mein Stil. Ich erzähle das, weil mir das schon passiert ist und ich meinen guten Ruf bei einigen Leuten nie wiederherstellen konnte. Das nervt mich voll.

 **DOUG ROBB** Häng halt nicht bei ihr rum und mach nicht extra noch Frühstück oder so was! Verschwinde, so schnell du kannst. So zeigt man am einfachsten und direktesten: »Ich wollte das nur dieses eine Mal.«

 **ADDE** Erst einmal gehe ich mit zu ihr. Ich will sie nicht mit zu mir nehmen. Ich gehe mit zu ihr und dann gebe ich ihr nicht meine Nummer. Ich sage einfach nur: »Danke, du bist wunderbar. Bis dann. Tschüß.«

 **JESSE HUGHES** Ich hab das schon mal so gemacht: Ich hab ihr gesagt, dass ich kurz aufs Klo muss. Dann habe ich das Wasser laufen lassen und bin bei abgeschlossener Tür aus dem Fenster geklettert.

JOEL O'KEEFFE Sag einfach: »Ich geh mal eine rauchen. Brauchst du irgendwas?« Und dann renn zum Bus und sag dem Fahrer, er soll auf die Tube drücken!

JAMES KOTTAK Sag: »Oh Shit, wir haben ja ein Bandmeeting, das hab ich ganz vergessen.«

ROB PATTERSON Warte nicht bis zum nächsten Morgen! Hau ab, wenn sie eingeschlafen ist. Haha.

LEMMY Man muss nicht flüchten. In meiner Branche fährt man normalerweise sowieso weg. Keine Ahnung, wie es ist, wenn man immer dort lebt. Ich schätze, dann kann es heikel werden, in mehr als einer Hinsicht.

Wie vermeidet man weiteren Kontakt?

TOBY RAND Erst einmal hat sie nicht deine richtige Telefonnummer. Ich sorge gern dafür, dass sie sich wohlfühlt und dass es auch am nächsten Morgen nicht komisch ist. Man sollte am nächsten Morgen aufwachen und Spaß haben. Man frühstückt zusammen oder man sagt einfach, dass man was vorhat. Man ist einfach ehrlich und sagt: »Hör zu, ich bin nicht auf der Suche nach etwas Ernstem, sondern einfach nach ein bisschen Spaß.« Es ist immer leicht, wegzurennen und damit der Situation aus dem Weg zu gehen, aber so was holt einen immer wieder ein. Ich glaube, es ist das Beste, sich gleich damit auseinanderzusetzen und zu sagen, dass man nur ein wenig Spaß haben möchte.

JOEL O'KEEFFE Manchmal ist es schön, in Kontakt zu bleiben, vielleicht läuft's dann sogar noch besser als beim ersten Treffen. Aber wenn nicht, sollte man die List eines Ninjas anwenden und die Gefangennahme um jeden Preis vermeiden. Das letzte Mal, dass ich meine Ninja-Schläue anwenden musste, war auf einer Tour durch Großbritannien. Mithilfe einer Mütze, einer Brille und eines übergroßen Mantels konnte ich unversehrt flüchten.

 **ACEY SLADE** Das ist heutzutage unmöglich, es ist unmöglich. Echt, man muss heute ehrlicher zueinander sein, denn man ist dran, wenn man seine Frau oder seine Freundin betrügt. Auf die ein oder andere Weise kommt es raus und zwar übers Internet.

 **ANDREW W.K.** Gib ihr auf keinen Fall deine Telefonnummer und wenn doch, gib ihr eine, die du nicht benutzt. Aber man kann auch einfach von Anfang an sagen: »Ich werde dir nicht meine Nummer geben.« Ihr sprecht vielleicht nie wieder miteinander. Wenn sie dann ausflippt, bist du hoffentlich nicht mit ihr allein. Je direkter du bist, desto besser. Es ist mir schon passiert, dass Mädchen so getan haben, als hätte ich das nicht gesagt, und einfach so vollkommen ausgeflippt sind.

 **BLASKO** Gib ihr nicht deine Telefonnummer. Und gib ihr nicht deine My-Space-Adresse.

 **BRENT MUSCAT** Ich schätze, man hat die Wahl, ob man ihr seine Kontaktdaten geben möchte oder nicht. Wenn man sie nicht wiedersehen will, muss man ihr ja nicht seine Nummer geben. Man kann einfach sagen: »Hey, es war schön, mit dir rumzuhängen. Vielleicht sehen wir uns, wenn ich das nächste Mal in der Stadt bin.« Oder so was.

 **CHIP Z'NUFF** Na ja, du bist viel beschäftigt und hast einen Roadmanager, der auf dich und das ganze Team aufpasst, damit du gut in Form bist. Es kann also schon sein, dass du sie irgendwann wiedersiehst. Und wenn du sie dann wiedersiehst, erinnert sie sich bestimmt gern an das letzte Mal.

 **COURTNEY TAYLOR-TAYLOR** Am besten sagt man: »Oh, ich fühle mich so schuldig. Oh mein Gott! Ich habe eine Freundin. Und jetzt fühle ich mich so schuldig, dass ich dachte, ich muss es dir sagen. Aber du bist nun mal so heiß, dass ich einfach nicht anders konnte. Ich gehe jetzt besser.« Ich denke, das ist eine gute Methode. »Bitte sag es keinem. Ich konnte einfach nicht anders.«

 **DOUG ROBB** Ich schätze, man gibt ihr einfach keine Kontaktinfos, wenn man abhaut. Wenn man das doch getan hat und sie sich dann meldet, ruft man sie nie zurück – das ist der offensichtlichste Hinweis.

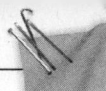

 **HANDSOME DICK MANITOBA** Hab ich schon mal erlebt, aber ich bin eigentlich vorsichtig und dränge mich niemandem auf. Liebe die, mit denen du zusammen bist, liebe die, die dich wollen. Aber jage niemandem nach. Eine Weile kann man schon hinter jemandem her sein und wenn derjenige sich dann in dich verliebt, ist das großartig. Aber wenn man jemanden immer weiter jagt, ist es, als würde man die Person anbeten. Ich würde mich nicht zu sehr anstrengen. Wenn ich ein Mädchen kennenlerne, würde ich immer einen oder zwei Tage warten, bevor ich sie anrufe. Man sollte nicht verzweifelt wirken. Nichts turnt mehr ab, als wenn jemand verzweifelt ist oder zu sehr klammert.

 **JAMES KOTTAK** Ich hab keine Ahnung bei all den Handys und dem ganzen Zeug heute. Ich weiß es nicht.

 **JESSE HUGHES** Geh ihr um jeden Preis aus dem Weg. Und wenn du sie wiedersiehst, tu so, als wäre sie gar nicht da.

 **JIMMY ASHHURST** Man kann einen ausgedachten Zwilling oder Doppelgänger vorschieben, um sich aus der Situation zu stehlen. Wenn man dann mal wieder in die Stadt kommt, sagt man einfach: »Nein, nein, das war ich nicht. Das muss mein Zwillingsbruder gewesen sein.« Vor allen Dingen dann, wenn etwas echt Schlimmes passiert ist. Streite einfach alles ab.

 **LEMMY** Hör zu, warum sollte man mit ihr zusammen sein, wenn sie so schlimm ist? Ich war noch nie mit einem Monster zusammen. Um Kontakt zu vermeiden, macht man einfach die Schotten dicht.

 **ROB PATTERSON** Gib ihr nicht deine Kontaktdaten!

 **VAZQUEZ** Diplomatie und Diskretion – wenn man diese beiden Dinge nicht beherzigt, bekommt man viele Probleme.

SAFER SEX

»ICH HABE NUR SEX OHNE KONDOM,
WENN ICH DENKE, DASS ICH MIT DIESER PERSON
EINE ZUKUNFT HABE.«

ACEY SLADE

Was sollte man tun, um sich zu schützen?

 **ADDE** Ich weiß, ich bin wirklich schrecklich, was das angeht, denn sobald ich betrunken bin und ein Mädchen finde, enden wir im Bett und ich will kein Gummi mehr tragen. Wenn ich besoffen bin, denke ich: Ist mir egal, ob ich mir was weghole! Ich bin echt schrecklich in dieser Hinsicht – schrecklich.

 **ALLISON ROBERTSON** Man sollte ein Kondom benutzen, auf jeden Fall.

 **BRENT MUSCAT** Kondome sind immer gut. Wenn man sexuell aktiv ist, sollte man wahrscheinlich mindestens alle sechs Monate zum Arzt gehen und sich durchchecken lassen. Man sollte auf Hygiene achten und seinen Körper kennen. Dusch am besten jeden Tag und betrachte dich regelmäßig. Wenn etwas nicht normal ist, sollte man zum Arzt gehen und sich untersuchen lassen. Man sollte auf keinen Fall Sex haben, wenn irgendetwas nicht stimmt. Benutze Kondome, wann immer du kannst.

 **BLASKO** Am sichersten ist es, wenn man es gar nicht erst tut. Ansonsten sollte man ein Kondom benutzen.

 **BRUCE KULICK** Natürlich sollte man ein Kondom benutzen. Wenn man in einer festen Beziehung ist, ist das nicht wichtig, aber wenn nicht, ist das unumgänglich. Mir ist es immer ziemlich leicht gefallen, Kondome zu benutzen, und ich war immer sehr vorsichtig. Es gibt da draußen also keine kleinen Bruces, soweit ich weiß.

 **CHIP Z'NUFF** Auf jeden Fall sollte man einen Frommser benutzen. Der Mann muss was zum Schutz tragen. Es gibt heute zwar auch solche Sachen für Frauen. Aber lass dir das gesagt sein: Ich mag nichts von dem Zeug, weil es die ganze Romantik killt. Wenn man oft seine Partnerinnen wechselt, oder wenn man mit einer Frau zusammen ist, von der man denkt, dass sie wechselnde Partner hat, sollte man auf jeden Fall was benutzen. Aber wenn ihr fest zusammen seid, braucht ihr das nicht. Ich denke, man ist besser dran, wenn man einfach vorsichtig ist. Achte darauf, dass du

draußen bist, bevor du kommst. Komm nicht in ihr, denn sonst musst du dir die nächsten dreißig Tage Sorgen machen, was passieren wird. Mein Rat lautet also, vorbeugend zu handeln, und wenn das Mädchen das für fragwürdig hält, gibt es auch solche Sachen für Frauen. Benutze nicht mehr als ein Kondom, sondern nur ein einziges. Zwei Kondome sind Quatsch, das bringt nichts. Es ist schrecklich. Da kannst du jeden Arzt fragen, zwei Gummis sind ein Witz. Das ist ein Trugschluss und funktioniert nicht. Benutz einfach nur ein gutes Gummi und sei vorsichtig. Der Frau empfehle ich, nach dem Sex sofort ins Bad zu gehen und sich auszuwaschen. Damit erhöht sie ihre Chancen, auf der sicheren Seite zu sein.

 **ACEY SLADE** Man sollte definitiv ein Kondom benutzen; zu einhundert Prozent mit Kondom.

 **DANKO JONES** Man muss ein Kondom benutzen. Ich denke, das ist das Wichtigste. Außerdem sollte man echt wählerisch und pingelig sein. Aus meiner Sicht, also aus der Sicht eines Typen in einer Band – bei Black-Metal-Bands ist das vielleicht anders – ist es so, dass man nach ein paar Jahren viele Mädchen kennengelernt hat, die man nicht kennengelernt hätte, wenn man bei einer Bank arbeiten würde. Nach all den Jahren, in denen man diese Mädchen getroffen hat, entwickelt man einen sechsten Sinn. Man sollte also seine Urteilskraft benutzen, die man sich auf Tour angeeignet hat. Aus Erfahrung kann ich jetzt jemanden ansehen und weiß dann gleich: Drama! Bloß weg hier!

 **DOUG ROBB** Kondome benutzen.

 **EVAN SEINFELD** In der Pornobranche wird streng kontrolliert und es werden umfassende Gesundheitstests durchgeführt. Aber Männer: Benutzt Kondome.

 **NICKE BORG** Niemand möchte krank sein, aber heutzutage gibt es tödliche Krankheiten. Ich bin nicht stolz darauf, dass ich sehr oft ungeschützten Sex mit Leuten hatte, die wer weiß was gehabt haben könnten. Es gibt doch Kondome, also versuch verdammt noch mal, Kondome zu benutzen

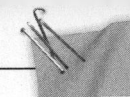

und die ganze Sache irgendwie sexy zu gestalten. Natürlich sind wir uns alle einig, dass es nicht das Gleiche ist, wenn man ein verdammtes Gummi um seinen Schwanz hat – schon klar. Du hältst dich einfach vom Koks fern, bis du das Kondom drauf hast, und dann ziehst du 'ne Line – und dann fickst du.

JAMES KOTTAK Tu es nicht. Schmeiß sie im Zweifelsfall raus.

JESSE HUGHES Die wichtigste Sicherheitsmaßnahme, die man während des Sex ergreifen sollte, ist nicht zu sterben.

JIMMY ASHHURST Man sollte ein Kondom benutzen – auf jeden Fall.

LEMMY Eine Pistole unter dem Kopfkissen – das ist am sichersten.

ROB PATTERSON Mit Kondomen.

TOBY RAND Die wichtigste Sicherheitsmaßnahme ist, ein Kondom zu benutzen. Eigentlich ist es am sichersten, überhaupt keinen Sex zu haben. Lass dir einfach einen blasen.

VAZQUEZ Lass das verdammte Licht an, okay? Man will ja sehen, was los ist. Natürlich muss man ein Kondom benutzen, Mann. Aber lass auch das Licht an, sonst weißt du nicht, worauf du dich einlässt.

Wie kann man sicher sein, dass man sich nichts einfängt, wenn man sich mit jemandem einlässt?

 **ACEY SLADE** Man muss einfach seinen gesunden Menschenverstand benutzen. Sieh dir den Menschen an. Ich habe schon Frauen, die echt heiß waren, eine Abfuhr erteilt. Sie kennen den Tourmanager und lassen die Namen von ein paar anderen Bands fallen und darüber sollte man wirklich nachdenken – ist es wert, dafür zu sterben? Man muss immer ein Kondom verwenden. Denn fast nichts wird einen davon abhalten, auf Tour Sex zu haben.

 **JESSE HUGHES** Hab keinen Sex mit einer ausgeleierten Muschi. Weißt du was? Man ist, was man isst, und das gilt auch beim Sex.

 **ALLISON ROBERTSON** Ich bin ein sicherheitsliebender Mensch, also muss ich meinem Partner normalerweise vertrauen, aber man kann sich nie wirklich sicher sein. Daher muss man Vorkehrungen treffen. Man kann sich sicher fühlen, aber findet vielleicht erst später etwas heraus. Klar, kann man auf das Beste hoffen, aber in der Zwischenzeit muss man ein Kondom benutzen.

 **VAZQUEZ** Natürlich benutzt man Kondome und so'n Scheiß, aber es ist ein beschissenes Glücksspiel. Wer zum Teufel weiß schon, was Sache ist?

 **ANDREW W.K.** Ich denke, man sollte fragen und darüber reden. Sag »Das und das habe ich nicht« oder »Ich hab das und das«. Und bitte sie, das Gleiche zu tun. Es ist interessant, dass mein Dad und andere Leute, die viel älter sind als ich, sagen, dass ich ihnen leidtue, weil niemand von ihnen an so was gedacht hat, als sie in meinem Alter waren. Niemand musste sich irgendwelche Sorgen machen. Ich frage mich, ob es so was nicht gab oder ob sie einfach nicht darüber nachgedacht haben. Ich denke, dass es vielleicht kein Aids oder HIV gab, aber die ganze Bandbreite an anderen Krankheiten schon. Anscheinend waren die Leute nur nicht so gut informiert. Meine Generation und alle nachfolgenden haben in Sexualkunde viel über Sex gelernt, besonders über Safer Sex und Kondome und alle möglichen furchtbaren Krankheiten, die total deutlich beschrieben wurden – die Farbe, der Geschmack, der Geruch und die Konsistenz jedes

Ausflusses wurden beschrieben. Das war echt erschreckend, da hatte sich jemand richtig Mühe gegeben, Sex und die Krankheiten, die man dadurch bekommen kann, so ekelhaft und abstoßend wie möglich darzustellen. Und das hat funktioniert! Ich habe viele sexuelle Erfahrungen nicht gemacht – manchmal aus Angst, mir eine dieser schlimmen Krankheiten einzufangen. Mit den Leuten zu reden und ehrlich zu sein ist der beste Schutz. Aber manche Mädchen haben mich auch angelogen und ich habe erst Monate später herausgefunden, dass sie eine Krankheit hatten. Sie zu fragen ist eigentlich die einzige Lösung, ansonsten geht man jedes Mal ein Risiko ein.

COURTNEY TAYLOR-TAYLOR Man kann sich nie sicher sein. Man sollte einfach immer nur mit derselben Person schlafen.

DANKO JONES Ja, das ist 'ne verzwickte Sache. Zuerst einmal sollte man nach Fieberbläschen Ausschau halten. Und dann mit der Person reden, sie ein bisschen kennenlernen. Oft geht es nur um eine Nacht, also ist es schwer zu sagen. Kondome sollen ja eine fast sichere Sache sein.

LEMMY Fick mit niemandem. Kondome schützen einen vor den meisten Krankheiten, oder?

HANDSOME DICK MANITOBA Sicher kann man sich nie sein. Man muss sich schützen, aber man kann sich nicht sicher sein wegen dieser ganzen genetischen Geschichte. Es gibt diesen Moment, wenn man ein bisschen was getrunken hat und sich mit jemandem einlässt, den man nicht kennt. Man kann sie ja nicht nach ihrer Krankengeschichte fragen, also schützt man sich einfach, so gut man kann. Das ist eines der schwierigsten Dinge, die ich eines Tages meinem Kind erklären muss. Der Moment kommt und man dreht durch, weil die Hormone das Kommando übernehmen. Man gibt sich einfach der Situation hin und alles andere ist einem egal. Und dann bezahlt man den Rest seines Lebens dafür. Ich bin in einer anderen Zeit aufgewachsen, in der man sich einfach ein bisschen Medizin oder eine Pille besorgt hat, wenn irgendwas schiefgegangen war, und dann war es okay. Dann begann das Zeitalter von Aids und mittlerweile kann man an

Sex sterben. Die Kinder wachsen heute mit anderen Dingen auf. Man kann so viele Maßnahmen ergreifen wie möglich, aber wie gesagt, man kann nicht nach der Krankengeschichte fragen.

 **JIMMY ASHHURST** Man darf sich nie zu wohlfühlen. Denn dann fängt es an, schiefzugehen.

 **TOBY RAND** Ich denke, heutzutage kann sich niemand wirklich wohlfühlen, außer man hat einen Test auf Geschlechtskrankheiten vor sich – so weit ist es schon.

Was macht man, wenn man keine Kondome zur Hand hat?

 **ACEY SLADE** Keinen Sex haben. Ich habe gesehen, wie der Bruder eines Freundes an Aids gestorben ist, und leider ist das die würdeloseste Art zu sterben. Ich bin dankbar für diese Erfahrung. Ich hatte vier Jahre lang Sex, obwohl ich in einer Beziehung war, und habe immer gesagt: »Nein, wir müssen ein Kondom benutzen.« Viele Musiker machen echt abgefuckte Sachen. Sie haben zu Hause eine Beziehung, eine Frau oder eine Freundin, und ficken auf Tour ohne Kondom herum. Das ist so unverantwortlich und abgefuckt! Schlimm genug, dass man emotionale Spielchen spielt. Wenn man das macht, heißt das, dass man nicht einhundert Prozent hinter der Beziehung steht, aber der andere weiß das nicht. Der andere ist einfach ein unschuldiges Opfer. Es ist nicht fair, wenn man den Partner mit etwas ansteckt, das der dann für den Rest seines Lebens hat, weil man nicht einhundert Prozent in der Beziehung war.

 **ADDE** Ich würde es wahrscheinlich sowieso abstreifen, also ...

 **BRENT MUSCAT** Kauf welche. Heute gibt es doch überall Kondome, in jedem kleinen Laden. Ich erinnere mich, als ich mal mit einem Mädchen zusammen war und immer zu ihr nach Hause gegangen bin. Das war wahrscheinlich vor zehn Jahren, als ich in L.A. gelebt habe. Ich habe immer

gesagt: »Mist! Ich habe kein Kondom.« Und sie hat gesagt: »Dann lass uns zum Laden fahren.« Das ist irgendwie aufregend. Man muss vielleicht ein paar Minuten warten, aber zumindest weiß man genau, dass man Sex haben wird. Wenn sie zu dir sagt, du sollst Kondome kaufen gehen, weißt du, dass du es geschafft hast. Das ist das Beste, denke ich. In vielen Clubs gibt es welche auf der Toilette, Klofrauen haben normalerweise welche oder Freunde. Die meisten Leute haben Kondome bei sich.

TOBY RAND Ein langes Vorspiel … oder improvisiere. Dann bete am besten!

ALLISON ROBERTSON Besorg dir welche! Ich denke, man muss heutzutage einfach welche haben. Die Typen sollten Kondome dabeihaben. Nicht, dass ich keine kaufen würde, aber ich gebe schon immer viel Geld für andere Dinge aus. Dafür ist der Mann zuständig, finde ich.

ANDREW W.K. Man kann alles machen, wobei man keinen Kontakt mit Schleimhäuten hat. Also benutzt man die Hände und kann dann etwas sorgloser sein.

BLASKO Oralsex.

BRUCE KULICK Oh, na dann soll sie dir einfach einen runterholen oder einen blasen oder du befriedigst sie mit der Hand. Ich finde Masturbation wunderbar, weil man so normalerweise vielen Krankheiten aus dem Weg gehen kann und niemand schwanger wird.

NICKE BORG Hab keinen Sex, dring nicht in sie ein – mach das nicht!

CHIP Z'NUFF Wenn man nichts dabeihat, sollte man nicht in ihr kommen. Und wenn man fertig ist, sollte sie ins Bad gehen und pinkeln. Danach muss der Typ ins Bad gehen und sich auf jeden Fall waschen. Das ist das Beste, was man machen kann. Man geht ein Risiko ein. Wenn man mit jemandem zusammen ist, den man nicht richtig gut kennt, dann läuft das so. Heute hat jeder Vierte eine Geschlechtskrankheit und ich bin mir nicht sicher, ob es in unserer Generation auch so war. Wenn man sich damals etwas eingefangen hat, hat man was dagegen genommen und konnte nach sieben Tagen wieder losziehen und ficken. Heutzutage ist es viel schwieriger.

 **COURTNEY TAYLOR-TAYLOR** Dann muss man sich gegenseitig mit der Hand befriedigen.

 **DANKO JONES** Verschwinde und hol dir einen runter. Das würde ich machen, mir einfach einen runterholen. Ich hab keinen Bock, die nächsten anderthalb Wochen wie ein Zombie herumzulaufen und mich zu fragen, mit wem oder was ich die Nacht verbracht habe.

 **DOUG ROBB** Ich schätze, es kommt drauf an, mit wem man sich einlässt. Wenn es sich um eine Frau handelt, mit der man schon eine Weile eine Beziehung hat, deren Vergangenheit man kennt und von der man weiß, dass sie keine Geschlechtskrankheiten hat und eine Schwangerschaft nicht so schlimm wäre, dann kann man es ohne Kondom machen, weil es sich besser anfühlt. Aber wenn man sie nicht kennt, würde ich sagen, mach's nicht, herrje.

 **ROB PATTERSON** Nichts, tu es einfach nicht.

 **GINGER** Nicht ficken! Trainiere deine Vorspielfähigkeiten und bring sie mit Oralsex zu einem langen und befriedigenden Höhepunkt. Und danach viel kuscheln. Die Kondome, die du am nächsten Morgen kaufst, wirst du auf jeden Fall irgendwann brauchen.

 **HANDSOME DICK MANITOBA** Ich würde in der Situation sagen: »Ich hab keine Kondome, du hast keine. Ich kenne deine Vergangenheit nicht und du kennst meine nicht. Lass uns nur ein bisschen Spaß haben und nächstes Mal machen wir dann mehr.« Irgend so was. »Lass uns Spaß haben und aneinander rumspielen.« Man kann auch viel Spaß haben, ohne sich irgendwelche Krankheiten einzufangen.

 **JIMMY ASHHURST** Wenn man keine Kondome hat, sagt sie: »Sorry, aber jetzt musst du dich selbst darum kümmern.« Sich einen runterzuholen ist gut und sie kann zugucken, wenn sie scharf drauf ist. Weiter wird es nicht gehen ... vielleicht ein bisschen Oralsex.

 **JAMES KOTTAK** Geht getrennte Wege!

 **VAZQUEZ** Dann kann man es einfach nicht machen, Alter – lass dir statt- dessen einen blasen.

 **LEMMY** Dann macht man's halt ohne, schätze ich. Ich kann sowieso keine Kondome benutzen. Kennst du das Casper-der-freundliche-Geist- Syndrom? Ich kann es nicht. Ich muss mich einfach kaputtlachen. Beim einzigen Mal, als ich versucht habe, eins zu benutzen, bin ich lachend vom Bett gefallen. Und sie hat auch gelacht. Sie ist also nicht schwanger geworden, weil man vom Lachen nicht schwanger werden kann.

Wie entscheidest du in einer Beziehung, ob die Pille oder Kondome das Richtige sind?

 **BRENT MUSCAT** Ich hab schon beides gemacht. Mit einer Freundin habe ich drei Jahre lang mit Kondomen verhütet. Dann hatte ich eine Freundin, die die Pille genommen hat, und wir haben keine Kondome benutzt. Wenn man keine Kondome benutzt, ist es das Wichtigste, dass man weiß, dass man nicht ohne jeglichen Schutz miteinander schläft.

 **ACEY SLADE** Da bin ich irgendwie altmodisch. Meine Exfreundin, mit der ich vor meiner Frau zusammen war, und ich haben die ganze Zeit, die wir zusammen waren, Kondome benutzt. Wir haben es nicht ein einziges Mal ohne Kondom gemacht, weil wir nicht verlobt oder verheiratet waren. Wir haben immer welche benutzt. Und weil wir nicht verlobt waren, war es kei- ne monogame Beziehung. Ich wollte sie auf keinen Fall einem Risiko aus- setzen. Aber sobald meine Frau und ich verlobt waren, habe ich keine Kon- dome mehr benutzt. Für mich kommt es darauf an, wohin die Sache führen

soll. Denn Gott bewahre, man hat Sex und sie wird ungewollt schwanger und man setzt ein Kind in diese Welt. Ich habe nur Sex ohne Kondom, wenn ich denke, dass ich mit dieser Person eine Zukunft habe.

ADDE *Alle* schwedischen Mädchen nehmen die Pille – ist ein promiskuitives Land. Aber im Ernst, sobald man eine feste Beziehung mit jemandem eingeht, lässt man das Kondom weg.

ALLISON ROBERTSON Ich finde, das kommt drauf an. Manche Mädchen wollen die Pille nehmen, andere nicht. Manche Mädchen können sie auch nicht nehmen wegen der Nebenwirkungen, also muss man vielleicht immer Kondome benutzen. Kommt echt drauf an. Ich denke, Frauen sollten die Pille nehmen, wenn sie das wollen. Ist 'ne gute Sache. Nur wenn man schwanger werden will, ist sie das natürlich nicht.

JESSE HUGHES Ich persönlich reite ohne Sattel. Ich bin ein Cowboy, Baby!

BLASKO Ich denke, das hängt von der Frau ab. Manche Mädchen nehmen nicht gern die Pille. Wenn sie rauchen, können sie die Pille eh nicht nehmen. Ich finde, da sind sie am Zug.

DANKO JONES Das habe nicht ich zu entscheiden, sondern sie. Es geht schließlich um ihren Körper.

JIMMY ASHHURST Oh Gott, wenn man in einer festen Beziehung ist, sollte man die Kondome verdammt noch mal weglassen. Genug ist genug.

NICKE BORG Die Pille macht Mädchen emotional gestört. Und dann wechseln sie die Pille und nichts ändert sich, verdammt noch mal. Aber manche setzen die Pille ab und sind dann ein ganz anderer Mensch. Keine Ahnung, das ist echt seltsam. Ich mag generell keine Pillen, ob man sie nun nimmt, weil man psychisch krank ist oder nicht schwanger werden will. Ich find's nicht gut, wenn Pillen den Körper durcheinanderbringen,

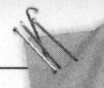

denn das *tun* sie. Und es wäre echt langweilig, jedes Mal ein Kondom zu benutzen, also schätze ich … Es gibt etwas, das heißt Persona. Ist so was wie eine kleine Fruchtbarkeitsmessmaschine und die sagt einem genau, wann der Partner in dir kommen kann und wann er ihn vorher rausziehen muss. Das ist wirklich ziemlich genau – nicht für Stunden, aber für Tage. Sieht aus wie ein kleines Handy. Man kann raufschauen und sagen: »Los geht's, füll mich ab, aber ab morgen musst du drei Tage lang warten.« Das ist fantastisch!

 VAZQUEZ Definitiv die Pille, denn sehen wir den Tatsachen ins Auge: Ich hasse Kondome wie die Pest. Sind ein notwendiges Übel. Kondome sind was für Typen mit kurzen Haaren.

 TOBY RAND Ich denke, man kann auf beides verzichten. Ich bin ein großer Fan davon, wenn das Mädchen nicht die Pille nehmen möchte – schön! Ich benutze kein Kondom, solange wir uns beide untersuchen lassen haben und alles okay ist. Wir finden jedes Mal, kurz bevor ich komme, andere Möglichkeiten, mich zum Höhepunkt zu bringen, ohne dass ich in ihr bin. Ich liebe das. Ich find's toll, draußen zu kommen anstatt in ihr. Ich liebe es.

Wie kann man sich am besten schützen, wenn man von einer Öffnung in eine andere wechselt?

 VAZQUEZ Das ist wichtig: Wenn man von ihrer Pussy in ihren Arsch wandert, kann man danach nicht zurück in ihre Pussy. Wenn man viel Analsex hat, muss man darauf achten, danach zu duschen. Ich sag dir auch warum: Man macht das nicht für sich selbst, sondern für das Mädchen. Man kann davon Harnwegsinfektionen bekommen. Wenn sie sagt »Ich will, dass du mich in den Arsch fickst« und du denkst »Oh, großartig!«, dann solltest du dich danach auf jeden Fall waschen.

 ACEY SLADE Durch Duschen und Kondome.

 BLASKO Ich habe gehört, dass das ein absolutes No-Go ist. Man sollte das nicht tun.

 **DANKO JONES** Wenn man es richtig machen will, zerstört das manchmal die Stimmung, weil man aufstehen und sich waschen muss. Keine Ahnung, Mann.

 **ROB PATTERSON** Das bringt mich zum Lachen!

 **TOBY RAND** Wenn ein Badezimmer in der Nähe ist, gibt es nichts Besseres, als schnell mal unter die Dusche zu springen. Einmal hat was zu trinken neben meinem Bett gestanden – ich glaube, es war Wodka-Orange – und damit habe ich mir dann einfach den Schwanz gewaschen. Mädchen sind in solchen Dingen ziemlich gut. Sie passen auf sich auf.

ROMANTIK

⚡

»EGAL, OB DU DEN MÜLL RAUSBRINGST, WÄSCHE WÄSCHST
UND AUFHÄNGST ODER DAS BETT MACHST.
MANCHMAL MACHEN SOLCHE KLEINIGKEITEN
DIE FRAUEN TOTAL AN.«

CHIP Z'NUFF

Wie gewinnt man jemanden für sich?

JESSE HUGHES Das ist eigentlich mein Lieblingsthema, weil Romantik das Coolste auf der Welt ist. Ist es wirklich und ein bedauernswerter Nebeneffekt des Rock'n'Roll und der Popkultur war der Verlust der romantischen Seite in der Liebesgleichung. Romantik ist eine wunderschöne Sache. Den Weg zum Herzen einer Frau findet man am besten, indem man die Frau beobachtet. Das ist eher eine Philosophie als eine bestimmte Methode, aber alles ist situationsabhängig und das ist auch bei Frauen so. Bei ihnen hängt alles von der Situation ab, also sind die Umstände das Wichtigste. Das Herz der Romantik ist es, einfach aufmerksam zu sein. Kümmere dich um deine Partnerin. Schenke deiner Partnerin Aufmerksamkeit. Wenn man sie ein bisschen genauer beobachtet und ihr nicht ständig den Arsch küsst, fallen einem bestimmte Dinge auf. Wenn man zeigt, dass man auf mehr als nur auf Äußerlichkeiten geachtet hat, dann ist das romantisch.

DANKO JONES Sei ehrlich, direkt, unaufgeregt und bring sie zum Lachen.

ACEY SLADE Mich gewinnt man am ehesten mit einem guten Sinn für Humor und mit Stabilität. Für mich ist es das Größte, mit jemandem zusammen zu sein, der mir ein Gefühl von Stabilität gibt. Ich muss mich sicher fühlen. Musiker sind unbeständige Menschen. Ich weiß, dass ich Beständigkeit in eine Beziehung bringen kann. Für einen Musiker mache ich mich ziemlich gut. Ich kann die Rechnungen bezahlen, ich kann mich um alles kümmern, wenn ich muss, aber es kommt auf die Geborgenheit an. Als ich mit meiner Exfrau zusammen war, habe ich alles bezahlt und dafür gesorgt, dass wir ein Dach überm Kopf hatten, aber es gab keine Geborgenheit und die ist wirklich nötig.

ROB PATTERSON Mit Intelligenz und Selbstbewusstsein.

ALLISON ROBERTSON Ich denke, man sollte dem anderen zuhören und nicht versuchen, ihn ständig zu beeindrucken, oder man sollte auch nicht nur über sich selbst reden und als Frau sollte man nicht die ganze Zeit geil sein. Es ist wichtiger, ein guter Freund zu sein und dem anderen zuzuhören. Den meisten meiner Partner scheint es gefallen zu haben, dass ich ihnen Ratschläge gegeben oder ihnen einfach zugehört habe, als sie jemandem zum Reden brauchten. Männer reden untereinander nicht unbedingt über alles, darum brauchen sie eine Vertraute und für eine Frau ist es schön, diese Vertraute zu sein.

BLASKO Ich denke, Ehrlichkeit ist der beste Weg, um Herzen zu erobern.

BRENT MUSCAT Es ist wichtig, viel Zeit miteinander zu verbringen. Am besten redet man viel miteinander und sucht nach Gemeinsamkeiten. Falls ihr auf die gleiche Band steht, kannst du mit ihr zu einem Konzert gehen und ihr könnt euch gemeinsam die Musik anhören. Finde heraus, was sie mag. Wie gesagt, viel Sex findet zwischen den Ohren statt, im Gehirn. Man sollte Gemeinsamkeiten finden und so eine Verbindung herstellen.

COURTNEY TAYLOR-TAYLOR Sei einfach locker. Sei stark genug, einfach locker zu sein.

CHIP Z'NUFF Durch den Magen. Frauen essen unheimlich gern. Lad sie zu einem tollen Essen ein oder koch ihr was Leckeres. Man muss nicht mal mit ihr ausgehen, sondern kann ihr zu Hause was Tolles kochen, wie zum Beispiel Adler's Stroganoff. Dann ist man augenblicklich ein glücklicher Mann. Tolles Essen bringt den Stein ins Rollen und zeigt auch den eigenen Charakter.

JIMMY ASHHURST Sicherheit. Ich glaube, letzten Endes sehnen sich alle Frauen danach.

DOUG ROBB Mit Humor. Ich glaube, Männer mit einem Sinn für Humor und Typen, die sich selbst nicht zu ernst nehmen, kommen gut an. Manchmal muss man zwar auch ernst sein, aber man sollte das Leben auf sich zukommen lassen und nicht so überempfindlich sein. Vielleicht irre ich mich total, aber ich habe das Gefühl, dass Frauen es mögen, wenn ein Typ über sich selbst lachen kann.

JAMES KOTTAK Das Herz einer Frau gewinnt man mit einem wunderschönen Song, einem Blumenstrauß und einem tollen Essen.

VAZQUEZ Man muss natürlich mit ihr reden und ihr zuhören – zumindest muss man so tun als ob. Ich denke, die Chemie muss stimmen. Mein Dad hat immer gesagt: »Die Leute sagen zwar, dass Sex nicht alles ist, aber wenn du das mit einer Frau nicht hinkriegst, ist alles andere auch scheiße.« Die Chemie muss stimmen. Man muss miteinander reden können. Sie muss wissen, dass du sie verstehst.

LEMMY Bring sie zum Lachen. Erzähl ihr ein oder zwei Witze. Sorg dafür, dass sie sich kaputtlacht. Das klappt.

TOBY RAND Selbstbewusste Ehrlichkeit. Es ist gut, wenn sie keine Angst davor hat, sie selbst zu sein und dir ihre Zuneigung zu zeigen und Dinge von sich preiszugeben. Ich habe die Erfahrung gemacht, dass man Menschen trifft, die so dermaßen künstlich sind, dass man sich dann nach jemandem sehnt, der ehrlich, cool und locker ist. Ein Mädchen, das entspannt und total verrückt ist, turnt mich echt an und findet auf jeden Fall den Weg in mein Herz.

Wie zeigt man seinem Partner, dass man ihn wirklich liebt?

HANDSOME DICK MANITOBA Ich respektiere sie einfach. Ich denke, das Schwerste an einer Beziehung und daran, jemandem wirklich nahe zu stehen, ist – und das gilt für *jede* Beziehung, nicht nur für romantische –, dass man nicht gleich ist. Das ist manchmal schwer zu ertragen. Man muss nicht die gleichen Gefühle haben oder dieses oder jenes teilen. Jeder ist anders und man muss das einfach akzeptieren. So ist der andere nun einmal. Ihr wollt zusammen sein und das ist eure Entscheidung. Wenn man jemanden liebt, liebt man ihn. Man muss den anderen so akzeptieren, wie er ist, und respektieren – und nicht versuchen, ihn zu ändern.

ACEY SLADE Ich habe meiner Ex gezeigt, dass ich sie liebe, indem ich ihr von meinen anstehenden Touren erzählt habe und wie viel ich verdienen würde. Ich habe ihr das Gefühl gegeben, Teil meines Lebens zu sein. Ich war immer ziemlich egoistisch, wenn es um meine Karriere und meine Musik ging. Seien wir doch ehrlich, Erfolg ist eine flüchtige Sache und ich hatte immer die Einstellung: Es steht eine Tour an. Die muss ich machen. Ist mir schnurz, wenn ich nicht so viel Geld verdiene. Ist mir egal, dass deine Mum zu Besuch hier sein wird. So war ich immer drauf. Meine Liebe hab ich also dadurch gezeigt, dass ich gesagt habe: »Hey, ich habe diese Chance. Was hältst du davon?«

 **LEMMY** Schneid dir das Herz raus und biete es ihr an.

 **ALLISON ROBERTSON** Man muss zeigen, dass man dem anderen wirklich vertraut. Wenn man weiß, dass der Partner niemand anderen ansieht und an niemand anderen denkt – das ist für mich der ultimative Beweis. Ich bin in einer Band und treffe viele Leute. Ich lerne viele süße Typen kennen, viele Idioten und viele Kerle, die mich anbaggern, aber ich denke, die Männer merken, wenn ich verliebt bin und mich nur ein bestimmter Mann interessiert, weil ich dann alle anderen Annäherungsversuche ignoriere. Das ist das ultimative Opfer für einen Mann, deshalb erwarte ich das nicht zu schnell von ihm. Manche Männer sehen sich nun mal einfach gern um und das finde ich okay – solange er die Finger von ihr lässt.

 **ADDE** Ich würde ihr die ganze Zeit sagen, dass ich sie liebe und weiß, was ich an ihr habe. Ich würde sie einfach mit all der Liebe überschütten, die ich habe.

 **ANDREW W.K.** Man sollte sie einfach in Ruhe lassen, sie bedingungslos unterstützen und völlig offen sein. Sie muss sich entwickeln können und das tun können, was sie will. Man muss sie loslassen und für sich sein können, aber gleichzeitig auch so nah bei ihr sein können wie möglich. Es kommt wirklich auf das Gleichgewicht an. Man muss genug Selbstvertrauen haben, damit auch sie ihr volles Selbstbewusstsein entfalten kann. Dann hat man den besten Zustand der Liebe erreicht.

 **BLASKO** Hör ihr zu.

 **CHIP Z'NUFF** Taten sagen mehr als Worte. Und es geht nicht nur darum, Geschenke zu kaufen, sondern Zeit miteinander zu verbringen, zuzuhören, miteinander zu reden und kleine Dinge für sie zu tun. Egal, ob du den Müll rausbringst, Wäsche wäschst und aufhängst oder das Bett machst.

Manchmal machen solche Kleinigkeiten die Frauen total an. Sie sagen dann: »Wow, das bin ich nicht gewohnt.« Ihr die Autotür aufzuhalten ist sehr respektvoll. Sich wie ein Gentleman zu verhalten ist immer gut.

 **DOUG ROBB** Man opfert Dinge, die man gern tut, um etwas mit ihr zu unternehmen, ohne dass sie einen darum gebeten hat.

 **VAZQUEZ** Ich schätze, man könnte ihr einen Song schreiben. Man schreibt einen Song für sie, singt ihn ihr vor und Bumm! Es muss ja nicht *Baby, I Love Your Way* sein – der Song muss nicht besonders gut sein. Die Frauen lieben es einfach, dass man das nur für sie getan hat und der Song nur ihnen gehört, Mann.

 **ROB PATTERSON** Liebe spürt man, man zeigt sie nicht.

 **JAMES KOTTAK** Wenn sie echt krank ist und kotzt und man bleibt bei ihr und hilft ihr, die Kotze wegzuwischen, anstatt in Hollywood auszugehen, dann zeigt man ihr, dass man sie liebt.

 **DANKO JONES** In diesem Beruf musst du deine Liebe beteuern und immer wieder beteuern. Das gilt für eine Frau, die selbstsicher und nicht so anhänglich ist. Wenn du das getan hast, muss sie dir einfach vertrauen. Ich beruhige sie, indem ich ehrlich bin und ihr zeige, dass ich auch in anderen Bereichen meines Lebens ehrlich bin, nicht nur wenn es um Frauen geht, sondern generell um Dinge, die ich mag. Ich zeige ihr, dass mein Geschmack sich nicht verändert, was Essen oder T-Shirts angeht. Solche Kleinigkeiten versichern ihr: Ja, er ist beständig. Das ist sehr wichtig, wenn man in einer festen Beziehung ist und auf Tour geht und so weiter. Das muss man machen. Es ist auch ziemlich gut, wenn man ihr Freunde und Familie vorstellt – es heißt: Zeig mir deine Freunde und ich sage dir, wer du bist. Wenn du ihr einen Freund vorstellst, der den ganzen Tag Wasserpfeife raucht, in den Kleinanzeigen nach Nutten sucht, eine Schrotflinte bei sich trägt, zu Hause eine Waffensammlung hat und nebenbei mit Kokain dealt, denkt sie vielleicht: Okay, vielleicht ist der Typ … Diesen Freund stellst du ihr nicht vor! Du stellst ihr einen netten Freund vor. Das sollte man machen, wenn man in einer Band ist. Stell ihr deine netten, beständigen Freunde vor, die normalen Kumpel, und sei beständig

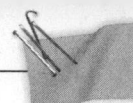
in dem, was du sagst, und sei immer ehrlich. So erlangst du ihr Vertrauen und irgendwann kannst du dann auf Tour gehen und sie wird nicht klammern und nicht unsicher sein. Dann heult sie nicht am Telefon, bevor du auf die Bühne musst, weil sie irgendwas von irgendwem gehört hat oder irgend so'n Bullshit.

 **BRENT MUSCAT** Man gewinnt ihr Herz, indem man freundlich zu ihr ist und viel Zeit mit ihr verbringt. Man fährt mit ihr weg und sagt ihr: »Hey, ich hänge echt an dir und ich liebe dich.« Sag ihr, dass du sie liebst.

 **JIMMY ASHHURST** Wenn man bereit ist, ihr Sicherheit zu bieten, dann ist das ein guter Hinweis.

 **TOBY RAND** Man kann seiner Partnerin zeigen, dass man sie liebt, indem man die ganze Zeit nur mit ihr zusammen sein will. Wenn man nicht zusammen ist und sich dann zum ersten Mal wiedersieht, dann hat man diesen Blick in den Augen und will sie sich einfach nur schnappen – das ist mehr als jeder materialistische Mist.

Was ist das Romantischste, was jemals jemand für dich getan hat?

 **BRUCE KULICK** Gelegentlich habe ich schon Geschenke bekommen, die perfekt waren, und es ist echt schwer, mir etwas zu schenken, weil ich im Leben echt Glück hatte: Ich weiß, was mir gefällt, und ich kaufe mir, was mir gefällt. Ich gönne mir immerzu etwas und wenn mir jemand etwas kauft, ist es normalerweise etwas, das ich nicht haben will. Wenn ich ein Geschenk bekomme, das ich unbedingt haben wollte, aber entweder zu faul oder zu schüchtern war, es zu kaufen, dann bedeutet mir das viel. Das könnte etwas so Dummes wie eine Digitalkamera oder ein Film sein, den ich unbedingt sehen wollte. Ich schätze, hier gilt die alte Redensart: Was du nicht willst, dass man dir tu', das füg auch keinem andern zu. Immer, wenn sich in meinem Leben jemand Mühe gegeben hat ... Ich gebe dir mal ein Beispiel, als es nicht geklappt hat. Meine Exfrau hat gedacht, es wäre lustig, an meinem Geburtstag einen Oldtimer zu mieten. Ich mag Autos, aber ich bin kein Autonarr. Es ist schon irgendwie cool, einen alten

Cadillac zu fahren, aber nicht, wenn er mitten im Verkehr ausgeht und nur noch ein lautes, benzinfressendes Monster ist. Sie hat es gut gemeint, aber es hat nicht funktioniert, und ich habe mein Geschenk tatsächlich gehasst. Also sei vorsichtig: Wenn du jemandem ein großes Geschenk machen willst, solltest du dir sicher sein, dass derjenige sich das auch wirklich wünscht – das bringt viel.

 **ACEY SLADE** Ganz ehrlich, ich war mal mit einem Mädchen zusammen, das mir eines Tages aus heiterem Himmel einfach so Rosen geschenkt hat.

 **ALLISON ROBERTSON** Mir zuhören und mich wirklich ich selbst sein lassen – das ist für mich das Romantischste. Das ist keine Geste, sondern eher etwas Allgemeines, das nicht oft passiert – dass dir jemand wirklich zuhört und sich merkt, was du gesagt hast. In letzter Zeit gab es jemanden, der mir wirklich zugehört hat. Er hat mir etwas zu essen bestellt und sich daran erinnert, was ich in diesem Restaurant immer esse – ich bin Vegetarierin. Jemand, der aufmerksam ist, beeindruckt mich mehr als jemand, der viel Geld ausgibt oder irgendwelche großartigen Sachen macht. Ich bin beeindruckt, wenn jemand tatsächlich hört, was ich sage, sich daran erinnert und das später nutzt.

 **ADDE** Sie hat eine lange Reise gemacht, nur um mich zu sehen – zwölf Stunden oder so –, und ist dann gleich zurückgefahren, weil ich auf Tour war. Das ist echt romantisch.

 **NICKE BORG** Mich so zu mögen, wie ich bin, das ist romantisch. Wenn sie zu mir sagt, dass es okay ist. Wenn sie sagt: »Ich will eigentlich nicht, dass du das machst, aber es ist okay, denn du wirst irgendwann selbst einsehen, dass du dir das nicht antun willst. Aber es ist okay, denn ich liebe dich.« Im Grunde ist Verständnis wichtig – jemandem das eigene Leben zu widmen. Das ist das Romantischste, finde ich.

 **CHIP Z'NUFF** Ich denke, das Romantischste, was jemals jemand für mich getan hat, war, als meine erste Frau mir eine wunderschöne Tochter geschenkt hat. Das war das Romantischste überhaupt – eine Tochter namens Tara. Sie ist jetzt 24. Von allen Dingen war das das Romantischste. Mir wurden schöne Dinge geschenkt und ich habe schöne Stunden mit

wunderschönen Göttinnen verbracht, aber diese Sache sticht hervor – ein wunderschönes kleines Mädchen. Das verändert einen. Das merkt man sofort. Es ist ein Teil von dir und es ist ein Segen.

 **COURTNEY TAYLOR-TAYLOR** Als sie sich um mich gekümmert hat, als ich krank war.

 **VAZQUEZ** Ich habe eine Exfreundin, die mal ein Buch für mich gebastelt hat, mit Bildern und Gedichten und Fotos von uns. Das war echt total rührend, richtig schön. Ich mochte das sehr.

 **DANKO JONES** Ich schätze, irgendwohin fliegen, um mich einen Abend lang zu sehen, und dann gleich zurückfliegen, das ist romantisch.

 **DOUG ROBB** Sie hat Ja gesagt, als ich ihr einen Antrag gemacht habe. Vielleicht habe ich ein schlechtes Gedächtnis, aber daran erinnere ich mich ganz genau. Ich war einfach nur froh, dass sie nicht Nein gesagt hat.

 **ROB PATTERSON** Meine Verlobte ist in Deutschland aufgetaucht, als ich da am Valentinstag auf Tour war. Sie hat das Hotelzimmer dekoriert, als ich fünf Minuten lang nicht im Raum war. Das war so verdammt süß.

 **JAMES KOTTAK** Sie hat meinen Kopf aus der Toilette gezogen, als ich gereihert habe.

 **HANDSOME DICK MANITOBA** Da muss ich an das beste »Ich liebe dich« denken, das ich je gehört habe. Meine Freundin Zoe hatte einen Kaiserschnitt und ich saß da und hab sie gehalten und ihre Hand getätschelt. Ich hing sozusagen mit ihrem Oberkörper ab, während die Ärzte hinter dem Vorhang mit der unteren Hälfte ihres Körpers gearbeitet haben. Wir

haben auf unseren Sohn gewartet. (Ich war fast 49 Jahre alt, als ich auf mein erstes Kind gewartet habe.) Dann sind sie hinter dem Vorhang vorgekommen und haben mir dieses kleine Bündel mit dem Baby gegeben und gesagt: »Das ist Ihr Sohn.« Ich konnte nicht mehr klar denken und Zoe hat mich angesehen und gesagt: »Ich liebe dich.« Das war das allerreinste »Ich liebe dich«. Das großartigste »Ich liebe dich«, das ich je gehört habe.

JESSE HUGHES Ich war mal mit einer Chinesin zusammen – und ich erwähne das nur, weil sie so eine Art asiatische Mata Hari war, eine Attentäterin, 'ne echt kaltblütige Person. Sie war Journalistin für *Naked News*. Wir waren fest zusammen und sie nannte mich immer »The Happy Dictator« und all so'n Mist. Sie war reich und hat im Internet für fünftausend Dollar eine dreißig Zentimeter große Adolf-Hitler-Puppe gekauft – eine haargenaue Nachbildung mit zwei Uniformen. Zum Geburtstag hat sie mir also eine Adolf-Hitler-Puppe, zwei Kerzen und Apfelschorle geschenkt – weil ich nicht trinke. Ich wusste nicht, ob mich das jetzt anturnen sollte – so Gestapo-mäßig »Du machst das jetzt!« –, oder ob ich total beleidigt sein sollte. Das war die bizarrste romantische Situation überhaupt. Hitler war nicht cool. Ich würde mir ein T-Shirt drucken, auf dem steht: Hitler – was für ein Arschloch! Also wenn man so etwas als Asiatin verschenkt, ist das absolut seltsam.

JIMMY ASHHURST Sie hat mir Brownies gebacken und ein Buch mit dem Titel *What I Love About You* gebastelt, in dem viele kleine Dinge steckten. Muss sie ewig viel Zeit gekostet haben.

LEMMY Mir wurde in London mal eine Voodoopuppe in den Briefkasten geworfen, die viele Nadeln in ihrem Genitalbereich stecken hatte. Ich muss irgendjemandem was getan haben, oder? Oder das war ein Gruß von ihrem Freund.

TOBY RAND Ich habe ein Konzert gegeben und dachte, dass sie nicht im Land wäre. Sie hat meine Anrufe ignoriert, damit sie sich nicht verplappert, und dann habe ich ins Publikum geschaut und da saß sie.

Welches Geschenk sagt dem Beschenkten »Ich liebe dich«?

 **ACEY SLADE** Früher dachte ich immer Gitarren, und dann dachte ich Tattoos. Heute denke ich: sich dem anderen bedingungslos hingeben. Ich weiß, dass das kitschig klingt. Aber ich bin mit Frauen ausgegangen, die viel Geld hatten und mir viele Sachen kaufen konnten, und das kann eine Falle sein. Das ist nicht gut. Also denke ich, die Antwort lautet Hingabe.

 **VAZQUEZ** Ehrlich gesagt, glaube ich nicht, dass Geschenke da das Richtige sind.

 **ANDREW W.K.** Normalerweise ist das etwas Wohlüberlegtes. Die Geschenke, die meiner Meinung nach gut überlegt waren – egal ob sie nun viel oder wenig gekostet haben –, hatten etwas mit einem einzigartigen Aspekt meines Lebens zu tun, von dem nur diese Frau etwas wusste. Egal ob das Geschenk ein Gerät für mein Studio war, etwas zu essen oder etwas fürs Haus: Die gut durchdachten Geschenke sind die, die am meisten sagen.

 **ROB PATTERSON** Ein Pro-Tools-Rig? Hahaha.

 **ALLISON ROBERTSON** Blumen … Kleiner Scherz! Ich mag Geschenke. Es ist immer nett, wenn man etwas bekommt, über das man geredet hat, aber ehrlich gesagt, glaube ich, dass es eher »Ich liebe dich« bedeutet, wenn man ein Abendessen kocht oder etwas bastelt. Eine Reise ist auch ein schönes Geschenk, weil ich nicht oft zum Spaß irgendwohin fahre. Ich bin zwar immer unterwegs, aber nicht zum Spaß – es ist schon schön, aber es ist nicht so entspannt, weil ich ja schließlich arbeite.

 **BLASKO** Sex, denke ich. Damit sollte es abgehakt sein.

 **JESSE HUGHES** Diamonds are a girl's best friend. Blondinen bevorzugt, aber Blondinen stehen nicht auf Krüppel. Es kommt also drauf an, Mann. Das romantischste Geschenk, das man jemandem machen kann, ist etwas, das zeigt, dass man aufmerksam ist. Aber auch klassische dumme Dinge, Kitschiges und Klischees können tolle, romantische Geschenke

sein. Ein Beispiel: Man ist in einem Restaurant und lässt ein besonderes kleines Dessert mit einer Kerze an den Tisch bringen und ein paar Oberkellner ohne Grund applaudieren. Nicht nur das Geschenk an sich ist wichtig, sondern auch der Moment, in dem man es überreicht. Wenn man das Geschenk ohne besonderen Anlass schenkt, nicht am Valentinstag, sondern an einem ganz normalen Tag, dann punktet man am meisten! Und es ist auch gut, wenn man bei der Übergabe nicht dabei ist, zum Beispiel wenn man ihr Blumen schickt.

 **DANKO JONES** Ich bin total mies im Schenken.

 **CHIP Z'NUFF** Taten. Deine Taten – die sind das Geschenk. Sie wird sich über dich ärgern, wenn du erst spät nach Hause kommst. Sie wird stocksauer sein, auch wenn sie in einem wunderschönen Haus wohnt, aber du nicht da bist. Nett und freundlich zu sein ist das beste Geschenk. Verbring ein paar schöne Stunden mit ihr. Danach sehnen wir uns doch alle. Man sieht ein altes Paar, das Händchen hält, und wenn man darüber nachdenkt, sehnt man sich doch haargenau nach so etwas. Ein Hoch auf die alten Pärchen! Es gibt nichts Schöneres als ein altes Pärchen, das die Straße entlangläuft. Das ist so bezaubernd und es ist echt und nicht gekünstelt. Es ist vollkommen natürlich und es gibt einfach nichts Schöneres.

 **BRENT MUSCAT** Schmuck ist gut, weil der normalerweise die Ewigkeit überdauert, während eine Rose nach ein paar Tagen verwelkt ist und hässlich aussieht. Schmuck ist also ein schönes Geschenk. Etwas, das sie an dich erinnert, wenn sie es trägt. Ein Ring oder eine Kette.

 **COURTNEY TAYLOR-TAYLOR** Ein Wochenende am Meer mit einem Whirlpool im Zimmer. Einfach mal rauskommen.

 **GINGER** Irgendwas Neues, von dem du denkst, dass sie es mag. Auch wenn sie es nicht mag, wird sie den Gedanken zu schätzen wissen. Blumen sind lahm, Schokolade geht gar nicht und bei einem Teddybären könnte sie denken, dass man sie für ein Kind hält. Man muss nicht viel Geld ausgeben, aber wenn man etwas Teures sieht, das einen an sie erinnert, dann spielt Geld auch keine Rolle. Man bekommt etwas zurück, wenn man Liebe in seinem Leben hat.

 **DOUG ROBB** Zeit. Zeit miteinander zu verbringen und die ungeteilte Aufmerksamkeit von jemandem zu bekommen ist mehr wert als alles, was man kaufen kann. In meinem Fall fühlt sich das jedenfalls so an, weil ich so oft unterwegs bin. Die Zeit, die man miteinander verbringt, ist unbezahlbar.

 **JAMES KOTTAK** Ich würde sagen, ein schöner Mercedes E430 ist nicht schlecht.

 **JIMMY ASHHURST** Alles, was in 'ner Tiffany-Schachtel ist, Mann.

 **LEMMY** Diamanten.

 **TOBY RAND** Eine Flasche Jägermeister ... und auf der Couch sitzen und die gemeinsam trinken. Irgendeine Flasche und zwei Gläser.

 **NICKE BORG** Man sollte seiner geliebten Frau zeigen, dass man sich um sie kümmert und wirklich für sie da ist. Besonders in schweren Zeiten. Zu zeigen, dass man sie unterstützt, kann das beste Geschenk sein. Ich steh nicht sonderlich auf Geschenke. Jeder mag Blumen – das ist immer nett –, aber das beste Geschenk für die Partnerin ist, dass man für sie da ist, wenn sie einen wirklich braucht.

HOCHZEIT
UND
EHE

»WENN DU IHR DIE AUTOTÜR AUF DER BEIFAHRERSEITE
AUFSCHLIESST UND SIE EINSTEIGEN LÄSST
UND SIE SICH DANN RÜBERLEHNT, UM DIR DIE FAHRERTÜR
VON INNEN AUFZUMACHEN, DANN IST SIE DIE RICHTIGE.«

JAMES KOTTAK

Woran erkennt man, dass es an der Zeit ist zu heiraten?

 **ACEY SLADE** Meiner Erfahrung nach ist das irgendwie schwierig. Ich war ein 34-jähriger Rock'n'Roller, der sich jahrelang die Hörner abgestoßen hat. Als ich geheiratet habe, gab es viele Hinweise und Zeichen, dass ich vielleicht lieber damit gewartet hätte. Das Ganze fiel auf mich zurück: »Du bist ein Rock'n'Roller, der sich nie fest binden wird. Wie kann ich Sicherheit haben?« Vertraue deinem Bauchgefühl. Ich schätze, darauf läuft es hinaus. Bei mir fand dieser Rollentausch statt. »Du bist nur nervös, weil du dich im Endeffekt nie fest binden wirst.« Das habe ich gedacht, also vielleicht ist es wahr, vielleicht stimmt es. Mein Bauchgefühl hat gestimmt, also hör auf dein Bauchgefühl.

 **ADDE** Daran, dass sie dich anturnt und akzeptiert, dass du fast *jeden* Tag des Jahres auf Tour bist.

 **ALLISON ROBERTSON** Ich denke nicht, dass es unbedingt irgendwann »an der Zeit ist zu heiraten«. Ich war verheiratet, aber das war nicht meine Idee. Ich war einverstanden, weil es das Richtige zu sein schien. Man sollte heiraten, wenn man Kinder bekommt, weil es dann einfach mehr Sinn ergibt, verheiratet zu sein, als nicht verheiratet zu sein. Ansonsten gibt es keinen »richtigen Zeitpunkt«, um zu heiraten. Ich finde nicht, dass man heiraten muss. Entweder kann man ihm vertrauen oder nicht. Entweder kann man mit ihm leben oder nicht. Entweder will man für immer mit ihm zusammen sein oder nicht. Die Ehe löst keine Probleme. Die Leute gehen immer noch fremd oder eben nicht. Es ist scheißegal.

 **ANDREW W.K.** Ich habe nur einmal geheiratet und zwar, als ich das Gefühl hatte, meine Freundin nicht mehr als meine Freundin zu sehen. Man kann sie dann nicht mehr mit den anderen Mädchen und Beziehungen vergleichen, die man mal hatte. Man erkennt, dass der Platz, den sie einnimmt, nicht der eines Mädchens oder einer Frau ist, sondern der deiner Partnerin. Das ist ein sehr intensives Gefühl und man spürt es einfach. Man spürt, dass das der Mensch ist, mit dem man sich vorstellen kann, für immer zusammen zu sein, und wenn man sich das nicht vorstellen kann, sollte man nicht heiraten. Das muss man begreifen können, auch wenn es unmöglich erscheint. Man sollte sich vorstellen können, dass es immer so wie jetzt sein wird. Das heißt, diese Person existiert dann wie deine Mum

oder dein Dad oder dein Bruder. Sie wird zu einer Art grundlegender, elementarer Vorstellung in deinem Leben und existiert dann in einem herausgehobenen, quasi singulären Zustand, so wie du selbst, aber nicht als eine von vielen oder als jemand, von dem man nur eine vage Vorstellung hat, sondern als jemand, der genauso wichtig ist wie du selbst.

BLASKO Ich denke, das weiß man einfach irgendwie. Irgendwann denkt man halt: Hey, das fühlt sich richtig an. Lass es uns tun!

BRENT MUSCAT Es gibt diese alte Redensart, dass man es einfach weiß. Ich wusste nicht, dass das stimmt, bis ich die eine gefunden hatte. Als ich sie gefunden hatte, wusste ich, dass sie es ist. Es ist wirklich so. Man spürt es und man sieht sie an und denkt: Ich möchte nicht mehr ohne sie sein. Dieses Mädchen ist alles, was ich mir wünsche. Man weiß es einfach. Man hat das Gefühl, dass sie klug ist, dass sie dich zu einem besseren Menschen macht, dass sie dich als Mensch vervollständigt und eine gute Partnerin ist. Ich glaube wirklich, dass man es einfach irgendwie weiß. Wenn man spürt, dass sie die Richtige ist, fängt man auch an, darüber nachzudenken. Man denkt: Ich würde diese Frau gern heiraten. Man möchte sie nicht mehr verlieren.

EVAN SEINFELD Als ich meine Frau gesehen habe, war es Liebe auf den ersten Blick. Bei meiner ersten Hochzeit wusste ich, dass es ein Fehler war.

JAMES KOTTAK Wenn du ihr die Autotür auf der Beifahrerseite aufschließt und sie einsteigen lässt und sie sich dann rüberlehnt, um dir die Fahrertür von innen aufzumachen, dann ist sie die Richtige.

CHIP Z'NUFF Man heiratet, wenn sie schwanger ist. Das ist eine Möglichkeit. Wenn man aus einer Familie wie meiner stammt, bekommt man keine unehelichen Kinder. Ansonsten zeigt das die Zeit. Die Zeit kann in dieser Frage entscheidend sein. Wenn man schöne Stunden miteinander verbringt, weiß man es. Man spürt es sofort, sollte aber ein paar Jahre warten, um sicherzugehen, bevor man ins kalte Wasser springt. Mein Rat lautet, zuerst eine Weile zusammenzuleben. Wenn man jemanden liebt, sollte man zusammenziehen und schauen, wie das klappt. Man sollte seine Rechnungen bezahlen und nicht jeden Abend mit den Kumpels in die verdammten Stripclubs gehen. Wenn du sie liebst und Zeit mit ihr verbringen möchtest, dann ist sie die Frau deiner Zukunft. Ich war 23 Jahre verheiratet, 15 mit meiner ersten Frau und acht mit meiner zweiten, also weiß ich, wie es geht. Mein Rat an alle lautet: Heiratet nicht sofort, zieht zuerst zusammen.

ROB PATTERSON Wenn einem klar wird, dass man ohne sie nicht leben kann, dann ist es Zeit zu heiraten.

COURTNEY TAYLOR-TAYLOR Es ist an der Zeit zu heiraten, wenn fünf Jahre verstrichen sind. Wenn man es so lange geschafft hat, so viele Jahre, fünf Jahre, und nur einen einzigen Zusammenbruch im Jahr hat und immer noch von ihr fasziniert ist. So fasziniert, dass sie in deiner Vorstellung immer noch ein besserer Mensch ist, sodass du dich von deiner besten Seite zeigen musst, um sie zu halten. Hab ich recht? Denn dann weißt du, dass du dieser Mensch sein kannst, dass du stark, sorgenfrei, geduldig, interessant, lustig und sexy sein kannst. Das weiß man dann über sich selbst und es ist hammer zu wissen, dass man ein toller Partner ist, so ein richtiger Goldschatz. Außerdem weiß man, dass sie einem nicht so lange etwas vorgemacht haben kann. Dass sie nicht nur versucht hat, deinen Vorstellungen von ihr gerecht zu werden. Also weißt du was? Wenn sie es fünf verdammte Jahre geschafft hat, dann ist sie die Richtige!

DANKO JONES Wenn man kein Interesse an jemand anderem hat, also kein ernstes Interesse, und keine anderen Optionen absehen kann, dann sollte man heiraten. Viele Leute sind zwar in Beziehungen, kneifen aber, wenn es hart auf hart kommt, weil sie tief in ihrem Inneren – ob sie es nun zugeben wollen oder nicht – darauf warten, dass noch jemand Besseres kommt. Wenn diese Vorstellung oder Möglichkeit verschwunden ist, kann man seine Partnerin heiraten.

DOUG ROBB Ich will mich nicht vor einer Antwort drücken und sagen: »Na ja, man weiß es einfach.« Ich denke, viele Dinge spielen da eine Rolle. Wenn man Glück hat, lernt man in seinem Leben viele Leute kennen, macht Erfahrungen und führt verschiedene Beziehungen. In meinem Fall gab es immer die eine, die aus Gründen, die zu zahlreich sind, um sie aufzuzählen, immer die Richtige war. Das gehört irgendwie dazu – zu wissen, dass sie die Richtige ist.

 **JESSE HUGHES** Wenn man sich vorstellen kann, für den Rest seines Lebens mit einem Menschen zusammenzuleben und fest gebunden zu sein, dann ist es an der Zeit. Dann gibt es keine Fragen mehr. Alles andere ist nebensächlich. Die Leute verbringen viel Zeit damit, der Frage auszuweichen, anstatt sie zu beantworten.

 **JIMMY ASHHURST** Ich lass es dich wissen. Ich habe keinen blassen Schimmer.

 **NICKE BORG** Das Konzept der Ehe hat sich in der Moderne stark verbreitet und irgendwie scheißen die Leute einfach drauf. Sie lassen ihre Ehen vor die Hunde gehen – heiraten, sich scheiden lassen, heiraten, sich scheiden lassen. Als ob das irgendwas Belangloses wäre, so wie sich 'n Bier zu genehmigen oder etwas in der Art. Nein! Ich bin kein Christ oder so was, aber ich bin in einer Kleinstadt aufgewachsen und hatte wirklich religiöse Eltern. Wenn man dort heiratet, dann weil man den anderen sehr liebt und sagen möchte: »Ich bin für immer dein.« Eigentlich unterschreibt man nur ein Stück Papier, aber irgendwie ist es etwas Wunderschönes.

 **VAZQUEZ** Wenn du weißt, dass sie für dich da ist. Sie liebt dich um deinetwillen und nicht weil du bist, was du bist. Es ist fast besser, wenn sie kein Fan ist. Machen wir uns doch nichts vor: Du wirst nicht für immer dieser Kerl sein. Die Branche geht im Moment sowieso gerade vor die Hunde, also haben wir eh kein verdammtes Geld. Man will mit jemandem zusammen sein, der versteht, was wirklich vor sich geht, anstatt sich auszumalen, wie es läuft.

Was wäre der perfekte Heiratsantrag?

 **ANDREW W.K.** Ich denke, je formeller und intensiver der Antrag ist, desto besser. Das Gleiche gilt für die Trauung. Es ist etwas wert, wenn man eine große, traditionelle Zeremonie mit vielen Gästen veranstaltet. Das hätte ich nie gedacht. Bevor ich geheiratet habe, hat ein sehr weiser Freund von mir, der schon mal verheiratet war und viel älter ist als ich, erzählt, dass

er eine viel formellere Zeremonie haben wollen würde, falls er noch einmal heiraten sollte. Ich habe ihn gefragt warum. Und er hat gesagt: »Beim ersten Mal haben wir es echt witzig gemacht. Es war zwanglos, fand am Strand statt, die Gäste waren verrückt angezogen und es waren nur wenige Familienmitglieder da. Und die Ehe war schrecklich.« Er denkt, dass sie es nicht ernst genug genommen haben und ihnen nicht bewusst war, worauf sie sich eigentlich einlassen. Die Trauung hat das widergespiegelt. Wenn du eine Frau fragen möchtest, ob sie dich heiraten will, solltest du einen Ring und einen Plan haben – du musst nicht unbedingt auf die Knie gehen. Aber es sollte nicht einfach in einer Unterhaltung aufkommen. Hast du den *Sex and the City*-Film gesehen? Erinnerst du dich an den Heiratsantrag? Das ist wahrscheinlich das andere Ende des Spektrums, eine Abmachung in einem Gespräch, aber jedem das Seine. Ich finde, je intensiver man sich mit der Vorstellung beschäftigt, desto bewusster werden einem die Konsequenzen.

ACEY SLADE Ich finde, der Antrag sollte einzigartig sein. Denk dir irgendwas Originelles aus. Ich habe darüber nachgedacht, es auf dem Empire State Building zu machen. Das ist cool, aber irgendwie auch ein Klischee.

ADDE Geh auf die Knie – geh auf die Knie und frag sie einfach.

ALLISON ROBERTSON Ich gehöre nicht zu den Mädchen, die eine bestimmte Wunschvorstellung davon haben. Und ich finde, der Antrag muss nicht originell sein, aber er sollte eine gute Erinnerung abgeben. Ein traditioneller Antrag wäre schön. An einem deprimierenden Ort würde ich nicht gern einen Antrag bekommen. »Hey, willst mich heiraten?« wäre auch nicht gut. Wenn jemand einen Heiratsantrag machen will, sollte es ein wenig grandioser sein. Es muss nicht bei einem Dinner sein oder wie im Film, aber an einem interessanten Ort, an den man sich erinnert.

BRENT MUSCAT Es ist witzig, meine Frau macht mir immer das Leben schwer und sagt: »Du hast mir nie einen Antrag gemacht!« Es wäre schon schön gewesen, aber als wir darüber nachdachten zu heiraten, haben wir einfach darüber geredet. Meine Frau stammt aus einem anderen Land und konnte nicht lange in Amerika bleiben und ihre Eltern haben ihr Druck gemacht, dass sie heiraten soll. Sie haben sie auf Dates mit anderen Kerlen geschickt. Sie haben versucht, sie zu verkuppeln, während sie mit mir zusammen war! Sie hat sogar zu mir gesagt: »Hör mal, irgendwann muss ich wieder nach Hause fahren.« Und dann haben wir darüber geredet. Ich habe ihr nie einen richtigen Heiratsantrag gemacht – ich kenn mich damit also nicht aus. Wenn ich die Zeit zurückdrehen könnte, würde ich es vielleicht tun, aber damals hatte ich einfach zu viel Angst. Ich habe wirklich gedacht, dass sie zu gut für mich sei, und ich hatte Angst, dass sie Nein sagen würde. Also haben wir darüber geredet, uns geeinigt und es getan.

 **BLASKO** Ich denke, Frauen haben es gern etwas traditionell. Es ist doch so: Alle sind dafür, es irgendwie kreativ zu halten, aber ich finde, das Wesentliche reicht. Man kann nichts falsch machen, wenn man auf die Knie geht, solange man einen Ring hat. Wahrscheinlich ist es auch eine gute Idee, zuerst mit ihrem Vater zu reden.

 **ROB PATTERSON** Den perfekten Antrag macht man mit einem schwarzen Diamanten, auf den Knien.

 **CHIP Z'NUFF** Es gibt mehrere Möglichkeiten, würde ich sagen. Bei mir war es ganz einfach. Meine erste Frau war meine Sandkastenliebe und nachdem wir jahrelang zusammen waren, habe ich einfach zu ihr gesagt: »Wir sollten für immer zusammenbleiben.« Damals wusste ich nicht, dass ich ein Lügner war. Wenn man heiratet, will man, dass es für immer hält. Man stellt sich nicht darauf ein zu scheitern. Aber nach einer Weile schaut man sich dann doch die gesamte Speisekarte an, auch wenn man nichts bestellt – man muss sich doch umsehen, schließlich sind wir Männer, wir sind Tiere. Aber wenn es etwas ganz Besonderes ist und du es wirklich spürst, lass es sie wissen. Sei ehrlich. Es ist immer gut, ehrlich zu den Frauen zu sein. Teile ihr deine Gefühle mit, ohne zu rührselig zu sein. Sei dabei ein Mann.

 **COURTNEY TAYLOR-TAYLOR** Wenn es so was wie einen perfekten Antrag gibt, habe ich ihn nicht gemacht.

 **DOUG ROBB** Nein, ich denke nicht, dass es den perfekten Antrag gibt. Ich habe lange Zeit gedacht, dass ich einer Frau mal auf der Bühne vor Tausenden Leuten einen Antrag machen würde. Ich hielt das für cool und

einzigartig und so was. Letzten Endes habe ich meine Frau im Bett gefragt, ob sie mich heiraten will. Ich war den ganzen Tag bei ihren Eltern gewesen und habe sie um die Hand ihrer Tochter gebeten – die altmodische Erlaubnis eingeholt. Sie hatte mir den ganzen Tag Nachrichten geschrieben und mich angerufen und ich bin nicht rangegangen, weil ich ja bei ihren Eltern war. Ich bin dann nach Hause gekommen und hatte mir eine lächerliche Ausrede zurechtgelegt, dass ich mein Handy im Studio vergessen hatte, blablabla. Sie hat damals gekellnert und kam echt spät nach Hause. Dann hat sie sich ins Bett gelegt und gefragt: »Wo warst du denn heute?« Ich konnte ihr entweder erzählen, was zur Hölle ich gemacht hatte, oder ihr Bruder, der mich gesehen hatte, würde morgen irgendwas sagen wie: »Hey, warum war Doug gestern bei Mum und Dad?« Also habe ich mir gesagt: Scheiß drauf. Ich muss sie einfach jetzt fragen. Ich hab mich umgedreht, mir den Schlaf aus den Augen gerieben und sie um vier Uhr morgens im Bett gefragt, ob sie mich heiraten will. Das Beste war, dass ich ein T-Shirt trug, das mein Dad mir vor zwölf Jahren oder so geschenkt hatte. Er hatte mich beim Singen gemalt und darunter stand »Doug of Hoobastank«. Ich hatte also ein T-Shirt von mir selbst an, was echt lächerlich ist, und habe meine Freundin um vier Uhr morgens gebeten, meine Frau zu werden. Ich habe ihr also keinen Antrag in einem Stadion gemacht, aber es war spontan und ehrlich.

 **DANKO JONES** Ich finde es kitschig, auf die Knie zu gehen. Eine Überraschung ist immer witzig und unvergesslich.

 **VAZQUEZ** Solang man es nicht in einer Kneipe macht, ist es okay. Ich denke, jede Frau ist glücklich, wenn man ihr diese Frage stellt. Frauen wollen nicht, dass man daraus ein großes Ding macht, aber es sollte auf keinen Fall in der Kneipe sein.

 **GINGER** Unter vier Augen und an einem Ort, an den ihr euch später gern erinnert. Irgendwo, wo sie gern ist.

 **EVAN SEINFELD** Ich bin ein hoffnungsloser Romantiker. Ich weiß, dass ich manchmal wie ein abscheulicher Perverser klinge, aber für meine Frau habe ich meine letzten Cents zusammengekratzt und den größten, schönsten Diamanten im Prinzessinnenschliff gekauft, den ich finden

konnte. Ich bin auf die Knie gegangen – wir hatten gerade Sex. Ich hatte mir den Ring in mein Hotel in South Beach nach Miami schicken lassen. Ich denke, man kann süß oder clever sein oder es auf der Großleinwand beim Baseball sagen, aber es sollte etwas sein, an das man sich gern für immer erinnert, wenn man den Rest seines Lebens mit dieser Frau verbringen will.

JAMES KOTTAK Der perfekte Antrag kann jederzeit und überall gemacht werden. Was auch immer sich richtig anfühlt, ist gut.

JESSE HUGHES Der ideale Antrag ist, dem Vater der Braut 40.000 Kamele zu zahlen. Nein, ich mach nur Spaß. Ich finde es am besten, auf die Knie zu gehen.

JIMMY ASHHURST Ich schätze, Timing ist alles. Hoffentlich macht man den Antrag freiwillig und nicht nachdem man gehört hat: »Oh hey, der DNA-Test ist zurück und es ist von dir.« Wenn beide es wollen, ist man der Konkurrenz einen Schritt voraus.

Wie schneidet man das Thema Ehevertrag an?

ALLISON ROBERTSON Ich finde, es ist sinnvoll, einen zu haben. Kommt natürlich drauf an, wie viel Geld im Spiel ist und ob der eine mehr Geld verdient als der andere. Ich denke, man sollte darüber reden, bevor man sich verlobt oder aber sobald man sich verlobt hat.

DANKO JONES Einfach so. Das Thema sollte leicht zur Sprache kommen, wenn ihr beide ganz offen und ehrlich seid. Das sollte kein Problem sein.

DOUG ROBB Wenn man diesen Weg gehen will, sollte man das schon sehr früh in der Beziehung sagen. Wenn man heiraten will – hoffentlich nicht gleich nach zwei Wochen – oder wenn man in einer Beziehung ist, kommt das Thema sowieso nach einer Weile auf. Wahrscheinlich dann, wenn man übers Heiraten spricht. Wenn es das ist, was du willst, musst du ehrlich sein und sagen: »Ich fühle mich so und so. Ich will das und das machen. Falls wir jemals an diesen Punkt kommen, weißt du, wie ich die Sache sehe, und ich weiß, wie du die Sache siehst.« Mit so was kann man nicht in letzter Minute ankommen, am Tag vor der Hochzeit oder so.

JAMES KOTTAK Dafür engagiert man einen Anwalt. Bei der Scheidung braucht man keinen, aber dafür auf jeden Fall.

EVAN SEINFELD Wenn es mit einem Mädchen langsam ernst wird, sollte man anfangen, Geschichten von glücklichen Ehen zu erzählen, in denen es einen Ehevertrag gibt. Und man sollte sagen, dass Frauen, die selbstbewusst genug sind, einen Mann am Ende nicht ausnehmen müssen. Bezeichne Frauen ohne Ehevertrag als Vampire, Parasiten und Aasgeier. Gib der Frau dabei am besten einfach nicht die Chance, anderer Meinung zu sein.

JESSE HUGHES Das spricht man nicht an.

ROB PATTERSON Man tut es einfach. Das ist gar keine Frage.

Wie sieht die perfekte Hochzeit aus?

ADDE Eines ist sicher, ich will *alle* meine Freunde dabeihaben. Alle meine Freunde sollen Zeuge sein und alles andere ist egal. Die Trauung sollte an einem schönen Ort stattfinden, aber das Wichtigste ist, dass alle unsere Freunde da sind.

ACEY SLADE Ich erzähle dir, was ich gemacht habe, und ich denke, das war perfekt. Es war ideal. Wir hatten nicht viel Geld. Sie ist aus Dänemark und ich bin von hier [USA], wie bringen wir also alle zusammen? Es wurde richtig kompliziert. Ich hatte dann die Idee, mich als freiwilliger Helfer für die New York City Halloween Parade zu melden. Ich hab bei den Leuten von der Parade angerufen und gefragt: »Was haltet ihr davon, wenn ein Paar mitten in der Halloween Parade heiratet?« Sie fanden die Idee total cool. Obwohl wir wegen der Logistik nur zwei Dutzend Gäste bei unserer Hochzeit hatten, haben wir vor acht Millionen Menschen geheiratet. Vier Millionen waren bei der Parade und die wurde im Fernsehen übertragen, also kamen noch mal vier Millionen dazu. Alle hatten Kostüme an und das Lustigste war, dass es wie ein Halloweenscherz wirkte, aber der Pfarrer war echt.

 **ALLISON ROBERTSON** Schwer zu sagen. Meine Eltern sind geschieden, aber ich fand immer, dass sie eine richtig coole Hochzeit hatten. Sie fand im Garten statt. Ich war bereits geboren. Sie haben geheiratet, nachdem sie mich bekommen hatten – ich war aber noch ein Baby. Es war einfach eine Party mit vielen Rock'n'Rollern. Mein Dad war Musiker und meine Mum hat bei einem Plattenlabel gearbeitet. Für mich ist das die ultimative Hochzeit: ganz entspannt, nicht konfessionell, keine Kirche, jeder trägt, was ihm gefällt. Ich finde es cool, wenn der Kerl einen bizarren Anzug trägt – solange der nicht total schrecklich ist. Und die Frau trägt etwas, das ihrem Stil entspricht. Das finde ich gut. Ich war bei vielen Hochzeiten von Freunden, die ganz traditionell waren, und das ist cool. Aber man steckt dann in diesem Nullachtfünfzehnding fest. Ich denke, es ist viel interessanter, wenn eine coole Band spielt, oder die Band eines Freundes oder sogar eine schreckliche Coverband, über die man sich kaputtlachen kann. Gutes Essen. Ich denke einfach, es ist gut, wenn man die Hochzeit individuell gestaltet. Das Standardprogramm durchzuziehen ist so langweilig.

 **BLASKO** Ich bin einfach nach Vegas gefahren und das war ziemlich perfekt für mich.

 **BRENT MUSCAT** Also ich hab dreimal geheiratet. Einmal davon in Amerika. Das war großartig. Es war im April, also im Frühling. Mein Onkel hat ein Haus in South Pasadena, eine wirklich schöne Gegend in Südkalifornien. In seinem Garten haben die Blumen geblüht und es gab dort eine rechteckige Rasenfläche, die von Blumenbeeten umgegeben war. Ich habe ihn einfach gefragt, ob wir in seinem Garten heiraten können, was uns eine Menge Geld gespart hat, weil wir kein Hotel und keine Kirche mieten mussten. Manchmal fahren die Leute von der Kirche zu einem Hotel, um dort zu feiern, und ich habe einfach gesagt: »Lass uns alles an einem Ort machen.« Also haben wir dort geheiratet und gefeiert. Mein Dad hat die Getränke bezahlt und meine Mum das Catering. Ich sollte echt

ein Buch über preisgünstige Hochzeiten schreiben! Manche Leute geben zwanzig- oder dreißigtausend Dollar für ihre Hochzeit aus. Mein Smoking hat 75 Dollar gekostet. Der ganze Anzug, ich hab ihn immer noch. Ich hab 75 Dollar in einem Klamottengeschäft in Downtown L.A. ausgegeben. Meine Frau hat sich ein Kleid für hundert Dollar gekauft. Der Ehering hat, glaube ich, 900 Mäuse gekostet. Ein einfacher Diamant, den wir bei einem Juwelier Downtown gekauft haben. Wir selbst haben also wahrscheinlich nur um die zweitausend Dollar ausgegeben. Ein Freund von mir hat aufgelegt. Es war fantastisch, ganz großartig! Wir haben einen Pfarrer kommen lassen, der uns getraut hat. Alle meine Rockfreunde waren da. Sobald wir verheiratet waren, wurde *White Wedding* von Billy Idol gespielt. Wir hatten einfach Spaß und es war toll. Dann sind wir nach Korea geflogen und hatten eine traditionelle koreanische Hochzeit, bei der wir koreanische Outfits anhatten. Das war richtig cool. Wir sind hineingegangen und ein koreanischer christlicher Pastor hat uns nach koreanischer Tradition getraut. Ich musste mir meinen koreanischen Text merken. Das war echt interessant.

DANKO JONES Die Hochzeit sollte klein sein.

EVAN SEINFELD Meine Frau und ich heiraten ständig. Wir haben ungefähr sieben oder acht Mal geheiratet. Es kann wirklich viel bedeuten, wenn alle Freunde und Verwandten dabei sind, aber es kann auch viel bedeuten, wenn man nur zu zweit an einer spirituellen Zeremonie teilnimmt. Meine Frau und ich heiraten mindestens einmal im Jahr, um uns daran zu erinnern, warum wir zusammen sind, und um zu bekräftigen, dass wir zusammen sein wollen. Das Leben verändert sich.

JAMES KOTTAK Die Hochzeit sollte kurz und süß sein. Keine großen Worte und nur ein paar Gäste. Oder sie sollte in Tommy Lees Wohnzimmer stattfinden.

JESSE HUGHES Die perfekte Hochzeit wäre, wenn ich Carmen Electra heirate. Nein, kleiner Scherz. Ich fände eine einfache Baptisten-Zeremonie unter freiem Himmel gut, altmodisch im Predigerstil.

 **ROB PATTERSON** Am Strand auf Maui bei Sonnenuntergang.

 **TOBY RAND** Am Strand – auf jeden Fall draußen. Ich würde wahrscheinlich eine Anzughose, keine Schuhe und eine Weste tragen.

Würdest du deine Bandkollegen zu deiner Hochzeit einladen oder gar als Trauzeugen in Erwägung ziehen?

 **ACEY SLADE** Meine Bandkollegen waren dabei, aber das hängt von der Situation ab. Wenn man sich für eine kleine Feier entscheidet und sie nicht eingeladen werden, sollten sie es nicht persönlich nehmen. Ich steh eher auf kleine, intime Hochzeiten, aber wenn deine Bandkollegen deine besten Freunde sind, warum solltest du sie dann nicht einladen?

 **ALLISON ROBERTSON** Ich war verheiratet und ich glaube, sie waren dabei. Ich hatte meine Schwester und eine Freundin von der alten Gruppe da, es wäre sicher bei zwei Leuten geblieben, wenn ich meine Band nicht gehabt hätte. Also ja! Wenn sie nicht total scheiße zu dir waren, sollten sie erwarten, eine Rolle bei deiner Hochzeit zu spielen. Je mehr Leute dabei sind, umso mehr Spaß hat man. Wenn man Leute zur Hochzeitsparty einlädt, müssen sie im Grunde diesen ganzen Mist für dich machen. Sie sind wie Diener. Sie müssen alles organisieren, also ist es schon irgendwie witzig, sie darum zu bitten.

 **BLASKO** Nein.

 **CHIP Z'NUFF** Ich würde meinen, dass die Bandkollegen zur Hochzeit eingeladen werden, absolut. Allerdings gibt es viele Bands, deren Mitglieder nicht gerade die besten Freunde sind, die aber tolle Musik machen und bei denen die Chemie stimmt. Ich plane im Moment nicht zu heiraten, aber ich habe eine Freundin. Wenn ich noch einmal heiraten sollte, würde ich Steven [Adler] bitten, mein Trauzeuge zu sein, und meine Bandkollegen

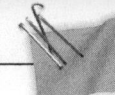
wären auch dabei. Ich werde das aber nicht tun, weil Adler mich umbringen würde.

COURTNEY TAYLOR-TAYLOR Kommt drauf an, wie lang die Band schon zusammen ist.

DANKO JONES Ja … na ja, kommt drauf an, ob man sich mit ihnen versteht. In den meisten Bands mögen sich die Leute nicht. Aber die, mit denen man sich versteht, ja. Außer du willst Unstimmigkeiten ausbügeln, dann solltest du sie alle einladen, solang sie sich nicht total besaufen und deine Schwiegereltern denken, du seist ein Monster.

DOUG ROBB Sie wären eigentlich dabei gewesen, aber ich habe eine große Familie und beschlossen, nur ganz enge Familienmitglieder dabeizuhaben. Ich wollte keine Freunde dazuholen, weil dann immer Leute beleidigt sind und sich ausgeschlossen fühlen, wenn man die Sache groß aufzieht, sie aber nicht eingeladen sind.

JAMES KOTTAK Auf keinen Fall!

JESSE HUGHES Nein, sie sollten nicht damit rechnen, Trauzeugen zu sein, aber eingeladen zu werden.

JIMMY ASHHURST Ich schätze, das kommt auf die Band an, in der man ist. Wenn man Bandmitglied von Wham! ist, dann eher nicht. Aber in meinem Fall schon. Auf jeden Fall. Ich verstehe mich gut mit meinen Bandkollegen.

NICKE BORG Ich würde erwarten, dass meine Bandkollegen dabei sind, aber sie hätten wahrscheinlich was anderes zu tun. Haha! Nein, natürlich. Dregen wäre wahrscheinlich mein Trauzeuge und Peder und Johan wären auch da. Die wären sicher total stolz auf mich.

 **TOBY RAND** Darauf kannst du Gift nehmen, meine Bandkollegen sind meine besten Freunde! Eigentlich, warte mal – du hast gesagt, Trauzeuge oder so was. Dann nein. Haha! Dafür habe ich meine Brüder. Aber wenn ich reich genug sein sollte, werde ich eine riesige Hochzeit feiern – dann vielleicht doch.

 **ROB PATTERSON** Natürlich! Ich wär schwer beleidigt, wenn sie nicht kommen würden! Besonders wenn die Hochzeit auf Hawaii stattfindet!

 **VAZQUEZ** Nein. Bei meiner Hochzeit würde ich gar nicht so was wie eine Hochzeitsgesellschaft haben, aber sie wären trotzdem eingeladen. Wahrscheinlich würden sie ohne Geschenke auftauchen.

SCHEIDUNG

»WENN MAN ERST MAL SEIN GESCHÄFT ERLEDIGT,
WÄHREND DIE FRAU SICH DIE ZÄHNE PUTZT – DANN IST ES
AN DER ZEIT, SICH SCHEIDEN ZU LASSEN.«

NICKE BORG

Wann ist es an der Zeit, sich scheiden zu lassen?

 **ALLISON ROBERTSON** Ich bin geschieden. Ich denke, es kommt zu einer Scheidung, wenn man sich zu wohl fühlt. Man muss ein Gleichgewicht zwischen Bequemlichkeit und Spannung finden. Das finden die Menschen fast nie. Es ist richtig spannend, aber dann wird es langweilig. Oder es ist immer spannend, aber dann betrügt man sich die ganze Zeit gegenseitig und die Beziehung ist nicht gerade stabil. Wenn man es sich in einer Ehe zu bequem macht und keinen Spaß hat, führt das normalerweise zu einer Scheidung. Entweder das oder man streitet sich viel. In meinem Fall haben wir es uns zu bequem gemacht und es gab zu wenig Spannung, um eine schöne Zukunft zu haben.

 **ACEY SLADE** Wenn sie einem anderen Typen aus deiner Band erzählt, dass sie geheiratet hat, um eine Greencard zu bekommen.

 **ANDREW W.K.** Das weiß ich nicht und ich hoffe, ich werde es nie erfahren. Aber bei einer Beziehung, die fast wie eine Ehe war, ist die Trennung auch wie eine Scheidung. Allerdings ist es doch anders. Verheiratet zu sein ist nicht das Gleiche wie in einer festen Beziehung zu sein. Die Ehe ist etwas Mächtiges, weil man eine Entscheidung getroffen hat. Ich habe eine Entscheidung getroffen und eigentlich soll man diese Entscheidung für die Ewigkeit treffen. Das ist gedanklich etwas ganz anderes. Auch wenn man nicht so denkt, aber sich auf etwas eingelassen hat, wo das gilt, verändert dieses Verständnis etwas. Als ich jünger war, war ich der Meinung, dass man sich sofort scheiden lassen sollte, wenn man die Gesellschaft des anderen nicht mehr so genießt wie früher. Wenn der eine den anderen betrügt, dann sollte man sich scheiden lassen. Oder wenn man sich nicht füreinander interessiert. Aber ich habe Ehen gesehen, die diese Dinge überlebt haben – das ist nicht meine Erfahrung, aber die von Leuten, die schon länger verheiratet sind. Es gibt auch die Vorstellung, dass man sich nie scheiden lassen sollte, sondern zusammenbleiben sollte, egal was passiert. Als ich jünger war, fand ich das richtig verstörend, weil es so aussah, als würden die Leute so ihr Leben wegwerfen oder die Chance, auf andere Weise glücklich zu werden. Aber als ich älter wurde, habe ich erkannt, dass es richtig mutig ist, wenn man bestimmte Chancen und Arten des Glücks für andere Arten opfert, die mehr Wert haben, zum Beispiel eine Familie mit Kindern zu erhalten oder ein Versprechen einzuhalten.

Oder man arbeitet daran, weil man der Meinung ist, dass man eine Verpflichtung eingegangen ist und man die Ehe verbessern will. Es gibt so viele Aspekte des Konzeptes der Ehe, die mir unnatürlich erschienen sind, die gegen den Vermehrungstrieb zu gehen schienen, gegen die Logik, zum Beispiel dass zwei Menschen sich nicht verändern, sodass sie sich ihr ganzes Leben lang so verstehen wie zu einem bestimmten Zeitpunkt. Das wirkt vielleicht verrückt, aber gleichzeitig ist das der Grund, warum es so beeindruckend ist. Man entscheidet sich, etwas zu tun, das eine Herausforderung ist. Ich denke, darum geht es eigentlich auch. Die Tatsache, dass wir theoretisch mit jedem, den wir wollen, Sex haben können, macht die Entscheidung, es nicht zu tun, so stark. Stattdessen richtet man diese Energie auf seine Beziehung oder sich selbst oder die Partnerschaft mit einem anderen Menschen. Und das ist eigentlich das Konzept.

ADDE Wenn sie dich nicht so schätzt, wie du bist. Wenn sie versucht, dich fertigzumachen, weil du so bist, wie du bist.

JESSE HUGHES Wenn die Exfrau wie in meinem Fall aus einem Haus voller Möbel auszieht, dann ist das vielleicht ein Hinweis. Es ist Zeit, sich scheiden zu lassen, wenn man nur noch aus Gründen der finanziellen Absicherung an der Ehe festhält. Und man sollte nie jemanden heiraten, dessen Eltern nicht verheiratet sind.

BRENT MUSCAT Ich wurde noch nie geschieden, also weiß ich es nicht.

BRUCE KULICK Wie mein Therapeut sagen würde: Eine richtige Beziehung ist wie eine Straße und muss ein paar Schlaglöcher haben. So muss das sein – das ist echt. Die Leute, die immer so tun, als wäre alles in Butter, sind die, die irgendwann die bösesten Überraschungen erleben. Ein Signal wäre es, wenn der andere dir einen Schlag unter die Gürtellinie versetzt. Ich meine natürlich nicht körperlich. Wenn man geschlagen wird, sollte man sich sofort aus dem Staub machen. Ich meine, wenn jemand etwas zu dir sagt, das verletzend und unfair ist, und – wie mein Therapeut sagen würde – »unter der Gürtellinie«. So was kann man nicht mehr zurücknehmen. Ich sage nicht, dass man sich sofort scheiden lassen soll, wenn ein böses Wort fällt. Zuerst sollte man seinen Partner darauf ansprechen. Er muss erfahren, dass es unter der Gürtellinie war und dass du dir das nicht noch mal gefallen lassen wirst und dass das so mit der Beziehung nicht weitergeht. Ich kann gar kein Beispiel für etwas nennen, das unter der Gürtellinie ist, aber du weißt schon. Das ist bei jedem anders. Es geht darum, einen wunden Punkt zu treffen. So eine Äußerung verletzt einen – wahrscheinlich ist es etwas, das man nicht zu einem Freund sagen würde. Wenn der Partner der beste Freund sein soll, warum sollte man ihm dann so was sagen? Leider passiert das aber in Beziehungen. Es heißt, dass man etwas durchspielt, versucht, die Beziehung der Eltern zu korrigieren. Da steckt diese ganze Psychologie dahinter – wer weiß! Aber ich weiß, wenn ich ein paar solcher Sprüche gehört hätte, würde ich denken: Mit diesem Menschen will ich nicht mehr verheiratet sein.

 **EVAN SEINFELD** Ich bin geschieden. Ich denke, man weiß es intuitiv. Man muss ehrlich zu sich sein. Jeder braucht einen Therapeuten oder einen Mentor oder einfach jemanden, mit dem er reden kann. Mir ging's so und wenn man Kinder hat, ist das wichtig. Ich denke, wir kennen die Antworten. Wenn man schon eine Liste mit Vor- und Nachteilen macht, um herauszufinden, ob man die Beziehung weiterführen möchte, dann ist es an der Zeit weiterzuziehen. Wenn es so weit gekommen ist, dass man so was macht, ist es vorbei.

 **DOUG ROBB** Keine Ahnung. Ich bin gerade frisch verheiratet, ungefähr acht Monate. Ich hoffe, ich finde das nie raus.

 **CHIP Z'NUFF** Ich wusste es am Tag meiner Hochzeit. Ich habe in Las Vegas geheiratet. Als ich das erste Mal getraut wurde, war es fantastisch. Ich habe meine Jugendliebe geheiratet. Wir hatten eine tolle Zeit, allerdings war ich die ganze Zeit auf Tour. Enuff Z'Nuff waren sehr erfolgreich und wir sind durchs ganze Land gereist. Meine Frau hat einen neuen Freund gefunden – die Drogen. Das macht normalerweise jede Beziehung kaputt: Drogenmissbrauch. Zuerst versucht man eine Weile – vielleicht sechs Monate, vielleicht ein Jahr –, dem Partner zu helfen, clean zu werden, aber die Zahlen sagen, dass das nicht funktioniert. Und es hat auch nicht funktioniert. Drei, vier oder fünf Jahre später habe ich wieder geheiratet. Der Tag, an dem ich meine zweite Frau geheiratet habe, war ein perfekter Tag für eine Hochzeit. Ich war in Las Vegas auf Tour mit The Wild Bunch. Das waren Clem Burke von Blondie, Wayne Kramer von MC5, Pat von den Smithereens und Gilby Clarke. Die Mädchen von The Go-Gos waren da

und viele Rockstars hingen da rum. Es war einfach der perfekte Augenblick. Natürlich wollten sie alle zur Hochzeit kommen. Am Tag der Hochzeit habe ich in die Kamera geschaut und gesagt: »Ich bin verflucht!« Ich wusste es. Ich spürte es einfach. Es wäre viel besser gewesen, einfach Freund und Freundin zu bleiben, aber sie wollte unbedingt meine ungeteilte Aufmerksamkeit und ich gab aus einer Laune heraus nach. Ich wusste, dass ich verflucht war, und ich hielt sieben schmerzhafte Jahre durch. Wer darüber nachdenkt zu heiraten, sollte besser sichergehen, dass es das Richtige ist, denn ich kenne niemanden, der heiratet, um zu scheitern. Ich bin allerdings zweimal gescheitert.

JAMES KOTTAK Wenn die Jacken ihres Freundes dir nicht mehr passen.

GINGER Wenn es mit der Kommunikation nicht mehr klappt. Wenn man nichts mehr voneinander lernt. Wenn man sich nicht mehr gegenseitig inspiriert. Wenn das Vertrauen abhanden gekommen ist. Man kann an allem arbeiten außer an Unehrlichkeit.

JIMMY ASHHURST Kann ich nicht sagen, ich war noch nie in so einer Situation. Ich versuche, das mit aller Kraft zu vermeiden, ich weiß es also nicht.

COURTNEY TAYLOR-TAYLOR Es ist an der Zeit, sich scheiden zu lassen, wenn der Partner etwas tut, von dem man tief in seinem Herzen ganz genau weiß, dass man es nicht für den Rest seines Lebens ertragen könnte. Wenn man daran und an den Rest seines Lebens denkt und sterben möchte. Wenn man das wirklich, wirklich möchte. Man denkt dann: Es ist schon okay, auch wenn es einmal im Jahr passiert. Nein. Es wird sicher schlimmer. Zweimal im Jahr? Es passiert jetzt schon zweimal im Jahr. Oh mein Gott. Und dann denkt man: Okay, könnte ich mich doch bloß anders verhalten. Ich will sichergehen, dass sie sich nicht in einer unangenehmen Lage befindet. Ich bringe sie einfach nicht in diese Lage. Wenn sie es in der Öffentlichkeit macht, werde ich nicht einmal darauf reagieren. Wenn man das getan hat, wenn man alles in seiner Macht Stehende getan hat, unter anderem sogar die Schuld auf sich genommen hat, um das Problem zu lösen, und ein Jahr oder mehrere Jahre vergangen sind und man denkt: Fuck. Ich hab's vermasselt. Ich weiß nicht ... Sie hat mich getäuscht. Wir waren vier Jahre zusammen und sie hat diese Scheiße abgezogen. Dann weiß man, dass die Zeit reif für eine Scheidung ist. Man sollte einander aber nicht ins Gesicht sehen, wenn man dieses Gespräch führt. Hoffentlich liegt man dabei auf der Couch oder einem Zweiersofa und sieht einander dabei nicht an. Man muss dem anderen sagen, dass man nicht weiß, ob man damit leben kann, zum Beispiel so: »Es war jeden Tag schön und hat Spaß gemacht, aber du hast sicher gemerkt, dass ich dich in letzter Zeit nicht mehr so oft berühren, drücken und küssen wollte. Ich bin zu dem Schluss gekommen, dass ich so nicht den Rest meines Lebens verbringen kann. Ich würde es lieber jetzt beenden, sodass wir beide damit abschließen und es hinter uns bringen können. Es wird ein Jahr, anderthalb Jahre schwer sein, aber danach werden wir glücklich und frei sein.« Der andere wird dann sauer sein oder total ruhig antworten: »Ja, ich werde mich eh nicht ändern.« Oder aber er ist dann angepisst und kann nicht darüber reden und hat sich vier Stunden später immer noch nicht beruhigt. Wenn man diese Sackgasse sieht und es versucht hat, dann weiß man es. Es ist qualvoll, aber man zieht es ruhig durch und führt diese Operation am offenen Herzen durch. Man muss es einfach durchziehen, es hinter sich bringen. Eine Scheidung ist wie die Trennung nach einer ernsten Langzeitbeziehung. Ich hatte Beziehungen, die wahrscheinlich länger und ernster als die meisten Ehen waren. Scheidungen und Trennungen sind also ein und dasselbe, abgesehen vielleicht von dem rechtlichen Scheiß.

 **ROB PATTERSON** Wenn deine Frau mit einem anderen vögelt.

 **DANKO JONES** Oh Gott, darin bin ich auch schlecht. Ich tendiere dazu, meine Zeit zu verschwenden. Ich halte bis zum bitteren Ende durch. Und letzten Endes werde ich verlassen, weil die Frau sagt: »Merkst du das nicht? Sprichst du es jetzt aus oder muss ich es aussprechen?« Sie muss es machen, weil ich es einfach nicht kann. Ich sage immer: »Wir können das wieder in Ordnung bringen.« Ich bin so ein Mensch.

 **HANDSOME DICK MANITOBA** Ich hatte noch keine Scheidung, aber ich würde sagen, es ist an der Zeit für eine, wenn die Freundschaft, die Kommunikation und der Respekt den Bach runtergehen. Das ist echt schwer. Man will, dass der Partner ein Kumpel, ja, ein Freund ist und ein wilder Liebhaber – was ich natürlich bin. Wenn irgendwas davon verloren geht, ist das ein Warnsignal.

 **LEMMY** Ich war noch nie verheiratet, also kann ich dazu nichts sagen. Wahrscheinlich wenn deine Frau dir Pilze serviert, die ganz rot sind und weiße Punkte haben. Du kennst doch den Witz: Ein Kerl sagt: »Ich hatte in der Liebe bisher kein Glück. Ich war zweimal verheiratet und beide Frauen sind gestorben. Die erste hat Giftpilze gegessen.« Daraufhin fragt der andere: »Ach so? Woran ist die zweite gestorben?« Und er sagt: »An einem Schlag auf den Kopf.« – »Wie ist denn das passiert?« – »Sie wollte ihre Pilze nicht essen.«

 **NICKE BORG** Hoffentlich kommt es nicht dazu, aber ich denke, das ist von Mensch zu Mensch verschieden. Wenn man erst mal sein Geschäft erledigt, während die Frau sich die Zähne putzt – dann ist es an der Zeit, sich scheiden zu lassen.

 **VAZQUEZ** Ich war noch nie verheiratet, aber ich hatte einige Beziehungen. Das klingt vielleicht total verrückt, aber wenn es nicht mehr nur um mich geht, dann bin ich bereit zu gehen. So ist das. Das Mädchen sagt dann: »Oh, aber es geht nicht immer nur um dich.« Und ich antworte: »Süße, das ist echt niedlich, dass du das glaubst, aber es geht nur um mich. Mich, mich, mich.«

Wenn der andere sich scheiden lassen will, sollte man dann versuchen, ihm das auszureden?

 **EVAN SEINFELD** Dein Partner will die Scheidung, weil das etwas Greifbares ist. Man sollte immer versuchen, eine Lösung zu finden, wenn man Zeit und Energie in eine Beziehung gesteckt hat, denn manchmal wollen die Leute sich scheiden lassen, weil sie Angst davor haben, verliebt zu sein. Sie haben Angst, verletzt zu werden, denn sie wurden früher schon verletzt. Manchmal ist das, was passieren könnte, der Auslöser und nicht, dass etwas falsch läuft. Es lohnt sich also, das jemandem auszureden. Wenn man erst einmal Zeit und Energie in etwas investiert hat, sollte man immer versuchen, es durchzuziehen und nicht beim ersten Problem abhauen. Beziehungen sind nicht einfach, sondern schwierig und kompliziert. Männer und Frauen wollen in der Ehe verschiedene Dinge. Um es auf den Punkt zu bringen, würde ich sagen, Frauen benutzen Sex, um Liebe zu bekommen, Männer benutzen Liebe, um Sex zu bekommen. Es ist wie ein Tanz: Es sieht total symbiotisch aus, ist es aber nicht.

 **ACEY SLADE** Man sollte unbedingt an der Ehe festhalten. Ich finde nicht, dass Therapien nur was für Schlappschwänze sind. Es kann hilfreich sein, wenn da eine dritte Person ist – jede Geschichte hat schließlich drei Seiten: deine Sicht, die Sicht deines Partners und die Wahrheit. Aber wenn der Partner so was sagt wie: »Therapien sind was für Waschlappen« und sich nicht darauf einlässt, dann ist es Zeit.

 **ADDE** Nein, nein. Dann ist es schon zu spät. Wenn man über so was redet, sollte man einfach Schluss machen.

 **ALLISON ROBERTSON** Kommt drauf an, wie sehr man denkt, dass man sich verändern kann. Ich habe gesehen, dass Menschen sich ändern können. Ich spreche nicht aus Erfahrung, aber ich denke, es ist möglich, eine Ehe zu retten. Wenn nur einer die Scheidung will, kann man darüber reden und wenn es ein bestimmtes Problem gibt, kann man es lösen. Aber wenn jemand einfach nicht mit dir zusammen sein will, ist es irgendwie erniedrigend zu versuchen, ihn zum Bleiben zu überreden.

 **LEMMY** Wenn es schon in diesem Stadium ist, ist es sowieso hoffnungslos.

 **BRENT MUSCAT** Ja, würd ich machen. Man sollte versuchen, es wieder einzurenken, besonders wenn Kinder im Spiel sind. Es ist besser für die Kinder, wenn sie eine Mutter und einen Vater haben. Wenn zwei Menschen Freunde und Lover waren und geheiratet haben, können sie zusammenbleiben – auch wenn die Ehe nicht funktioniert. Es kann doch nicht schaden, als Partner eine Weile länger zusammen zu bleiben und sich den Haushalt zu teilen. Auch wenn sie dann eher wie in einer WG leben. Ich denke, sie können zueinander finden und das Feuer wieder entfachen oder die Liebe wiederfinden.

 **BRUCE KULICK** Die einzige Chance, die man hat, die Sache rückgängig zu machen, ist eine Therapie. Das halte ich für eine gute Sache. Ich hab's probiert. Es ist echt interessant, dass dabei normalerweise vieles, was unter der Oberfläche geschlummert hat, plötzlich zum Vorschein kommt. Schlimmstenfalls ist es beiden danach klarer, warum sie nicht zusammen sein sollten. Aber wenn man Kinder hat … Finanziell ist es für jedes Paar

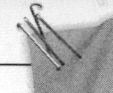

übel. Also sollte man es auf den Versuch ankommen lassen. Aber wenn jemand so unzufrieden ist, dass er die Scheidung einreicht, dann ist es vielleicht schon zu spät und man kann nichts mehr machen.

JAMES KOTTAK Nein, zieh es durch. Bring's hinter dich, zieh weiter. In Los Angeles nennt man die erste Ehe Einstiegsehe.

CHIP Z'NUFF Man sollte auf jeden Fall darüber reden. Es jemandem ausreden? Nein. Aber man sollte darüber reden. Es ist wichtig, seine Gefühle mitzuteilen. Wenn man an etwas festhält oder etwas unterdrückt, ist das wie Krebs – es frisst einen auf. Man sollte darüber reden, aber wenn sie weg will, kann man nichts machen. Mein Opa hat immer gesagt: »Lass das Vögelchen fliegen. Wenn es zurückkommt, weißt du, dass es Schicksal ist. Wenn nicht, war es das.« Wenn ein Mann oder eine Frau klammert und den Gedanken, vom Partner getrennt zu sein, nicht ertragen kann und der andere ein bisschen Zeit und eine Pause braucht, sollte man ihm diesen Wunsch erfüllen. Meistens erkennt man, dass einem die kurze Zeit der Trennung gutgetan hat.

ROB PATTERSON Auf keinen Fall! Man besitzt den anderen nicht – Punkt.

JIMMY ASHHURST Auf keinen Fall! Wenn es schon so weit gekommen ist ... Ich kenne mehrere Leute, die versucht haben, ihr Leid zu ertragen, aber das ist keine gute Entscheidung. Auch nicht, wenn man es für die Familie tut, den Kindern zuliebe oder was auch immer. Wenn es nicht funktioniert, muss man andere Regelungen treffen.

DANKO JONES Ich hab das jedenfalls getan. Über die Jahre habe ich allerdings erkannt, dass man sofort Schluss machen sollte, wenn einer von beiden nicht mehr will. Ich habe eine Weile gebraucht, um das zu erkennen. Das hat was mit Reife zu tun. Als vernünftiger Mensch beurteilt man seine Beziehungen, wenn sie zu Ende sind, und sagt dann: »Was habe ich falsch gemacht? Okay, das und das hat sie wirklich geärgert. Daran werde ich arbeiten und es nicht noch mal machen. Was hat mich an ihr auf die Palme gebracht? Auf diese Eigenschaft werde ich achten. Ich werde nicht in ein Muster verfallen.« Manche Leute sagen: »Ich steh auf das Mädchen, weil es mich an meine Exfreundin erinnert.« Dann fallen die Leute in ein

Muster und nichts ändert sich. So habe ich es auch gemacht, weil ich beim ersten Mal echt verletzt war. Ich habe mich gefragt: Was zum Teufel stimmt nicht mit mir? Also habe ich mir das so angewöhnt.

VAZQUEZ Ich denke nicht. Ich meine, wer zum Teufel will schon mit jemandem zusammen sein, der nicht mit dir zusammen sein will?

HANDSOME DICK MANITOBA Man sollte sich in seinem Leben und seiner Beziehung schon so gut auskennen, dass man weiß, was los ist. Das, was passiert, sollte einen nicht schockieren, ansonsten hat man sich vielleicht vorher selbst hinters Licht geführt.

TOBY RAND Nein, wenn der andere die Scheidung will, dann ... Man kann niemanden zu etwas überreden, das er nicht machen möchte.

JESSE HUGHES Natürlich sollte man versuchen, dem anderen die Scheidung auszureden, besonders wenn man Kinder hat. Die Vorzüge einer Ehe für den Geist und für andere spirituelle Aspekte der menschlichen Gesundheit gehen über die Person hinaus, mit der man zusammen ist. Es geht um eine Verpflichtung und darum, ein Leben lang zur Institution Ehe zu stehen. Das ist der Vorteil. Das wurde vergessen und die Ehe abgewertet. Darum habe ich versucht, es meiner Frau auszureden, obwohl ich sie gehasst habe.

Zu welchem Zeitpunkt sollte man einen Scheidungsanwalt einschalten?

BRENT MUSCAT Nie. Ich habe geheiratet und irgendjemand hat zu mir gesagt, dass ich einen Ehevertrag machen soll. Und ich hab gesagt: »Warum? Ich bin nicht reich. Ich hab zwar ein Haus, aber ich bin nicht reich.« Meine Theorie war, wenn ich heirate und sie meine Partnerin ist und mir hilft, dann würde ich ihr mit Vergnügen die Hälfte von allem geben, falls wir uns mal scheiden lassen. Ist mir egal. Ist doch nur Geld, was Materielles. Ich hatte Schulden, als ich geheiratet habe, ich war ein Wrack. Wir haben ungefähr 2000, 2001 geheiratet. Meine Frau hat mir geholfen, meinen Scheiß zu regeln. Ich hab keinen Ehevertrag unterschrieben. Ich würde ihr gern die Hälfte von allem, was ich besitze, geben. Mein Rat lautet: Seid großzügig und nehmt euch keinen Anwalt. Wenn man sich einen Anwalt nimmt, kostet das am Ende nur noch mehr. Man verschwendet damit nur sein Geld. Spar dein Geld und gib ihr, was sie will. Wenn man das machen muss und raus will, sollte man nicht geizig sein.

ACEY SLADE Ich lass es dich in den nächsten Tagen wissen.

ALLISON ROBERTSON Wenn einer von beiden mehr Geld als der andere hat. Ich glaube aber nicht, dass man unbedingt einen Anwalt braucht. Wenn man sich alles geteilt hat und es einfach nur aufteilen möchte, kann man jemanden engagieren, der billiger ist, damit er für Gerechtigkeit sorgt. Andererseits kommt es darauf an, wie viel man sich streitet oder ob die Gefühle auf Gegenseitigkeit beruhen. Wenn man denkt: Hey, ich mag dich einfach nicht mehr, ist es einem vielleicht egal. Es kommt echt drauf an, wie viel Geld im Spiel ist.

JAMES KOTTAK Wenn man auf Anwälte verzichten kann, sollte man es tun. Sich das Geld sparen. Man sollte es einfach beenden, einfach beenden.

JESSE HUGHES Sofort, wenn sich eine Scheidung anbahnt, sollte man sich einen Anwalt nehmen. Und Männer, fallt nicht auf den ältesten Trick der Welt rein: Ihr seid mehr als ein monatlicher Scheck. Man braucht schnell einen Anwalt und wenn man ein Mann ist, braucht man eine Anwältin.

COURTNEY TAYLOR-TAYLOR Bevor man heiratet, sollte man eine Vereinbarung treffen, sich gegenseitig sagen, was man erwartet und was man nicht tolerieren wird. Man muss einsehen, dass es um die Realität geht, und eine Vereinbarung treffen, solange man eine positive Einstellung hat und die Größe zeigen kann, die man haben will.

BRUCE KULICK Jedes Land und jeder Bundesstaat ist anders. Ich erzähl mal von der Scheidung von dem Mädchen, mit dem ich während meiner Zeit bei Kiss zusammen war, denn wir beide wussten, wie hässlich es werden kann. Ich glaube, sie hat sogar gehofft, dass es funktionieren würde. Ich war derjenige, der schließlich gesagt hat: »Moment mal, ich will nicht mehr. Ich habe das nicht verdient.« Blablabla. Mein Herz war gebrochen und ich hatte das Gefühl, dass ich nicht wusste, was sie dachte. Die Therapie hat nichts gebracht. Ich habe mich zusammengerissen und erkannt, dass ich das hinter mir lassen will. Sie wollte sich zwar nicht unterkriegen lassen, aber wir waren doch so schlau, uns einen gemeinsamen Anwalt zu nehmen. So haben wir beide mehr Geld herausbekommen, weil wir nicht zwei Anwälte bezahlen mussten. Letzten Endes ist es aber bei jedem anders.

 **ROB PATTERSON** In dem Moment, in dem man herausfindet, das etwas schiefläuft, braucht man einen Anwalt.

 **CHIP Z'NUFF** Wenn sie es mit dem Footballteam treibt, ist es an der Zeit, sich einen Anwalt zu nehmen, denn die meisten Kerle haben ein zerbrechliches Ego und halten das nicht aus. Aber wenn jemand ein Alkoholproblem hat oder Drogen nimmt und man denjenigen wirklich liebt und jahrelang mit ihm zusammen war, sollte man versuchen, das Problem zu lösen. Mein Großvater hat zu mir gesagt: »Wenn man sich trennt, erlebt man für jedes Jahr, das man verheiratet war, einen Monat voller Schmerz.« Wenn man also zehn Jahre verheiratet war, kann man sich auf zehn schmerzhafte Monate einstellen und nichts daran ändern. Man kann sich eine neue Frau ins Haus holen und verschiedene Sachen ausprobieren, aber man kann die, die man einmal toll fand, nicht ersetzen. Man sollte sich nicht daran festklammern, sonst wird es nur immer schlimmer und schlimmer. Außerdem sollte man dankbar für die Zeit sein, die man mit dieser Person verbacht hat. Das kann einem niemand mehr nehmen. Diese Erinnerungen behält man – ein Leben lang. An die guten Zeiten und großartigen Erlebnisse kann man sich immer mit Freude erinnern.

Wie kann man bei einer Scheidung sein Vermögen in Sicherheit bringen?

 **EVAN SEINFELD** Zuerst einmal sollte man einen Ehevertrag haben. Ich denke, es liegt den Amerikanerinnen im Blut, immer etwas herausholen zu wollen. Das passt zu meiner Theorie, dass viele Frauen nicht wegen des Sex oder der Beziehung auf Sex stehen, sondern weil sie dabei etwas für sich herausholen können. Ich lebe in Hollywood, Mann. Geh mal heute

Abend ins Ivy. Da sind verdammt atemberaubende zwanzigjährige Playmates, die bei den verdammten zahnlosen Achtzigjährigen sitzen. Was machen die da? So was nennen wir eine Beziehung, die für beide von Vorteil ist. Jeder bekommt dabei etwas. Nur weil die Frau eine Vagina und der Mann einen Penis hat und sie versuchen, eine Beziehung zu führen, die dann nicht funktioniert, muss der Mann meiner Meinung nach nicht für die Frau zahlen. Aber leider sieht die Gesellschaft das anders. Frauen wollen Gleichberechtigung, aber das Gesetz beschützt sie als das schwache Geschlecht.

JIMMY ASHHURST Auslandskonten.

ACEY SLADE Ich habe Glück. Ich habe nicht viel mehr als meine Gitarren. Eheverträge mag ich nicht. Ich fand es schon immer gut, nur einmal heiraten zu wollen. Obwohl ich einerseits ein Rock'n'Roll-Mistkerl bin, bin ich auf der anderen Seite irgendwie altmodisch. Ich stecke gerade mitten in einer Scheidung, aber ich wollte eigentlich nur einmal heiraten. Also habe ich an so was wie einen Ehevertrag nie gedacht.

JESSE HUGHES Lass die Schlampe umbringen ... War nur Spaß. Man beschützt sein Vermögen am besten, indem man geradeheraus, vernünftig und ehrlich ist – vorausgesetzt man besitzt etwas. Sein Vermögen zu schützen heißt manchmal, alles für sich zu haben, und das ist nicht unbedingt der Fall, wenn man sich zusammen etwas aufgebaut hat. Besonders wenn Kinder im Spiel sind und die Frage aufkommt: »Was würdet ihr machen, wenn jemand schlecht über eure Mutter redet?« Daran sollte man denken, wenn es um die Mutter der eigenen Kinder geht.

ROB PATTERSON »We want pre-nup!« [dt.: »Wir wollen einen Ehevertrag!« Aus *Gold Digger* von Kanye West]

SELBST-BEFRIEDIGUNG

⚡

»ES IST GESUND, SICH AB UND ZU
EINEN VON DER PALME ZU WEDELN.«

CHIP Z'NUFF

Was hast du durch Selbstbefriedigung über dich erfahren?

 **DOUG ROBB** Ich habe erkannt, dass ich früher viel mehr masturbiert habe. Sogar das Wichsen wird langweilig. Als ich jünger war, konnte ich es nicht abwarten, allein zu sein, aber jetzt ist es eigentlich nicht mehr so wichtig. Ich wurde nie dabei erwischt. Ich glaube, ich bin da der einzige von all meinen Freunden. Anscheinend wurde jeder irgendwann mal erwischt – der Vater kam rein oder so was. Also habe ich durch die Selbstbefriedigung auch erkannt, dass ich gute planerische Fähigkeiten habe.

 **ACEY SLADE** Dass ich es zu oft mache.

 **ADDE** Dass ich schmutzige Fantasien habe. Dass es mir einen Kick gibt, wenn … Wenn man in einer Band spielt, spricht man mit seinen Bandkollegen und die sagen dann so Sachen wie: »Das und das gibt mir voll den Kick. Und das und das eher nicht.« Aber das ist nicht mein Stil und dann wollen sie wissen, was mich anmacht. Na ja, das sind nicht umsonst *meine* Fantasien.

 **JESSE HUGHES** Ich habe entdeckt, dass Sex irre ist.

 **ANDREW W.K.** Die erste sexuelle Beziehung hat man zu sich selbst. Bevor ich mit einem Mädchen zusammen war, hatte ich ja keine anderen Erfahrungen und konnte nur auf das zurückgreifen, von dem ich wusste, dass es sich für mich gut anfühlt. Es war interessant, durch das, was ich schon mit mir selbst gemacht hatte, zu erkennen, was mir gefällt. Über die Jahre habe ich so wirklich gelernt, was ich mag. Sex mit sich selbst zu haben fühlt sich natürlich immer anders an als Sex mit einer Frau, aber letzten Endes ist es doch dasselbe. Das einzige Mal, dass ich ein schlechtes Gewissen hatte, mich selbst zu befriedigen, war, als das Mädchen, mit dem ich zusammen war, deswegen beleidigt war. Ich sollte mich ganz für sie aufheben. Damals habe ich wirklich geglaubt, dass ich etwas mache, das nicht besonders ehrenhaft ist, so als ob ich ihr irgendwie untreu gewesen wäre. Jetzt verstehe ich, dass es – ob man dabei nun Pornografie benutzt oder nicht – eine völlig diskrete, eigenständige Art der Sexualität ist, die extrem wertvoll, wichtig und gesund ist. Ich finde, es ist eine gute Idee, die sexuelle Beziehung, die man mit sich selbst hat, aufrechtzuerhalten,

und eine Partnerin zu haben, die versteht, dass das nichts mit ihr zu hat. In guten wie in schlechten Zeiten, das muss sie verstehen, aber zu denken, dass man keine sexuelle Beziehung mehr mit sich selbst hat, weil man in einer Beziehung ist, das ist falsch. Es geht nicht um Sex mit einem anderen Menschen, es geht um Sex mit sich selbst, und der sollte keine Bedrohung für eine Beziehung sein.

 **EVAN SEINFELD** Ich habe gelernt, dass zu viel nie genug ist.

 **BRENT MUSCAT** Ich schätze, ich habe meine Sexualität durch Selbstbefriedigung kennengelernt, denn bevor ich Sex mit einem Mädchen hatte, habe ich das erste Mal bei der Selbstbefriedigung ejakuliert. Ich habe auf diese Weise also herausgefunden, wie alles funktioniert. Man bekommt einen Ständer und kommt zum ersten Mal. Das war beim Masturbieren.

 **DANKO JONES** Ich habe erfahren, dass meine Hand mein bester Freund und Lebensgefährte ist.

 **CHIP Z'NUFF** Ich habe gelernt, dass man besser wirklich allein sein sollte, denn man will dabei auf keinen Fall erwischt werden. Es ist gesund, sich ab und zu einen von der Palme zu wedeln. Das ist gut für dich. Wenn ich auf Tour bin und mir einen runterhole, ist es weniger wahrscheinlich, dass ich losziehe und mit wechselnden Partnerinnen schlafe. Daran denke ich dann nicht mal. Aber wenn man ein oder zwei Wochen nichts macht und dann bei den Konzerten diese gut aussehenden Puppen sieht, die einen bewundern, dann ist es echt schwer, Nein zu sagen. Ich kann das also nur empfehlen. Ich denke, es ist gesund, ein oder zweimal die Woche zu wichsen.

 **COURTNEY TAYLOR-TAYLOR** Nicht so viel, glaub ich.

 **HANDSOME DICK MANITOBA** Ich habe gemerkt, dass ich es liebe, aber ich weiß jetzt nicht, was ich über mich erfahren haben sollte. Darüber habe ich noch nie nachgedacht, aber es war immer Teil meines Lebens, ob ich nun Sex hatte oder nicht. Das ist fast egal. Es ist beinahe so, dass Sex mit einem anderen Menschen und Masturbation zwei verschiedene Dinge sind.

NICKE BORG Ich denk mal, ich hab dabei nichts über mich erfahren. Man macht es einfach. Manchmal übertreibe ich es damit, wenn ich frustriert bin.

JIMMY ASHHURST Ich habe erfahren, dass ich verdammt heiß bin!

LEMMY Das Erste, was ich entdeckt habe, war, dass ich Orgasmen haben kann. Alles andere sind nur Details, oder?

ROB PATTERSON Ich habe erkannt, dass ich ungeduldig bin. Haha!

TOBY RAND Ich habe erfahren, dass ich Bilder mag und mich gern an bestimmte Frauen erinnere, mit denen ich zusammen war, und an bestimmte Momente, um erregt zu werden. Außerdem ist es gut, sich zurückzuhalten und sich nicht einfach ganz schnell einen runterzuholen. Es macht viel mehr Spaß zu testen, wie weit man gehen kann, denn das funktioniert dann auch immer im Bett.

VAZQUEZ Ich habe das Gefühl, dass Pornos mein Leben bereichert haben, denn ohne sie hätte ich nie all die Dinge kennengelernt, die ich an Frauen liebe.

Wie oft am Tag ist zu oft?

BRENT MUSCAT Ich erinnere mich, dass mir ein Freund erzählt hat, dass er es total oft macht. Und ich hab gefragt: »Wie kannst du es so oft machen?« Ich glaube, er hat was von zehnmal gesagt. Er meinte, dass er danach wund war. Wenn man sich wehtut, macht man es vielleicht zu oft. Dann wäre es vielleicht gut, eine Pause einzulegen. Ich glaube, dreimal am Tag war bei mir das Häufigste. Und dabei habe ich mich schon wund gerieben. Wenn es so weit kommt, ist es zu oft und an der Zeit, Pause zu machen.

 **CHIP Z'NUFF** Also ich möchte keine Bandnamen nennen, aber ich kenne viele Typen, die es zwei- oder dreimal am Tag machen. Wenn man keinen so großen Sextrieb hat, empfehle ich, es einmal am Tag zu tun.

 **ACEY SLADE** Ich würde sagen zweimal. Ich mache das jetzt nicht mehr, aber es gab Zeiten in meinem Leben ...

 **ADDE** Eigentlich zweimal. Ich kann nicht öfter als einmal am Tag masturbieren.

 **ANDREW W.K.** Ich weiß nicht, ob es eine bestimmte Anzahl gibt, die zu hoch ist. Aber es ist nicht gut, wenn es deine Fähigkeit, andere Dinge zu tun, beeinflusst. Wie eine Sucht. Wenn es zwanghaft wird und du nicht mehr zu den Dingen kommst, die du sonst in deinem Leben machen würdest, dann ist es wahrscheinlich zu oft.

 **ALLISON ROBERTSON** Ich denke, mehr als einmal am Tag ist vielleicht zu oft.

 **BLASKO** Zu oft gibt es nicht. Ich schätze, zu oft ist, wenn man anfängt zu bluten. Dann hat man eine Grenze überschritten.

 **COURTNEY TAYLOR-TAYLOR** Ich würde sagen, mehr als vier- oder fünfmal und man reibt sich wahrscheinlich ein Loch. Das solltest du nur machen, wenn in deinem Leben echt was los ist, maximal ein paar Tage, in denen wirklich was mit dir passiert. Meinetwegen wenn du Feuer und Flamme bist – oder auch tragischerweise ohne Ende deprimiert. Eine kleine Weile kannst du das durchhalten, höchstens eine Woche, vier- oder fünfmal am Tag, aber danach bekommst du einen Tennisarm! Außerdem wirst du dir ein Loch reinrubbeln.

 **DANKO JONES** Mehr als zwei- oder dreimal ist verrückt. Dann sollte man mal das Haus verlassen. Fuck.

 **DOUG ROBB** Kommt aufs Alter an. Wenn du 17 bist und mir erzählst, dass du dir jeden Tag zweimal einen runterholst, dann würde ich sagen: »Alter, das ist aber viel.« Vielleicht habe ich aber auch vergessen, wie es ist, 17 zu sein. Einmal am Tag, wenn man jung ist und vor Kraft strotzt, sollte reichen. Wenn man so alt ist wie ich, 34, und sich immer noch mehr als einmal am Tag einen runterholt, dann sollte man sich lieber ein Hobby suchen.

 **EVAN SEINFELD** Wenn ich einen Tag von meiner Frau getrennt bin, ist es nicht ungewöhnlich, dass ich vier- oder fünfmal am Tag wichse. Denn meine Frau und ich haben fünf- oder sechsmal am Tag Sex. Ich denke, es ist auf jeden Fall gesund für einen Mann, sich mindestens ein- oder zweimal am Tag Erleichterung zu verschaffen. Frauen, die sich selbst befriedigen, sind orgasmusfähiger und haben mehr Spaß am Sex. Also Ladys, seid nicht schüchtern, sondern tut es einfach.

 **HANDSOME DICK MANITOBA** Kommt drauf an, wie alt man ist.

 **JAMES KOTTAK** Ich würde sagen, zwölfmal ist zu viel.

 **JESSE HUGHES** Wenn man so viel wichst, dass man erwischt wird, dann ist es zu oft.

 **JIMMY ASHHURST** Oh Gott, es gibt Tage, an denen fragt man sich, was die Nachbarn wohl denken würden. Ich glaube nicht, dass man es zu oft machen kann, Mann. Was auch immer einen anturnt, sollte okay sein. Dafür sind wir doch hier.

 **NICKE BORG** Sechs Stunden hintereinander.

 **TOBY RAND** Ich glaube nicht, dass es so was wie »zu oft« gibt. Wenn man es mehrmals am Tag machen kann, warum sollte man es verdammt noch mal nicht tun? Wahrscheinlich lassen Rockstars Groupies nur deshalb nicht ran, weil sie so viel im Tourbus wichsen.

 **VAZQUEZ** Ist bei jedem anders. Ich hol mir einmal am Tag einen runter, wenn ich weiß, dass ich nicht vögeln werde.

 **ROB PATTERSON** Achtmal.

 **LEMMY** Zweihundertmal ist zu oft. Ich versuche immer, bei 145 aufzuhören, aber das kommt aufs Alter an, denke ich. Wenn man jünger ist, macht man es öfter, aber wenn man älter wird, macht man es seltener oder will es zumindest seltener machen.

Turnt es dich an, jemandem dabei zuzusehen, wie er sich befriedigt?

 **HANDSOME DICK MANITOBA** Ja, ich liebe diese Art des Sexspiels mit meinem Mädchen. Manchmal spielen wir beide an uns rum. Für mich ist es aber eigentlich nur Selbstbefriedigung, wenn ich allein bin. Wenn man es tut und jemand anderes ist noch im Zimmer, dann ist das keine richtige Selbstbefriedigung. Man teilt es mit jemandem. Aber es ist etwas, das ich immer tun werde und immer getan habe und immer genießen werde. Es hat eigentlich nichts damit zu tun, ob ich Sex habe oder nicht, ob ich glücklich bin oder nicht. Es ist ein netter Trost, es ist immer für einen da.

 **ACEY SLADE** Einem Mädchen bei der Selbstbefriedigung zusehen? Klar, ist voll der Anturner.

 **LEMMY** Nein. Merkst du eigentlich, dass alle Fragen, die du mir gestellt hast, sehr persönlich sind? Mögen die Bräute das wirklich? Das hängt von der Mutter und dem Vater ab, außer man ist Sigmund Freud.

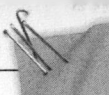

 **DANKO JONES** Wenn's ein Kerl ist: nein! Aber an sich schon, ja, das turnt einen an. Kommt drauf an, wie erregt ich bin. Könnte aber auch sein, dass ich denke: Boah, das langweilt mich gerade zu Tode.

 **ADDE** Ja, absolut!

 **ALLISON ROBERTSON** Mich turnt das nicht an. Auf keinen Fall. Ich weiß nicht warum. Vielleicht bin ich seltsam, aber so ist es.

 **BLASKO** Einem Mädchen – ja.

 **EVAN SEINFELD** Einer Frau zuzusehen turnt mich an.

 **GINGER** Zur Hölle ja! Das ist die perfekte Möglichkeit herauszufinden, wie sie es mögen.

 **JAMES KOTTAK** Nein.

 **JESSE HUGHES** Solang es kein Kerl ist, turnt es mich total an.

 **JIMMY ASHHURST** Einer Frau zuzusehen turnt mich an. Sehr sogar.

 **ROB PATTERSON** Natürlich! Aber nur, wenn es um meine Freundin geht, nicht um irgendeinen Kerl!

 **NICKE BORG** Ja, auf jeden Fall – absolut!

 **TOBY RAND** Ja, ich liebe es, einem Mädchen beim Masturbieren zuzusehen.

 **VAZQUEZ** Irgendwie schon … Sobald ich so was sehe, denke ich: Okay, ich bin bereit. Ich will nicht rumsitzen und zusehen, wie sie an sich selbst rumspielt. Ist eher so, dass ich denke: Okay, jetzt will ich sie ficken.

Was macht man nach dem Wichsen mit dem Sperma?

 **ACEY SLADE** Im Bus nimmt man 'ne Socke. Hast du schon mal vom Sockenrennen gehört? Wenn man in einer Band ist und an einem Abend niemand Sex hatte, springen alle in ihre Schlafkabinen und holen sich einen runter. Wer seine Socke dann zuerst auf den Gang wirft, hat verloren. Ich hab das nie erlebt, aber davon gehört. Ich will es echt nicht wissen, wenn ein anderer Kerl wichst.

 **ADDE** Gib's ihr auf die Titten oder in den Mund. Ja!

 **ANDREW W.K.** Ich würde sagen, man sollte es irgendwie loswerden. Ich würde es nicht irgendwo dran kleben lassen. Ich hatte Freunde, für die es ein Kick war, Sperma auf ihren Klamotten zu haben und damit in den Tag zu gehen. Also echt, das fand ich ziemlich provokativ. Es hat mich an Sex in der Öffentlichkeit erinnert oder an Sex, wenn andere Leute einen hören können. Das ist eine grobe Verletzung der Wünsche anderer Leute, die nichts mit deinem Sexleben zu tun haben wollen. Als würde man sich vor jemandem entblößen.

 **BRENT MUSCAT** Man kann eigentlich alles damit machen. Man kann es irgendwo hinspritzen, es in ein Taschentuch wischen oder sich ein T-Shirt schnappen, das eh in die Wäsche muss. Keine Ahnung, was am besten ist. Ich schätze, man sollte es nur nicht irgendwo haben, wo es dann jemand sehen könnte. Zu viel auf dem Laken könnte peinlich sein, wenn man später seine Freundin oder einen Freund zu Besuch hat. Ein Taschentuch oder ein warmer Waschlappen ist gut.

 **BLASKO** Mach sauber und sieh zu, dass du's loswirst.

 **ROB PATTERSON** Schluck's runter.

 **CHIP Z'NUFF** Wenn man allein ist, sollte man darauf achten, dass ein Handtuch oder eine Babysocke bereit liegt, sodass man keine Sauerei macht. Dann sollte man es sofort verschwinden lassen, in die Waschmaschine oder wenn man in einem Hotel ist, in den Mülleimer. Wenn man mit einer Frau zusammen ist, weiß man, wohin damit. Werd es los. Komm nicht in ihr. Das ist respektlos – mach es in ihren Mund. Wenn du das Gefühl hast, dass du gleich so weit bist, sag es ihr und mach es so. Ich finde, das macht Spaß und so entsteht keine Sauerei.

 **JAMES KOTTAK** Mach sauber!

 **COURTNEY TAYLOR-TAYLOR** Toilette. Ich bin dafür, ein Handtuch zu benutzen. Man sollte es nicht in den Ausguss tun, denn sonst bekommt man Probleme mit dem Abflussrohr. Es kostet bestimmt 140 Dollar, die Haare, die sich um deine Wichse gesammelt haben, herausholen zu lassen, also nicht in den Ausguss damit. In die Toilette, hoffentlich zusammen mit etwas Papier oder so, oder mach es einfach in ein Handtuch.

 **TOBY RAND** Entweder legt man ein altes T-Shirt bereit oder man reibt sich damit den Körper ein wie mit Bodylotion. Einer meiner Freunde verschlingt es tatsächlich – ich will hier keine Namen nennen. Ich habe zwar nicht gesehen, dass er es macht, aber ja, das ist verdammt seltsam.

 **DOUG ROBB** Benutze es nicht als Haargel! Schmeiß es weg, wenn es im Papiertuch ist. Schmutzige Klamotten sind immer gut, um sauber zu machen, weil man die ja eh wäscht.

 **DANKO JONES** Mach sauber. Steh auf, geh ins Bad und mach dich sauber. Das mache ich immer.

 **JESSE HUGHES** Am besten macht man sauber und wirft das Zeug weg.

 **JIMMY ASHHURST** Eine schnelle und graziöse Beseitigung. Einmal die gute alte Klospülung drücken ist wahrscheinlich das Beste.

 **LEMMY** Oh, wirf es weg, Mann. Es bringt nichts, es aufzuheben.

 **VAZQUEZ** Ich wichse auf der Toilette, sodass ich direkt in die Toilette abspritzen kann und fertig bin. Das ist effizient, sauber und alle sind glücklich.

 **NICKE BORG** Wenn man nicht dabei erwischt werden will, dass man es in seiner Küche macht, sollte man etwas haben, wo man die Wichse reinmachen und das man dann wegwerfen kann. Wenn man mit jemandem zusammen ist, lässt man es vielleicht auf ihr – wenn sie will. Kommt drauf an, wie oft man es vorher schon gemacht hat. Vielleicht kommt ja nicht mehr so viel raus.

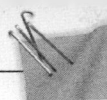

Wie kriegt man den besten Orgasmus, wenn man sich selbst befriedigt?

 VAZQUEZ Solange ich Pornos habe, geht's mir gut. Ich habe gerade zu Videos gewechselt. Eigentlich stand ich immer auf Zeitschriften und dann hab ich mich plötzlich für Videos interessiert und darauf fahr ich jetzt mehr ab. Ich fand Zeitschriften echt richtig lange gut. Die Leute haben mich immer gefragt: »Warum kaufst du dir die?« Und ich meinte: »Keine Ahnung, Mann. Ich mag sie einfach.«

 ACEY SLADE Mit Pornos oder einer Partnerin.

 BLASKO Je länger man sich zurückhalten kann, desto besser.

 JIMMY ASHHURST Vorspiel. Wenn man etwas Geduld hat, ist das Endresultat meistens gewaltiger.

 ROB PATTERSON Wenn du das nicht weißt, stimmt was nicht.

 TOBY RAND Pack deine Eier ganz fest und wenn du kurz vorm Platzen bist, geh nicht den letzten Schritt, sondern halt einfach deine Schwanzwurzel und deine Eier fest, bevor du kommst, und dann rubbelst du weiter an dir.

SEX
GEGEN
BEZAHLUNG

⚡

»NORMALERWEISE SIND STRIPPERINNEN NICHT MAL
HALB SO GEIL WIE DAS MÄDCHEN VON NEBENAN.
ABER IRGENDWIE HAT DIE VERBINDUNG VON ROCK'N'ROLL
UND STRIPCLUBS ETWAS ROMANTISCHES.«

NICKE BORG

Nach welchen Kriterien würdest du dir im Puff eine Prostituierte aussuchen?

 **LEMMY** Keine Ahnung. Ich war noch nie in einem Puff. Ich muss aber sagen, dass ich nicht verstehe, wie es illegal sein kann, etwas zu verkaufen, bei dem man das Recht hat, es wegzugeben. Das ist ein dummes Gesetz, das die Polizei wertvolle Zeit kostet und viele Menschen ohne Grund in den Knast bringt. Wenn jemand Sex haben will, wird er Sex haben, egal ob man die Braut, wenn man sie zum ersten Mal erwischt, ins Gefängnis steckt oder nicht.

 **CHIP Z'NUFF** Ich war schon mal im Puff. All die Mädchen kommen auf einen zu und reden an der Bar mit einem, während man sich einen Drink bestellt. Man weiß einfach, welche man nehmen sollte – durch ihr Benehmen, den Klang ihrer Stimme, die Worte, die sie benutzt, was sie einem zu sagen hat, wie sie es sagt. Es ist ziemlich einfach, sich eine auszusuchen. Man sollte nicht nur nach dem Aussehen gehen. Achte darauf, dass ihr euch auch unterhalten könnt. Das ist sehr wichtig und wird alle Zweifel beseitigen, die du vielleicht hast. Ich rate, sich zuerst ein paar Minuten zu unterhalten und sie sich dann natürlich gut anzusehen. Ihr Gesicht sollte dir gefallen und auch alles andere und dann weißt du es. Denk dran, wenn du in einem Puff bist, hast du die Wahl. Dort gibt es normalerweise zwischen zehn und dreißig Mädchen. Du hast viel Zeit. Sei geduldig – Geduld ist eine Tugend. Letzten Endes findet man eine, mit der man was anfangen kann.

 **ACEY SLADE** Nimm einfach die heißeste – ganz einfach.

 **BLASKO** Ich war noch nie in einem Puff, also habe ich keine Ahnung. Aber wenn es um mein Geld geht, sollte sie schon die Heißeste sein.

 **BRENT MUSCAT** Such dir die Hässlichste aus, denn die wird am meisten bereit sein, dich zu befriedigen, und ich denke, sie wird wahrscheinlich auch am saubersten sein. Die Hübscheste hatte bestimmt schon zu viel Sex an dem Tag und wird keinen Spaß mehr daran haben.

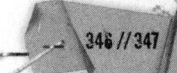

COURTNEY TAYLOR-TAYLOR Ich habe noch nie für Sex bezahlt, aber was ich von Freunden gehört habe, ist, dass man einfach herumläuft, bis eine von ihnen diesen elektrischen Impuls in deinem Unterleib auslöst und du denkst: Heilige Scheiße! Wow, ich muss jetzt Sex haben. Erwarte nicht, dass es großartig ist. Es ist emotionslos und sie wird versuchen, mehr Geld rauszuschlagen. Sie wird einfach versuchen, an deine Brieftasche zu kommen. Manche lassen dich fast kommen und versuchen dann, mehr Geld rauszuschlagen, und sagen: »Komm schon, komm schon, einmal noch, einmal noch.« Man muss also aufpassen, denn man bezahlt ja dafür. Das ist ein Job.

DANKO JONES Ich schätze, sie muss heiß sein, richtig heiß. Ich würde es nicht tun. Aber wenn doch, dann müsste sie ein schönes, sportliches Exemplar sein.

JIMMY ASHHURST Dafür gibt es heute doch das Internet. Eine Zeit lang waren die in Thailand nummeriert, was ich ziemlich praktisch fand. Das hat es einfacher gemacht. Man hat so was gesagt wie: »Ich nehm Nummer 7 mit einem Schuss Nummer 13.«

DOUG ROBB Auch das habe ich noch nie erlebt, aber wenn ich so was täte, würde ich mir die aussuchen, die am heißesten aussieht. Macht man das nicht so?

HANDSOME DICK MANITOBA Ich war dreimal in meinem Leben bei Prostituierten. Das erste Mal war, als die Dictators 78 oder 77 in Amsterdam waren. Wir sind rumgelaufen und da waren welche, die gnadenlos schön waren, aber lächerlich viel Geld verlangt haben. Dann waren da noch welche, die aussahen wie das Mädchen von nebenan und süß genug für uns waren. Wir haben uns jeder eine ausgesucht, uns getrennt und gesagt: »Wir treffen uns in einer Stunde wieder.« Das war's. Das nächste Mal war, als ich in New York Taxi gefahren bin und in der Central Park West ein Callgirl mitgenommen hab. Sie hat nicht aufgehört, über ihren Job zu reden, und meinte immer: »Komm schon, komm schon!« Sie hat mich überredet, im Taxi rumzumachen. Das dritte Mal war an meinem 27. Geburtstag und das war es dann. Ich bin immer in diese Situationen hineingestolpert. Ich habe mir nie gesagt: Ich such mir jetzt eine aus.

TOBY RAND Ich war noch nie in einem Bordell. Na ja, ich war schon mal in einem, aber ich war mit keiner Nutte zusammen ... Aber wenn ich es machen würde, würde ich mir die Heißeste aussuchen. Wir wollen ja schließlich nicht rumhängen oder so was.

JAMES KOTTAK Ich nehm die, die zuletzt geduscht hat.

JESSE HUGHES Ich war noch nie im Leben bei einer Prostituierten.

ROB PATTERSON So was hab ich noch nie gemacht.

NICKE BORG Die sagen alle, dass sie dich heiraten wollen und dass sie dich lieben. Je nachdem, wie viele Drinks man hatte, glaubt man ihnen oder nicht. Ich habe es tatsächlich erlebt, dass eine gesagt hat: »Du bist so toll. Ich liebe dich. Mein Name ist Angel Rose.« Und ich hab gesagt: »Nein, ist er nicht.« – »Nein, wirklich, ich heiße Lydia Garcena.« – »Nein, heißt du nicht.« – »Doch und das ist meine Handynummer.« Und ich hab gesagt: »Nein, ist sie nicht.« Aber sie stimmte. Man weiß es also nicht. Aber Alter, man muss doch echt abgefuckt sein, um sich eine Prostituierte in einem verdammten Puff zu suchen und für Sex zu bezahlen. Ich schätze, es ist irgendwie sexy, aber ich würde das nicht empfehlen – nein.

Sind Stripper(innen) gut im Bett?

NICKE BORG Jeder, der sich vor vielen fremden Männern – oder Frauen – ausziehen will, um ein paar Dollar in sein Höschen oder zwischen die Arschbacken gesteckt zu bekommen, ist irgendwie nicht ganz richtig im Kopf, schätze ich mal. Normalerweise sind Stripperinnen nicht mal halb so geil wie das Mädchen von nebenan. Aber irgendwie hat die Verbindung von Rock'n'Roll und Stripclubs etwas Romantisches. Ich gehe echt gern in Stripclubs. Manchmal gehe ich nur wegen der Stimmung, der Drinks und der schäbigen Atmosphäre der Siebziger und Achtziger hin, die man heutzutage kaum noch irgendwo findet. Manchmal spielen sie dort auch guten Rock'n'Roll. Ich hänge hin und wieder gern mit Stripperinnen ab, denn letzten Endes sind sie gar nicht an Sex interessiert, was manchmal eine Erleichterung sein kann.

 **ACEY SLADE** Ja, sind sie. Sie sind gut im Bett, aber sicher nicht für eine lange Beziehung geeignet.

 **ADDE** Ja, absolut!

 **ALLISON ROBERTSON** Ja, ich denke, das kann schon sein. Das hängt vollkommen davon ab, was derjenige draufhat. Das hat nichts mit dem Job zu tun, den man hat, oder wie sexy oder unsexy dieser Job ist. Es kommt darauf an, wie sehr man sich zueinander hingezogen fühlt.

 **BLASKO** Ich habe erlebt, dass sie gut im Bett sind, und auch, dass sie es nicht sind. Ich denke, es ist ein Mythos, weil man sie sich ansieht und dann denkt: Oh, das wird sicher heiß im Bett. Und dann ist es das manchmal nicht. Manchmal möchte man sie wegen Werbebetrugs verklagen.

 **BRENT MUSCAT** Nicht unbedingt. Viele Stripperinnen sind ganz schön fertig. Die, die schon lange dabei sind, sehen in den Clubs immer nur einen ganz bestimmten Typ Mann – den Typ Mann, der sie anglotzt und Sex will. Ich denke aber nicht, dass alle Männer so sind. Manchmal haben diese Mädchen dann eine vorgefasste Meinung über Männer. Und manchmal ist Sex dann das Allerletzte, was sie wollen. Aber nicht alle sind so. Ich hatte Sex mit ein paar Stripperinnen – was viel Spaß gemacht hat. Aber aus Erfahrung kann ich sagen, dass viele von ihnen Probleme mit Männern haben. Ich würde also nicht sagen, dass sie es besser machen. Kommt echt aufs Mädchen an.

 **CHIP Z'NUFF** Nein. Aber sie sind tolle Tänzerinnen und ich steh total auf diese Kunstform. Ich weiß, sie zu schätzen, und ich liebe sie. Im ganzen Land gibt es großartige Stripperinnen und sie sind echt nett. Es ist ein harter Job, Stripperin zu sein, und ich liebe Stripperinnen. Aber die, mit

denen ich zusammen war, waren ziemlich egoistisch. Sie sind zu sehr mit sich selbst beschäftigt. Und Zeit ist nun mal Geld.

COURTNEY TAYLOR-TAYLOR Kann ich nicht sagen, ich hatte nur sehr wenige sexuelle Abenteuer mit Stripperinnen, von denen ich weiß. Sicher würde jedes Mitglied von Mötley Crüe sagen: »Du bist verrückt! Was zur Hölle hat er eben gesagt? Hey Kumpel, du wirst nicht glauben, was dieser Idiot gerade gesagt hat!«

JESSE HUGHES Meiner Meinung nach nicht, aber natürlich kann jeder gut im Bett sein. Ich persönlich steh nicht drauf, Sex mit Stripperinnen zu haben.

DANKO JONES Ich schätze schon. Ich gehe nicht mit Stripperinnen aus, aber ich kenne viele Typen, die das gemacht haben und immer noch machen. Die haben erzählt, dass die Arbeitsatmosphäre ziemlich sexuell aufgeladen ist, mehr als jede andere Arbeitsumgebung. Sie sind dort den ganzen Tag, das muss sich ja ins Schlafzimmer übertragen. Ich habe gehört, dass sie mehr Fetische haben als die meisten Leute. Liegt sicher daran, dass bestimmte Persönlichkeiten von dieser Beschäftigung angezogen werden. Ich hab da echt krasse Dinge gehört – und das passt ja schon irgendwie zu dem Job.

DOUG ROBB Keine Ahnung. Ich hatte nie Sex mit einer Stripperin ... soweit ich weiß.

HANDSOME DICK MANITOBA Ich hasse es, in einem witzigen Buch intellektuell zu klingen, aber es gibt ungefähr fünfzig Millionen Stripperinnen auf der Welt und ich denke nicht, dass man sagen kann, dass sie gut oder schlecht im Bett sind. Das ist zu einfach. Wahrscheinlich gibt es Frauen, die Männer hassen, weil sie so denken. Es gibt Frauen, die es als Teil ihres Lebens sehen, und wenn sie den richtigen Mann treffen, können sie tolle Partnerinnen sein. Und es gibt Frauen, die deswegen schreckliche Partnerinnen sind. Es ist das Gleiche wie in jeder anderen Branche. Manche Leute richtet das zugrunde, andere nicht.

JIMMY ASHHURST Es gab eine Zeit, in der meine Kumpel und ich in Hollywood in jedem Stadtteil mindestens eine Stripperin kannten. Wir sind in irgendeiner Bar versackt und die dortige Stripperin hat uns dann alle den ganzen Abend unterhalten. Wenn man dann älter und hoffentlich erfolgreicher wird, verliert die ganze Sache mit den Stripperinnen ihren Reiz. Ich war es leid, die Playstationspiele ihres Freundes zu finanzieren, der in ihrer Wohnung saß und darauf wartete, dass sie das Geld nach Hause bringt. Wenn man das mal gemacht hat, wird man später irgendwann skeptisch.

JAMES KOTTAK Keine Ahnung, aber die wollen sowieso nur dein Geld, also bemüh dich nicht.

LEMMY Normalerweise nein, denn meistens sind die Stripperinnen mit einer anderen Braut aus der Truppe zusammen. In einem Stripclub lernt man nicht gerade die besten und galantesten Männer kennen – eher widerliche Schweine. Damit machen sich die Männer nicht gerade beliebt bei den Bräuten. Wenn man als Stripperin arbeitet, kommen einem Männer nicht als geeignete Sexualpartner vor. Ist echt schade.

GINGER Meiner Erfahrung nach ist Sex für Stripperinnen so was wie Sport oder Training. Nichts ist weniger spontan als jemand, dessen Bewegungen einstudiert sind.

TOBY RAND Ja, sie sind gut im Bett. Ich war schon mit Stripperinnen zusammen. Das Gute an ihnen ist, dass sie viel Spaß haben – ihr Job macht ihnen einfach Spaß. Sie sind eigentlich wie Rockstars: Sie gehen auf die Bühne, die Leute sehen ihnen zu und sie haben keine Hemmungen. Sie sind Exhibitionistinnen und haben einfach überhaupt keine Skrupel, sich die Klamotten vom Leib zu reißen und dabei ohne Ende Spaß zu haben.

Was ist besser: auf Tour für Sex zu bezahlen oder sich einen runterzuholen?

ACEY SLADE Wenn man für Sex bezahlt, betrügt man seine Partnerin. Wenn man also treu bleiben will, muss man wichsen. Wenn man aber auf Tour ist und nicht versuchen muss, jemandem treu zu sein, dann weiß ich ehrlich gesagt nicht, warum man überhaupt für Sex bezahlen sollte.

ADDE Wenn man ein Mädchen an der Bar kennenlernt und ihr den ganzen Abend Drinks spendiert, um ihr Interesse aufrechtzuerhalten, dann ist das für mich eigentlich so was wie versteckte Prostitution. Daraus mache ich mir nicht viel.

BLASKO Wenn man verheiratet ist, sollte man sich auf jeden Fall lieber einen runterholen.

DANKO JONES Es ist billiger, einfacher, sauberer und auch unproblematischer zu wichsen. Es ist viel einfacher und man spart auch noch Geld dabei.

ROB PATTERSON Auf jeden Fall masturbieren!

TOBY RAND Ich habe bisher nie für Sex bezahlt. Ich hatte Glück. Ich nehm mir stattdessen ein Groupie.

Wie erzielt man das beste Preis-Leistungs-Verhältnis?

EVAN SEINFELD Wir haben es in der Pornobranche mit einem ähnlichen Monster wie Napster, Limewire und all diesen Musiktauschbörsen zu tun. Das ist hart für die Branche und ich muss eins sagen: Wenn alle Pornos umsonst sind, kann keiner mehr Qualitätspornos produzieren. Wir werden dann fetten hässlichen Menschen beim Sex zusehen müssen. Wenn man also Fan von Tera Patrick oder von wem auch immer ist, sollte man ihre Webseite besuchen, sie unterstützen und es ermöglichen, dass weiterhin hochwertige Filme gedreht werden.

ROB PATTERSON Spar dein Geld!

Wie findet man einen guten Telefonsexanbieter?

TOBY RAND Die einzige Erfahrung, die ich in der Richtung gemacht habe, waren Telefonstreiche. Die hab ich mal mit meinen Jungs auf Tour gemacht – nur so zum Spaß. Such dir einfach irgendeine Nummer aus.

BLASKO Gibt's so was noch? Ich habe keinen blassen Schimmer.

DANKO JONES So was ist richtig, richtig teuer. Telefonsex ist nur gut mit jemandem, den man kennt.

ROB PATTERSON Keine Ahnung. Im Telefonbuch? Bei den Massageanzeigen der *L.A. Weekly*?

In welcher Stadt gibt es die besten Prostituierten der Welt?

ACEY SLADE Wahrscheinlich in Hamburg in Deutschland. Die Reeperbahn in Hamburg ist echt cool. Gefällt mir besser als Amsterdam, weil sie in Amsterdam einfach überall sind, aber in Hamburg gibt es nur eine Straße, in der die Mädchen in den Fenstern sitzen, und das ist ziemlich cool.

ALLISON ROBERTSON Wahrscheinlich in Japan und vielleicht in Schweden und Deutschland. Dort ist das eine so große Sache und die Leute haben ganz bestimmte Vorstellungen davon, sodass man bestimmt richtig erfahren sein muss, um da zu arbeiten. Und ich würde sogar noch L.A. in die Waagschale werfen.

DOUG ROBB Es ist sicher ein Klischee, Amsterdam zu sagen, aber das ist auf jeden Fall der Ort, an dem ich zum ersten Mal gesehen habe, wie Sex zum Verkauf angeboten wurde. Ein paar meiner Crewmitglieder ließen sich verwöhnen und ich habe sie danach gefragt, wie es war. Selbst sie fanden es ein wenig seltsam. Vielleicht liegt das daran, dass so was in den Staaten fast überall illegal ist. Es ist schwer, das zu kapieren. In Bangkok sind wir in diesen Stadtteil gegangen und haben so einen Club besucht. Wir saßen an einer Art Bar. Ungefähr zwanzig Mädchen taten so, als würden sie tanzen, sie traten in Bikinis einfach immer vor und zurück. Sie hatten Nummern an ihren Bikinis und die Leute riefen so was wie: »Ja, ich nehm Nummer 37.« Und dann sind sie verschwunden. Das ist echt heftig. Also würde ich sagen, in Amsterdam oder Bangkok gibt es die besten Freudenmädchen.

 NICKE BORG In Los Angeles … und in Austin in Texas.

 CHIP Z'NUFF Ich liebe Scores in New York – Scores East und West. Das letzte Mal, als wir dort in einer Radioshow aufgetreten sind, hat der DJ uns diesen Stripclub empfohlen. Ich liebe es dort. Die Leute da sind echt nett und kümmern sich gut um die Mädchen. Da kann man sich volllaufen lassen und es gibt eigentlich keine Regeln und Vorschriften. Wenn du einem der Mädchen gefällst, kommt es mit zu dir und hängt mit dir ab.

 BLASKO Ich vermute mal in Amsterdam. Ich war noch nie in Amsterdam, aber ich nehme an, dass dort die Post abgeht. Die Stadt hat auf jeden Fall einen ziemlich krassen Ruf, dem sie gerecht werden muss.

 BRENT MUSCAT Ich war schon in ein paar europäischen Städten, in denen es Rotlichtbezirke gibt. Einige Mädchen dort sahen echt richtig gut aus. Ich weiß nicht. Mich haben Mädchen, für die ich bezahlen muss, nie wirklich angemacht. Vielleicht war ich dafür zu verwöhnt, weil ich Mitglied einer Band war und eigentlich nie dafür bezahlen musste. Oder ich hatte einfach immer eine Freundin.

 COURTNEY TAYLOR-TAYLOR In Amsterdam gibt es die besten Huren, echt jetzt. Da gibt es wirklich alles. Du willst kluge Mädchen, die mit dir reden? Ich denke, die kannst du dort finden. Ich hab mich mal mit einer Lady unterhalten. Sie hat sich gelangweilt, ich hab mich gelangweilt. Sie saß in ihrem Fenster und ich stand vor der kleinen Kneipe nebenan und habe auf jemanden gewartet. Gott, war die cool. Richtig heiß. Sie war wahrscheinlich Ende dreißig oder so und, mein Gott, war die verrückt. Ich denke, wenn es geht, ist es das Beste, sich 'ne Schnecke in einem Bordell auszusuchen, über die man – ohne es ironisch zu meinen – zu seinem Kumpel sagen kann: »Mit der würde ich ausgehen.« Das wäre das Beste. Aber das passiert selten.

DANKO JONES Ich schätze in Amsterdam, weil es da legal ist und die Leute extra deswegen dorthin fahren. Ich bin durch das Rotlichtviertel gelaufen. Dort gibt es echt viele Mädchen. Manche von ihnen sind so heiß, dass man sich fragt: Was zur Hölle macht die hier? Aber ich weiß jetzt, dass man ihnen aus dem Weg gehen sollte. Darüber hab ich eigentlich noch nie nachgedacht.

JESSE HUGHES Ich hatte nie Sex mit einer Prostituierten, aber ich habe ein paar Mal einer zu Arbeit verholfen. Lass mich das erklären: Es ist im alten Marriott Hotel in Warschau in Polen passiert. Ich bin an die Bar gegangen und – ich verarsch dich nicht – das Verhältnis zwischen Frauen und Männern war dort wahrscheinlich sieben zu eins. Echt heiße, pornomäßige 19- bis 22-jährige Mädchen standen an der Bar und ein Mädchen hat dreißig Dollar gekostet und dafür *alles* gemacht, was man wollte. Ich habe drei von ihnen mit auf das Zimmer eines Freundes genommen und wir haben sie wie die Pferdchen springen lassen, verstehst du, was ich meine?

JIMMY ASHHURST In Toronto. Und natürlich in der bekannteren Stadt: Amsterdam. Der Schaufensterbummel ist ein fantastisches Konzept. Leider sind wir in meinem Land noch nicht so zivilisiert.

LEMMY Keine Ahnung. Ich war nie mit einer Nutte zusammen, weißt du. Jedenfalls nicht im Dienst.

ROB PATTERSON Ich schätz mal in Amsterdam – nach dem, was ich so gehört hab.

TOBY RAND Viele sagen in Amsterdam. Ich persönlich war schon mal in Thailand und ja … es ist fantastisch.

VAZQUEZ Ist nicht mein Ding, aber wenn ich raten müsste … Ist Amsterdam da nicht ganz groß? Das habe ich jedenfalls gehört. In den USA gibt es nicht viele Bordelle, eher Escortservices und so'n Scheiß.

OUTRO:

WAS ROCKSTARS GEIL FINDEN

EIN PARTNERPROFIL

Das waren nun alle Antworten aus der weltweit ersten Studie über Rockstars und ihr Sexualverhalten. Die Summe dieser Antworten gibt Auskunft darüber, was sich Rockstars im Bett wünschen. Ermittelt man nämlich den Durchschnittswert ihrer allgemeinsten Aussagen, ergibt sich daraus das Profil des idealen Sexualpartners eines Rockstars. Und das sieht so aus:

 **EINE FRAU, DIE ...**

→ brünett ist (blond liegt knapp dahinter),

→ hundertprozentig echte, vorzugsweise große Brüste hat,

→ emotional reif und selbstbewusst ist (circa 25 bis 35 Jahre alt),

→ Netzstrümpfe anzieht, wenn sie ausgeht, aber zu Hause einfache weiße Baumwollslips und ein Top trägt,

→ keine Piercings hat, aber vielleicht ein paar stylishe Tattoos,

→ jeden Tag duscht und ihre Schamhaare als Landebahn stylt,

→ bereit wäre, Sex zu haben, wenn sie in das Hotel einer Band eingeladen wird,

→ versteht, dass Kondome wichtig sind,

→ nichts dagegen hat, wenn ihr der Rockstar dabei zusieht, wie sie sich selbst befriedigt,

→ es am liebsten im Doggy-Style treibt und hin und wieder in der Öffentlichkeit Sex haben will,

→ lieber im nüchternen Zustand Sex hat, einem Long Island Ice Tea aber nicht abgeneigt ist,

→ einen Pocket-Rocket-Vibrator besitzt (für die Zeit, in der der beschnittene Penis des Rockstars nicht zur Verfügung steht),

→ ein anderes Mädchen für einen flotten Dreier finden würde, wenn die Umstände stimmen, und

→ nicht beleidigt ist, wenn der Rockstar ihr nicht seine Kontaktdaten gibt.

DANKSAGUNG

Ich danke all den Rockstars, die liebenswürdigerweise etwas zu diesem Buch beigetragen haben und den Mumm hatten, so offen über alles zu sprechen!

Ich danke dem Team von Omnibus Press, besonders Chris Charlesworth und Norm Lurie für ihr Vertrauen und ihre Professionalität.

Außerdem danke ich Neil Strauss, Anthony Bozza, Jason Martin, Marta Michaud und dem Team von Cinematic Management, Kevin »Chief« Zaruck, Jordan Berliant, Jodi Edmond, Ute Kromrey, Todd Singerman, Shelly Berggren, Pete Galli, Olle Burlin, Kat Sambor, Nicole Gonzales, Adrianne Nigg, Steve Sprite, Sam Norton (für den schicksalhaften Geschenkgutschein), Peter Landers und Susan Bridge von der Australian Society of Authors.

Der größte Dank gilt meiner geliebten Frau Sara – für immer mein Liebling!

BILDNACHWEIS
Coverbilder: Danny Fields (The Who opening party in Houston, Texas, 1975)
Autorenfoto: © Jozie DiMaria

SEXTIPPS VON ROCKSTARS
In ihren eigenen Worten
Von Paul Miles

Genehmigte Lizenzausgabe © der deutschen Übersetzung:
Schwarzkopf & Schwarzkopf Verlag GmbH, Berlin 2011
ISBN 978-3-86265-055-2

Aus dem Englischen übersetzt von Madeleine Lampe | Illustrationen von Jana Moskito
Lektorat: Carolin Stanneck | Satz und Gestaltung der deutschen Ausgabe: Regina Urbauer
Erstmals veröffentlicht unter dem Titel »Sex Tips From Rock Stars – In Their Own Words« in
England von Omnibus Press | Copyright © Paul Miles, 2010. Dieses Werk ist urheberrecht-
lich geschützt. Jede Verwendung, die über den Rahmen des Zitatrechts bei vollständiger
Quellenangabe hinausgeht, ist honorarpflichtig und bedarf der schriftlichen Genehmigung
des Verlages. Die Aufnahme in Datenbanken sowie jegliche elektronische oder mechanische
Verwertung ist untersagt.

KATALOG
Wir senden Ihnen gern kostenlos unseren Katalog.
Schwarzkopf & Schwarzkopf Verlag GmbH
Kastanienallee 32, 10435 Berlin
Telefon: 030 – 44 33 63 00 | Fax: 030 – 44 33 63 044

INTERNET & E-MAIL
www.schwarzkopf-schwarzkopf.de
info@schwarzkopf-schwarzkopf.de